야생의 순례자 시튼

야생의 순례자 시튼

Trail of an Artist Naturalist

『동물기』의 작가 시튼의 자서전

작은 우주 옮김

달팽이

옮긴이의 말

『동물기』보다 더 흥미진진한 시튼의 생애

어니스트 톰슨 시튼은 『시튼 동물기』로 우리에게 잘 알려져 있지만, 정작 그의 생애에 대해선 국내에 알려진 바가 거의 없습니다. 『동물기』 역시 어린이들을 위한 동물이야기 정도로 인식되고 있을 따름이지, 몇 년 또는 몇 십 년간이나 끊임없는 고초를 자초하며 직접 관찰하고 연구하고 조사한 결과라는 것은 간과되었습니다. 그의 책에 등장하는 동물들 하나하나가 그의 삶과 밀접한 연관이 있으며, 얼마나 큰 애정을 가지고 이야기로 씌어지게 되었는지 우리는 전혀 알지 못했습니다.

점차 자연과 생태에 관한 관심과 새로운 시각이 절실히 필요한 요즘 시튼의 자서전을 국내에 소개하게 되어서 정말 기쁘게 생각합니다. 그의 자서전을 읽으면 그의 이야기에 나오는 야생의 세계와 동물들에 대한 무한한 사랑이 단지 감상에 그치지 않고 험난한 자연과의 싸움을 통한 극복에서 나오는 깊은 애정임을 느낄 수 있습니다. 그리고 동물을 직접 해부하여 관찰하고, 그림으로 그리고, 새의 깃털을 하나하나 세어보고, 수백 킬로미터씩 동물의 발자국을 쫓아다니는 집념과 끈기의 소산임을 알게 될 것입니다.

또 한편으로 시튼의 자서전을 읽으면, 그의 동물 이야기들에 못지않게 시튼이라는 사람 자체의 매력에 빠져들게 됩니다. 그리고 그의 파란만장한 삶 속에서 흥미진진함과 함께 중요한 인생의 교훈들을 배울 수 있습니다.

캐나다 미개척 삼림지에서 자연과 함께한 어린 시절과 병마와 싸우며 도시의 야생동물들을 관찰하던 토론토에서의 소년 시절, 가난 속에서도 화가로서의 미래를 꿈꾸던 런던의 청년 시절, 전도유망한 화가로서의 삶을 팽개치고 다시 캐나다 야생의 세계로 돌아가 자연과 함께했던 시절, 그리고 작가로서 성공하기까지의 수많은 고초와 싸움의 여정이 이 책 속에 고스란히 담겨 있습니다.

시튼의 삶은 편안한 작가로서의 삶과는 거리가 멉니다. 그의 삶은 투쟁과 극복의 연속입니다. 부유한 명문가에서 태어났지만 가세가 기울어 가족과 함께 캐나다로 이주한 뒤부터 그의 싸움은 시작됩니다. 혹독한 추위를 이겨내야 했고, 어린 나이에도 수많은 농장 일을 해야 했으며, 거친 동물들로부터 자신을 보호하는 법을 터득해야 했습니다. 직접 장난감을 만들어 썼고, 온갖 목공구를 다룰 줄 알게 됩니다. 그러면서도 자연의 아름다움에 눈을 떠 이때부터 자연에 대한 동경과 호기심은 평생 동안 그를 지배하게 됩니다.

과보호 속에서 현대문명의 편안함에 길들어 있는 오늘의 우리 아이들에게 시튼의 어린 시절은 시사하는 바가 큽니다. 자연이 곧 가장 큰 스승이라는 진실을 우리는 깨닫게 됩니다. 어떤 어려움에도 굴하지 않는 의지와 끈기, 독립심, 검소함, 자연에 대한 애정 등 그가 성공하게 된 온갖 자양분은 모두 자연속에서 뛰놀던 어린 시절과 청소년기에 길러졌습니다.

이 책을 읽다 보면 그의 꼼꼼함과 치밀함에 감탄하게 됩니다. 어린 시절부터 사소한 것까지 하나하나 기록해둔 그의 습관 덕에 백여 년도 더 전의 생활상이 생생하게 되살아나게 됩니다. 또한 평생에 걸친 자연과 동물에 대한 관찰 기록은 박물학 분야에서도 귀중한 가치가 있을 뿐 아니라 이 책을 단지 회고록 이상의 중요한 의미를 지닌 책으로 만들고 있습니다. 이 책에 등장하는 수많은 새

와 동물들의 이름과 생태는 그가 직접 기록한 수십 년간의 기록을 토대로 한 것으로 이 책을 읽는 또 다른 기쁨을 선사할 것입니다.

  화가로서의 보장된 미래를 버리고 평생을 야생의 세계와 함께한 그의 삶에서 벌어지는 수많은 일들은 그의 동물 이야기들보다도 더 흥미진진합니다. 그리고 그 속에서 자연을 극복한 사람만이 가질 수 있는 자신감과 당당함, 야생세계에 대한 사랑을 엿볼 수 있습니다.

  시튼이라는 사람의 위대함은 단지 뛰어난 동물작가이기 때문만은 아닙니다. 그는 자연과 환경보호를 위해 말년의 생을 바칩니다. 또 미국 보이스카우트를 창시하여 어린이들의 교육에도 힘쓰고, 자연친화적인 인디언들의 삶의 방식을 보존하려고 노력합니다.

  이 책은 처음부터 끝까지 놀라움과 재미와 인생에 대한 교훈들로 가득 차 있습니다. 그러나 무엇보다도 독자들은 시튼이라는 사람의 인간적 매력에 푹 빠지게 될 것입니다. 그의 유려한 문체와 직접 그린 생생한 삽화는 이 책을 읽는 재미를 더해 줍니다. 그의 아름다운 문장들이 번역으로 인해 손상되지 않도록 원문을 최대한 살리려고 최선의 노력을 하였습니다.

  이 책을 번역하는 내내 우리가 느낀 기쁨과 감동과 유익함이 독자들에게도 그대로 전달되기를 바랍니다.

작은 우주

야생의 순례자 **시튼** ___차례

옮긴이의 말

1부 어린 시절, 끝없는 모험의 시작

용감한 전사의 후예 15
캐나다 이민 27
개척자 수업 34
벽난로가의 추억 44
테리 영감의 지혜 50
무법자 듀크 영감 59
야생의 질서 68
개척자들의 가정생활 76

2부 소년 시절, 자연의 질서를 배우다

사팔뜨기 싸움꾼 81
타고난 구두쇠 91
전학을 가다 104
도시에서 만난 야생동물들 112
습지의 사냥꾼들 130
어린 탐험가 140
시련과 희망 153
침입자 살쾡이 165
그림을 시작하다 178

3부 청년 시절, 야생의 땅으로

운명의 부름 189
다시 집으로 206
서부로 가는 험난한 길 216
땅 사냥꾼들 234
초원의 봄 252
초원에서 쓰는 일기 266
흔적 읽기 277

4부 찬란했던 시절

새를 찾아서 297
인디언과의 만남 308
뉴욕에서 겪은 배고픔 325
자유와 기쁨 339
무스 사냥 351

5부 대평원에서 파리까지

다시 런던으로 377
예술의 도시 파리 383
변해버린 야생의 세계 400

6부 늑대와 함께

늑대 사냥꾼 409
커럼포의 늑대왕 로보 422

7부 자연은 참 좋은 것이다

결혼 그리고 이혼 439
동물기 작가로 명성을 얻다 444
검은 야생마의 최후 449
우드크래프트 인디언 연맹 454

맺는말
부록

1부 어린시절, 끝없는 모험의 시작

용감한 전사의 후예

영국의 북부, 스코틀랜드 경계 지역에서 100킬로미터 정도 남쪽으로 내려가면 유명한 타인 강이 동쪽으로 흘러 북해로 들어간다. 이 강에서 상류 쪽으로 15킬로미터 정도 더 가면 거대한 상업도시 뉴캐슬이 자리잡고 있다. 강 어귀에는 상업의 중심지이자 대규모 석탄 수출단지로 유명한 사우스실즈South Shields 항이 있다. 이곳이 우리 가족의 고향이었다. 우리 조상은 스코틀랜드 출신인데 1745년 스튜어트 반란(Stuart Rebellion 스코틀랜드 하일랜드 주민들이 1745년에 스튜어트 왕조(1603~1714)를 왕위에 복위시키기 위해 일으킨 반란 - 옮긴이) 때 전 재산을 잃고 겨우 목숨만 건져 스코틀랜드에서 도망쳐 나왔다. 그 뒤로 이름을 숨긴 채 숨어 살면서 해상무역에 투자하여 착실히 재산을 모았다.

인구 4만 명의 도시인 사우스실즈는 강을 경계로 하여 언덕 위쪽은 대규모 석탄 광산과 가공 공장들이 있는 공장지대였고, 바다와 가까운 강 어귀는 배를 소유한 선주들의 거주지였다. 할아버지와 외할아버지 모두 선주 출신이었고, 따라서 1840년 나의 아버지 조셉 로건Joseph Logan이 어머니 앨리스 스노우든Alice Snowdon과 결혼했을 때 신혼생활은 풍요롭고 안락했다.

아버지는 웰링턴 거리 6번지에 3층짜리 커다란 벽돌집을 지었다. 이곳에서 열네 명의 아이가 태어났다. 그 중 열두 번째인 나는 1860년 8월 14일 태어났다.

우리집 남쪽 창문으로는 끝없는 밀밭과 초원이 장관을 이루며 펼쳐져 있었다.

사우스 실즈 항

소와 양, 염소, 닭들이 풀밭에서 뛰어 놀고 종달새가 하늘 높이 날며 노래불렀다. 멀리 클레던에서 선덜랜드, 사우터포인트 쪽 해안까지도 다 보였는데, 그 해안 쪽에선 으스스한 안개가 끼는 밤이면 섬뜩한 소리가 들려오곤 했다. 동쪽 창에서는 숲이 우거진 언덕과 언덕 위의 집들에 가려 바다가 잘 보이지 않았다. 하지만 북쪽 창으로는 배들이 정박해 있는 드넓은 항구가 푸르스름하게 보였고, 갈매기들이 날갯짓하며 타인마우스라고 불리는 다른 쪽 해안으로 날아가는 모습도 보였다. 거기에는 천 년 전 막강했던 교회의 권력과 이미 오래 전에 사라진 공포의 해적 바이킹을 상기시키듯 폐허가 된 타인마우스 대수도원의 칙칙한 첨탑이 황량하고 음울하게 서 있었다. 바로 여기가 레드 에릭(Red Eric 10세기 경의 노르웨이 바이킹 - 옮긴이)이 용맹스러운 전사들과 함께 상륙해서 방패와 창을 부딪치며 싸웠던 곳이다. 그는 닥치는 대로 노략질을 하고 불을 질렀다. 그 뒤에 남은 폐허가 바로 오늘날의 모습이었다.

우리 집안은 몇 대에 걸쳐 이곳에서 살아왔다.

고위 성직자로 나중에 뉴저지의 대주교가 된 로버트 시튼Robert Seton은 우리 집안의 역사를 꿰고 있었는데, 시튼 가문 사람들은 운동신경이 발달했고 문학에 조예가 깊었다고 알려주면서 나에게 이렇게 말했다. "핏줄은 못 속인다니까.

타인 강

사우터포인트 해안

넌 확실히 시튼 가문 사람이야. 우리 가문의 훌륭한 전통과 고귀한 취향을 그대로 이어받고 있어."

나는 캐머런Cameron 가문의 기질도 이어받고 있었다.(이 책의 부록 참조) 캐머런 사람들은 뛰어난 사냥꾼들이었다. 오랜 조상 로시엘 에반 캐머런은 당대의 유명한 늑대 사냥꾼으로 이름을 드날렸다. 그는 고원의 가축떼를 습격하는 늑대들을 한 마리씩 없애고, 마침내 마지막 남은 늑대 우두머리를 창으로 꿰뚫었다. 그 뒤 스코틀랜드에서는 다시는 늑대의 위협에 시달리지 않게 되었다. 부모님은 이 유명한 조상인 늑대 사냥꾼의 이름 에반을 따, 내 가운데 이름을 지었다.

시튼 가문에 내려오는 이야기 중에는 '전사 조디'에 관한 일화가 있다. 조디는 스코틀랜드의 숱한 전투와 영토분쟁에 나가서 공을 세운 전사였다. 그는 최악의 전투에 직면해서도 최선을 다해 싸웠다. 동료들이 낙심하여 절망하고 있을 때 그의 몸 속에는 악의 화신이자 거인의 신이 들어와서 용기와 힘과 분노를 불러일으켜 싸움터로 몰고 가고는 했다. 그의 사전에 패배란 없었다.

인생의 전투에서 절망적인 상황에 부딪힐 때나 희망의 마지막 불빛마저 사라져가고 있을 때 나는 이런 생각으로 위안을 찾았다. "전사 조디에게 물려받은 내 근성을 건드리고 있군 그래. 조디는 절대로 포기하지 않고 굴복하지도 않아서 마침내는 승리하고야 말았어. 나는 보이지 않는 모든 적들과 싸워서 반드시 이겨낼 거야. 조디에겐 패배란 없었어. 나도 조디와 똑같은 기록을 세우고 말겠어."

이러한 생각이 내 인생의 전투에서 전열을 가다듬는데 얼마나 큰 도움이 되었는지! 그 생각은 먼저 정신의 승리를, 그 다음엔 현실에서의 승리를 가져다 주었다.

아버지(1821년 9월 6일 출생)는 숭고한 이상과 강인한 정신력을 가진 훌륭한 분이었다. 아버지는 고귀한 가문 출신임에 긍지를 가졌지만, 가문에 관한 이야기를 할 때는 세속적인 허영의 냄새를 풍기지 않도록 조심했다.

선천적으로 세련되고 학구적이었던 아버지는 독서와 예술을 사랑했고, 대학에 진학할 열망을 품고 있었다. 그러나 할아버지는 거친 사업에 몸담아 오신 분이라 아버지의 이런 열망을 무시했다. 할아버지는 초등학교밖에 나오지 못했지만 얼마 안 되는 유산으로 큰 재산을 일구어 내신 분이었다. 그래서 할아버지는 자신이 대학 문턱에도 가보지 않았어도 성공하지 않았냐고 호통을 치며 아들에게 대학교육을 시키려 하지 않았다.

하지만 나중에는 어떤 이유에서인지 마음이 바뀌어 둘째 아들 에반은 더럼 대학에 보내 주었다. 아버지는 가정교사에게 배우면서 학문에 대한 열정을 충족시켜야만 했다. 가정교사 덕분에 아버지는 라틴 철학에 정통하게 되었고 연필화를 훌륭하게 그렸으며 프랑스어를 능숙하게 구사했다. 프랑스에 얼마간 머무는 동안 아버지의 프랑스어는 거의 완벽에 가깝게 되었다.

1837년 경 직업선택의 기로에 섰을 때 아버지는 그 당시 막 시작되고 있었던 철도 건설현장에서 토목기사가 되기로 마음먹었다. 그러나 할아버지는 한마디

두 살 때의 시튼과 어머니, 아버지

로 일축해 버렸다. "말도 안 되는 소리. 철도는 한때의 유행일 뿐이야. 삼 년 안에 없어져 버릴 거라 내 장담하지. 틀림없이 말과 마차가 다시 돌아오게 될 거야." 그래서 결국 아버지는 집안의 천직을 이어받아 선주와 선박 중개인의 길을 걷게 되었다.

아버지를 아는 사람들은 아버지가 매우 특이한 사람이라고 말했다. 아버지는 평생 생활신조와 행동이 하나로 일치하는 사람이었고, 아버지의 말 한마디는 보증수표와 같았다. 아버지는 부도덕이란 말과는 거리가 먼 사람이었다.

하지만 아버지에게도 결코 떼버릴 수 없는 몇 가지 단점이 있었다. 아버지는 아주 게을렀고, 사람들에게 존경을 받고 싶어했다. 게다가 아버지는 내가 지금까지 보아온 사람들 중에서 가장 이기적인 사람이었다. 얼마나 이기적이었느냐 하면, 아버지는 자신이 아주 관대하기 때문에 가족을 먹여 살린다고 생각했다. 또 가족들은 아무리 중요한 것이라도 기꺼이 희생해서 아버지의 하찮은 편안함까지도 만족시켜야 한다고 생각했다. 권위적이고 엄격한 할아버지 밑에서 늘 자신이 존중받지 못한다고 생각했던 아버지는 스물두 살 되던 해에 할아버지의 그늘을 떠나 당시 스물한 살이었던 어머니 앨리스 스노우든(1823년 12월 1일 출생)과 결혼했다.

어머니는 재능이 많고 아름다운 분이었다. 어머니는 신앙심이 깊고 열정적인 동시에 부드러운 성품을 가진 분이었다. 결혼 한 달 전 두 사람은 이미 사실상 부부관계였다.

결혼 후 정확히 아홉 달 만에 큰 형이 태어났다. 그 뒤로 운명의 여신이 점지해준 대로 다른 형들이 꼬박꼬박 터울을 두고 태어났다. 18년 간 11명의 아이가 태어났고, 세 명의 아이가 사고로 유산되었다. 딸은 한 명뿐이었는데, 여섯 살 때 열 명의 남자형제를 남겨 두고 세상을 떠났다. 그 누나는 항상 남자형제들이 꼴 보기 싫어 죽겠다면서 어른이 되면 딸만 둘 딸린 과부가 되는 게 소원이라고 말했다고 한다.

이렇게 많은 아이를 낳는 것은 어머니의 소원과는 동떨어져 있었다. 하지만 어머니는 여기에 대해 별로 불평도 하지 않았고, 좋다 싫다 별 말이 없었다.

1859년 겨울에 어머니는 '땅을 가득 채우라'(「창세기」1장 28절-옮긴이)는 성경 말씀에 충실하게도 또 아이를 갖게 되자 의사에게 이렇게 말했다. "전 이제 더이상 아이를 원치 않아요. 벌써 열두 번째인걸요. 하지만 선택의 여지가 없군요. 전 이 아이를 훌륭한 사람으로 만들고 싶어요. 이 아이를 재능이 많은 아이로 만들려면 어떻게 해야 할까요?"

노의사는 이렇게 말했다. "부인은 건강에만 신경 쓰고 편안한 마음으로 계시면 됩니다. 신경 쓰이고 화나게 하는 일은 멀리 하시고 오로지 고귀한 일에만 마음을 두십시오."

어머니는 완전히 자기 자신을 비우고 성경 말씀에만 의지해서 살았다. 봄이 되자 어머니는 날마다 유모와 함께 우리집 꼭대기 창문에서 보이는 북해로 가서 물 속에 몸을 담갔다. 어머니는 매일 건강을 꼼꼼히 챙겼고, 흥분되는 일을 멀리 했다. 높은 이상을 간직하기 위해 성경과 함께 얼마 전 출판된 「어니스트 맬트레버스 Ernest Maltravers』(1837년 에드워드 뷜러가 지은 책 - 옮긴이)라는 책을 읽었다. 맬트레버스는 전원에 사는 신사로 사냥꾼이며 스포츠맨이었고, 자연과 교감을 나누는 자연주의자였다. 어머니는 한 장 한 장 넘길 때마다 책에 푹 빠져서 태어날 아이가 맬트레버스처럼 활동적인 스포츠맨이자 자연주의자이기를 바랐다. 어머니는 무엇보다도 위대한 조상, 북부의 뛰어난 늑대 사냥꾼인 에반 캐머런의 영혼이 아이에게 깃들기를 빌었다.

어머니는 헌신적인 각오로 여름 내내 매일 바닷물에서 수영을 했다. 7월 어느 날인가 파도가 몹시 센 날이었다. 유모인 엘렌 노파가 "마님, 오늘은 파도가 세니 물에 들어가지 않는 게 좋겠어요" 하고 말했다.

그러나 어머니는 이렇게 대답했다.

"이 아이를 위해서 꼭 가야만 해요."

바다에서 수영하기에는 위험할 뿐더러 당시로서는 비상식적이고 파격적이었던 길다란 수영복을 입은 채 어머니는 유모를 제치고 먼저 바다로 뛰어들었다. 그때 거대한 파도가 몰려와서 어머니를 거꾸러뜨렸다. 어머니는 역류에 휩쓸려 바닷속으로 빨려들어갔다. 어머니는 비명을 질렀고 구조하러 뛰어들어온 유모는 물 위에 떠 있는 어머니의 기다랗고 검은 머리채를 간신히 붙잡았다.

어머니는 기절한 채 물 밖으로 끌어 올려졌다. 근처에서 수영하던 사람들이 마차를 불러주어 집으로 온 어머니는 그 해 여름 다시는 바다에 갈 수 없었다.

이 충격의 여파 때문인지 아기는 예정일보다 몇 주 먼저 세상에 나왔다. 그리고 바다에 대해, 아니 모든 종류의 물에 공포심을 가지고 있었다. 아홉 명의 형들은 매일 목욕하면서 장난치는 것을 좋아했지만, 이 아이는 물을 보기만 해도 소리질렀고, 태어나서 이태 동안은 형제들과 목욕하면서 장난치는 일은 상상도 하지 못했다.

이 사건의 또 다른 여파는, 적어도 유모가 말하기는, 이런 것이었다. 아홉 명의 형들은 갓난아기였을 때 대머리였는데 이 아기만은 검은 곱슬머리로 뒤덮여 있었다는 것이다.

이것이 1860년 8월 14일 새벽 3시에 태어난 아기, 어머니의 문학적 소양과 조상에 대한 긍지가 가득 찬 이름 '어니스트 에반 Ernest Evan'이라는 이름을 숙명적으로 물려받은 그 아기의 출생 기록이다.

내 열정을 그토록 사로잡았던 야생의 삶에 대해 관심이 있는 형제들은 나 말고는 없었다. 어머니는 내가 아기였을 때 머리를 세게 부딪히거나 굴러 떨어지면 이렇게 말하며 울음을 그치게 했다. "저기 저 새 좀 보렴." 그때 운 좋게 새라도 한 마리 나타나지 않으면 유리창에 붙은 파리 한 마리라도 보고나서야 울음을 그쳤다고 한다.

어머니는 또 오랫동안 가만히 있게 하려고 캐머런 가의 녹색 체크무늬 숄로 나를 감싸서 침대 기둥에 기대어 앉히고는 이렇게 말했다. "너는 이제부터 나무가 되는 거야. 나무는 움직이면 안 돼. 알았지?" 그러면 나는 거기서 나무 역할을 하며 오랫동안 가만히 앉아 있곤 했다.

아직도 생생히 기억나는 어린 시절의 추억은 노섬벌랜드의 로스버리에 갔을 때의 일이다. 스포츠광 가문의 기질을 이어받은 아버지는 연어낚시를 하러 종종 그곳에 갔다. 내가 그 일을 또렷하게 기억하는 것을 보면 난 그때 세 살은 넘었고 네 살은 아직 안 되었던 것 같다. 내가 네 살이 되었을 때부터는 우리 가족이 그런 호사스런 낚시 취미를 할 수 없었으니까.

푸른 풀이 물결치는 언덕 위에서 양들이 풀을 뜯고 있었고, 가까운 오솔길에는 나무 벤치가 있었다. 어느 날 아침 양 두 마리가 벤치 위에서 잠을 자고 있었다. 사냥꾼 본능이 불현듯 내 안에서 깨어났다. 나는 그 양을 잡으려고 아장아장 걸어갔다. 1미터 정도 거리까지 가까이 갔을 때 갑자기 양들이 뛰어내렸다. 나는 거의 양들을 잡을 뻔하다 놓쳤다. 극적인 순간이었다. 그 뒤로도 오랫동안 나는 모험심으로 가득 찼던 날의 행복한 순간을 되새기며 이렇게 말했다. "양을 다 잡았다 놓쳤지 뭐야."

포구 위를 날아다니는 흰색 갈매기들은 늘 보는 흔한 광경이었다. 하지만 형이

시튼(뒷줄 가운데 앉아 있다)과 그의 가족

날개 다친 갈매기를 잡아 와서 온실 속에 가두면 호기심이 발동한 나는 갈매기가 물지도 모른다는 두려움에 떨면서도 눈을 크게 뜨고 관찰하고는 했다.

옛날 이야기를 좋아하는 나이가 되었을 때 내가 가장 좋아한 이야기는 『빨간 모자와 늑대』하고 『늑대와 일곱 마리 아기 염소』였다. 하지만 그 이야기를 할 때면 나는 죄책감이 들어 침울해졌다. 두 이야기에 나오는 늑대가 가여웠다. 이 이야기에서 늑대에 대한 묘사는 옳지 않은 것이었다. 나는 늑대가 법에 어긋나는 일을 하지도 않았는데 부당한 대우를 받았다고 생각했다.

영국에 살고 있던 다섯 살 때, 나의 타고난 기질과 앞날을 예견해주는 사건이 일어났다. 더 나아가 그것은 내 안의 사냥꾼 기질과 자연주의자의 기질이 아주 비슷한 것임을 알려준 사건이었고, 우리 가문에 이어져 오는 사냥꾼의 기질이 내 속에 숨어 있음을 보여준 사건이었다.

우리는 웰링턴 거리 6번지에 살고 있었다. 우리 옆집에는 휴이슨 씨가, 그 옆집에는 존 외삼촌이, 또 그 옆집에는 리 삼촌과 사촌인 해리 형이 살았다. 해리 형은 애완용으로 닭을 키웠는데, 다른 닭들처럼 이 닭들도 제 집을 못 찾아서 옆집인 존 외삼촌네 마당으로 들어갔다.

그때 일곱 살이었던 내 외사촌 윌리와 다섯 살이었던 나는 이 부당한 외부의 침입자를 발견했다. 곧 전사와 사냥꾼의 피를 물려받은 우리의 기질이 발동하였다. 우리는 흉포한 야만인이 되어서 외적을 물리쳐야 한다고 생각했다. 우리는 스코틀랜드를 침입한 색슨족을 무찌르는 용감무쌍한 스코틀랜드 하일랜드 사람이 되기도 했고, 희생제물을 뒤쫓는 원시시대의 사냥꾼이 되기도 했다.

집 밖에는 밤에 포구에서 고기잡을 때 줄을 치는 데 사용하는 길다랗고 뾰족한 쇠막대기들이 있었다. 우리는 각자 이 막대기를 하나씩 들고서 적을 공격했다. 우리는 새를 사냥하는 거친 사나이들이었다. 창을 들고 타조의 뒤를 쫓는 카피르인(Kaffirs 남아프리카 반투족의 하나 – 옮긴이)의 기질이 우리 안에 숨겨져 있음을 발견하고 우리는 흥분했다.

우리는 뒤뜰의 나무들과 덤불 틈새를 뚫고 닭들을 뒤쫓았다. 그건 정말 신나는 경험이었다. 마침내 닭들이 꼬꼬댁거리며 숨이 차서 포기하고는 어두운 구석에 숨으려고 하자 우리는 흥분해서 소리지르며 모두 다 창으로 찔러 죽였다.

그 다음 상황은 일순간에 변했다. 아직도 피묻은 깃털 냄새가 나는 듯하고 창문 너머로 "닭들한테 무슨 짓을 한 거냐?" 하며 호통치는 아버지의 목소리가 들리는 듯하다.

뒤이어 극도의 자기혐오감과 소용없는 자책, 아버지의 무서운 얼굴, 부질없는 눈물이 찾아왔고, 아버지에게 슬리퍼로 볼기짝을 얻어맞고 나서 절대로 다시는 이런 나쁜 짓을 하지 않겠다는 맹세를 여러 번 되풀이해야 했다. 이 일은 아직까지도 내 머리에 선명하게 각인되어 있다.

우리가 왜 그런 짓을 했는지는 모르겠다. 내가 아는 건 다만 우리가 그런 짓을 하며 미친 듯이 즐거워했으며, 우리의 핏속에 고대부터 그래왔던 것처럼 놀라운 동물적인 본능이 살아 있었다는 것이다.

그 닭들은 사촌형 해리의 것이었다. 나는 그 뒤로 해리 형을 만나거나 이름만 들어도 벌벌 떨었다.

그 일이 있고 나서 이삼 일 뒤 어머니와 같이 시내에 갔던 나는 그때 이미 어른이었던 남자답게 잘생긴 해리 형을 맞닥뜨렸다.

나는 무서워서 어머니 뒤에 숨어 치맛자락으로 얼굴을 가렸다. 형이 나에게 달려들어서 죽은 닭들에 대한 복수를 할 것만 같았다.

어머니가 말했다. "해리야, 뭐라고 말 좀 해 주렴. 얘는 호되게 혼이 난 데다가 자기 잘못을 깊이 뉘우치고 있단다."

해리 형이 다가오더니 내 손을 잡고 말했다. "괜찮다, 어니야. 일부러 그러지 않았다는 거 잘 알아. 이제 괜찮으니까 이거 받아." 해리 형은 막대사탕 한 개를 주고는 환하게 웃으면서 성큼성큼 일하러 갔다.

리 삼촌은 배의 선주였고, 해리 형도 아버지 밑에서 일을 배우고 있었다. 해리 형은 조선소에서 일하고 있었다.

일하러 돌아간 형은 연장이 하나 필요했다. 형은 조수 아이가 못미더워 이렇게 말했다. "왜 이렇게 행동이 굼떠? 내가 직접 가져와야겠다."

형은 선체의 옆을 훌쩍 뛰어 넘어 발판 위에 내려섰다. 그러자 발판 끝이 튕겨지면서 형의 몸이 공중에 붕 뜨더니 6미터 아래로 곤두박질쳤다. 나를 용서한 지 30분 만에 그렇게 해리 형은 죽었다.

아버지는 해상 무역을 하는 배의 선주였다. 상당히 많은 배를 소유하고 있었고, 몇 년 동안 운이 좋아 사업이 번창하고 있었다. 배 자체도 중요했지만, 사업은 대부분 선장에게 달려 있었다. 아버지는 아랫사람들에게 존경을 받았다. 그래서 아버지에겐 훌륭한 선장이 따랐고, 훌륭한 선장은 순조로운 항해를 했다. 수십 척이나 되던 우리 배에 훌륭한 선장들이 있었던 몇 년 간은 싣는 물건마다 모두 팔아치우면서 사업이 번창했다.

그러나 우리 사업에도 변화가 왔다. 우리 배 중 하나가 세 번이나 길을 잃어 브리스톨 해협까지 떠내려갔다. 그래서 세 번이나 물건을 처분해야 했고, 이것은 치명적인 손해를 가져왔다. 또 한 배는 기니 해안 근처에서 흑인 해적에게 납치되어 불타 버렸고, 다른 배는 인도양에서 침몰했다. 그리고 나서는 선장 한 명에게 사기까지 당했다. 엎친 데 덮친 격으로 아버지가 보증을 섰던 사업가 한 명이 파산했다. 연속으로 타격을 받고 나자 상당히 많았던 재산은 깡그리 없어졌다.

이 모든 일들은 나중에 들은 이야기이다. 그때 내가 알았던 것은 "우리는 캐나다로 간다"는 것뿐이었다. 뾰족뾰족하게 솟은 빽빽한 가문비나무숲 사이에 통나무집 한 채가 있고, 그 뒤에 곰과 늑대가 있는 그림을 보며 나는 호기심과 두려움이 반반씩 섞인 채 들떠 있었다.

캐나다 이민

영국을 떠날 때 나는 여섯 살이 채 안 된 어린아이였다. 하지만 1866년 여름, 이민을 준비하던 때의 그 부산함을 아직도 생생히 기억한다. 당시 우리 식구는 아버지, 어머니, 열 명의 아들(내 밑으로 두 명의 아들이 더 태어났다), 우리집에서 입양한 여덟 살 된 사촌누나 폴리 버필드였다. 배에서 짐을 묶을 때 쓰는 타르칠한 질긴 밧줄로 상자들을 단단히 동여매어 차곡차곡 쌓아놓은 모습이 눈앞에 선하고, 퀘벡으로 가는 증기선 성 패트릭호를 타기 위해 글래스고우에서 하룻밤 묵었던 싸구려 여인숙의 고양이 냄새가 아직도 나는 듯하다.

이 3주 동안의 여행에서 가장 인상깊은 건 쥐들이었다. 사방 천지에 쥐들이 깔려 있었고, 우리 선실은 마치 쥐들이 모여 사교를 즐기는 연회장 같았다.

퀘벡에 대한 기억은 시금털털한 빵으로 끼니를 때운 호텔의 창문을 완전히 가로막고 있었던 커다란 바윗덩이뿐이다. 대장장이가 키우는 잘생긴 곰 이야기도 들었지만 실제로 보지는 못했다. 그건 두고두고 후회스러운 일이었다.

온타리오 주의 린지까지 800여 킬로미터에 이르는 길은 빽빽한 가문비나무와 아메리카낙엽송이 우거진 가도가도 끝없는 습지뿐이었다. 그때의 어느 날 밤이 생각난다. 기차 안에서 잠을 자려고 하는데 아버지가 밖을 보라고 했다. 우리는 숲 속이 온통 별들로 가득 차 있는 놀라운 광경을 보았다. 별들은 어디에나 있었다. 기차 옆에서 섬광처럼 타오르며 깜박거리면서 따라오는 것들도 있었다. 놀라움이 어느 정도 가라앉자 아버지는 그것들이 별이 아니라 반딧불이라는 곤충으로 몸에 불을 달고 있다고 했다. 꿈속에서나 본 요정이 실제로 다가오는 듯한 황홀한 순간이었다.

1866년 7월과 8월에 우리는 린지 읍내에서 살았다. 나무가 많이 늘어서 있는 길에는 커다란 소나무 그루터기가 여기저기 널려 있고, 그 주변에 어린 히말라야 삼나무가 원기왕성하게 자라고 있었다. 맨발에 모자를 쓰지 않은 남자아이들과 여자아이들이 몰려들어 캐나다 억양이 없는 우리 말투를 놀려대기도 했다. 사과나무에는 사과들이 주렁주렁 달려 있었고, 우리는 곧 그 사과를 따먹어도 된다는 걸 알게 되었다. 키 큰 잡초들 사이에서 메뚜기들이 여기저기 뛰어다녔고, 짙은 갈색의 강에서는 제재소 톱날이 굉음을 내며 요란스럽게 돌아가고 있었다. 마을 길에는 소와 돼지들이 제멋대로 돌아다녔고, 커다란 황소들이 건초를 잔뜩 실은 수레를 끌며 콧김을 세게 불어대는 모습에서 무척 정겨운 시골냄새가 났다. 그러나 가장 기억에 남는 것은 멀리서 풍겨오는 막 자른 소나무의 향긋하고 신선한 냄새였다.

아버지는 캐나다에 올 때 영국식 전원생활을 꿈꾸었다. 호수가 있는 광대한 처녀림을 사서 호숫가에다 성을 짓고 사는 걸 생각했다. 그래서 서재에 있는 많은 책과 실험기구들과 열 가지도 넘는 갖가지 종류의 사냥용 엽총을 가지고 왔다.

우리 가족 모두는 캐나다에 오면서 아주 조금이나마 사냥꾼의 삶을 꿈꾸었다. 아버지는 메인 리드(1880년대에 살았던 미국의 소설가로 모험소설을 많이 썼다 – 옮긴이)의 책들이나 『스위스의 로빈슨 가족』(요한 비스가 그의 아버지 작품을 완성, 편집한 책. 배가 난파되어 한 무인도에 표류한 스위스의 로빈슨 가족이 서로 협력하여 이상적인 사회를 만든다는 내용 – 옮긴이) 같은 책들을 참고로 했다. 『로빈슨 크루소』는 말할 것도 없었다.

그러나 현실은 실망의 연속이었다. 사냥꾼의 삶에 대한 꿈은 서서히 그러나 확실히 사라져갔다.

어머니의 장점은 서둘지 않는 것이었다. 어머니는 작은 것에서부터 시작하려고 했고, 이것이 우리가 원하던 삶이라는 것을 확신시키려고 했다. 그러나 어머

다섯 살 때의 시튼

니의 생각은 묵살되었고, 오히려 린지에 사는 장사꾼들의 의견이 더 중요하게 받아들여졌다. 그래서 우리는 일부만 개간된 12만 평 가량의 땅을 샀다. 그 땅은 읍내에서 동쪽으로 6킬로미터 정도 떨어진 스토니 강 근처에 있었으며, 어쨌거나 처녀림 안에 있었다.

우리 온가족은 소풍을 겸해서 그 땅을 보러 갔다. 우리는 강 옆의 숲에서 오래된 느릅나무들이 고딕식 통로를 이루는 최고로 멋진 '비버 초원'에서 생전 처음으로 야영을 했다.

형들은 파이를 만들겠다며 붉은다람쥐를 총으로 쏘았다. 형들은 사냥꾼이 되겠다는 생각으로 들떠 있었다. 그 낯선 작은 동물의 뜨거운 몸에서 나는 냄새는 발삼나무에서 나는 향긋하고 성스러운 냄새와 함께 아직도 기억에 생생하다.

린지로 돌아오는 길은 영원히 잊지 못할 길이었다. 우리가 타고 온 말들이 고집을 부리며 꼼짝도 않는 것이다. 하는 수 없이 마차 밖으로 나와서 걸어야 했다. 이웃에 사는 조니 호번인가 홀본인가 하는 사람이 와서 채찍질을 해봤지만 아무 소용없어서 결국에는 짐 패럴이라는 사람의 말을 빌려 타고 집까지 올 수 있었다. 그 일대에는 삼나무 그루터기들이 많이 있었으며, 마부가 사용하는 채찍도 새로 깎은 어린 삼나무 가지였다. 그 다음부터 삼나무의 우아한 냄새를 맡으면 내 마음속에는 그때의 모든 정경이 떠오른다.

그 해 9월 우리는 숲 속의 농장으로 이사를 했다. 개척자들이 사는 통나무 오두막 같은 조그마한 집에 다 쓰러져 가는 헛간이 몇 개 있었는데, 그 땅의 소유주였던 빌 매케너라는 사람이 직접 지은 것이었다. 그 집은 우리 가족이 살기에는 너무 작았고, 겨울에는 몹시 추웠으며, 쥐들이 들끓었다.

그 얼마 뒤인 1866년 가을 우리는 처음으로 스릴 넘치는 야생 체험을 하게 되었다. 하루는 팻 커닝엄이라는 이웃사람이 와서 사냥하러 가자고 했다.

"모두 총을 가지고 가자. 숲 속에 사슴이 있어."

아버지와 장성한 형 두 명은 사냥에 나갈 준비를 단단히 하고 뛰어나갔다. 그러나 둘째 형 윌리와 셋째 형 조는 사냥에 별로 관심이 없어서 도끼를 들고 다른 쪽으로 갔다. 두 형은 나무를 베고 있었는데 갑자기 윌리 형이 말했다. "저기 좀 봐. 사슴이야!" 30미터도 채 안 되는 거리에서 사슴이 형들을 바라보고 있었다.

조 형이 "가서 총을 가지고 올게" 하고 말하자 언제나 침착한 윌리 형이 말했다. "괜한 짓 하지 마. 금방 달아나 버릴걸."

조 형은 "형이 지키고 있어. 얼른 갔다 올게" 하고는 총을 가지러 갔다. 조 형이 돌아왔을 때 사슴은 아직도 거기에 서 있었다. 형은 단 한 방으로 사슴을 명중시켰다.

30분 뒤 성공한 사냥꾼을 축하하기 위해 모두 한 자리에 모였다. 아무런 해도 끼치지 않은 암사슴을 죽였다는 것을 알고 약간의 반발도 있었다. 매끄러운 털로 덮인 목둘레와 뒷다리 사이를 감싸안고 있자니 꼭 작은 소처럼 느껴졌다. 사슴털의 그 부드러운 감촉이 지금도 느껴지는 듯하다. 사슴의 몸은 돌처럼 굳어 있었지만 두 눈은 여전히 밝게 빛나서 마치 살아 있는 것 같았다. 누군가가 사슴에게 "새끼가 있다"는 말을 하자 나는 잠시 동안 새끼 사슴을 키우는 기쁨을 상상하며 흥분해서 "왜 새끼를 사로잡지 않았어요?" 하고 물었다. 그러나 그 사람은 이상한 표정을 지으며 고개를 돌리더니 내 질문에 대답하지 않았다.

잠시 후 사슴의 내장을 꺼내는 것을 보고 나서야 나는 새끼가 아직 태어나지 않았음을 알았다. 그러자 그 사람의 태도에 화가 치밀었다. 겨우 여섯 살이었지만 아기가 어디에서 태어나는지 다 알고 있었던 나로서는 내 나이와 경험을 무시당한 기분이었다.

그 사람은 사슴의 발가락 사이에 있는 냄새 주머니를 보여 주었는데, 그 독특한 사향냄새는 결코 잊을 수 없다. 나는 다른 사람들보다 유난히 후각이 예민하다. 그래서 다른 감각보다는 냄새가 더 기억에 오래 남는다.

통나무로 만든 학교는 2킬로미터 가량 떨어진 곳에 있었다. 나는 고작 여섯 살이었지만 여덟 살 된 형과 함께 매일 아침 학교에 가서 아홉 시부터 여섯 시간 동안 훌륭한 선생님 밑에서 공부했다. 그때는 그 선생님이 대단히 훌륭해 보였다.

그 선생님은 어른이었고, 모르는 것이 없었으며, 미혼이었다. 몇 년 뒤에야 나는 아그네스 오리어리 선생님에 대해 잘 알게 되었다. 선생님은 그때 겨우 열여섯 살의 소녀였다. 그래서 겨울학기 때는 선생님보다 나이 많은 학생들이 수두룩했다.

그 작은 통나무학교에는 작은 난로가 하나 있었는데 쉬는 날이면 좀 큰 아이들이 장작을 패 놓았고, 수업 중에는 선생님이 지목한 학생에게 난로 속에 장작을 넣는 영예가 주어졌다.

나는 자랑스러우면서도 한편으로는 두려운 마음으로 장작을 들고 마루를 뚜벅뚜벅 걸어가서 난로 뚜껑을 열고 그 안에다 장작을 던져 넣었다. "아니, 그렇게 하는 게 아니야. 조니 블랙웰, 어떻게 하는지 가르쳐 줘라."

나보다 아는 것도 많고 나이도 조금 많았던 조니는 으스대면서 내게서 장작을 빼앗아서는 먼저 부지깽이로 시뻘건 숯을 앞쪽으로 긁어모으고 나서 그 안에다 장작을 집어넣었다. 그리고는 뚜껑을 닫고 난로 바람 구멍을 요란하게 활짝 열어 놓고는 동정과 경멸이 섞인 눈초리로 나를 쳐다보며 당당하게 자기 자리로 돌아가 앉았다.

나는 이 일을 절대 잊지 못한다. 특히 장작불이 확 일어나는 것을 볼 때마다 그때 일이 더 생각난다.

나는 프랭클린의 『북극해 Polar Sea』라는 책을 읽고 깊은 감동을 받았다. 흰색 곰이 새끼 두 마리를 데리고 배 근처를 걸어다니고 있었다. 그때 새끼 한 마리가 총에 맞고 어미는 다쳤다. 어미는 다른 새끼 한 마리를 피신시키고 나서 돌아와 죽은 새끼를 쓰다듬으며 흐느꼈다. 죽은 새끼가 움직이지 않자 어미는 새끼를 옮기기 시작했다. 그러는 사이 다른 새끼가 어미를 부르며 울부짖었다. 그러자 어미는 죽은 새끼를 놔두고 다른 새끼를 도우러 달려갔다. 새끼는 어미에게로 돌아오지만 총에 맞고 만다. 어미는 새끼들의 시체를 쓰다듬으며 핥아주었다. 어미는 자비를 구하듯이 배를 쳐다보며 계속 울부짖었다. 결국 어미는 도망가지 않고 총에 맞아서 새끼들 옆에 쓰러졌다.

큰 아이들은 이 이야기를 읽을 때 글자를 배우는 데만 열중했다. 비읍 - 우 - 기역 북, 기역 - 으 - 기역 극, 북극, 또 디귿-아 다, 치읓 - 이 - 니은 친, 다친 하고 읽으면서 글자를 배웠다. 그러나 그 이야기에 감동받은 나는 큰 소리로 책을 읽는 아이들 속에서 눈물이 그렁그렁한 채 목구멍까지 차 오르는 흐느낌을 애써 참으면서 고귀한 사랑의 마음을 가진 어미 곰의 운명을 슬퍼했다.

날씨가 따뜻할 때는 학교까지 왕복 4킬로미터 가까이 되는 길을 오가는 것이 그다지 힘들지 않았다. 하지만 겨울이 되자 도랑이 얼고 눈이 내렸다. 처음에는 눈길을 걷는 것도 재미있었다. 그러나 날씨는 점점 추워졌다. 11월 말경 저녁 어스름 무렵 나는 집에 오다가 몸이 거의 마비될 지경이 되어 걷다 말고 눈 위에 드러누웠다. 그 상황이 선명하게 떠오르지는 않지만, 지독하게 추웠고 참을 수 없이 졸음이 몰려왔다는 것만 생각난다. 나와 함께 가고 있던 아서 형이 위험을 느끼고는 가만두지 않겠다는 등 협박을 해가면서 별별 방법을 다 써서 나를 집까지 데려왔다. 이 일이 있고 나서 겨울에는 학교에 다니지 않게 되었다.

개척자 수업

우리 가족은 영국에서 개 두 마리를 데리고 왔다. 그 개들은 성질이 서로 딴판이었다. 스냅은 털이 빳빳한 스코틀랜드산 테리어 종으로 몸무게가 9킬로그램 정도 나갔고, 세일러는 몸집이 커다란 갈색 리트리버 종으로 몸무게가 무려 34킬로그램이나 나갔다. 스냅의 조상은 유명한 쥐사냥꾼이었는데, 3분 동안 백 마리의 쥐를 한꺼번에 죽인 기록이 있다고 한다. 물론 이 기록은 투전꾼들이 쥐들을 한 곳에 가둬 놓고 둘러서서 동정과 환호를 동시에 보내는 가운데 세운 기록이었을 거다. 테리어 종들은 쥐를 잡고 몇 번 흔들어 떨어뜨린 다음 다시 똑같은 일을 반복한다. 스냅이 정확히 몇 분 만에 이런 일을 해치우는지는 알 수 없었다.

스냅은 어린 우리들에게 변함없는 친구였다. 우리가 숲 속에서 짐승을 쫓아다닐 때면 어김없이 한몫 했는데, 특히 다람쥐나 고양이를 쫓아서 나무 위를 기어올라갈 때는 사냥의 본보기를 보여주기도 했다.

그 이듬해 여름 우리 숲에서 낯선 들짐승이 발견되었다. 우리의 사냥꾼 스냅은 도끼로 무장한 두 명의 남자와 함께 몸무게가 2킬로그램 정도 나가는 우드척다람쥐를 공격해서 죽이는 영광을 누렸다. 사람들은 우리 모두 보라고 그 우드척다람쥐를 메고 행진했다. 나는 그때 만 여섯 살 반이었지만 지금까지도 그 특이한 사향냄새 같은 것을 생생하게 기억한다. 또 그 유연한 몸 속에 숨겨져 있던 탄력 있는 근육과 하얗게 거품이 낀 선腺 세 가닥이 항문 밖까지 삐죽이 나와 있는 것도 보았다. 그 짐승의 부숭부숭한 털이 아직까지도 그림처럼 내 마음속에 남아 있다. 나는 지금도 그 짐승을 생각하면 애틋함과 역겨움이 뒤섞인 감정에 휩싸이곤 한다.

스냅은 다른 짐승이나 어른 또는 남자아이들이 우리에게 적대감을 가지고 다가올 때면 주저하지 않고 공격했다.

세일러의 성질은 좀 포악했다. 몸집이 우람하고 힘이 센 세일러는 마치 황소 같았다. 세일러와 스냅은 종종 먹이를 두고 싸움을 벌이곤 했다. 한번은 세일러가 어떤 이유에서인지 아이들을 향해 날카로운 이빨을 드러내고 사납게 으르렁거리자 스냅이 세일러에게 달려들어 큰 싸움이 벌어졌다.

눈깜짝할 새에 세일러에게 달려든 스냅은 필사적인 공격으로 단번에 승리를 거두었다. 스냅은 망설일 새도 없이 세일러의 코를 꽉 물고는 놔주지 않았다. 세일러도 으르렁거리며 맞붙어 싸웠지만 코를 필사적으로 물고 있는 그 작은 개를 떨쳐 버릴 수 없었고, 위협적인 공격 한번 해보지 못했다.

마침내 큰 개는 굴복하고 자비를 빌었다. 큰 형들이 두 마리 개를 떼어놓으려고 했다. 두 명은 큰 개의 꼬리를 끌었고, 한 명은 작은 개의 다리를 끌었다. 그러나 작은 개는 꽉 문 것을 절대로 놓으려 하지 않았다. 결국 이웃 사람이 일러준 대로 두 마리 개를 빗물받이 통에 거꾸로 집어넣었다.

그제서야 스냅은 입을 벌렸다. 두 마리 개는 물을 들이키고 나서야 비로소 숨을 헐떡거리며 떨어졌.

나는 세일러처럼 자기 주인이나 주인 식구들을 못 알아보고 위협하는 개는 본 적이 없다. 아버지는 농장의 모든 사람이나 짐승들에 대해 엄격하고 권위적이어서 세일러를 기둥에 묶고는 으르렁대는 소리를 그치고, 굴복해서 고통스러운 신음소리를 낼 때까지 두꺼운 말채찍으로 때렸다.

그 즈음 이웃에 사는 사람들이 찾아와서는 커다란 갈색 개가 자기들의 양을 죽이고 있는데 여러 증거로 봐서 우리 세일러의 짓이 틀림없다고 했다.

그 일과 또 우리들을 공격한 대가로 세일러의 운명은 바뀌게 되었다. 사나운

충실한 경호원 스냅

경비견이 필요한 푸줏간 주인에게 줘버린 것이다. 세일러는 그 일에 적임자였다. 내가 아는 한 세일러는 죽을 때까지 마당에 묶인 채 그 일을 계속했다.

지금 생각해 보면 그 당시 세일러가 주인을 공격했던 것은 어느 정도 나이가 들었을 때 자기를 키워준 주인에게 버림받고 다른 사람에게 주어져서 누구에게 충성을 바쳐야 할지 몰랐기 때문이었던 것 같다. 나는 강아지 때부터 자기를 키워준 주인을 배신하는 개는 한 번도 본 적이 없다.

스냅은 죽을 때까지 아이들의 충실한 경호원으로서 자기 의무를 다했다.

어머니는 예전에는 커다란 저택에서 여러 명의 하인들을 데리고 살았었다. 그러나 지금은 우유 짜는 것에서부터 모든 집안 일을 사촌인 폴리 누나와 함께 다 해야 했다. 우리 모두는 하나뿐인 통나무집에서 부대끼며 살았다. 집안에는 큰 거실이 하나 있었고, 구석에는 부모님의 작은 방과 폴리 누나의 방이 있었다. 우리 형제들은 그물침대에서 자거나 위층에 있는 다락방에서 지냈는데, 그곳은 외풍이 심한 데다가 침대 위로 눈비가 몰아치기도 했다.

아버지는 남아 있는 돈으로 안락한 집을 짓기로 했다. "집이 널찍해야 돼. 이따위 집이 우리집이라는 게 말이나 돼?" 아버지가 입버릇처럼 하던 말이었다.

새 집은 가로 18미터, 세로 12미터의 이층집으로 방이 열 개 있는 단순하고 견고한 벽돌집이었다. 그 집은 1866년 8월에 짓기 시작해서 그 다음해 1월에 다 지어졌는데, 무려 천 달러나 들었다. 이 집을 짓는 데 든 돈을 생각해 보면, 그 당시의 계산법은 이런 식이었다. 아무 장식도 없는 단조로운 방 하나에 75달러인 셈이었다. 건축 인부들은 아침 일곱 시부터 저녁 여섯 시까지 일해서 75센트를 받았고, 숙련된 인부는 하루에 10시간 일해서 1달러 25센트를 받을 때였다. 버터가 450그램에 10센트였고, 달걀이 열두 개에 6에서 8센트 정도였다. 돼지고기는 450그램에 4센트, 최상등급 쇠고기는 8에서 10센트 정도였다. 하숙비는 일주일에 1달러 50센트였다. 새벽부터 해질녘까지 일하면 한 달 월급으로 10달러를 받았는데, 그 정도면 운이 좋은 편이었다. 하기는 지금은 상황이 많이 달라졌지만, 노동시간이 단축된 것 외에는 그때보다 크게 나을 것도 없는 것 같다.

1867년 1월, 우리 가족은 새 집으로 이사갔다. 집안에 있는 나무와 벽돌들이 모두 밝은 색이었던 것이 기억난다. 석회와 나무 냄새, 축축하고 싸늘한 방안에서 나던 냄새 등이 지금도 생생하게 되살아나는 듯하다.

겨울이 오자 딱딱하게 성에가 끼고, 다리가 푹푹 빠질 만큼 눈이 쌓였다. 하지만 집안에는 장작을 잔뜩 넣은 커다란 난로에서 불이 활활 타올랐다. 아버지와 형들은 매일 숲에 가서 장작을 해왔고, 집에 남아 있는 우리 네 형제는 작업실에 가서 놀았다. 작업실은 우리집 북동쪽 구석에 있는 넓다란 방이었다. 거기서는 주로 목공일을 했다. 그곳은 사방에 못과 아교풀 천지였다. 우리는 거기서 놀면서 가죽과 유리와 금속 다루는 법을 배웠다. 그곳은 우리에게 공예와 기술을 가르치는 학교였다.

되돌아보건대 그곳에서 배운 경험은 아주 중요한 교훈이었다.

맨 처음 배운 교훈은 이런 거였다. 내가 널빤지 끝을 잡고 형이 톱질을 하며 나무를 자를 때였다. 나는 당연히 작업을 빨리 끝내려고 널빤지를 누르려고 했다. 그때 형이 "누르면 안 돼! 누르면 나무에 금이 가서 나무가 두 동강 나 버려. 수평이 되게 들고 있어야 톱질을 잘 할 수 있어" 하고 말해서 나는 깜짝 놀랐다. 지금도 그때 배운 작은 교훈을 기억하고 있다.

또 한번은 지루하게 회전 숫돌 돌리는 작업을 하고 있을 때였다. 나는 형이 왜 도끼 날의 반대방향으로 돌게 하는지 이해가 안 되었다. 그렇게 하면 날이 더 무뎌질 것 같았다. 그러나 형은 다른 편으로 돌면 도끼 날이 더 나빠지거나 약해질 수 있다는 것을 보여주었다. 또 물을 적시지 않고 갈면 쇠가 금방 달구어져서 약해진다는 것도 배웠다.

나무에 못을 왜 나란히 박지 않고 서로 엇갈리게 박는지도 알았다. 못을 한 줄로 또는 나무의 결에 따라 나란히 박으면 나무가 쉽게 잘 쪼개지기 때문이었다. 몇 년 뒤 나뭇결을 따라 한 줄로 서툴게 못박아 놓은 것을 보고 낯뜨거워졌던 기억이 난다.

단단한 나무 판자에 작은 구멍을 뚫었다가 나중에 뜨거운 쇠꼬챙이로 더 크게 뚫으면 처음부터 크게 뚫은 구멍보다 훨씬 더 단단한 구멍이 된다는 것도 알았다. 나는 표면을 그슬려서 단단하게 만든 나무와 그 나무에서 나는 달콤한 냄새를 사랑하게 되었다.

옭매듭(밧줄 등을 한 번 더 묶은 뒤 반대 방향으로 한 번 더 묶은 것 – 옮긴이)을 묶는 법이나 복잡하게 줄을 매는 법도 배웠다.

또 유리를 차가운 물 속에 두면 예리한 가위로 자를 수 있다는 것도 알았다. 이것은 수도사들이 스테인드글라스를 만들 때 쓰던 방법이었다.

총알, 닻, 바퀴, 배의 용골(龍骨 큰 배 밑바닥 한가운데를, 이물에서 고물에 걸쳐 선체를 받치는 길고 큰 목재 – 옮긴이) 등의 틀을 주조하는 법도 배웠다. 틀을 만든 다음에는 가게에서 납을 사다가 녹여서 조심스럽게 틀 속에다 부어 넣었다.

탄성이 없는 못은 불에 달구었다가 천천히 식히면서 유연하게 만드는데, 그렇게 하면 그 못은 단련된 쇠처럼 구부리거나 휘게 할 수 있었다.

새로 지은 이층집

막내 동생은 아직 아기였지만 우리 모두는 일반적인 연장들을 사용하여 간단한 목공일 정도는 할 수 있었다. 우리는 가로톱과 세로톱의 차이와 그 이유를 배웠고, 통송곳, 나사송곳, 조개송곳에 대해서도 배웠다. 또 손도끼와 도끼, 보통 송곳과 특수 송곳, 대패와 막대패, 또 나무 벨 때 쓰는 도끼와 장작팰 때 쓰는 도끼의 차이점도 배웠다. 이런 것은 일상적인 우리 삶의 일부였다.

우리는 위험한 연장들을 가지고 일하는 데 열중하게 되었다. 그래서 종종 큰형들은 손가락이 잘릴지 모르니까 일을 시작하기 전에 응급처치용으로 천 조각과 실을 준비해 놓으라고 했다. 4년 동안 우리 중에서 한 명이라도 다치지 않는 날은 하루도 없었다.

도끼를 다루는 솜씨는 우리 세계에서는 대단한 일이었다. 도끼 손잡이의 너비와 무게, 휘두름 등을 연구할 때 우리는 마치 사라센 사람들이 칼날의 금속성분과 곡선을 연구할 때만큼이나 진지했다.

좋은 도끼 자루는 아주 미세한 곡선까지도 수많은 작은 경험들과 생각을 거친 끝에 정교하게 만들어진 것이고, 숲에 있는 모든 나무들을 가지고 만들어 보고 시험해 본 결과물이라는 것을 요즘 아이들은 알지 못할 것이다. 50여 종의 나무들 중에서 히코리나무와 미국물푸레나무, 백참나무만 성공적이었다. 그러나 미국물푸레나무는 볼품 없는 렌치를 가지고도 쉽게 부러뜨릴 수 있고, 백참나무는 너무 무르며, 히코리나무는 탄성이 없다는 게 전문가들의 생각이었다. 구부러진 정도나 손잡이의 굵기와 탄성과 불룩한 정도 등에서 각 나무마다 다 장점이 있었다.

하지만 나는 현명한 나무꾼이라면 어린 화이트히코리로 만든 도끼를 선택할 것이라고 생각한다.

히코리나무는 우리 주위에 흔치 않았다. 맏형인 이노크는 무지에서 나온 용기 하나만 가지고 다른 나무를 찾겠다며 사흘 동안 집을 나가서 사탕단풍나무로 도끼 자루를 만들었다. 형은 깨진 유리조각으로 나무를 긁어서 매끈하게 만든 다음 기름칠한 헝겊으로 윤을 냈다. 형은 이 '시시한 고물 막대기'를 대단한 것이라도 되는 듯이 들고 다니며 뽐냈다. 그러나 무게가 1.5킬로그램 정도 나가는 도끼날을 자루에 집어넣으려고 젖먹던 힘을 다해 꽉 쥐자 나무 자루는 형의 손아귀에서 힘없이 세 조각으로 부서지고 말았다.

그건 대단한 일도 아니었지만 내 어린 기억 속에는 그 뒤에 일어났던 스페인전쟁이나 몬스(Mons 벨기에 남서부 에노 주의 주도. 1914년 영국과 독일 사이에 최초의 전투가 벌어졌던 곳으로, 영국군이 이곳에서 퇴각하는 것으로 결말이 났다 - 옮긴이)에서의 퇴각 같은 사건들보다도 선명히 남아 있다.

하루는 이웃에 사는 짐 허시라는 사람이 와서 블루비치(서어나무의 일종 - 옮긴이)를 가늘고 길게 쪼개서 빗자루 만드는 법을 가르쳐주었다. 그 사람은 46센티미터 가량의 가는 나뭇가지를 다른 쪽 끝 가까이 길게 쪼갠 다음 끝까지 구부려서 묶었다. 또 한번은 구부린 나무를 물에 넣고 끓여서 황소에게 메는 멍에를 만드는 것도 보여주었다. 또 나무로 소의 코를 꿰뚫어 끼는 코뚜레도 만들었다. 그 방법은 히코리나무를 끓는 물에 넣어서 함석처럼 휘어지게 만든 다음 말려서 쇠처럼 단단하게 만드는 것이다.

나무의 재질이라든가 각 나무의 장점 등에 대해서도 배웠다. 예를 들어 참피나무는 자르기 쉽고 잘 쪼개지지만 목재로서는 적합지 않고 땔감으로도 쓰지 못한다. 하지만 조각을 한다거나 단풍나무 수액을 받는 통을 만들기에는 아주 좋다. 너도밤나무와 단풍나무는 장작용으로는 가장 좋은 나무이다. 히코리나무는 귀해서 장작으로는 잘 쓰지 않는다. 삼나무는 제일 약하고 가벼워서 단단한 목재로 쓰기엔 알맞지 않지만 지붕을 이거나 기둥으로 쓰기에 적합하고 가연성이 있어서 불쏘시개로 쓰면 기름을 부은 것처럼 활활 잘 탄다.

히코리나무는 여러 나무 가운데서도 가장 강하지만 땅 위에 그대로 놔두면 삼년 안에 썩어버린다.

캐나다솔송나무는 가장 단단한 나무인데 도끼로 그 나무를 치는 것은 바위를 치는 것 같았고, 좋은 도끼일수록 더 잘 망가졌다.

도끼를 메고 갈 때 절대로 날이 내 쪽을 향하게 해서는 안 된다는 것도 배웠다.

랜턴을 정확히 비추는 방법도 알았는데, 내 쪽에서 잘 보이면 다른 사람에게도 잘 보인다는 것이 여러 번의 실험을 거쳐 증명되었다.

두 손의 집게손가락으로 자루의 입구를 꼭 쥐고 사각 모양으로 벌릴 수도 있었다.

페인트를 아주 두껍게 칠하면 마르는 데 일주일이 걸리는 반면 아주 얇게 칠하면 하루 만에 마르고 그 위에 덧칠을 하면 또 하루 만에 말랐다. 그래서 얇게 칠하는 것이 시간을 아낄 수 있는 방법이라는 것도 알았다.

손가락을 베었을 때는 얼른 발삼나무로 달려가 나무껍질에서 수정처럼 맑은 수액을 받아 상처에 발랐다.

단단한 스트로브잣나무로 보물상자도 만들고 그 상자에 잘 맞는 뚜껑도 만들어 달 수 있었다. 참피나무로 피리도 만들고 말오줌나무 열매로 물총을 만들기도 했다.

형의 도움을 받아서 작은 돌집도 만들었다. 길이가 각각 60센티미터인 그 집을 만들 때는 우리가 살고 있는 집을 지을 때 어깨 너머로 봐둔 방법들을 많이 써먹었다.

모형배도 만들었다. 배 만드는 전통은 집안 대대로 내려오는 것이었다.

게임을 하거나 놀이를 할 때 쓰이는 도구들은 모두 우리 손으로 만들어서 썼다. 요새 아이들은 야구가 하고 싶으면 아버지에게 달려가서 야구 장비 살 돈을 달라고 조르지만, 우리는 야구가 하고 싶을 때 필요한 것을 직접 만들었다. 야구 방망이 만드는 것은 식은 죽 먹기였다. 단단한 나무는 다 되지만 너무 단단하면 자르기가 쉽지 않다. 양면이 넓고 평평해서 야구 방망이라기보다는 크리켓 막대 비슷하게 생겼지만, 어쨌든 난 그런 방망이를 한 시간 안에 만들 수 있었다.

공 만드는 과정은 비교적 복잡했다. 재료는 탄환 한 개, 코르크마개 두 개, 낡은 털양말, 질긴 줄 약간과 사선 바늘 한 개다.

만드는 과정은 이렇다. 코르크마개의 한 면을 평평하게 만든 다음 구멍을 뚫어서 탄환이 가운데 오도록 두 코르크마개를 실로 묶는다. 코르크마개의 바깥 면을 잘 깎아서 다듬는다. 양말의 발가락 부분부터 실을 풀어서 감는다. 코르크마개를 가운데 놓고 바깥을 털실로 단단히 감는다. 이때 둥근 모양이 되도록 조심스럽게 감아야 한다. 둥근 모양이 되면 양말의 나머지 부분으로 감싸서 겉껍질을 만들기 시작하는데, 이유는 모르지만 우리는 이것을 '털실감기'라 불렀다. 처음엔 바늘을 깊숙이 찌른 다음 바느질을 하는데 한 땀 한 땀이 그 전의 바늘땀과 서로 고리 모양으로 연결되도록 한다. 이런 방법으로 우리는 훌륭한 공을 만들었다. 정말 잘 튀고 잡기도 쉬운 공이었다. 형들은 공에다 가죽으로 겉껍질을 씌우기도 했다.

우리가 만든 물건들, 그 많은 액자 틀과 나무에 새긴 새와 짐승 조각들이 지금까지 남아 있다면 얼마나 좋을까! 우리는 이끼와 작은 나뭇가지들, 지의류와 마른 풀들을 가지고 숲의 축소 모형을 만들고는 그것을 '풍경'이라고 불렀다. 나는 숲과 늪마다 흩어져 있는 작고 신비한 것들의 놀라운 아름다움을 발견하고는 거기에 푹 빠졌다. 어느 날 나는 작은 새의 보드랍고 섬세한 둥지 안에 눈이 가득 싸여 있는 것을 발견했다. 그때 바로 얼마 전 이 둥지 안에 따뜻한 온기를 지닌 새끼들이 꼼지락거리고 있었을 거라는 느낌을 받았다.

우리집 대문 옆에는 커다란 느릅나무가 두 그루 서 있었다. 그 나무들은 예전에 숲이 있었던 자리를 마지막으로 지키고 있는 나무들이었다. 아버지는 그 나무들을 런던의 문을 지키는 두 거인의 이름을 따서 곡과 마곡이라고 불렀다. 우리집은 '느릅나무집'이라고 불렸다. 곡이라고 불리는 큰 나무는 멀리서 바라보면 망루 같았다. 우리는 그 나무들이 자랑스러웠다.

어느 날 린지에서 돌아와 보니 사람들이 큰 느릅나무를 잘라서 장작을 만들고 있었다. 앞일을 생각지 않는 어떤 가난한 사람이 도로관리인을 찾아가 나무를 자르게 해달라고 애원하자 허락해버린 것이다. 아버지가 그 나무를 얼마나 아끼는지를 알고 놀란 도로관리인은 자기가 그걸 알았다면 아무도 그 나무를 못 건드리게 했을 거라고 말했다.

그때의 개척자들은 나무를 이렇게 하찮게 취급했다.

벽난로가의 추억

찰스 필이라는 늙은 사냥꾼이 있었는데 우리집에 자주 와서 난롯불을 쬐곤 했다. 필 할아버지는 재미있는 일로 가득 찬 옛날 이야기를 자주 들려주었다. 나는 그 이야기를 듣는 것이 그렇게 좋았다. 이 근방에서 필 할아버지가 죽인 곰과 사슴의 숫자는 헤아릴 수조차 없었다. 그 행복했던 시절에 곰은 정말로 흉포하고 겁없는 괴물이었다. 필 할아버지의 말 한마디 한마디가 내게는 값진 복음처럼 들렸다. 한창 흥미진진하게 이야기를 듣고 있는데 아버지가 이제 그만 가서 자라고 할 때는 무척 고통스러운 순간이었다. 나는 위대한 영웅의 이야기들을 조금이라도 더 들으려고 늑장을 부리곤 했다.

그 당시에는 곰이 수백만 마리나 있었고 늑대는 그보다 더 많았을 거라고 생각했다.

그리고 곰은 또 얼마나 멋있었는지! 그들의 흉포함은 말로 표현할 수조차 없으리라. 필 할아버지가 해주던 이야기에는 대부분 동물에 대한 동정이 어려 있었다. 무시무시하면서도 인상적인 이야기가 하나 떠오른다. 한번은 필 할아버지가 엄청나게 큰 곰을 잡으려고 함정을 설치해 놓았다. 그 함정은 오두막처럼 만들었는데 벽은 물론이고 마루와 지붕도 육중한 통나무로 만들어 아주 견고한 함정이었다고 한다. 문은 위쪽을 고정시킨 덮개 문으로 만들었는데 그것만은 널빤지로 만들었다.

필 할아버지는 그 덫을 설치한 다음 매일 가보고 싶었지만 갑자기 일이 생겨서 한 달 동안이나 가보지 못했다. 나중에 가보니 덮개 문은 닫힌 채 곰이 갇혀 있었다. 곰은 그 속에 갇혀서 울부짖으며 일주일 이상 살다가 결국엔 굶어 죽은 모양이었다. 사방엔 곰이 사납게 물어뜯었던 흔적들이 남아 있었다. 불쌍한 동물 같으니! 고통 속에서 얼마나 울부짖었을까? 통나무 곳곳에 곰이 필사적으로 물어뜯은 자국이 남아 있었다. 통나무를 물어뜯은 노력의 반에 반 만이라도 문을 공격했더라면 도망칠 수도 있었을 텐데! 평평하고 매끈한 널빤지 문은 두꺼운 통나무에 비해 공격할 필요가 없다고 생각한 모양이었다.

또 한 가지는 소름이 오싹 끼치는 이야기다. 한번은 필 할아버지가 곰을 만나 총을 쏘았다. 그러자 곰은 풀을 한 입 물더니 질겅질겅 씹어서 상처에다 문지르는 것이 아닌가. 그리고 나서 그 곰은 필 할아버지를 공격했다. 필 할아버지가 다시 총을 쏘자 곰은 또 멈춰서 상처를 치료했다. 이런 일이 세 번이나 되풀이 되었다. 만일 곰이 상처를 치료할 생각을 하지 않았더라면 곰은 할아버지를 죽일 수도 있었을 것이다. 곰이 상처를 치료할 때마다 할아버지는 낡은 엽총을 장전할 수 있었고 결국 곰은 총에 맞아 죽고 말았다. 필 할아버지가 해준 이야기는 이런 식이었다.

이런 이야기를 할 때 필 할아버지는 예술가 같았다. 할아버지는 한번도 인간적인 약점을 숨기지 않았고 때때로 얼마나 겁에 질려 있었는지도 솔직하게 말해 주었다. 어느 날 할아버지가 숲을 지나고 있었는데 갑자기 20미터 앞에 넘어져 있던 큰 나무 뒤에서 곰이 나타났다. 곰은 쓰러진 나무 위에 두 발을 대고 서서 할아버지를 향해 으르렁거렸다. 할아버지는 총을 쏘려고 했지만 너무 놀란 나머지 손이 떨려서 화약을 약실(총에서 화약 가루를 집어넣는 곳 – 옮긴이) 바깥에다 흘리고 말았다. 총알은 당연히 불발되었다. 딸깍하는 소리가 나자 이번에는 두 번째 곰이 나무 뒤에서 나타났다. 할아버지는 이번에는 화약을 약실 안에 잘 쏟아 넣었지만 너무 서두르는 바람에 총알이 빗나가고 말았다. 또다시 딸깍하자 세 번째 곰이 나타났다. 할아버지는 절망적이었지만 침착하게 총에 화약을 재었다. 그리고 목표물을 겨냥하기 전에 화약이 잘 섞이도록 나무 그루터기에 대고 총을 몇 번 내리쳤다. 이걸 본 세 마리 곰은 뒤돌아서 줄행랑을 놓았다고 한다.

어느 날 밤이었다. 그날도 다른 날처럼 앉아서 주문에 걸린 듯 할아버지의 이야기를 조마조마하게 듣고 있을 때였다. 갑자기 희미한 난로불빛 사이로 늑대의 머리와 귀가 보이는 것이었다. 머리털이 곤두서는 듯했다. 나는 한순간 늑대가 방에 들어와 있다고 착각하고 공포에 질렸다. 그러나 잠시 뒤 나는 현실로 되돌아왔고 의자에 파묻혀서 머리를 흔들었다. 그리고 나서야 늑대의 모습은 내 얼굴 가까이에 있었던 담요 때문에 우연히 생긴 형상이었다는 것을 알았다. 나는 그때 느꼈던 공포를 아무에게도 이야기하지 않았다.

나는 필 할아버지네 집에 가는 기회는 한 번도 놓치지 않았다. 할아버지네 가족은 대가족이었는데 자식이 열일곱 명쯤 되었다. 그들은 모두 친절하고 싹싹했다. 그러나 나를 더 매료시켰던 건 그곳에서 볼 수 있었던 야생의 세계였다. 헛간 구석에 못 박혀 있는 너구리 가죽이라든가 마구간에 걸려 있는 두 개의 사슴 뿔, 스라소니가 닭장을 습격해서 닭을 훔쳐갔다는 이야기라든가 언제나 화려하지만 시끄러운 공작이 꽥꽥거리며 모든 새들을 공포에 떨게 만드는 광경 등등.

어느 봄날이었다. 뒷문간에는 여느 때처럼 까마귀 둥지가 있었다. 나는 새끼 까마귀에게 먹이를 주는 것이 어떤 놀이보다도 재미있었다. 까마귀들은 식욕이 왕성해서 먹이뿐만 아니라 내 손가락까지 쪼아 먹으려고 했다.

나는 까마귀들에게 매료되어서 열심히 먹이를 주고 보살폈다. 그러자 애비게일이 친절하게도 "한 마리 집에 데리고 가서 키울래?" 하고 말하는 것이었다. "정말?" 너무나 기뻤다. 나는 그 까마귀를 사랑스럽게 보듬어 안고 집에 왔다. 그리고 포근한 보금자리를 만들었다. 잠자리에 들 때까지 까마귀에게 30분 간격으로 먹이를 주었다. 다음날 아침에도 먹이를 주려고 일찍 일어났다.

여덟 시에는 형과 함께 학교에 가야 했으므로 아침 여덟 시까지는 먹이를 줄 수 있었다. 학교에서도 온종일 까마귀 생각뿐이었다. 오후 4시가 되자 쏜살같이

매를 공격하는 왕산적딱새

집으로 달려왔다.

나는 곧장 까마귀에게 갔다. 그러나 둥지 안에는 내 귀여운 까마귀가 죽어 있었다. 굶어 죽은 것이다. 한창 클 때는 적어도 한 시간에 한 번씩은 먹이를 먹어야 했던 것이다.

나는 슬픔을 참지 못하고 통곡하며 울부짖었다.

사촌누나 폴리가 말했다.

"나한테 말하지 그랬니? 내가 까마귀를 돌보아 줬을 텐데."

그건 결코 잊을 수 없는 교훈이었다. 그 일이 있고 몇 년 동안은 숲 속의 야생동물과 함께할 기회는 찾아오지 않았다.

어렸을 때 나는 왕산적딱새를 보고 몸서리치게 매료되었던 적이 있다. 왕산적딱새는 비록 참새보다 조금 클 뿐이지만 용감무쌍하여 매나 심지어 독수리 같은 큰 새도 서슴지 않고 공격하는 새 중의 왕이라는 말을 들었다.

그러나 새들의 왕은 다 먼 대륙에 서식했다. 이 멋진 새는 아프리카나 남아메리카 또는 열대지방 같은 데서나 발견되고, 그 난해한 이름은 조류도감에서나 찾아볼 수 있었다.

어느 날 조지 형과 짐 파커라는 이웃사람이 같이 소를 몰러 가고 있을 때였다. 까마귀 두 마리가 하늘 높이 날고 있었다. 그때 낮은 나뭇가지에서 작은 새가 소름끼치는 소리를 내며 까마귀들을 날쌔게 공격했다. 먼저 한 마리에게 달려들더니 나머지 다른 까마귀도 공격했다. 공포에 질린 채 비틀거리며 도망가던 까마귀를 잽싸게 낚아챈 녀석은 푸드득 날아올라 숲 속으로 사라졌다.

"저 새는 뭐야?" 호기심이 발동한 내가 물었다.

"저건 왕산적딱새야." 형은 사냥꾼들한테 들어서 알고 있었다.

"그 새는 말이여, 날아다니는 건 뭐든지 다 잡아챈단 말이여." 짐 아저씨가 말했다.

"왕산적딱새라구?" 갑자기 숨이 막혔다. 기쁨의 잔을 들이킨 것 같았다. 난 평생 이 순간을 기다려 왔었다. 먼 나라에나 사는 희귀한 새인 줄 알고 있었는데 바로 우리 땅에서 내 두 눈으로 똑똑히 보다니! 바로 우리 까마귀들 틈에서 살고 있었다니! 정말 멋지고 대단한 사실이었다. 짐 아저씨는 그날 내게 무엇을 해주었는지 결코 알지 못할 것이다.

그날은 내게 기념비적인 날이었다. 그날 나는 그 용감한 작은 새에게 완전히 빠지게 되었다. 영웅을 숭배하고 야생의 세계를 동경하는 내게 고귀한 것을 들라고 하면 주저없이 왕산적딱새를 말한다. 해가 갈수록 나는 왕산적딱새에 대해 더 많이 알게 되었고 1876년에는 '왕산적딱새' 라는 시도 지었다.

1879년에야 정식으로 그 시를 발표했지만, 그 전에도 내 그림 속에서나 또는 친구들 앞에서 간간이 발표하기도 했다. 그것은 내가 야생동물 작가의 길을 걷게 된 계기가 되기도 했다.

테리 영감의 지혜

이제 학교를 다니는 건 나의 일과가 되었다. 우리는 좀더 놀 시간을 벌려고 아침 여덟 시에 집을 나섰다. 정오가 되면 점심을 먹었다. 점심 메뉴는 언제나 똑같았다. 고기 샌드위치랑 잼 샌드위치, 삶은 달걀이었다. 세 가지 다 내가 싫어하는 음식이었다.

공부는 식은 죽 먹기였다. 선생님들은 내가 반에서 가장 공부를 잘 한다고 했다. 그건 사실이었다. 그 해 여름에 나는 읽기를 배웠다. 주간지를 처음 읽을 수 있게 되었을 때의 기쁨과 놀라움, 그리고 라이벌이었던 조니 블랙웰에게 가서 "나는 종종 신문을 읽는다"며 자랑했던 일이 생각난다. 사실 얼마 전만 해도 간신히 떠듬떠듬 한 자 한 자 신문을 읽던 터였다. 그러나 조니의 반응은 내 생각과 달랐다. 기가 죽기는커녕 "꺼져 이 자식, 읽지도 못하면서" 하고 말하는 것이었다.

나는 그 녀석을 깔아뭉개 주겠다고 말했다. 그때쯤엔 나도 웬만한 욕을 쓸 줄 알았다. 조니는 온갖 욕과 모욕적인 말을 퍼부으면서 나를 무시했다. 우리는 싸우기 시작했고 분명히 전세는 내게 불리했다. 다행히 좀 나이가 많고 큰 아이였던 에이브럼 필이 싸움을 말리고 우리를 화해시켰다.

당시는 하루하루가 모험으로 가득 차 있었다. 그때는 소나 양떼가 사람이 다니는 길이나 덤불숲에서 마구 돌아다녔다. 그 무리에는 황소와 숫양 한두 마리가 꼭 끼어 있었다. 우리는 그 놈들을 만날까봐 언제나 두려움에 떨었다. 학교에 오가는 길에는 꼭 한두 번쯤은 소 떼를 만나게 되는데 우리는 그 무리에서 황소를 구별할 수 있었다. 그러면 먼 길을 돌아가거나 울타리를 뛰어넘어서 소들이 다 지나갈 때까지 기다리곤 했다. 우리는 워낙 행동이 재빨라서 울타리 가로대 사이의 30센티미터 정도의 틈으로도 주저 없이 기어들어갈 수 있었다.

황소는 대부분 겉보기에만 무서워 보일 뿐이었다. 그러나 나는 지금도 싸움소가 씩씩거리는 소리를 듣기만 해도 황소가 날마다 두려움의 대상이었던 그때가 생각난다.

 황소의 공격을 받은 적은 한 번도 없었지만, 숫양의 공격을 받아서 토끼처럼 재빠르게 울타리를 뛰어 넘은 적은 한두 번이 아니었다. 나와 형들은 우리집 숫양 듀크 때문에 여러 번 모험을 겪었다. 그러나 그 모험은 결국 비극으로 끝났다.

소에 대해 잘 모르는 사람들은 소들은 다 비슷하다고 생각하는데 천만의 말씀이다. 우리 소들은 제각기 뚜렷하게 다른 특징을 지니고 있었다. 처음 제니를 보았을 때 내 가슴은 두근거렸다. 제니는 뿔이 구부러진 얼룩 젖소였다. 제니를 볼 때마다 나는 개를 뿔로 받아버린 마더구스(수백 년 동안 구전되어온 영어권의 전래 동요 - 옮긴이)에 나오는 영웅적인 소가 생각나곤 했다.

 체리는 몸집이 큰 붉은 소였는데 체리의 우유는 '질보다 양'을 우선시하는 것이었다. 스타리는 이마에 흰색 별 무늬가 있었고, 아직 어린 소 서키는 체리의 딸이었다.

 처음에 우리는 소에 대해 아무것도 모르다가 차츰 많은 것을 알게 되었다. 외모나 기질, 특기, 성질 등에서 똑같은 소는 하나도 없었다.

 우리 어린 형제들에게는 보살펴야 할 소가 한 마리씩 돌아갔다. 내 몫은 제니였다.

 이듬해 봄, 제니는 송아지를 낳았다. 나는 그 현장에 있었는데, 정말 흥미진진한 광경이었다. 그 덕분에 나는 일곱 살도 되기 전에 해산의 과정을 속속들이 알게 되었다.

그 다음에는 체리가 새끼를 낳을 차례였다. 체리의 해산일은 4월 15일이었다. 그러나 우리는 4월 10일에 체리가 풀밭 위에 누워 있는 것을 보았다. 체리는 일어나지 못했다. 아직 해산할 때가 되지 않은 것은 분명했다. 옆집에 사는 조지 칼버트 할아버지는 소가 봄에 걸리는 '영양실조'에 걸렸다고 말했다. 겨울에 제대로 먹지 못해서 병에 걸린 것이다. 밀기울죽을 하루에 두세 번 끓여 먹였더니 조금 나아지는 듯하긴 했지만 그래도 일어나지는 못했다.

조지 할아버지는 또 한번 현명한 처방을 내렸다. '일으켜 세워주어야 한다'는 것이었다. 또 겨울 내내 부실한 먹이로 허해진 몸에다가 새끼까지 갖고 있기 때문에 '심하게 아프고 심약해졌다'는 것이다. 그 소는 일어나고 싶어하지 않는 것이고 그러면 얼마 안 있어 아예 일어날 수 없게 될 것이다. 영양을 공급해주고 일으켜주지 않는다면 그 소는 포기해 버리고 죽게 될 것이라고 했다. 우리는 영양가 있는 먹이를 주었다. 또 두꺼운 천을 체리의 배 아래에 대고 소의 몸을 60센티미터 가량 들어올렸다. 마침내 소는 힘들이지 않고도 설 수 있게 되었다.

좋은 먹이를 먹인 결과 체리는 원기를 회복하고 다시 살아났다. 우리 힘으로 체리를 살린 것이다.

그 다음해 봄, 우리는 소에게 너무 먹이를 많이 먹여서 또다시 소를 위험에 빠뜨렸다.

체리는 덩치가 큰 젖소였다. 해산하기 한 달 전부터 우리는 체리에게 밀기울죽을 먹였다. 체리는 건강이 좋아 보였다. 체리의 배는 점점 커졌고 지나치게 불룩하다 싶을 정도였다. 우리는 우리가 하고 있는 일이 어떤 결과를 초래할지 몰랐다. 영양 많은 음식 때문인지 체리는 젖이 많아졌다. 나중에 조지 할아버지는 해산 직전이라도 매일 조금씩 젖을 짜주어서 체리의 몸을 좀 편하게 해 주었어야 했다고 말했다. 그러나 우리는 체리가 열이 오른 채 눕게 될 때까지는 아무것도 몰랐다. 유열(乳熱 보통 분만 뒤 발병하는 저칼슘혈증 - 옮긴이)이 들었던 것이다. 체리는 이틀 만에 죽고 말았다.

스타리는 그 해 겨울이 되기 전에 도살당했다. 서키는 그 해 봄에 처음으로 새끼를 낳았는데, 뼈대가 작았기 때문에 난산을 했다. 형과 나는 해산의 마지막 순간에 밧줄을 꽉 붙잡고 있었다. 그토록 위급할 때 동물들이 인간의 지식과 힘을 빌리지 않으면 어떻게 될까 궁금했다. 아마 별수없이 죽을 수밖에 없겠지.

서키는 남동생이 맡아서 키웠다. 동생은 먹이를 주고 데리고 다녔다. 그러나 서키는 버릇없이 뿔로 동생을 들이받기도 했다. 우리 같은 꼬마 애들에게는 위협적인 일이었는데도 어른들은 배꼽을 잡고 웃어댔다.

제니는 내 소인데 뿔이 약간 구부러졌다. 다행히도 제니는 매년 봄마다 순탄하고 평범하게 새끼를 낳았다. 내가 할 일은 그저 지켜보는 것뿐이었다.

나는 일찍부터 황소의 역할이 어떤 건지 깨우쳤다. 우리 모두는 아주 오래 전부터 목동들이 해오던 방식을 알고 있었다. 황소와 암소는 서로 교미하기 석 달 전부터 교미한 지 2주 뒤까지 함께 지낸다.

그 뒤에도 나는 소들을 많이 키우고 젖도 짜주었지만, 어린 시절 숲 속 농장에서 키웠던 소들만큼 뚜렷한 개성을 지닌 소들은 본 적이 없다.

우리는 사는데 필요한 거라면 뭐든지 집에 들이게 되었는데 1867년 봄에는 양을 새로 들여왔다. 숫양 한 마리와 암양 다섯 마리였다. 어린아이들의 눈으로 보면 그 양들의 특성이 다 보였다. 우리는 오래 전부터 내려온 충동과 관습대로 각 양들의 특성에 따라 이름을 지었다. 가장 몸집이 큰 암양은 좋은 털에다 분홍색 귀와 코를 하고 있었기 때문에 로지라고 이름지었다. 그 양은 조지 형 차지였다. 검은 눈에 검은 코, 몸집이 조금 작은 양은 내니라고 이름지었고, 어린이 법정의 판결에 따라 내 몫이 되었다. 뿔이 없는 우량 품종의 숫양은 듀크(공작 – 옮긴이)라고 이름 지었는데, 그 까닭은 웰링턴 공작의 코와 비슷했기 때문이었다. 듀크는 비공식적인 절차에 따라 큰형에게 돌아갔다. 그러나 듀크는 항상 무리에서 떨어진 외톨이였다.

어느 날 내 양 내니가 마당에 누워서 온몸을 비틀며 괴로워하고 있었다. 내니는 커다란 위험에 빠져 있는 게 분명했다. 우리집 일꾼이 그걸 보고는 내니가 새끼를 낳을 때가 되었는데 해산을 못하고 있는 거라고 했다. 그러자 어머니가 와서 아이들을 다 쫓아버렸다. 우리는 울타리 뒤에서 어머니가 자신의 많은 경험을 이용하여 내니의 해산을 도우려 애쓰는 것을 엿보았다. 하지만 허사였다.

내니는 20분마다 주기적으로 발작을 일으켰다. 내니의 산만큼 커진 배는 금방이라도 해산할 듯했지만 좋은 소식은 없었다. 내니는 누워서 곧 죽을 것처럼 숨을 헐떡거렸다. "이대로 두면 죽을지 모르겠는 뎁쇼." 우리집 일꾼인 아일랜드인 래리 아저씨가 말했다. "어떻게 하면 되겠나? 아는 사람이 없을까?" 아버지가 말했다. "있지유. 테리 맥그래스라는 사람인디유. 아주 옛날부터 목동이었는디 말씀입죠, 양에 대해서라면 모르는 게 없지유." 래리 아저씨가 말했다.

그래서 좀 큰 아이였던 해리 형은 농장을 가로질러 8킬로미터 가량 떨어진 테리 영감의 통나무집까지 뛰어갔다. 어른들은 해산하는 장면을 보지 못하게 나 보고도 같이 가라고 했다.

테리 영감은 담배를 피우면서 눈을 가느다랗게 뜨고서 우리 얘기를 들었다. 나는 영감이 담배를 빼고서 몇 마디 말할 때 쭈글쭈글한 목 위에 늘어져 있는 두 겹의 턱살이 움직이는 것을 볼 수 있었다. "새끼를 낳아야 되는디 못 낳고 있는 거구만. 그놈의 뒷다리 무릎을 꽉 붙잡고 높이 들고 있으라고. 그 상태로 다음 번 진통이 올 때까지 가만히 있으라구 혀."

영감은 다시 담배를 입에 물었다. 우리는 부리나케 집으로 돌아왔다.

사람들은 곧바로 영감이 말한 대로 진통중인 내니의 뒷발을 꽉 붙잡고 위로 치켜올렸다. 내니는 저항할 기운조차 없었다. 그 다음 진통이 오자 양은 곧바로 새끼를 낳았고, 사람들은 즉각 탯줄을 잘랐다. 어미 양은 자리에 눕혀졌다. 전쟁은 승리로 끝났다.

그 원리는 명확했다. 그릇된 정보나 과식으로 안 그래도 진통 때문에 부담을 받은 창자와 위가 골반 쪽으로 쏠려서 자궁을 조여 문을 닫게 만들었고, 이 때문

에 새끼가 나올 수 없게 된 것이다. 그러나 양의 두 뒷다리를 높이 들어 올린 채 잡고 있으면 소화기관이 앞으로 쏠려서 자궁과 배의 근육이 움직여 자연스럽게 분만이 촉진되는 것이다. 물론 이 사실을 알게 된 것은 한참 뒤였다.

사람들은 양의 목구멍으로 물을 쏟아 부었고 양은 벌컥벌컥 물을 마셨다. 한 시간 뒤에 양은 제 발로 설 수 있었다. 그로부터 한 시간 뒤에는 새끼 양도 일어나 걸었다.

그러나 또 다른 문제가 생겼다. 새끼 양이 보살펴 달라고 어미에게 다가가서 건드리는데도 어미는 코를 킁킁거리며 새끼양의 냄새를 맡더니 발로 살짝 차고 다른 쪽으로 가 버리는 것이다. "자기 새끼를 좋아하지 않는가 봐유." 래리 아저씨가 소리쳤다. "이젠 또 어떻게 하나?" 아버지의 말이었다.

아는 사람이 아무도 없었다. 그래서 또 테리 영감에게 자문을 구하러 두 번째 걸음을 해야 했다.

"새끼 양헌티 뭔 짓을 한 겨?"

"잘 닦아줬어요."

"이 바보천치들 보랑께. 아무 짓도 하지 말고 놔둬야 하는디. 에미 양은 니들 손 냄새가 싫은겨."

"그럼 어떻게 해요? 어미 양이 안 보살펴 주면 새끼는 죽어요."

테리 영감의 지혜 55

영감은 또다시 곰방대를 빼더니 칵 하고 가래를 내뱉고 나서 말을 이었다. "에미에게 물을 많이 마시게 혀. 먹을 건 주면 안뒤여. 먹으려고 하지도 않을 거구. 잘 드는 칼을 갖다가 귀를 살짝 베라구. 그 피를 새끼한테 갖다 문질러야 혀. 에미 콧구멍도 칼로 살짝 베서 피를 흘리게 혀. 그란 다음 새끼를 데려다가 에미한테 보이고 냄새도 맡게 혀. 우는 소리도 내게 허고."

여기에 쓴 순서대로는 아니었지만, 우리는 테리 영감이 처방해 준대로 정확히 따랐다. 오늘날까지도 나는 이런 연극을 가끔 보게 된다. 피를 흘리고 있는 어미는 새끼를 보고 놀란다. 그것은 어미로서의 본능을 자극하게 된다. 그러면 그날 밤 새끼는 어미의 품에 안겨 편안히 잠을 청한다.

여름이 오면 양 목장에는 두 가지 일이 생긴다. 그 일들은 내 기억에 그림처럼 선명히 남아 있다.

하나는 숲 근처 작은 강에서 양을 목욕시키는 일이다. 우리는 축제 때처럼 들떠서 온통 난장판을 만들 계획이었으나 늘 싱겁고도 단순하게 끝나서 성에 차지 않았다.

몇 주 뒤에는 양털깎기가 벌어졌지만 그것도 역시 실망스러웠다. 그와 동시에 새끼 양의 꼬리털깎기도 있었다. 내가 알기로는 새끼 양들은 태어날 때부터 기다란 꼬리가 있었다. 이 꼬리에는 거친 털 대신에 보송보송한 솜털이 나 있다. 기다란 솜털이 나 있는 꼬리는 곧 더러워지고 병균에 감염되기도 쉬워서 어미 양의 털을 깎을 때 같이 깎아줘야 했다.

그 해 초여름 내 양 내니가 없어졌다. 숲과 목장을 다 뒤졌지만 허사였다. 사흘 뒤 나는 헛간 뒤에 있는 겨울 동안 물건을 보관해두는 창고에서 내니를 발견했다. 내니는 비쩍 마르고 병이 든 채 누워 있었다. 내니는 움직이기가 힘이 든 상태였다. 내가 달려 나가 물을 가지고 와서 바짝 마른 목에 물을 부어주자 내니는 허겁지겁 물을 삼켰다.

나는 아버지에게 달려가 내니를 찾았다고 말했다. 그러나 우리가 할 일은 아무것도 없었다. 내니는 병에 걸려 죽어가고 있었다. 나는 그날 한 시간 동안 내니 곁을 지켰다. 그 다음에도 계속 같이 있었다. 내니는 한번도 고개를 들지 못했지만 내가 주는 물과 우유를 삼켰다. 다음날 내니는 죽었다. 내니의 죽음에 깊은 관심을 가진 사람은 나 혼자뿐이었다. 내니는 내 양이었으니까.

그 해 초여름, 처음엔 숫양이, 그 다음엔 로지가 울타리를 넘어 뛰쳐나가는 버릇이 생겼다. 그 양들은 목장을 뛰어넘어 밭으로 들어갔다. 이 버릇은 곧 다른 양들에게도 퍼질 것이고, 그러면 밭이 망가지리라는 건 불 보듯 뻔했다.

소나 말, 돼지들보다 양들이 더 골칫거리였다. 소들은 높이 뛰지 못하고 목에 줄이 매여 있어서 쉽게 붙잡을 수 있었다. 말들은 높이 뛸 수는 있지만 울타리보다 1미터 가량 높은 말뚝에 밧줄로 매여 있었다. 돼지는 전혀 뛰어오르지 못했지만 울타리 밑으로 기어 들어갈 수는 있었다. 양은 이 세 가지 방법, 즉 밑으로 기어 들어가거나 위로 뛰어오르거나 사이로 들어가는 것을 다 할 줄 알았다. 아주 높은 울타리는 2단 점프를 해서 쉽게 뛰어넘었다. 처음에는 꼭대기 가까이의 가로대까지 뛰었다가 다음에 울타리를 뛰어넘는 것이다. 울타리를 돌파한 양들은 농작물에게는 심각한 위협이었다.

이 고민거리를 안고 우리는 또다시 테리 영감에게 갔다. 담배 연기 속에서 눈을 가느다랗게 뜨고 우리 말을 듣고 있는 영감을 보고 있으면 도통 현명한 대답이 나올 것 같지 않았다. 그러나 그의 대답 속에는 경험에서 우러나온 지혜가 들어 있었다. "우두머리를 붙잡아서 그 놈 양쪽 귀 끝에다가 구멍을 뚫으라구. 머리 뒤로 해서 느슨하게 줄을 매도록 혀. 그러면 더이상 뛰지 않을 거잉께."

우리는 속임수를 써서 두 마리의 우두머리 양을 붙잡아 귀에다 줄을 묶었다. 그런 다음 숨어서 지켜보았다. 양들은 아무도 보는 사람이 없자 곧 풍부한 먹이를 향한 모험심에 휩싸였다. 숫양이 이끄는 가운데 양들은 목장을 거닐며 울타리 바깥의 가장 먹음직스런 먹이를 골라내었다. 숫양은 울타리 사이로 엿보며 어린 순무의 맛있는 냄새를 맡더니 보통 때처럼 울타리를 뛰어넘기 위해서 6미터 정도 뒷걸음질쳤다. 그러나 예로부터의 습관으로나 생물학적으로나 '양들이 뛸 때 두 귀가 앞을 향하고 있어야 한다'는 규칙이 있다. 양은 울타리 가까이 갔을 때 온 힘을 다해서 귀의 위치를 바로 잡으려고 애썼지만 허사였다. 양은 마치 첫발을 헛디뎌 동료들의 조롱거리가 되어서 뛰기를 주저하는 높이뛰기 선수처럼 주춤거리더니 울타리를 뛰어넘는 데 실패하고 말았다. 녀석은 공중 높이뛰기를 하는 대신에 고개를 흔들며 씩씩거리면서 방향을 바꾸었다. 우리의 완전한 승리였다.

무법자 듀크 영감

우리집 숫양 듀크 영감은 다른 숫양들처럼 나이가 들수록 버릇이 고약해지더니 마침내는 아이들을 괴롭히는 취미가 생겼다. 아이들 중 누군가가 목장이나 들판에 있으면 듀크 영감은 뒷발질을 하다가 콧김을 씩씩 내뿜으며 고개를 흔들면서 공격해 온다. 그러나 우리는 울타리 사이로 미끄러져 나가는데는 도사들이다. 그리고는 반대편 안전한 곳에서 돌을 던졌다. 싸움은 대부분 우리들의 승리로 끝났다.

한번은 내 동생이 듀크에게 공격당했는데, 다행히 일꾼 한 명이 구해 주었다. 듀크가 공격해 올 때 나는 언제나 잡히지 않고 도망갔다. 하지만 그 난폭한 짐승이 점점 더 무서워졌다. 듀크는 뿔 대신에 딱딱한 돌기가 있었는데, 그것으로 한 대 얻어맞으면 마치 무거운 망치로 맞는 것 같았다. 68킬로그램이나 나가는 사나운 숫양이 돌진해 오는 건 결코 사소한 문제가 아니었다.

학교 가는 길에 두어 번 숫양 두 마리가 싸우는 걸 본 적이 있었다. 두 마리는 30미터 정도 거리까지 서로 떨어지더니 곧 전속력으로 돌진했다. 그리고 마치 무거운 말뚝박이 기계로 쿵하고 내리치는 소리를 내며 맞부딪치더니 다시 뒤로 조금씩 물러났다. 양의 목이 어떻게 부러지지 않고 남아 있는지 신기할 정도였다.

다른 목장에서 이런 일을 몇 번 본 데다 우리 숫양이 소나 돼지, 황소들에게 돌진하는 모습을 본 뒤로는 숫양의 공격을 받고 싶은 생각은 꿈에도 없었다. 숫양의 공격은 점점 심해졌고, 그와 동시에 성격도 점점 사나워졌다.

한번은 남자 어른들을 공격하기도 했다. 그러나 그 사람들은 양이 번개처럼 공격할 틈을 주지 않았다. 양이 뒷발질을 하자 사람들은 달려들어서 단단한 몽둥이로 양의 주둥이 부분을 후려갈겼다. 듀크 영감은 물러났고, 그 뒤로 인간에게 있어서 어른과 아이는 하늘과 땅 차이라는 걸 알게 되었다.

우리들 대부분은 심하게 다치는 것은 모면할 수 있었지만, 이웃 농장에 사는 아이들이 양에게 공격당해서 다치거나 심지어는 죽기까지 했다는 얘기가 심심찮게 들려오곤 했다.

여름 동안에 듀크 영감은 목장에 갇혀 있었지만, 겨울이 오자 우리 생활과 더 밀접해지게 되었다.

겨울 동안에는 목장의 모든 소와 양, 돼지, 말, 닭들이 헛간 뒤뜰에 모여 있게 된다. 그것은 겨울대왕의 군대로부터 공격당해 포위된 도시 같았다. 그 공격에 대한 방어수단은 높이 쌓아올린 낟가리와 건물들이었다. 그곳에는 겨울대왕의 힘이 미치지 않았다. 바깥세상은 모두 하얗게 변했다. 들판은 굽이치는 눈의 바다 밑에 숨겨져 있었고, 울타리는 쌓인 눈에 덮여 보이지 않았다. 하얀 눈을 이끌고 다니는 겨울대왕의 말들은 사방에서 경주를 벌이고 있었다. 헛간 주위에는 눈이 몇 미터인지도 모르게 쌓여 있었다.

신기하게도 눈의 영향이 미치지 않는 곳이 있었다. 건물의 높이만큼 떨어진 거리에, 그러니까 9미터 높이의 헛간에서 9미터 가량 떨어진 곳에 커다란 눈더미를 쌓아 놓았는데 그것은 눈보라의 공격에 대비하는 최전방 참호인 셈이었다. 그 눈더미와 헛간 사이에는 땅이 그대로 드러나 있었던 것이다. 눈이 거기에 쌓이지 않고 휘몰아치는 회오리바람에 날려 원래 있던 눈더미 위에 가서 쌓이는 바람에 그 눈더미는 계속 높아져 갔다. 헛간을 빙 둘러가며 그런 공간이 있었기 때문에 사람들은 쉽게 헛간 주위를 돌아다닐 수 있었다. 그러나 그 바깥에는 거센 바람이 휘몰아치고 눈이 끝없이 내려 깊이 쌓여갔다.

바람이 그다지 거세지 않을 때는 이곳에 숫양이 돌아다녀서 사람은 얼씬거리지도 못했다. 아이들은 만일 거기서 양을 만난다면 얼어붙은 흰 파도처럼 쌓여 있는 눈더미 위로 재빨리 기어오르면 된다는 걸 알아냈다. 만일 양이 우리를 쫓아 기어올라온다면 그 작은 발굽과 무거운 몸무게 때문에 눈구덩이에 빠져 허우적거리게 될 것이다. 반면에 우리는 눈더미 위를 살살 걸어다닐 수도 있었다.

그러나 돌멩이가 다 얼어붙어 버려서 우리쪽도 불리하긴 했다. 가끔씩은 딱딱한 소똥을 미사일처럼 날려보내기도 했지만 이 소똥도 거의 다 땅바닥에 얼어붙어 버리고, 방금 눈 똥은 물컹물컹해서 쓸모가 없었다.

앞서도 말했지만 우리 어린 형제들에게는 보살펴야 할 소가 한 마리씩 있었다. 우리는 여섯 살, 일곱 살 반, 그리고 아홉 살이었다. 소를 보살피려면 아침 여덟시에 우리로 가서 소를 풀어주고 마당을 한 바퀴 산책시켜야 했다. 평상시처럼 소가 곧장 수돗가로 가면 펌프질을 해서 물도 줘야 했다. 그건 쉬운 일이 아니었다. 펌프가 종종 얼어서 녹여주고, 그 안에다 마중물을 부어주어야 하기 때문이다. 또 홈통에 얼어붙은 얼음을 조금씩이라도 깨줘야 했다.

우유를 짜는 것은 아이들의 몫이 아니었다. 그건 사촌누나 폴리와 조지 형에게 맡겨졌는데 그리 버거운 일은 아니었다. 두 마리 소밖에는 젖이 나오지 않았고, 그나마 젖도 얼마 없었기 때문이다.

소를 우리에서 내보낸 다음에는 못쓰는 건초로 우리와 여물통을 청소해야 했다. 잠자리에 새 짚을 넣어 주기도 하고, 해가 지면 소를 데리고 들어와서 매어 두었다.

이 일들이 별 거 아닌 것처럼 들릴지 모르겠지만, 두 가지 훼방꾼 때문에 지독히도 힘들었다. 그 하나는 살을 에는 추위였다. 기온이 영하 17도 아래로 떨어지는 날이 그리 많았던 것은 아니지만 추위를 가릴 만큼 변변히 입지 못했다. 손발이 쓰라리게 아프고, 손가락이 욱신거리거나 마비되지 않는 날이 하루도 없었다. 날이 더 추워지면 소를 돌보러 가기 전에 부엌의 화덕에다 손을 녹이려고 하루에

헛간

도 몇 번씩 부엌을 들락거렸다. 손발이 동상에 걸리고, 터서 갈라지고, 코와 귀가 얼어서 빨갛게 되는 것도 부지기수였다.

다른 하나는 숫양의 공격이었다. 우리와 듀크 영감은 날마다 같은 공간에서 지냈다. 우리가 일을 하려면 듀크가 있는 곳으로 가야 되는데 듀크는 점점 더 난폭해지고 공격적이 되었다. 몇 번인가는 황소와 우리집 일꾼까지도 공격했다. 황소는 별로 공격할 의사가 없는지 가볍게 듀크를 한쪽으로 몰아붙이기만 했다. 그러자 듀크는 오히려 적극적으로 황소를 거세게 공격했다.

우리집 일꾼인 아일랜드인 디니 윌킨슨은 체구는 작지만 강단 있는 체격의 사나이였는데 가을에 듀크와 몇 번 겨뤄 무승부를 기록한 적이 있었다. 그러나 겨울이 오자 무승부의 기록은 깨지고 듀크의 승리로 돌아갔다.

어느 날 헛간에서 도움을 청하는 다급한 목소리가 들려왔다. 거의 장성한 어른이었던 해리 형이 마구간에서 쳐다보니 디니 아저씨가 헛간에서 듀크에게 공격당하고 있었다. 디니 아저씨는 거의 한 시간 동안이나 옴쭉달싹 못하고 있었다. 디니 아저씨가 도망가려고 하면 듀크가 뒤에서 아저씨를 쳐서 날려 보냈다. 아저씨는 간신히 헛간 안으로 도망쳐서 도리깨를 움켜잡았다. 그러나 듀크는 좀체 도리깨에 맞지도 않을 뿐더러 아저씨를 놔주지도 않았다.

해리 형은 쇠스랑을 들었다. 듀크가 공격하려고 뒷걸음치자 해리 형은 이때다 하고 쇠스랑으로 듀크의 몸 중에서 약한 부분을 찔렀다. 듀크는 곧바로 꽁무니를 빼고 도망쳐 버렸다. 그날 이후 듀크는 해리 형만 보면 피해 다녔고, 디니 아저씨만 보면 공격하려 들었다.

건초는 헛간 안에 저장했지만, 짚은 바깥에 여물통을 만들어 거기에 두었다. 여물통은 길이가 6미터에서 9미터쯤 되는 통나무로 만들었고 높이가 통나무 서너 개를 쌓아둔 것만큼 되었기 때문에 소들은 짚을 밟지 않고도 고개를 밖으로 빼기만 하면 먹이를 먹을 수 있었다.

탈곡기를 돌리면 실린더에서 나온 황금빛 곡식이 헛간 안에 쌓이고, 노란 짚이 운반기를 통해 따로 쌓였다. 탈곡할 때 곡식에서 쏟아지는 왕겨는 모두 한 곳에 떨어지게 되고 셀 수 없이 많은 쓸모 없는 짚은 손으로 밀어서 낟가리 옆에다 쌓아두었다. 왕겨가 쌓여 있는 곳에는 맛있는 먹이가 잔뜩 널려 있어서 우리집 가축들은 먹이를 놓고 싸움을 벌이기도 했다. 당연히 제일 좋은 자리는 황소 차지였고, 다음은 암소 차지였다. 한두 주 동안 소들은 통나무 여물통에 있는 먹이를 다 먹어치운 뒤, 양들의 차지였던 먹이까지도 다 먹어버렸다. 그러면 듀크 영감은 특히 더 분개했다.

우리 형제들은 소들을 자랑스러워했다. 우리는 매일 여물통에다 왕겨와 왕겨만은 못해도 구하기는 쉬운 짚을 넣어주고 싶어했다. 우리는 짚을 손썰매에다 조금씩 올려놓고 운반했다. 그건 우리 모두 돌아가면서 사용했다.

한겨울 어느 날 헛간 마당을 조심스럽게 지나 일하러 가고 있을 때였다. 갑자기 아서 형이 헛간 뒤에서 쇠스랑을 들고 뛰쳐나왔다.

"무슨 일이야?" 내가 소리쳤다.

"듀크야, 듀크. 그 녀석 내가 왕겨를 꺼낼 땐 잠자코 있더니 갑자기 덤벼들잖아."

"쇠스랑이 있으면 걱정 없어." 나는 지난 번 큰 형이 쇠스랑을 가지고 보여준 위력을 상기하며 말했다.

"난 무서워." 형이 말했다.

"난 아니야. 쇠스랑 이리 줘봐." 나는 갑자기 용맹심에 사로잡혀 말했다.

형은 내게 쇠스랑을 주고 예의 그 눈더미 위로 피신했고, 나는 결의에 차서 헛간으로 위풍당당하게 걸어갔다. 듀크와 암양들은 자기들이 차지한 왕겨 무더기에 머리를 박고 게걸스럽게 먹고 있었다. "당장 꺼져." 나는 있는 용기를 모두 쥐어짜서 기갑부대를 향해 쇠스랑을 휘두르며 소리쳤다.

듀크는 진짜로 '꺼졌다.' 하지만 곧 뒷발로 곧추 서서 3미터 정도 위를 쳐다보고 고개를 흔들며 콧김을 내뿜더니 나를 향해 돌진했다.

거리가 6미터도 채 안 남았을 때 내 용기는 완전히 바닥나 버리고 말았다. 나는 듀크를 향해 쇠스랑을 내던지고는 걸음아 날 살려라 하고 도망쳤다. 듀크는 기운차게 뛰어왔다.

　설마 생각해서 그렇게 한 건 아니었겠지만 듀크는 내가 눈더미 위로 올라가려는 걸 막았고 나를 툭 트인 마당으로 내몰았다. 나는 공포에 질렸지만 있는 힘을 다해 달렸다. 형은 소리 질렀다. "뛰어, 뛰란 말야!" 그러나 형의 말은 아무 소용없었다.

　근처에는 울타리도 없었고 눈더미도 없었다. 그런데 1미터 앞에 수레가 달려 있는 썰매가 있었다. 나는 그 수레 안으로 눈 깜짝할 새에 몸을 날렸다. 듀크가 따라오려고 하자 나는 그 녀석의 부드러운 코를 발로 찼다. 수레 밑바닥에는 막대기가 있었다. 그것을 무기로 삼으려고 했지만 얼어붙어 있었다. 오로지 그 녀석이 다시 일어서서 나한테 다가올 때마다 발로 차는 수밖에 없었다.

　그러는 사이에 형은 가까운 울타리 주위를 빙빙 돌고 있었다. 형은 먼저 내게 막대기를 던졌다. 그 다음엔 듀크에게 꽁꽁 언 소똥 덩어리를 던졌다. 나는 막대기로 놈의 머리를 후려쳤다. 그다지 큰 타격은 아니었는데도 놈은 천천히 머리를 흔들더니 훔쳐낸 먹이를 먹고 있는 양떼들에게로 가버렸다.

　어른들은 왜 우리가 자기 일을 충실히 할 때조차 공포에 떨도록 방치해 두는지 도무지 이해할 수 없었다. 이제 와 생각해보니 그에 대한 대답은 이런 것 같다. 첫째로 어른들은 다른 곳에서 일에 열중한 나머지 아이들이 위험에 처한 사실을 몰랐던 것이다. 그리고 우리 아이들은 오만방자하게 말했었다. "용기가 조금만 있다면 쉽게 이길 수 있다구."

　우리가 겨우 열 살도 안 된 어린아이들이란 것도, 숫양 때문에 이웃에 사는 아이가 죽었다는 것도, 우리 일꾼조차도 듀크를 무서워한다는 것도 어른들에게는 조금도 중요하지 않았다. "스스로 알아서 싸워." 이것이 어른들의 조소어린 반응이었다. 우리는 목숨까지도 위협받았다. 그래서 싸웠다.

　앞에서도 말했지만, 짚단은 통나무 여물통에 쌓여 있었다. 소들은 통나무 가로대 안쪽에 있는 폭이 1미터, 높이가 2미터 정도 되는 공간을 돌아다니며 여물을 먹었다. 우리는 이 공간을 일종의 요새처럼 썼는데, 겨울이 깊어갈수록 사용 횟수도 많아졌다. 듀크는 점점 더 위험한 존재가 되었다.

겨울에는 소의 목에 다는 종들은 쓸모도 없고 눈 속에서 잃어버리기도 쉬워서 떼어버린다. 우리는 기다란 장대 끝에다 이 종들을 매달았다. 그리고는 통나무 저장소에 있는 안전한 요새 안에서 듀크가 돌진하고 싶어서 몸서리를 칠 때까지 이 장대를 계속 흔들었다. 듀크는 종을 향해 돌진하지만 거기 있는 건 뾰족한 막대기뿐이었다. 듀크의 철갑 같은 머리는 처음 몇 번의 공격에는 끄떡도 하지 않았다. 그러나 마침내 막대기 끝을 약간 내리자 듀크의 코가 찔렸고, 듀크는 공격 열의를 잃어버린 것 같았다. 막대기와 부딪치는 순간 막대기의 끝에 찔려서 심하지는 않지만 듀크의 코가 몇 군데 찢어졌던 것이다. 결국 우리의 늙은 전사는 다시는 딸랑거리는 종을 향해 돌진하지 않았다.

겨울이 깊어갈수록 전쟁은 점점 더 심해졌다. 아이들과의 전쟁에서 계속 승리를 거두자 듀크는 점점 더 자만하게 되었고, 우리는 점점 더 많은 꾀를 내게 되었다.

양 우리는 양들을 혹한에서 보호하는 것이었다. 나는 아주 먹음직스런 말꼴이나 큰조아재비풀로 듀크를 우리 안으로 유혹한 다음 지붕 위에서 문을 닫아버렸다. 이 방법은 몇 번 성공을 거두었다. 한번은 이 늙은 폭군이 창문을 뛰어넘어서 우리를 공격하려 해서 놀라기도 했지만 다행히도 우리는 안전했다.

듀크와의 싸움은 재치와 힘의 대결이었는데, 듀크가 언제나 1승 정도 앞서 있었다. 싸움은 겨울 내내 계속되었다. 그러나 봄이 오자 싸움의 종말도 다가왔다.

짚이 들어 있던 여물통 바닥은 소들이 모두 먹어치워서 깨끗했다. 다른 곳에도 두 개의 여물통이 있었는데 두 개가 V자 모양으로 연결되어 있었다. 그런데 이 여물통 한군데 바닥에 왕겨가 남아 있는 것을 알게 된 듀크는 그 여물통 주위를 서성거렸다. 그러다가 여물통 끝을 건드리는 바람에 다른 여물통과의 사이가 1미터 정도 벌어졌다.

우리는 맛있는 말꼴을 미끼로 사용해서 성난 전사를 좁은 구석으로 몰았다.

그리고는 짧은 통나무를 방패삼아 듀크를 바짝 몰아붙였다. 듀크는 이제 우리 손아귀에 있었다.

우리 세 아이는 각자 쇠스랑을 들고 듀크를 공격했다. 보잘것없는 힘이지만 듀크를 계속 찔러대자 결국 이 사나운 짐승은 겁을 집어먹었다. 만약 듀크를 그냥 놓아주었다면 우리 모두를 죽였을 것이다. 그러나 듀크는 더이상 우리를 공격하지 않았다.

우리는 막대기를 내려놓고 듀크를 놔주었다. 뒤돌아서 도망가는 듀크에게서 호전적인 모습이라곤 찾아볼 수 없었다. 그 뒤부터 듀크는 쇠스랑을 들고 있는 아이들만 보면 두려움에 떨었다. 그리고 우리가 가도 그냥 내버려두었다. 듀크의 통치는 끝났다. 듀크는 이제 힘을 잃어버린 듯했다.

봄이 다가왔다. 듀크가 머리를 숙이고 혼자 서 있는 모습이 종종 눈에 띄었다. 우리가 소에게 줄 먹이를 들고 지나가도 듀크는 관심을 두지 않았다.

어느 화창한 날 듀크가 누워 있는 것이 발견되었다. 다음날 아침 극진한 보살핌에도 불구하고 듀크는 죽었다.

아버지는 이웃에서 양을 키우는 사람에게 말했다. "우리 숫양을 한번 봐주려나? 도대체 왜 죽었는지 모르겠단 말이야."

그 사람은 듀크를 살펴보고 나서 이렇게 말했다.

"왜 죽었는지 정확하게는 모르겠지만 등에 작은 상처가 많이 있었네. 아마도 간에 구멍이 많이 나 있을 걸세. 디스토마나 다른 기생충에 감염되었던 게지."

당신이라면 어떻게 하겠는가? 겨우 일곱 살, 여덟 살, 열 살난 어린 아이들이 스스로 알아서 싸워야 한다는 말만 들었다면 말이다.

내 정신의 토양 67

야생의 질서

겨울은 길고 지루했다. 손발은 거의 매일 추위에 트고 갈라져 쓰라렸다. 그런데도 아이들은 쑥쑥 잘 자랐다. 영하 2도 정도로만 기온이 올라가도 아주 따뜻한 것처럼 느껴졌다.

3월이 되면 본격적인 해빙기가 시작된다. 그날 하늘은 찬란한 파란색이었다. 아홉 시경 집 옆에 있는 쓸쓸한 포플러나무 위에서 작은 새 한 마리가 노래를 불렀다. 한 형이 유리새라고 가르쳐 주었다. 언뜻 그 새의 푸른 등을 본 것도 같다. 그 새는 계속해서 단조로운 음을 반복하고 있었다. 나도 모르게 눈물이 났다. 왜 그런지는 모르지만 그 음이 너무 좋았다. 그 새는 그때부터 내게 봄을 알려주는 새가 되었다.

곧이어 빛나는 봄이 찾아왔다. 숲과 하늘에서 새들이 노래하고, 개울물이 콸콸 흘렀다. 밤 사이에 숲에는 작은 꽃들이 가득 피었다. 우리는 그 꽃을 '예쁜이꽃'(클레이토니아)이라고 부르며 그 꽃들을 열심히 따다가 한 시간 동안 던지며 놀았다. 우리 속에 깊이 감춰져 있던 본능을 만족시키며. 나는 개울 근처에서 작은 갈색 새의 둥지를 발견했다. 그 안에 있던 새끼의 보드라운 솜털과 지저귀던 소리를 잊을 수 없다. 나는 그 소리가 "이집트여, 이집트여, 이집트여, 악령의 소굴 이집트여"라고 말하는 것처럼 들렸다. 나중에 알고 보니 그 새는 멧종다리였다.

그 중에서도 봄이면 가장 기억에 남는 것은 참피나무와 아메리카낙엽송 새싹의 냄새다. 우리는 그 새싹들을 먹었는데 무척 맛있었다. 지금은 그 싹을 먹지는 않지만 여전히 달콤하면서도 상큼한 향기는 어린 시절 누렸던 봄날의 기쁨을 되새기게 해준다.

아이들에겐 매일 달걀을 모으는 신나는 의무가 주어졌다. 그 일에는 우리 마음속 깊이 숨어 있는 사냥꾼 본능을 만족시켜주는 무언가가 있었다. 한편으로는 양심에 따라 좋은 일을 한다는 기쁨도 주었다. 우리는 다른 장소에다 좋은 둥지를 만들어 놓고 닭들을 유인하는 방법을 알았다. 봄이 한창이던 어느 날 땅에서 새의 둥지를 발견했을 때 새로운 생각이 떠올랐다.

우리는 그 새의 둥지와 똑같은 작은 둥지를 여러 개 만들고는 우리가 만든 것이 진짜라는 걸 인식시키려고 애썼다. 하지만 그 새는 우리의 자비로운 수고 따위는 한번도 거들떠보지 않았다.

그러나 제비와 굴뚝새를 위해 만들어 놓은 둥지에는 알이 잔뜩 들어 있었다. 이 일의 성공으로 고무되기도 하고 또 어떤 말벌과 꿀벌들은 진흙으로 집을 짓는다는 이야기를 들은 적도 있고 해서, 나는 진흙으로 옆에 구멍을 낸 작은 둥지를 여러 개 만들었다. 하지만 이 노력은 또다시 수포로 돌아갔다. 전에 대머리호박벌에게 종이 둥지를 만들어 주려다 뼈아픈 교훈을 얻었으면서도 내가 왜 말벌들을 도우려 하는지 그 이유를 나도 몰랐다. 그러나 나는 야생의 세계에 동참하는 것, 그러니까 그 세계를 만드는 일에 뭔가 한 가지라도 내 손으로 도움을 주는 것을 꿈꾸었다. 그것이 바로 내가 꿈꾸는 인생이었다.

통나무로 지은 외양간은 지붕이 누런 짚으로 덮여 있었다. 달걀을 사냥하는 데 이만큼 흥미진진한 곳은 없었다. 게다가 누워서 꿈꾸기에도 제격인 천국같이 편안한 장소였다.

봄이 땅을 점령하고 있던 어느 날 나는 외양간 지붕에 누워서 눈이 시리도록 푸른 하늘과 흰 구름을 쳐다보고 있었다. 여러 가지 모양을 한 순백색의 구름 덩어리가 이따금 파란 하늘을 가리기도 하고 서로 부딪치기도 하다가 다시 열리면

외양간

서 그 사이로 끝없는 푸른색의 심연을 보여주기도 했다. 이 영원의 존재를 보고 있는데 갑자기 위풍당당한 두 마리 새가 언뜻 눈에 들어왔다. 그리고 멀리서 트럼펫 소리 같은 울음소리가 들려왔다. 나중에서야 그 새가 새들 중에서 가장 고귀한 새인 기러기라는 것을 알았다. 긴 날개와 목, 긴 다리 그리고 눈처럼 흰 깃털을 가진 그 두 마리 흰 새들은 북쪽에 있는 집을 찾아가는 중이었다. 내 마음을 울리는 웅장한 트럼펫 소리가 아직도 메아리치는 듯하다.

그때의 어린 두 눈으로 보았던, 두 귀로 들었던 그 새의 울음소리를 지금 다시 들을 수 있다면 무엇을 주어도 아깝지 않으리라. 그러나 슬프게도 이제 나는 늙었고, 그 영화로운 새는 날아가버렸다. 황금의 땅 서부로 영원히 가버린 것이다!

봄이 되면 새로운 일거리들이 생긴다. 우리는 이제 어엿한 농부였다. 이제 겨우 세 살 된 아기만 빼고 모든 사람에게 할 일은 무궁무진했다. 다섯 살, 일곱 살, 아홉 살, 열세 살과 그 이상인 아이들에겐 돼지 밥을 준다든가 울타리 사이로 망을 본다든가 소를 몬다든가 하는 따위의 그다지 어렵지 않은 일들이 잔뜩 주어졌다.

우리는 이웃 사람들과 잘 어울리지 못했다. 부모님은 너무 고상하신 분들이라

거친 개척자들을 잘 건드리지 않았다. 그러나 큰 형들은 곧 숲 세계의 행동과 말투를 익혔다. 내가 쓴 소설 『작은 인디언의 숲 The two little savages』을 보면 그러한 일들이 자세히 그려져 있다.

나는 새 둥지를 찾는 스릴 넘치는 기쁨에 한껏 빠졌다. 멋진 보물을 발견할 때마다 마치 머리카락을 잡아당기는 듯한 짜릿한 아픔을 느꼈던 기억이 생생하다. 나는 내가 찾은 둥지에 새끼들이 들어 있을 때보다 알이 들어 있을 때 더 큰 쾌감을 느꼈다. 알들이 많을수록 짜릿함은 더욱 컸다.

이름을 아는 새들은 그다지 많지 않았다. 울새, 까마귀, 잿빛개구리매, 큰부엉이, 붉은머리딱따구리, 좁은부리딱따구리, 자고, 유리새, 벌새 등이었다. 여름 날 나무 꼭대기에서부터 멀리까지 울려 퍼지는 비까마귀의 신성하기까지 한 울음 소리는 보이지 않는 신비스러운 기쁨을 자아내곤 했다.

내 본성은 이 신비의 세계에 대해 더 알기를 갈망했지만, 참고할 만한 책도 없었고 새에 대해 잘 아는 사람도 없었다. 다른 아이들도 이런 지적인 굶주림에 고통을 겪고 있는지 궁금했다. 내가 알지 못하는 멋진 새를 보면 내 머릿속은 호기심 때문에 고통스러웠다. 목이 꽉 잠기는 듯한 아픔을 느꼈다. 그 새에 대해 아무것도 알지 못했는데 그 새가 날아가 버리면 내 가슴은 슬픔과 허탈감으로 공허한 어둠 속에 빠져드는 것 같았다.

나는 읍내에서 철물점을 하는 찰리 폴리라는 사람이 박제한 새를 많이 가지고 있다는 이야기를 들었다. 나는 이 위대한 사람을 만나기 위해 많은 작전을 세우고 부모님께 수없이 애원을 해야 했다. 그의 가게로 들어간 나는 경외심에 할 말을 잊은 채 그가 직접 만든 마흔 개가 넘는 새의 박제가 선반 위에 진열되어 있는 것을 보았다. 마침 폴리 씨의 사냥꾼 친구가 자기 개에 대해서 계속 지껄이는 바람에 그 사람은 나에게 거의 말을 걸지 않았다. 그래도 풍금조, 아메리카원앙, 낙원두루미, 갈매기, 제비 같은 새들의 이름을 가르쳐 주었다.

폴리 아저씨를 만난 일로 그동안 나를 괴롭혀 왔던 문제가 하나 해결되었다. 어느 크리스마스 때의 일이었다. 형들이 비버 초원의 나무 위에 과녁을 만들어

놓고 손가락이 얼얼해질 때까지 사격을 했다.

그때 올빼미가 날아올랐다. 형들 중 한 명이 그 올빼미를 쏴서 날개를 부러뜨렸다. 우리는 땅에 떨어진 그 새를 집에 데리고 왔다. 깃털이 탐스러운 올빼미의 몸과 노란 눈동자가 아직도 눈에 선하다. 또 위협하듯이 스스거리는 소리와 부리를 딱딱 부딪치던 모습, 안전거리를 두고 바라보고 있는 나를 두려움에 찬 눈으로 뚫어지게 쳐다보던 모습을 잊을 수 없다. 그때 형들은 그 새가 아주 위험한 새라고 했다. 폴리 아저씨 가게의 박제된 새들 중에 그 새가 있었는데, 이름이 솔부엉이라고 했다. 아저씨는 그 새가 전혀 위험하지 않을 뿐더러 가장 점잖고 유순한 숲 속의 가수라고 했다.

그때 본 새들의 이름과 모습은 내겐 아주 귀중했고, 아직도 내 기억 깊숙이 남아 있다. 폴리 아저씨가 지금도 살아 있는지 궁금하다. 아주 오래 전에 그 아저씨가 내게 얼마나 큰 기쁨을 주었으며, 내 마음에 어떤 씨앗을 심어주었는지 알고나 있었을까?

숲 속에서 우리 아이들은 한 가지 문제를 스스로 해결해냈다. 그 일을 해결하는 데는 중요한 원칙이 적용되었음을 나는 어른이 되고 나서야 깨달았다.

우리집 주변의 숲은 몇 년 전에 불을 놓아 모두 태워버렸다. 그래서 집 주위에는 죽은 나무들이 많이 서 있었다. 큰 가지가 다 없어지고 윗부분이 잘려나간 시커먼 나무의 높이는 6미터 정도 되었다. 죽은 나무들은 붉은머리딱따구리와 좁은부리딱따구리들의 행복한 보금자리가 되었다. 이 원기 왕성한 새들은 셀 수 없이 많은 구멍과 둥지들을 만들어 놓았다. 하지만 정작 딱따구리가 사는 집은 몇 개 없었고 대부분 찌르레기, 새매, 어치, 동고비, 굴뚝새, 박새 들의 보금자리가 되었다. 또 각종 털 달린 짐승들, 즉 붉은다람쥐, 하늘다람쥐, 나무쥐, 박쥐 들의 서식처가 되기도 했다.

사냥철이 되자 우리의 사냥꾼 본능이 다시 발동하여 새 둥지를 뒤지거나 짐승 사냥에 열을 올리게 되었다. 불에 탄 나무에서 우리는 확실한 수확을 올릴 수 있었다.

그런데 어떻게 그 불타고 남은 나무에 올라갈 것인지가 문제였다. 그 나무는 타고 올라갈 수 없었다. 또 힘센 어른이 도끼질을 해서 쓰러뜨리려면 몇 시간이나 걸릴 터였다. 하지만 우리는 한 가지 방법을 발견했다.

우리 중 두 명이 울타리의 가로장으로 쓰는 기다란 장대를 닿을 수 있는 데까지 높이 올려서 불탄 나무를 힘껏 미는 것이다. 우리는 밀다가 잠시 쉬고, 또 밀다가 쉬었다. 세 번째 아이가 나무 꼭대기의 흔들림을 바라보고 있다가 우리에게 신호를 했다. "좀더 빨리, 아니 천천히, 지금이야 지금!" 나무의 정확한 흔들림에 맞추어 우리는 다시 나무를 힘껏 밀었다. 이렇게 우리는 밀고 쉬기를 반복했다. 나무 꼭대기가 점점 심하게 흔들렸다. 나무뿌리도 뿌지직 하고 흔들리기 시작하며 나무 꼭대기가 점점 아래로 내려왔다. 마침내 나무가 우지끈 넘어지면 우리는 집요한 추적자들처럼 달려들어 집 잃은 어린 다람쥐나 쥐, 새들과 새알들을 낚아채는 것이다.

넘어지지 않는 튼튼한 나무들도 있었다. 뿌리가 절대로 썩지 않는 소나무는 난공불락이었다. 참나무나 삼나무도 마찬가지였다. 그러나 참피나무나 너도밤나무는 쉬운 희생물이었다. 나무에 사슬을 감아서 말 두 마리에게 나무 주위를 돌며 잡아당기라고 해도 나무는 꼼짝도 하지 않을 것이다. 그러나 몸무게가 고작해야 22킬로그램 정도였던 우리들은 정확히 나무의 흔들림에 맞추어 나무 꼭대기를 밀어서 쓰러뜨릴 수 있었다.

나는 그 나무가 왜 바람에 쓰러지지 않았는지 가끔 궁금했다. 내가 할 수 있는 대답은 바람은 나무의 흔들림에 맞추어 밀 수 없었기 때문이라는 것뿐이다.

야생의 땅을 급습하려던 우리는 붉은다람쥐 한 마리가 나무 위로 올라가 꼭대기 근처에 있는 딱따구리 구멍 속으로 들어가는 것을 보았다. 갑자기 사냥꾼의 피가 끓어오른 우리는 그 다람쥐를 잡기로 했다.

막대기로 나무를 두드리자 한두 마리의 다람쥐가 뛰어나왔다가 다시 쏙 들어가버렸다. 우리는 긴 장대를 가지고 밀고 쉬기 전법을 쓰기로 했다. 10분 뒤 나무가 쓰러지자 우리는 다람쥐를 찾으려고 꼭대기로 달려갔다.

나무가 쓰러질 때 나무 꼭대기도 산산조각이 났다. 썩은 나무와 부서진 둥지들 사이에 눈도 채 뜨지 않은 벌거숭이 다람쥐 새끼 다섯 마리가 있었다. 조금 떨어진 곳에 어미 다람쥐가 꼼짝 않고 누워 있었다. 코끝에 핏방울이 맺혀 있었지만 겉으로 보기엔 다친 것 같지 않았다. 새끼 중에도 코끝에 핏방울이 맺혀 있는 녀석이 한 마리 있었다.

전리품을 손에 넣었지만 승리가 그다지 기쁘지 않았다. 우리는 다람쥐들을 헛간으로 가지고 갔다. 가서 보니 어미 다람쥐가 죽어 있었다. 코끝에 핏방울이 맺혀 있었던 새끼도 죽어 있었다.

양심의 가책이 물밀듯이 밀려왔다. 왜 그런 일을 한 것인가? 무엇에다 쓰려고? 단지 사냥의 재미를 위해서 해롭지 않은 약하고 아름다운 동물을 죽였단 말인가? 어린 새끼들을 보호하려는 어미마저도 죽이지 않았나! 우리 모두 부끄러웠고, 충격에 휩싸였다.

이제 꼼지락거리는 네 마리의 새끼 다람쥐가 남아 있었다. 우리는 그 새끼 다람쥐들을 어떻게 처리해야 할지 몰랐다.

그러자 가장 나이 많은 아이가 성급하게 내뱉었다.

"고양이에게 갖다 줘버리자."

고양이는 얼마 전 헛간 근처의 구유 안에 새끼를 낳는데 지금은 새끼가 한 마리만 남아 있었다. 네 마리는 물에 빠져죽었다. 고양이에게 다람쥐 새끼들을 먹이로 주는 게 새끼들의 고통을 덜어주는 길 같았다.

나는 네 마리 새끼 다람쥐를 고양이 코 옆 건초 위에 놓았다. 고양이는 천천히 새끼들에게 다가가서 냄새를 맡아보고 핥아주는가 싶더니 살며시 끌어당겨서 젖을 빨렸다. 고양이는 아직도 잃어버린 새끼들 때문에 마음 아파하고 있었던 것이다. 그래서 주워 온 아이들을 받아들였던 것이다.

며칠 동안 고양이는 다람쥐 새끼들을 보살피고 젖을 주었다. 하지만 까닭 모르게 다람쥐들은 한 마리씩 차례로 죽었다. 죽은 다람쥐는 어미나 새끼 고양이 밑에 누워 있었다. 마지막 남은 다람쥐는 일주일 동안 살아 있었다.
 우리가 도망가려는 동물을 잡아서 죽인 것은 단순한 충동 때문이었지만 고양이의 행동은 동정과 연민에서 나온 것이었다. 작은 새끼 다람쥐의 시체를 들어 올리며 나는 하염없이 눈물을 흘렸다. 나는 양심의 가책을 받았다. 나는 친절한 늙은 어미 고양이에게 비난받아도 싼 아이였다.

개척자들의 가정생활

돌이켜보면 개척자들의 가정생활은 이상적이었다. 잘만 적응한다면 도시생활에서 골치 아픈 문제들을 겪고 있는 사람들에게 가치 있는 교훈을 줄 수도 있을 것이다.

개척자들이 처음 이 생활을 시작할 때는 맨주먹뿐이었다. 젊은 부부에게 있는 거라곤 6만 평에서 12만 평 정도의 땅뙈기뿐이고, 가진 물건은 도끼 한 자루와 부엌의 화덕, 그리고 몇 장의 담요와 꼭 필요한 식료품 몇 가지뿐이었다. 그들은 가로 3미터, 세로 2.4미터 크기로 통나무 오두막을 서둘러 지어서 임시로 살다가 나중에는 외양간으로 썼다.

진짜 집다운 집은 그 다음해에나 지어졌다. 그 집은 가로 9미터, 세로 6미터 크기의 통나무집이었으며, 개똥지빠귀의 집처럼 진흙과 이끼를 겉에다 발랐다. 두 해째 되는 봄에 그들은 그 집으로 이사했다.

집 한 구석에는 화덕이 놓여졌다. 식탁은 화덕 바로 옆에 있고, 가까운 선반에는 식료품들을 정돈해 놓았다. 긴 의자 위에는 물긷는 양동이와 세숫대야가 있고, 우물은 집 바깥에 있다. 반대편 구석에는 2인용 침대가 있다. 생활에 필요한 모든 것은 이 방 안에 다 있었다.

가족들은 여기서 생활했고, 아이들은 자라났다. 아이들은 오랜 기간에 걸쳐 계속해서 태어났다. 아이들의 삶은 이 널따란 방안에 다 있었다. 사내아이들이 자라면 지붕 밑에 만들어놓은 다락방으로 몰아내고, 딸들에게는 방 한 모서리에 판자를 대서 공간을 따로 만들어 주었다. 딸이 많으면 집 옆에다 통나무로 따로 방 하나를 이어서 만들기도 했다.

딸들은 음식을 만들거나 설거지하는 일을 거들었다. 남자들은 일을 마치고 돌아오면 둘러앉아서 담배를 피우며 이야기꽃을 피웠다. 요리나 바느질도 이렇게 즐겁고 유쾌한 분위기 속에서 이루어졌다. 요리는 여자들의 일이었고, 장작을 패는 것은 남자들의 일이었다.

어쩌다 장작을 패거나 나르는 여자가 있다면, 남자들에게 매력이 없는 여자로 간주되었다. 또 남자가 설거지를 한다면 그는 물레가락을 돌리는 헤라클레스처럼 매력이 넘치는 미녀에게 빠져 노예로 전락한 사람으로 생각되었다.

각자에겐 맡은 일이 있었으며, 사회적인 차별은 전혀 없었다. 직업의 귀천도 전혀 없었다. 모든 사람의 사회적 신분은 최상류층이었다.

한 집안에 아들만 있고 딸이 없다면 딸이 많은 이웃사람에게서 딸을 빌려오는 일이 당시에는 흔했다. 빌려온 여자아이는 생활필수품과 한 달에 2달러씩의 용돈을 받았다. 이 여자아이는 모든 점에서 가족의 일원으로 대접받았으며, 나중에는 그집 아들 한 명과 결혼함으로써 명실상부한 가족이 되었다.

개척자들이 성공을 거두고, 개척지가 황금빛 물결을 이루게 되자 집안에 오르간을 들여놓는 사람이 많아졌다. 바이올린을 사는 사람도 있었다. 하지만 바이올린은 악마의 발명품이라는 오명을 쓰고 있었고, 반면에 오르간은 예배를 위해 만든 것이라는 생각이 퍼져 있었다. 오르간은 당연히 큰 거실에 놓여졌다. 보통은 딸들 중에서 음악에 소질 있는 아이가 찬송가나 춤곡 등을 배웠다. 저녁이면 오르간이 연주되고, 이웃의 젊은 남녀가 모여들어 사교를 즐겼다. 이렇게 생활에 활력을 주는 사교생활은 없어서는 안 될 즐거움이었다.

이것이 내가 알고 있는 백여 명 남짓한 개척자 가정의 생활이었다.

그러나 변화가 찾아왔다. 개척자들이 물질적으로 성공을 거두게 되자 예전처럼 벽돌집을 지으려는 열망을 품게 되었다. 이런 집에는 거실과 식당이 있었고,

부엌은 멀리 떨어져 있었다. 벽돌집이 지어지고, 거실이 만들어지자 새로운 생활, 그러나 천박한 생각이 시작되었다.

요리사와 하녀는 사교에서 제외되었고, 직업에 귀천이 생기게 되었다. 가족들이 모여 즐기면서 하는 요리는 고귀하고 영예로운 예술이다. 설거지는 안주인과 손님이 같이 나누어 농담을 주고받으면서 하면 전혀 끔찍한 일이 아니다. 그러나 혼자 부엌에 남아 설거지하는 사람은 다른 사람들과 같이 즐길 수 없고, 노예로 전락하고 만다. 가족 구성원이 아닌 요리사는 하녀와 같은 하층민이 되어 단조롭고 힘든 일을 계속하게 된다.

오늘날 우리는 사회적으로 불안한 세상에 살고 있다. 국내의 문제를 보면 희망이 없는 것 같아 오싹해지기도 한다. 개척자 시대의 가정생활로 되돌아가지 않는다면 이러한 불안은 점점 더 커질 것이다. 가족들을 위한 작은 침실이 넓찍한 거실이 있어 가족이 모두 모여 일을 한다. 힘든 일도 즐거이 하고, 흥겹고 신나게 각자 일을 맡는다. 이런 즐거움 없이 힘겨운 일만 남는다면, 그것은 노예의 일이 되고 그 일에서 벗어나기 위해 인간은 끊임없이 발이 닳도록 일하고 싸워야 할 것이다.

뉴욕의 한 건축업자가 두세 개의 작은 침실과 화장실, 부엌이 딸려 있으면서 주로 넓은 거실에서 먹고 즐기고 생활하도록 구조가 되어 있는 아파트를 짓는다면, 그 아파트는 분명히 개척자들의 사회적 질서를 되살리고, 오늘날의 여러 문제를 해결할 수 있을 것이다. 그 건축업자는 자기 수고에 대해서 큰 수확을 얻을 것이라고 나는 믿는다. 그 아파트가 아무리 비싸다 해도 빈집은 하나도 없을 것이다.

2부 소년 시절, 자연의 질서를 배우다

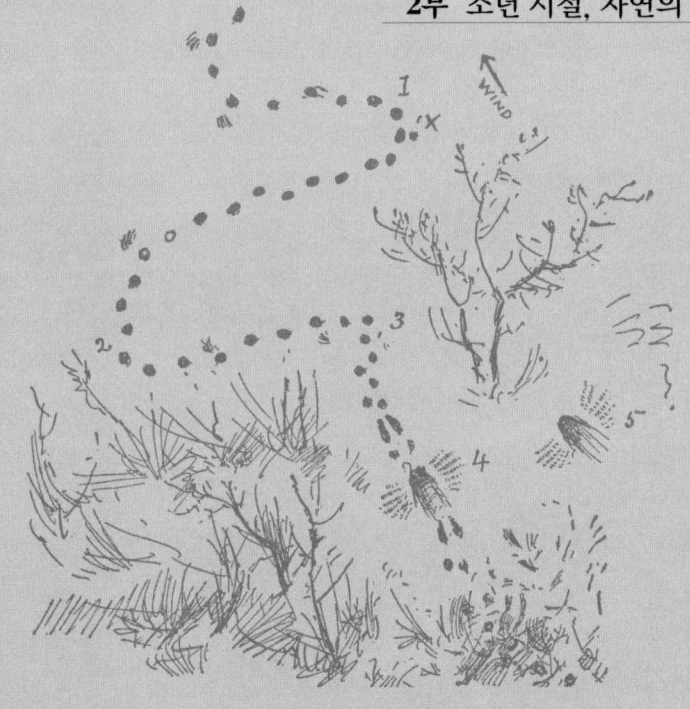

사팔뜨기 싸움꾼

2년 동안 내가 본 거라곤 온통 울창한 숲뿐이었다. 빽빽한 숲은 동쪽으로 끝도 없이 이어졌다. 그 너머에 다른 것이 있을 거라는 생각은 꿈에도 할 수 없었다. 나는 숲이 끝나는 곳에서 세상도 끝나는 줄 알았다. 어린애다운 생각이었다. 가도 가도 숲 말고는 아무것도 없을 것 같았다.

그러다가 엄청난 변화가 찾아왔다. 우리 가족은 농부로서는 그다지 성공한 편이 못 되었다. 농사일이 견딜 수 없을 정도로 힘이 들자, 형들은 하나 둘씩 일을 그만두었다.

어머니는 우리 가족이 토론토에 가서 살 거라고 말했는데, 나는 이탈리아의 '오트란토'인줄 알고 내가 앉는 교실 벽에 걸린 유럽 지도의 아래쪽에다 표시를 해놓고는 우리가 새로 이사 갈 곳이라고 자랑했다. 쉰 살이 다 되어가는 아버지는 농장 생활엔 적응하지 못했지만, 근대교육을 받은 전문 회계사였기에 새로 정착할 도시에서 일거리를 찾을 수 있을 거라 기대했다.

1870년 4월 12일에 우리는 숲과 작별했다. 린지를 떠난 기차는 투박한 나무 선로를 따라 넉넉잡아 65킬로미터는 떨어진 호프 항구로 향했다. 기차는 생각보다 훨씬 빨라서, 반나절 뒤인 정오쯤에 목적지에 도착했다. 우리는 점심을 먹기 위해 언덕 위에 있는 작은 호텔에 들렀다. 나는 건물 뒤쪽 베란다로 발걸음을 옮기다가 거의 넋을 잃었다. 거기에는 웅장하고 멋있는 산이 서 있었다. 그다지 높진 않지만 옆으로 쭉 뻗은 우아한 푸른빛이 감도는 산이었다.

무슨 산일까 궁금해 하며, 숲에서 상상했던 옛날 이야기들에 나오는 산을 떠올리는데 난데없이 멋지게 생긴 흰 갈매기가 날아다니는 게 보이더니, 배 한 척이 지나가는 게 아닌가! 그제야 나는 그게 산이 아니라는 걸 알아차렸다. 그것은 바로 온타리오 호수였다. 내가 높은 언덕 위에 있었기 때문에 산에 있는 것으로 착각한 것이었다. 한편으로는 어리둥절하기도 했지만, 정말 멋있고 아름다운 광경이었다. 나는 마음속에 그리던 요정이라도 만난 듯 다시없는 기쁨을 만끽하며 행복해 했다.

우리는 해가 진 다음에야 토론토에 도착했다. 날이 어두운데도 부두엔 배들이 보였고, 잔물결이 부드럽게 찰싹이는 소리도 들렸다. 그 상쾌한 소리는 아직도 내 마음속 한 자락에 새겨져 있다.

우리는 전부터 알고 지내던 존 H. 캐머런 부인의 집에 잠시 머무르면서 엘리자베스 거리 184번지에서 우리가 살 집을 구했다. 우리집은 공립학교 바로 옆에 있었다. 가난한 동네였다. 3백여 명 되는 학생들의 집안 형편만큼이나, 학교의 수준도 형편없었다. 우리집에서는 학교에 다닐 나이의 네 형제 모두 이 학교에 다녔다. 학교가 가까웠기 때문에 선택의 여지가 없었다. 우리는 신문배달부나 흑인들, 그리고 지금껏 본 적도 없는 거친 소년들과 매일 함께 다녔고, 그 중엔 전과자도 있었다. 그런 애들이 자나깨나 하는 얘기라곤 도둑질하다가 간신히 도망친 이야기라든가 칼을 휘두르며 싸운 얘기뿐이었다.

그 애들은 공식적인 장소에서 쓸 만한 말은 아예 쓰지 않았다. 나이깨나 든 남자아이들 중엔 한번쯤 가출해 본 애들도 많았고, 그런 애들은 경찰이나 부모가 찾을 때까지 떠돌이 생활을 하기도 했다.

싸움은 날마다 벌어졌고, 싸우다 칼에 찔린 애들도 여럿 보았다. 내가 이곳에서 처음으로 제대로 칼을 쓰고 다루는 법을 배운 것은 너무도 당연했다.

학교에는 커다란 덩치에 욕을 입에 달고 다니는 싸움대장이 있었는데, 한 달쯤 소리 없이 사라진 적이 한두 번 있었다. 학교로 돌아온 그 애의 머리카락은 아주 짧게 깎여 있었다. 아이들은 무슨 일이 있었는지 금방 눈치챘고, 겁없이 이것저 것 캐묻는 애는 아무도 없었다.

　내가 기억하기에 랜디라는 그 아이는 잘생긴 외모에 몸집도 건장한데다 무서운 게 하나도 없었다. 랜디가 상당한 집안의 자식이란 건 다들 알았다. 랜디와 남동생은 매일 아침 깨끗한 하얀 깃이 달린 흰 셔츠 차림으로 학교에 왔다. 그러나 일 년인가 이 년인가 뒤엔 아예 종적을 감추었다. 랜디의 친구들 말로는 랜디가 관공서에서 일한다고 했다.

　이 거친 랜디 패거리는 낯선 애들을 근본적으로 싫어하고 못살게 굴었다. 우리는 가난했고 그 동네로 막 이사왔기 때문에 한동안은 그 녀석들에게 정신을 차릴 수 없을 정도로 엄청나게 맞았다. 그 학교에 처음 전학 갔을 때 우리는 공포와 고통으로 가득한 악몽의 나날을 보내야 했다.

영국에서 살던 어린 시절에, 그러니까 네 살 때에 나는 소파의 팔걸이에 걸터앉아 말타기 놀이를 하고 있었다. 매끄러운 검정 말가죽을 씌운 소파였다. 나는 소파에서 미끄러져서 바닥에 머리를 찧고는 큰소리로*울었다. 어머니가 나를 소파에 눕히고, 머리를 쓰다듬으며 얼러 주는데 갑자기 내가 소리 질렀다.

　"엄마가 둘로 보여요. 시계도 두 개고, 모두 두 개예요."

　정상이었던 내 눈은 그 뒤 사물이 심하게 엇갈려 보이는 사시가 되었고, 그것은 몇 년 동안이나 지속됐다. 의사는 그 사고 때문이라면서 조금씩 나아질 거라고 했다.

　의사의 말이 맞았다. 사팔눈은 해가 갈수록 나아졌다. 그렇지만 누구든 주의 깊게 보기만 하면 내 눈이 조금 이상하단 걸 대번에 알아챘다. 이 험악한 학교에서 아이들은 곧 내 약점을 알아냈고, 놀림거리라면 하나도 놓치지 않는 아이들답게 악마처럼 짓궂게 놀려대며 낄낄거렸다.

　"야! 사팔뜨기, 눈알 좀 굴려봐라."

　겨우 사팔눈에서 회복되었는데, 다시 사팔뜨기 소릴 듣다니 도저히 참을 수 없었다.

　난 그렇게 힘이 세진 않았지만, 누가 사팔뜨기라고 놀릴 때면, 나의 호전적인 조상인 전사 조디의 피가 몸속에서 솟구쳐 올랐다. 단지 이 이유 때문에 나는 또래의 사내애들과 주먹다짐을 하곤 했다.

　엘리자베스 스트리트 학교에서의 첫 한 달은 매우 힘겨웠는데, 나와 몸집이 비슷한 롱이라는 아이가 특히 나를 많이 놀려댔다. 그러나 결국 나는 이 녀석에게 복수할 기회를 잡았다. 나는 쉬는 시간에 그 애를 때려주겠다고 맘먹고, 선전포고를 할 순간만 노리고 있었다.

　기회는 곧 왔다. 롱은 손으로 땅을 짚고 발을 하늘로 올려, 울타리에 기댄 채 물구나무서기를 하려고 애쓰고 있었는데 거의 성공할 뻔할 때마다 덩치 큰 애 하나가 옆에서 밀어서 넘어지고 말았다. 롱은 대들 생각도 못하고 화가 나는지 욕만 지껄였다. 그러다가 나도 기회를 잡았다. 롱이 다시 한 번 물구나무서기에 거의 성공하려는 순간 이번엔 내가 살짝 밀어서 넘어뜨렸다. 롱은 불같이 화를 내며 벌떡 일어났다. "이 사팔뜨기 놈아! 묵사발을 만들어주마." 그리고는 나에게 돌진해 왔다.

　내가 도망치지 않자 롱이 오히려 주춤했다. 우리는 엉겨붙어서 싸웠다. 언제나 그렇듯 애들은 우리를 에워싸고 고함치며 싸움을 부추겼다.

　"싸워라! 싸워! 싸워라! 싸워!"

　롱은 아주 잘 생긴 애였고, 갈색이 감도는 곱슬곱슬한 금발머리는 그 애 엄마의 자랑거리이기도 했다. 그날 그 사랑스런 머리카락이 나에게 얼마나 도움이 됐는지 모른다. 나는 손가락으로 그 금발의 곱슬머리를 움켜잡아서 움직이지 못하게 한 다음 주먹으로 코를 후려쳤다. 코피가 터지자 롱은 잘못했다고 싹싹 빌었다. 완전히 겁에 질려 있었다.

　큰 애들이 우리를 떼어놓자 곧 학교종이 울렸고, 모여들었던 아이들이 흩어지자, 나와 롱도 교실로 들어갔다.

　머릿속에 아직도 남아 있는 싸움이 또하나 있는데, 싸운 이유는 역시 마찬가지였다. 하월이라는 덩치가 아주 큰 정육점집 아들이 있었는데, 나는 날마다 굴드 거리와 빅토리아 거리가 만나는 모퉁이에서 이 애와 마주쳤다. 하월은 다른 학교에 다녔는데도 내 민감한 약점을 알고 있었다. 하월은 매일같이 나를 만나면 "야, 사팔뜨기!" 하고 놀리며 킬킬댔고, 그런 다음엔 눈앞에서 양쪽 집게손가락을 엇갈리면서 날 조롱했다.

하월은 열여섯 살인데다 몸집도 크고 힘도 셌지만, 나는 겨우 열두 살짜리 말라깽이였다. 그렇게 등교길에 여러 번 놀림당하고 난 어느 날, 하월이 멀리서부터 날 얕잡아보는 얼굴로 씩 웃으며 다가오는 게 보였다. 피가 막 솟구쳤다. 나는 걸어가다가 그 애가 보지 못하게 내 두 손 안에 쏙 들어가는 크기의 돌을 하나 주웠다. 여차하면 죽여버릴 생각이었다.

"야, 사팔뜨기."

하월이 큰소리로 불렀다. 나는 하월을 향해 달려가서 3미터쯤 앞에 두고, 온힘을 다 해 돌을 던졌다. 처음엔 배를 맞힐 작정이었는데 하월이 돌을 피하려고 펄쩍 뛰는 바람에 2킬로그램이 넘는 돌은 오른쪽 넓적다리에 제대로 맞았다. 하월은 울타리에 기대어 절뚝거리며 모퉁이를 돌아갔다.

"한 번만 더 그렇게 부르면 죽여버릴 거야!"

나는 하월의 뒤통수에 대고 소리쳤다. 그 뒤에도 매일 아침 하월을 보았지만 하월은 나와 눈도 마주치지 못했다. 그는 언제나 고개를 돌린 채 슬금슬금 내 옆을 지나갔다.

어린 시절 나는 거의 이런 이유 때문에 싸웠다. 이렇게 싸운 게 수백 번은 아니어도, 수십 번은 될 것이다. 그리고 고백하건대, 그때를 돌아보면, 나는 주로 얻어 터지는 쪽이었다.

비드 맥과이어, 피기 크레이그, 조 블랙, 빅 도티, 밥 워너, 조니 스티븐스, 거씨 베이츠, 스키니 어스킨, 여기 언급하지 않은 나머지 스무 명쯤 되는 애들도 내가 그 애들에게 끔찍하게 얻어맞았던 일들을 또렷하게 기억하는 걸 안다면 아주

기뻐할지도 모르겠다. 하지만 그들도 내가 죽기살기로 싸웠다는 건 인정할 것이다. 게다가 앞서 얘기한 두 아이를 빼면 모두 나보다 몸집이 훨씬 컸다.

밥 워너와의 싸움은 좀 특이했다. 밥은 교실에서 내 옆자리에 앉았다. 밥은 덩치도 크고 힘도 센 녀석으로, 몸무게가 70킬로그램쯤 되는 데 비해 나는 40킬로그램도 안 됐다. 그런데 이 녀석이 내 눈이 나쁜 걸 은근히 놀리는 것이다. 나는 불시에 이 친구를 공격했다. 그래봤자 내 어깨로 그 아이의 어깨를 갑자기 밀치며 싸우자고 으르렁거린 정도였다.

"야! 일어나. 본때를 보여주겠어!" 하고 말이다.

밥은 콧방귀를 뀌더니 무시하듯 말했다.

"난 너랑 싸울 생각 없어. 너 같은 꼬맹이들은 이기면 돼."

그런 다음 나를 무릎 위에 엎어놓더니, 넓적한 손으로 볼기짝을 세게 때렸다. 그리고 나서 얼굴에 웃음을 띠며 말했다.

"다신 말썽부리지 마."

우리는 그 일이 있고 나서 더 친해졌다.

한번은 덩치가 꽤 큰 열일곱 살의 아트 앨링엄이라는 친구가 내 머리에 주먹을 날렸다. 내가 정신을 잃자 그는 내가 죽은 줄 알고 완전히 겁에 질려버렸다. 아트와 다른 애들이 나를 수돗가로 옮기고 찬물을 끼얹었다. 정신을 차리고 보니 아트가 엉엉 울고 있었다. "일부러 그런 건 아냐. 내가 바보 같았어."

그 애는 더이상 못되게 굴지 않았고, 우리는 사이좋은 친구가 되었다.

내 얼굴에는 조그만 흉터가 꽤 있는데, 모두 그런 싸움들에서 얻은 것이다. 뺨에 생긴 보기 싫은 흉터는 내가 세 번이나 녹초가 되도록 싸우면서 얻은 것들인데, 20여 년 전 코에 기형으로 생긴 갑개골을 제거하는 수술을 받을 때, 의사가 이렇게 말했다. "보아하니 싸움 깨나 했겠군요."

학교에 다니는 것은 고달팠지만 학교에서의 내 위상은 차츰 높아졌다. 수학은 말할 필요조차 없고 영어실력도 한몫 해서 고학년이 되자 또래 중에서 대장노릇을 하게 되었고 그 지옥 같던 학교도 점점 다닐 만해졌다.

열네 살 때의 시튼

사춘기가 되자 의사의 예견이 맞아떨어져서 사팔눈 증세는 완전히 사라졌다. 먹고 사는 거나, 생각하는 거나, 말하는 것까지 보잘것없고 거친 아이들만 있는 것은 아니었다. 나와 동갑내기 아이 중에는 욕지거리와, 상스런 말이나 음탕한 말과는 거리가 먼 사내애도 둘 있었다. 샘 프라이스와 앨프 프라이스 형제였다. 그 애들은 지저분한 얘기가 들리면 외면하고 무시해 버렸다. 하지만 그 애들은 우리 반에서 별다른 영향력이 없었다.

더 나이가 많은 톰 샌더슨도 말이나 행동이 샘이나 앨프처럼 예의발랐다. 몸집이 큰 톰은 학생회의 임원이었다. 실제로도 모든 아이들이 부러워하는 종치기 역할을 맡고 있었다. 그 잘 생긴 얼굴과 섬세하고 우아한 행동을 내가 얼마나 우러러봤는지 모른다. 톰은 주위의 별볼일 없는 아이들 중에서 단연 돋보였다.

나는 50명이나 되는 반 아이들의 이름뿐 아니라, 그 애들과 관계 있는 일까지 모두 얘기할 수 있는데, 그만큼 그들이 내 기억 속에 분명하고도 깊게 새겨져 있기 때문이다. 그 중에서도 사진처럼 정확하게 기억하는 사람이 두 명 있다.

한 명은 케니라는 이름의 몸집 큰 흑인이었다. 케니는 원래 노예였다. 나이가 한 열여덟 살쯤 되었는데, 어른 같은 몸집에 어깨는 떡 벌어졌고, 발은 크고 넓적했다. 덩치만 컸지 지능은 아기 정도밖에 안 되는 이 괴물은 여덟 살짜리 애들과 함께 공부했다. 나는 케니가 싸우는 걸 한 번도 보지 못했다. 케니의 넓은 어깨는 학교생활에 평화를 가져왔다. 케니는 늘 이를 드러내며 웃었고, 주변에 모여든 어린 아이들을 돌보는 일을 특별히 좋아했다. 그는 자칭 꼬마들의 다정한 보호자였다.

눈에 띄던 다른 한 사람은 에드 제스민이었다. 내 기억 속에는 에드의 널따란 어깨와 늘 입담배를 질겅이던 각진 아래턱과, 툭 불거진 이마 아래로 깊게 자리 잡은 차가운 회색 눈동자가 사진처럼 선명하게 남아 있다.

나는 사람들이 에드를 두고 양키라고 수군대는 소리를 들었다. 무슨 말인진 몰랐지만, 에드의 색다른 억양 때문에 그가 사악하거나 야만적이란 뜻인 줄 알았다. 그러나 곧 나는 학교의 모든 아이들이 덩치 큰 에드 제스민을 아주 좋아한다는 걸 알게 되었다.

에드는 겨우 열여섯 살밖에 안 됐지만, 키는 어른만 했고, 체격은 누구보다 좋았다. 운동선수에다 권투까지 했지만 언제나 의젓했다. 그래서인지 나는 에드가 소란을 일으키는 걸 한 번도 본 적이 없다. 에드를 아주 잘 아는 사람들은 에드가 싸울 생각만 있다면, 학교에서 누구라도 때려눕힐 수 있다고 말했다. 나는 에드가 실제로 행동에 옮기는 걸 딱 한번 보았다. 못되기로 악명 높은 랜디가 자기와 비슷한 싸움꾼을 때려눕히고, 그것으로도 모자라 쓰러진 상대에게 매질을 하려 들자, 에드가 앞으로 나서며 말렸다.

"나라면 그만하겠어. 벌써 녀석을 때려 눕혔잖아?"

"그러면, 널 손봐주마."

이 못된 악당은 기고만장한 목소리로 말하며 에드에게 다가갔다.

에드는 씩 웃더니, 한 손에 교과서를 든 채 이 깡패의 주먹을 살짝 피해서 녀석의 목덜미를 잡고는 길 위로 휙 내동댕이쳐 버렸다. 그리고는 그 앞에 가서 점잖게 말했다.

"미안하게 됐어. 하지만 어쩔 수 없었어."

에드는 적을 일으켜 세우고는 먼지까지 털어주며 다시 말했다.

"미안해, 네가 자초한 일이야."

에드는 입담배를 씹었고 가끔 작은 소리로 욕도 했지만 상스런 이야기는 결코 입에 담지 않았다. 학교에서 제일 힘이 셌지만 에드는 언제나 평화와 비폭력을 위해 힘썼다.

에드에게는 내 또래의 피트라는 장난꾸러기 남동생이 있었다. 피트는 아무 걱정 없이 운동장에서 놀았다. 누구든 피트를 못살게 굴면, 옆에 있던 구경꾼이 틀림없이 한마디 했다.

"조심해. 그 앤 에드 제스민의 동생이야."

그러면 아무도 피트를 건드리지 못했다.

에드를 잘 아는 사람들은 모두 에드 제스민의 장밋빛 미래를 점쳤다. 그러나 하느님도 무심하시지, 하늘은 에드를 지나치게 사랑했나보다. 그의 짧은 삶의 끝은 그 해가 가기 전에 왔다. 여왕의 생일인 5월 24일은 캐나다의 큰 명절이었고, 사람들은 미국의 7월 4일 독립기념일 때와 마찬가지로 폭죽을 터뜨리고 횃불을 밝히고 축포를 쏘며 즐겼다. 에드는 아침저녁으로 신문을 배달하면서 돈을 모으고 있었다. 그는 5월 24일에 동생에게 특별한 걸 보여줄 생각으로 주머니에 폭죽과 폭약 몇 가지를 넣고 다녔는데, 그만 재수 없게 폭죽에서 불꽃이 튀더니 미처 주머니에서 꺼내기도 전에 폭발하고 말았다. 그렇게 해서 에드는 갔다.

그의 비문을 쓸 기회가 나에게 주어졌다면, 나는 분명 이렇게 썼으리라.

"세상에서 가장 고귀한 소년, 여기에 잠들다."

타고난 구두쇠

내가 열한 살 때에 나를 예술의 세계로 이끌어준 작은 일이 일어났다. 지역신문에 토론토의 유명한 상점인 테니슨과 헌터의 광고가 났는데, 그 이름은 활자로 조판한 게 아니라, 나무에 글자를 보기 좋게 새겨서 인쇄한 것이었다. 그 당시 수습 인쇄공이었던 조지 형은 인쇄실에서 인쇄된 글자를 검사하는 일을 했는데, 무심결에 이 목판 조각이 아주 훌륭하다는 말을 했다. 내가 이 조각이 그리 빼어나게 아름답진 않다고 말하자 형이 제안했다.

"이것만큼 잘 새기면 10센트 주지."

나는 한번 도전해 보기로 맘먹고, 단풍나무 한 토막과 잭나이프를 들고 글자를 새기기 시작했다.

일을 시작하자마자 곧 문제에 부딪혔지만 나는 곧 해결책을 찾아냈다. 조각할 때는 반대로 새겨야 한다는 걸 알게 된 것이다. 그 일을 시작한 지 한두 주 정도 되었을 때, 이노크 큰형이 잭나이프는 조각에 쓰는 칼이 아니라며, 비록 중고였지만 목판용 조각칼을 세 개나 사주었다.

나는 한 달 내내 여기에 매달린 끝에 조각을 완성했다. 조지 형이 이것을 인쇄소로 가져가자, 모두들 찬사를 아끼지 않았다. 다들 열한 살짜리 소년의 솜씨 같지 않게 훌륭하다고 했는데도 조지 형은 나에게 10센트를 주지 않았다. 깎아내기가 어려워서 각 글자의 모양에 음영을 넣지 않았기 때문이었다.

영국에 계시는 할아버지가 내가 만든 조잡한 조각에 감명 받고는 판화에 대한 유용한 책을 보내주셨다. 지금 이 책을 펼쳐보니 '사우스실즈, 1871년 10월 3일'이라고 씌어 있다. 그러니까 내 나이가 겨우 열한 살하고도 두 달밖에 안 됐을 때였다.

나는 나이테가 보이게 자른 목재보다 나이테를 비스듬하게 자른 나무를 파는 게 훨씬 어렵다는 것도 알게 되었다. 나는 새 도구를 가지고 새로운 시각에서 더 많은 목판화를 만들었는데, 대부분 내가 좋아하는 새와 짐승의 모습을 담고 있었다. 그러나 아쉽게도 지금은 하나도 남아 있지 않다. 이 시기는 두말 할 것 없이 내가 예술가로서 첫걸음을 뗀 시기였다.

목판활자를 새기다 보니 저절로 인쇄에 대해 관심을 가지게 되었다. 토론토에서 주로 보는 신문은 《글로브》지였다. 킹 스트리트에 있는 이 신문사 뒤 공터에는 인쇄실에서 버린 쓰레기들이 널려 있었다. 나는 이 쓰레기더미를 뒤져서 실수로 버린 활자나 조금 손상된 활자를 마음껏 주웠다. 그리고 종류와 크기가 같은 활자를 한 벌 맞추었다. 작은 상자를 서른 두 칸으로 나눠서 주워 온 활자들을 알파벳 순으로 분류해 넣었다. 대문자와 소문자는 같은 칸에 넣었고, 남는 여섯 개의 칸에는 마침표와 쉼표 같은 것들을 넣었다.

활자가 한 벌 맞춰지자 나는 곧 나무로 활자를 펼쳐 놓을 식자대를 만들고, 《런던 타임즈》를 흉내 내서 그 보다 더 나은 《토론토 타임즈》 신문을 발행하겠다고 당당하게 사람들에게 말했다.

잉크는 낡은 화덕의 연통에서 긁어 낸 그을음과 물을 넓적한 판 위에 놓고 함께 갈아서 만들었다. 50센티미터쯤 되는 빗자루 손잡이에 부드러운 면 헝겊을 감아서 롤러로 썼다. 종이는 식료품 봉지로 대신했다.

나는 인쇄할 문구를 생각해내서 인쇄에 들어갔다. 초판은 겨우 여섯 부 정도였던 것으로 기억된다. 선생님들을 풍자하는 짧은 사설도 있었고, 학교 친구들의 못된 행동을 간단하게 알리는 기사가 대부분이었다. '특파원 통신'이라는 난에는 다음과 같은 것도 있었다. "심술쟁이, 깡패라고 불리는 질병이 있다. 이 병에 제일 좋은 치료법은 자작나무 기름을 하루에 두 번 궁둥이에 바르는 것이다."

문예란은 크기가 가로 10센티미터, 세로 5센티미터쯤 되었다. 딱 한 가지가 생각난다. 학교에서 내 라이벌이었던 세 아이에 대한 얘기였다.

밀러는 당나귀,

해리스도 당나귀.

스미스가 새끼 당나귀를 본다면,

동생인 줄 알거야.

제1호 신문이 나오자마자, 여기저기서 싸움과 시비가 생겨서 발행이 일시 중지되기도 했다. 그러다가 내가 쓰던 작업장에 불이 나는 바람에 인쇄 도구가 모조리 못쓰게 되었다.

신문을 만들어 본 경험은 내게 큰 도움이 되었다. 그 뒤로 몇 년 동안은 새를 많이 조각했는데, 이때의 몇몇 작품은 아직도 남아 있다.

그러나 사진 제판술이 발명되자 목판에 대한 내 관심도 금세 시들해졌다. 나는 이후 **선화**(색을 칠하지 않고 선으로만 그린 그림 - 옮긴이)에 **빠져서 수천 장의 선화를** 그렸다.

농장과 울창한 숲을 떠날 때는 내가 그토록 사랑하는 야생의 생물들과 과수원에 날아다니던 왕산적딱새들, 헛간 옆에 살던 올새들, 마구간에 둥우리를 튼 제비와 외양간에 날아든 딱새, 죽은 나무 위의 딱따구리와 시냇물에 가로 놓인 통나무에 앉아서 꼬리를 톡톡 치는 쇠청다리도요사촌, 꽥꽥대며 힘차게 날갯짓하는 푸른가슴왜가리들과도 영원히 작별하는 줄 알았다. 그러나 시간이 지나면서 우리가 사랑하는 것들은 언제나 가슴속에 살아 있다는 위대한 진실을 조금씩 깨닫게 되었다.

인간의 기호와 관심사를 연구하는 사람들은 하나같이 사람과 환경 사이에는 명확하진 않지만, 무시할 수 없는 강한 친화력이 있음을 인정한다. 영적인 것에 관심있는 사람은 아무리 지저분한 환경에서도 영적인 무언가를 찾고야 말 것이

오래된 농장

다. 말을 좋아하는 사람이라면 낯선 사회에서도 달리는 말처럼 역동적으로 친교를 맺을 것이다. 나로 말하자면, 내 모든 꿈과 희망은 나를 둘러싼 세계의 야생동물과 함께 지내면서 그것들을 연구하는 것이었다. 외딴 숲에서 토론토라는 대도시로 이사할 때는 모든 것을 남겨둔 채 강을 건넌 뒤, 배를 불태워버린 심정이었다. 그러나 나의 강한 의지는 삭막한 도시에서도 야생동물들을 내게로 이끌었다. 야생동물들은 전혀 생각지도 못한 곳에서 내 삶으로 뛰어들었다. 해마다 새로운 기회가 찾아왔고, 해마다 초자연적인 법칙을 보여주는 놀라운 증거를 볼 수 있었다. 나는 간절히 원했고, 그것들은 이루어졌다. 이러한 일들은 절대로 저절로 이루어진 것 같지는 않다. 왜냐하면 함께 살던 형제들은 나와 같은 그런 경험을 하면서도 별 영향을 받지 않았으니까.

우리집에서 1킬로미터도 채 떨어지지 않은 곳에 퀸즈 공원이 있었는데, 10만 평도 더 되는 이 공원의 처녀림은 거의 훼손되지 않고 잘 보존되어 있었다. 북쪽으로는 풀이 우거진 시턴 빌리지와 웰스 힐이 자리 잡았고, 그리 멀지 않은 옛날에는 쿠거가 이 지역에서 잡힌 적도 있다고 했다. 동쪽으로는 우거진 숲과 푸른 목초지가 펼쳐지는데, 이 축복받은 땅, 돈 계곡에서는 쌀먹이새를 흔히 볼 수 있었다. 쌀먹이새들은 굽이치는 돈 강을 따라 갈색제비, 딱따구리, 물총새, 쇠청다리도요사촌 같은 새들과 한 목소리로 재잘댔고, 가끔 오리도 여기에 합세했다. 멀리 남쪽과 동쪽에 있는 토론토 만의 습지대와 모래사장은 사냥터로 제격이었지만, 내게는 아직 그림의 떡일 뿐이었다. 그러나 머지않아 신비에 싸인 멋진 일들이 폭발하듯 터져 나올 것만 같았고, 그 생각만으로도 즐거웠다. 나는 폴리 아저씨의 박제가게를 떠올리면서 내가 아는 새들을 모두 박제로 만들어서 나만의 박물관을 갖기로 마음먹었다. 처음에는 한 스무 마리에서 서른 마리 정도면 될 거라 생각했는데, 해가 갈수록 그 목록이 늘어가더니 마침내는 천여 마리에 이르렀다. 그 덕분에 나는 내 연구실과 박물관을 세우려면 돈이 필요하다는 사실을 일찍감치 깨달았다.

비록 나와 부모님과 조부모님 모두 영국에서 태어났지만, 우리의 진짜 조상은 스코틀랜드인이었다. 나는 여러 이유에서, 그리고 여러 번 이것에 대해 진심으로 감사했다. 스코틀랜드 혈통을 이어받은 덕에 나도 분명히 구두쇠 기질을 타고 났기 때문이다.

나는 엘리자베스 스트리트 학교에 다닐 때 처음으로 구슬을 보았다. 나는 놀이를 하는 데 타고난 소질은 없었지만 새로운 놀이방법을 생각해 내서 나중에는 아주 잘하는 애들과도 구슬치기를 하게 됐다. 나는 60센티미터 길이의 나무판에 8센티미터 간격을 두고 반원형으로 깎아내서 그 사이로 구슬이 지나갈 수 있게 만들었다. 그리고 누구든 두 걸음 떨어진 곳에서 활 모양 안으로 구슬을 집어넣으면 구슬 하나를 살 수 있는 돈을 주겠다고 말했다.

활 모양의 구멍으로 구슬을 통과시키면 구슬 두 개를 주었고, 가운데 있는 제일 작은 구멍으로 통과시키면 세 개를 주었다. 우리는 도박을 할 때와 같은 짜릿한 기분을 느끼며 게임을 했다. 모두들 해 보고 싶어서 안달이었다. 나는 처음부터 내가 더 유리할 거라고 생각했고, 예상대로 친구들은 얼마 지나지 않아 모두 구슬을 잃었다. 구슬이 한 개도 없던 내게 삼백 개가 넘는 구슬이 생겼다.

구슬놀이가 한물 가면서 내 사업도 끝장이 났다. 나는 구슬을 팔 생각으로 커다란 자루에 담아서 장난감가게에 들고 갔는데, 실망스럽게도 가게 주인은 구슬을 살 생각이 전혀 없었다. 그래서 학교 으슥한 곳에서 남몰래 거래되는 다임 노벨(값싸고 선정적인 소설책. 원래 10센트였던 데서 유래 - 옮긴이)을 사려고 몇 개 빼낸 것 말고는 모두 다음 구슬놀이 철이 돌아올 때까지 큰 자루 안에 넣어 두어야 했다.

난 정말로 다임 노벨이 10센트 동전인 다임과 맞먹는 가치가 있다고 생각해서 구슬과 바꾼 책 다섯 권을 들고 50센트가 생길 걸 기대하며 헌책방에 갔다. 그러나 책 한 권에 겨우 1센트밖에 못 받는다는 소리를 들었을 때는 얼마나 어이없고 기가 막혔던지! 그래도 돈은 받았다. 어쨌든 현금이었으니까.

내 관심사는 곧 복숭아 색깔이 나는 돌에 바구니나 원숭이 같은 것을 새겨 넣는 일로 넘어갔다. 그리고 곧 연기를 이용해 무늬를 찍어내는 일로 활기를 되찾았다. 처음에는 아이들에게 나뭇잎을 멋지게 찍어낸 걸 보여 준 다음, 선금으로 1센트를 주면 만드는 방법을 가르쳐 주겠다고 제안했다.

그러는 사이 내 전성기가 다시 찾아왔다. 나무에 바보라는 글자를 양각으로 뒤집어서 조각하고는 이것을 분필로 문지른 다음, "안녕, 빌리!"하고 등을 치며 반갑게 인사하는 척 해서 전혀 눈치 채지 못하게 친구의 등에 찍었다. 이 낙인은 하나에 2센트씩 팔았다. 하지만 이것도 애들이 직접 만드는 법을 알게 되고, 선생님이 금지시키는 바람에 시장에서 추방되었다.

돈벌이 기회는 우연히 찾아오기도 했다. 몸집이 크고 날개가 노란 메뚜기를 잡아서 곤충 채집통에 넣고 있는데, 옆집에 사는 부인이 와서 이렇게 말했다.

"저 채집통이랑 메뚜기는 얼마나 하니?"

나는 진짜 장사꾼처럼 물었다. "얼마 주실 건데요?"

"5센트 주지." 부인이 대답하자, 나는 두말없이 기쁘게 팔았다.

"더 잡을 수 있니?" 부인이 다시 물었다.

"얼마든지요."

"다른 곤충도 잡을 수 있니?"

"물론이죠."

"네가 잡는 곤충을 종류별로 두 마리씩 살게. 영국에 있는 오빠에게 보낼 거란다. 오빠는 곤충을 수집하는데, 캐나다의 곤충도 있었으면 해서 말이야."

나는 아주 열심히 일을 했고, 형도 동업자로 끌어들였다. 어머니가 잠자리채를 만들어 준 덕에, 우리는 제라드 거리에 있는 원예 공원을 쏘다니며 새로운 종류의 곤충을 꽤 많이 잡을 수 있었다. 그 부인은 처음엔 뭐든지 다 사더니, 점점 가격을 깎다가 나중엔 한 마리에 1센트밖에 주지 않았다. 영국에 있는 오빠가 우리가 잡은 수집품에 식상해졌든지, 아니면 우리가 잡는 방법에 불만이 있었던 것 같았다. 더이상은 주문도 하지 않았다. 그러나 우리는 다해서 38센트를 벌었고, 내 몫인 19센트는 당연히 저금통에 들어갔다.

대부분의 남자아이들처럼 나도 발명을 좋아했다. 나는 나무로 가로 세로 각 10

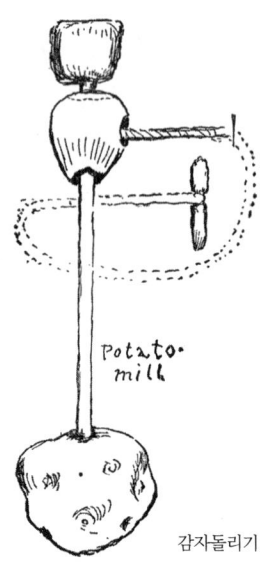

감자돌리기

센티미터에다 세로 높이 5센티미터 가량의 채집통을 만들었다. 이쑤시개를 0.5센티미터 간격으로 꽂아서 창살을 만들었는데, 위쪽 판자에는 이쑤시개보다 약간 더 큰 구멍을 내서 이쑤시개가 위아래로 움직일 수 있게 했다. 이쑤시개를 들어올리면 자연히 구멍이 생겨 잡은 곤충을 집어넣을 수 있었다. 통 안에는 메뚜기를 잡아넣었다. 메뚜기는 손에 잡고 있으면 입에서 갈색의 침 같은 걸 내뱉어서 손가락이 더러워졌다. 나는 잡은 곤충을 채집통에 담아 1센트에 팔았다.

또 다른 발명품은 감자 돌리기라는 것이었다. 먼저 기다란 막대기 위쪽에 끈을 고정시킨 다음 막대에 끈을 감는다. 막대기 꼭대기 너비는 2.5센티미터 정도 되고 막대기 아래쪽은 빨대처럼 생겼다. 속이 빈 도토리 껍데기에 위아래로 구멍을 내서 막대기 위쪽에 끼운 다음 도토리 옆구리에 낸 구멍으로 감아 놓았던 끈의 끝을 빼낸다. 그림과 같이 만든 다음 끈을 잡아당기면, 감자가 플라이휠(원동기로부터 기계로의 동력전달을 원활하게 하기 위해 회전축에 장착하는 무거운 바퀴 - 옮긴이)처럼 돌아가게 된다. 그런 다음 잡아당겼던 끈을 탁 놓으면 끈은 도토리 안의 막대로 다시 돌돌 말려들어가게 된다.

이것은 호피인디언들이 터키석으로 된 구슬에 구멍을 뚫을 때 썼던 드릴의 원리와 똑같다.

하루는 먹고 버린 사과의 가운데 부분이 햇빛을 받으면 짙은 갈색으로 변하는 걸 보았다. 덕분에 새로운 아이디어가 떠올랐다. 나는 사과를 갈아서 두세 숟갈 분량의 걸쭉한 사과즙을 만든 다음 이것을 하얀 종이 위에 넓게 펴 발랐다. 그리고는 고사리 잎을 그 위에 얹어서 유리판을 덮어 두었다. 그런 다음 강한 햇볕을 한두 시간 쪼이면 갈색 배경에 하얀 색의 고사리무늬가 아름답게 나타났.

그러나 이 사과즙 그림은 조금 지나면 망가졌고, 다른 방법들보다 더 나을 것 같지도 않았다.

장선(양의 장을 재료로 하여 만든 수술용 봉합 실 – 옮긴이)이 습기에 민감하다는 것을 책에서 읽은 나는 이 성질을 이용해 날씨를 측정하는 기구를 고안했다. 팽팽하게 잡아당긴 고무줄과 1미터 길이의 장선을 서로 묶어 고정시키는데, 장선이 늘어나거나 줄어들 수 있는 여유는 남겨두었다. 그 둘의 연결지점에다 13센티미터 길이의 바늘을 설치하면 기구는 완성된다. 나는 이것을 내 방 창틀 밖의 그늘진 곳에 못으로 박아놓았다.

바늘의 끝은 비 옴, 축축함, 맑음, 따뜻함, 더움이라고 표시된 반원을 따라 움직이게 만들어져 있었다. 날씨 상태에 따른 장선의 수축이나 팽창은 반원을 가리키는 바늘을 보면 알 수 있었다. 이론적으로는 틀린 게 없었지만, 이 기구는 그다지 성공적이지 못했다. 나중에 안 사실이지만, 내가 쓴 장선이 문제였는데, 진짜 장선을 안 쓰고 라크로스(하키 비슷한 구기 – 옮긴이) 채를 만들 때 쓰는 끈 힘줄을 썼기 때문이었다.

나는 또 험프리 데이비(영국의 화학자 – 옮긴이)가 어린 소년이었을 때 해시계를 만들었다는 걸 읽고서는 그가 할 수 있다면 나도 할 수 있다고 자신했다. 평평한 판자에 원을 그리고 이 원을 24개의 칸으로 나눴다. 원의 중심에는 커다란 못을 박고 해의 위치를 나타낼 수 있도록 고안했다. 나는 한 시간마다 해시계로 가서 그림자가 가리키는 시간을 표시했다. 며칠이 지나자, 원의 반이 표시되었다. 그러나 계절이 바뀌면서 그 몇 달 전에 표시해 둔 그림자와 지금의 그림자가 일치하지 않는다는 사실을 발견했다.

나는 이 수수께끼를 풀기엔 너무 어렸고, 몇 년이 지나서야 경도와 위도의 변화라든지 그 원인 같은 것에 대해 배울 수 있었다. 이 이야기의 결과를 말하자면, 험프리 데이비는 나와 같은 나이에 이 난해한 문제를 풀었다는 점이다.

어느 덧 나는 토끼 한 쌍을 살만큼 돈을 모았다. 이것은 내 동물원의 시작이었다. 나는 토끼장도 직접 만들고, 공터에서 캐온 민들레나 풀 등을 먹이로 주었다. 풀이 넉넉한 동안은 토끼 키우기가 순조로웠다. 그러나 가을이 오자, 들에서 얻는 먹이는 바닥이 났다. 한 우유배달부가 건초 한 다발을 줄 테니 가져가라고 했다. 나는 우유 수레를 타고 3킬로미터쯤 떨어진, 지금은 로즈데일이라 불리는 곳에 있는 농장에 가서 건초 다발을 어깨에 짊어진 채 걸어왔다. 토끼는 감자 껍질과 양배추 줄기와 우리가 먹다 남긴 찌꺼기를 먹으며 두세 달 버텼다. 가끔은 450그램에 1센트씩 하는 왕겨를 사서 마른 풀과 짚에 섞어서 먹였는데, 1871년 가을이 지나고 겨울이 끝날 때까지도 토끼들은 무사했다.

봄이 되었을 때도 토끼들은 모두 건강했지만, 한 마리도 팔지 못했다.

이 토끼들이 어떻게 되었는지는 나중에 얘기하겠다.

나는 1872년에 큰 싸움을 벌인 적이 있는데, 그 이야기를 꼭 하고 넘어가야겠다.

학교 수업이 끝나고 아서 윙필드와 빌리 워커라는 덩치가 큰 두 친구와 함께 굴드 거리를 지나 집으로 가는 길이었다. 생김새가 특이한 애가 신문배달이나 심부름을 하는 것처럼 꾸러미를 들고 우리 옆을 지나갔다. 그 소년은 나보다는 몸집도 크고 몸무게도 나가 보였지만 내 친구들보다는 훨씬 작았다. 그 애의 긴 머리는 노란색이었다. 기다란 머리 한 줌은 이마를 가리며 달라붙어 있었고, 목 뒤로 묶은 머리채는 꼭 짚단처럼 보였다. 이마 아래로는 사나운 족제비를 닮은 잿빛이 감도는 푸른 눈이 박혀 있었다. 우리 셋은 그 애를, 아니 들짐승 같은 그 애

의 겉모습을 놀려댔다. 그 애는 모른 척 지나가다가 처치 거리 모퉁이에 다다르자 우리에게 돌멩이 세례를 퍼붓기 시작했다. 그 아이가 힘껏 던지는 돌멩이들이 아주 정확했기 때문에 우리는 이리저리 피해야 했다. 그러다가 우리도 똑같이 돌멩이로 갚아주자 그 애는 처치 거리로 도망가 버렸다.

좀 있다가 친구들은 달하우시 거리 쪽으로 가고 나는 혼자서 걸어가고 있었는데, 갑자기 돌멩이 하나가 내 머리 옆을 휙 지나갔다. 뒤를 돌아보니, 굴드 거리 반대 방향으로 막 뛰어가는 야생소년이 보였다. 나도 돌멩이를 하나 주워서 욕지거리를 퍼부으며 날려 보냈다. 돌멩이가 몇 번 오갔고, 둘 다 돌을 피해 폴짝거렸다.

그러다가 이 야생소년이 입에 담지도 못할 욕을 퍼부으며 나를 향해 돌진해 왔다. 내가 도망치기는커녕, 책가방을 길에 내려놓고 "덤벼, 이 XX야"(더러운 짐승을 뜻하는 말이었다) 하고 소리 지르자 그 애는 꽤 놀라는 눈치였다.

그때 해리 덱스터라는 내 친구가 나타나는가 싶더니, 동시에 적의 친구로 보이는 우유배달부가 나타나서 말을 세우고 외쳤다.

"패버려, 딜로(아니면 딜루이거나)! 한방에 때려 눕혀버려!"

우리는 곧 맞붙었다. 첫판에는 서로 주먹을 주고받았지만 둘 다 큰 타격을 주지는 못했다. 거의 무승부였다.

우유배달부는 응원이 얼마나 큰 힘이 되는지 아는지, 계속 목청을 높였다.

"그거야, 딜루! 끝장내버려!"

그 다음 순간 그 야생소년이 내 머리를 정통으로 때리는 바람에 내 몸이 휙 돌아갔고, 미처 정신을 차리기도 전에 그 애의 주먹이 내 귀 뒤쪽을 강타했다. 나는 거의 쓰러질 뻔했다.

덱스터도 응원하기 시작했다.

"야, 이 바보야! 빈틈을 보이면 어떡해! 또 그러면 저 녀석 손에 끝장날 거야!"

나도 모르게 허를 찔렸지만, 이제 죽기 아니면 살기였다. 조상한테 물려받은 '분노에 찬 핏발'이 온몸을 휘감았다. 나는 격분하여 다시 싸우기 시작했고, 운이 따랐는지, 세 번째 판에서는 상대방의 턱 밑을 정확하게 쳐서 완전히 곤두박질치게 만들었다.

우유배달부가 소리 질렀다.

"일어나, 딜루! 넌 이길 수 있어!"

그러나 딜루는 꽁무니를 빼고 걸음아 날 살려라 도망치고 말았다.

"가서 네 형에게 일러! 똑같이 만들어 줄 테니까!"

나는 아이들이 으레 그렇듯이 그 녀석의 뒤에 대고 소리쳤다.

그 녀석이 싸움을 걸어올 때 떨어뜨린 꾸러미가 눈에 띄었다. 주워서 열어 보니 녀석이 집으로 가져가려던 건지, 아니면 어딘가로 배달하려던 건지 큼직한 쇠고기가 들어 있었다. 우유배달부도 욕지거리를 내뱉으며 마차를 끌고 가버렸고, 이제 나만 손에 쇠고기를 든 채 남아 있었다. 쇠고기 주인은 가버렸고, 나는 어찌할 바를 몰랐다. 그러다 빈손에 망신까지 당하고 간 소년이 궁지에 처할지도 모른다는 생각이 들자 후회가 밀물처럼 밀려왔다. 소년이 어디서 일하는지, 집이 어딘지 안다면 쇠고기 꾸러미를 갖다 줄 텐데. 어쨌든, 난 최선을 다하기로 했다. 파리가 들끓지 못하게 꾸러미를 잘 싸서 행여 개가 넘볼세라 근처에서 제일 높은 문설주 위에 잘 두었다. 그런 다음 주위에서 놀고 있던 꼬마들에게 말해두었다.

"아까 그 녀석이 다시 오거든, 쇠고기는 저기 잘 있다고 말해줘라."

혹시 패배자가 보이면 두려워 말고 꾸러미를 가져가라고 말해 줄 작정으로 이 골목, 저 골목을 찾아다녔지만 허탕만 치다가, 책가방을 들고 서둘러 집으로 갔다.

이 사건은 여전히 내 추억과 내 기억의 중심에서 살아 움직이는 듯하다. 내 안에 강렬하게 남아 있는 것은 머리를 얻어맞은 것도, 멍든 눈도 아니고, 내가 녀석을 쓰러뜨리고 난 다음 느꼈던 쾌감이며, 한편으로는 녀석의 친구들이나 심부름 시킨 사람에게 걸리면 끝장일 거란 어슴푸레한 걱정이었다.

전학을 가다

회계사였던 아버지는 토론토에 도착하고 얼마 지나지 않아 괜찮은 회사에 취직했다. 형들도 모두 일을 했기 때문에, 우리는 꽤 안정된 생활을 했다. 1872년 봄, 아버지는 가난한 동네를 벗어나 우리가 처음 살았던 동네에서 멀리 떨어진 부자 동네 뮤추얼 거리 137번지에 작지만 아담한 새 집을 한 채 장만했다.

그래서 우리는 날마다 엘리자베스 스트리트 학교까지 먼 길을 통학해야 했다. 동생 월터와 앨런은 빅토리아 스트리트 학교로 전학했지만, 아서 형과 나는 계속 다녔다. 형은 나보다 두 살 많았고 운동도 잘 했지만, 특이한 면도 있었다. 어떤 때는 용기백배해 있다가, 또 어떤 때는 이길 수 있는 싸움을 어이없이 피하기도 했다. 사실 형제들은 내 학교생활에 별다른 영향을 주지 못했다. 아서 형은 나보다 한 학년이 낮았고, 두 동생은 학년 차이가 워낙 커서 나와 다른 교실을 썼으며, 4학년이 되면서는 학교마저 달라졌다.

어쨌든 아서 형과 나는 학교에 같이 다녔다. 어머니는 우리더러 그림처럼 손에 손을 꼭 잡고 다니라고 했지만, 우린 그런 건 '겁쟁이들이나 하는 짓'이라며 콧방귀를 뀌었다. 학교에 가는 길에 우리는 두 부류의 아이들과 종종 마주쳤다. 빅토리아 스트리트 학교에 다니는 아이들과 모델 학교에 다니는 아이들이었다. 우리는 이사온 지 얼마 안 되었기 때문에 그 애들의 좋은 놀림감이었다. 그래서 날마다 적이 약한지 강한지를 잘 판단해서 싸움을 벌이든지 줄행랑을 놓든지 해야 했다. 눈이 오거나 마로니에 열매가 익을 무렵에는, 하루에 적어도 두 번은 전투를 치렀다.

엘리자베스 스트리트 학교는 내리막길을 걷고 있었다. 고압적인 교사가 있었는데 큰 학교로 전근을 가버리고, 그 자리에 약골선생이 부임해 왔다. 규율마저 없어지자 학교는 난장판이 되었다. 부모님은 이 사실을 눈치 채고 나와 형을 더 이상 이 학교에 보내지 않기로 결정하고 형은 목수의 조수로, 나는 동생들이 다니는 빅토리아 스트리트 학교로 보냈다.

스포튼 교장이 관리하는 빅토리아 스트리트 학교는 떠들썩한 학교가 아니었다. 어쨌든 나는 이미 고된 학교생활에 단련된 터였다. 빅토리아 학교에서 나는 곧바로 최고 학년에 다녔고, 수석도 차지했다.

토론토에 있는 열 개의 공립학교에서는 해마다 3천 명의 학생들 중에서 여섯 명을 선발하는 관례가 있었다. 3천 명의 학생들이 3일 동안 시험을 치른 다음 각 학교에서 남학생과 여학생 각각 세 명씩을 뽑는 것이었다. 상위 12명은 토론토 대학 부속고등학교에서 2년 동안 장학금을 받았다. 나도 운이 좋았는지, 열두 명 중에서 열네 살이라는 제일 어린 나이로 상을 따냈고, 당연히 토론토 대학 부속고등학교에 등록했다. 마음속으로는 이미 토론토 대학에 가는 장학금도 받고야 말겠다고 굳게 다짐하고 있었다.

1874년 8월의 어느 날, 나는 토론토 대학 부속고등학교에 자랑스럽게 발을 들여놓았다. 나는 긍지와 환희에 차 있었다. "내가 차지했어. 해냈어, 해냈다고." 생각만 해도 몹시 흥분되었다. 나는 희망과 열정을 가득 안고 고등학교에 다녔다. 이제 장밋빛 미래가 내 앞에 펼쳐질 차례였다.

그 학교는 처음 다녔던 학교의 상스러운 분위기와는 사뭇 달랐다. 나를 비롯해서 우리 형제들은 아무도 지난 이삼 년 동안의 학창시절에서 결코 욕을 하거나 음담패설을 입에 올리지 않았는데, 그건 전적으로 우리가 자란 강인하고 정결한 집안 분위기 덕택이었다. 싸움과 도둑질을 일삼던 첫 학교의 친구들은 우리더러 학교의 분위기에 어울리지 않게 늘 잘난 체 한다고 비난을 일삼았다. 돌이켜 보면, 그것은 사실이었다.

  그러나 자비스 거리에 있는 이 유서 깊은 학교에 도착했을 때, 나는 나와 같은 부류의 사람들 틈에 있는 것 같아 편안하고 행복했다. 지식인 가정 출신이 대부분인 이 사회에서는 상스런 말은 통용되지 않았다. 나는 평생 지식인층을 혐오해 왔기 때문에 그렇게 생각하는 건 싫었지만 지식인층이 하층민들보다 더 나은 점도 있는 부류라는 생각은 했다. 토론토 고등학교의 분위기는 전에 다니던 학교와는 완전히 딴판이었다. 이 학교에 다니는 동안, 싸움이라곤 겨우 네 번밖에 보지 못했는데, 그나마 세 번은 내가 일으킨 거였다. 네 번 모두 치고 받는 싸움과는 거리가 멀었다. 이름이 J와 E, H와 H, B와 M으로 시작하는 세 소년 모두 내 도전을 정중히 거절했다. 지금 생각해 보면 첫 번째 소년 정도면 나를 얼마든지 때려 눕힐 수 있었는데 말이다.

  그러나 이 싸움도 고등학교에서 맞은 첫 학기에 일어난 일이며, 그 후로는 더 이상 싸우지 않았다. 호전적인 내 기질은 새로운 환경에서 죽어버린 것 같았다. 심지어 거리에서 말썽이 날만한 상황에 부딪혔을 때도 싸우고 싶은 유혹을 억눌렀다.

  나의 옛 친구들은 내가 원래부터 싸움꾼은 아니었다고 말했다. 나는 그 말을 이해할 수 없었는데, 이제야 그 이유를 알 것 같다. 엘리자베스 스트릿 학교의 절망적인 분위기 때문에 내 안에서는 내 자연적인 본성이 아닌 자포자기의 심정이 자라난 것이다. 그러나 고등학교의 분위기는 달랐고 싸울 이유도 없었을 뿐더러 오히려 지나친 공부로 내 건강이 급속도로 악화되고 있었다. 어쨌든 싸우려는 의지도 결국은 강건한 육체에서 나오는 법이니까.

  거친 소용돌이와 같은 지난날들의 끝없는 반목과 작은 싸움들을 돌이켜 보면서 자문자답해 본다. "무엇이 옳고 무엇이 그른 것인가? 그런 일들을 겪은 것이 후회스러운가?" 천만에. 오히려 기쁠 따름이다. 그 일들은 나에게 독립심과 극기를 가르쳐 주었고, 내가 올바른 길로 가도록 채찍질했다. 이 한 가지는 분명하다.

열일곱 살 때의 시튼

일단 싸움이 끝나고 나면 내겐 증오의 감정이 전혀 남아 있지 않았다. 싸우고 난 다음엔 반드시 화해를 했고, 그 때문에 더 가까워질 수 있었다. 싸움은 의혹을 날려버렸고, 분통을 터뜨려 버리게 했으며, 종기를 찔러서, 고름을 짜내 버리는 역할을 했다.

그 녀석들에게 심하게 두들겨 맞을 때도 그랬냐고? 물론이다. 이기든 지든 많이 얻어맞을수록 더욱더 그랬다.

"그러니까, 이기기도 했지만 진 적도 많았다는 말인가?" 흠을 잘 잡는 한 친구가 말했다.

"자네는 안 그랬나?"

"물론이지. 난 한 번도 진 적이 없거든."

그래서 한마디 해주었다.

"아마 땅꼬마들하고만 싸웠나 보군."

이런 사람은 전쟁에서 최선의 결과를 얻을 수 없다.

내가 어른이 된 뒤에 이끌고 있는 소년 모임이나 캠프에서 우리의 목표는 가능하면 좋은 친구관계를 맺고 선량한 성품을 기르는 것이다. 그러나 그저 타일러서는 말을 듣지 않는 싸움꾼이나 패거리도 있다. 그럴 때 나는 이 아이들이 내 소년 시절의 아이들과는 다르다는 걸 알면서도 마지막 수단으로 가급적이면 맨주먹으로 맞붙게 한다. 그러면 아이들은 어느 한편이 다른 편에게 승복할 때까지 싸운다.

빅토리아 스트리트 학교에서의 마지막 학기에 나는 처음이자 마지막으로 선생님에게 매를 맞았다. 그 선생님의 이름은 W와 S자로 시작했는데 아이들 사이에서는 '점박이 영감'이라는 별명으로 통했다.

　나는 모범생이었지만, 고집도 세고 반항기도 있었다. 어느 날 나는 선생님이 우스갯소리를 했다고 한 아이를 가죽 채찍으로 심하게 때리는 것을 보았다. 나는 충격을 받았고, 분개한 나머지 쉬는 시간에 교실로 가서 칠판에다가 풍자만화를 커다랗게 그렸다. 선생님 얼굴을 닮은 커다란 불독이 사슬을 팽팽하게 당기면서 겁에 질린 아주 조그만 어린아이를 물어뜯으려는 그림이었다. 불독의 몸에는 큰 점들을 그려 넣었다. 개 주인의 그림 밑에는 '관대함'이라 써넣고 말풍선 안에다 이렇게 썼다. "그만 해, 그만. 점박이 영감아, 그 애는 널 해치지 못해."

　11시에 수업이 다시 시작되자, 아이들 사이에 한 차례 소동이 일더니, 곧이어 폭소가 터져나왔다. 그러나 선생님이 채찍을 휘두르며 눈에 불을 켜고 나타나자 곧 잠잠해졌다. 선생님은 한 마디도 하지 않았다.

　최고 학년의 암송시간이었다. 여느 때와 같이 우리 열두 명은 줄지어 서 있었다. 선생님은 우리 뒤로 왔다갔다 하면서 채찍을 휘둘러 틀린 걸 지적하고 있었다.

　우리 반에는 조지 아놀드라는 애가 있었는데 개구쟁이였지만, 재능도 있었고, 특히 스케치를 잘 했다. 그날 조지는 운이 나빴다. 한창 암송하고 있는데, 선생님이 갑자기 그의 목을 붙잡더니 채찍으로 칠판의 그림을 가리키며 소리쳤다.

　"니놈이 했지?"

조지는 강하게 부인했다. "아니에요. 절대 아니에요. 아니란 말예요." 그러면서 큰 소리로 엉엉 울었다.

"그럼 누구야?"

"몰라요." 조지는 악을 썼다.

"거짓말쟁이 같으니. 본 때를 보여 주마."

불쌍한 조지는 내가 한 짓 때문에 매를 맞을 지경이었다. 나는 더 참지 못하고 말해버렸다.

"제가 했습니다."

반 아이들은 키득거렸다. 나의 존경하는 선생님은 내 목 뒷자락을 붙잡고는 생가죽 채찍으로 등과 다리를 후려치기 시작하더니, 전교생이 전부 '제발 그만 하라'고 할 때까지 매질을 그치지 않았다. 그러나 나는 순교자다운 자존심을 발휘하여 비명을 지르지도, 매질을 피하지도 않았다.

그날 밤, 나는 잠자리에 들기 전에, 옷을 벗고 형에게 등을 보여주며 말했다.

"오늘 얻은 걸 좀 봐."

내 등과 다리에는 온통 호랑이처럼 줄무늬가 새겨져 있었다.

"맙소사!"

늘 무뚝뚝한 형이었지만 한마디 했다. "아버지께 보여드려. 바로 다른 학교로 전학할 수 있을 거야."

"됐어!" 나는 별 관심 없다는 듯 말했다. "선생님은 잘 못 한 거 없어. 내가 맞을 짓 한거지 뭐."

그것은 사실이었고, 선생님은 의당 할 일을 한 것이었다. 응징은 매서웠지만, 나는 처벌이 당연하다고 생각했기에 결코 원망하지 않았다. 매 맞은 일이라면 아직도 뚜렷이 생각나는 것이 하나 더 있다.

나는 토론토 대학 부속고등학교의 학생이 된 것을 자랑스럽게 여겼고, 따라서 당연히 학교의 모든 것, 그러니까 교장이나 교수진, 동료 학생들, 캠퍼스에까지 최선을 다해야 한다는 생각을 갖고 있었다. 나는 교장에 대해 톰 브라운(영국의 소설가 휴스가 쓴 「톰 브라운의 학창시절」에 등장하는 주인공. 이 학교의 아널드 교장에 대한 애정이 잘 나타나 있다 – 옮긴이)이 아널드 교장에게 느꼈던 것처럼 숭배에 가까운 존경심을 지녀야 한다고 생각했다.

나의 고명하신 교장 선생님은 인간이라기보다는 비범하고, 위대한 학자이며, 남자 중의 남자로서 비난과 수치와는 거리가 먼 사람일 거라고 생각했다. 나는 순종하고 숭배할 준비가 되어 있었다. 그러나 하느님 맙소사, 나는 실망을 금치 못했다.

교장은 성공한 훈육자이며 엄격한 사람이었다. 교장에게는 권위가 있었지만 학문적인 면에서는 교장보다 월등한 선생도 많았다. 그래서인지 교장에게는 엿보는 버릇이 있었다. 나는 사람들이 수군거리는 것처럼, 실제로 교장이 열쇠구멍으로 엿보는 모습은 한 번도 보지 못했지만 다음과 같은 행동들은 수없이 많이 보았다. 교장은 소란스런 교실의 문을 가만히 열어서 문틈 사이로 엿보다가 소란의 주범이 되는 학생들의 이름을 공책에 적곤 했다. 그 다음 교실로 살며시 들어와서 그 학생들을 지적하며 이렇게 말했다. "너, 너, 그리고 너, 내 방으로 와! 내가 갈 때까지 나무 의자에 앉아 있도록."

교장은 학생들을 공포의 도가니로 몰아넣었다. 결국 타고난 윗사람으로의 자질은 이렇게 불필요하게 자주 회초리를 쓰는 바람에 타격을 받았다.

그해 가을에 이른 첫눈이 왔다. 학교의 남자애들이 모두 눈싸움을 하고 있었는데 갑자기 교장이 나타나더니 엄한 소리로 나에게 말했다.

"어니스트, 내 방으로 와!"

나는 아홉 시에 교장실에 가서 그 등받이도 없는 끔찍한 나무 의자에 한 시간이나 앉아 있어야 했다. 의자가 어찌나 높던지, 발이 바닥에 닿지도 않았다. 교장은 나를 완전히 무시한 채 조용히 들락거렸다. 유일하게 들리는 건 째깍거리는 시계소리뿐이었다.

울컥 화가 솟구치려는데 교장이 돌처럼 차갑게 날 쏘아보며 말했다.

"자네는 어째서 오늘 아침에 눈싸움을 했나?"

나는 놀라서 대답했다. "왜냐고요? 모두 눈싸움을 하니까요."
"내가 나타나자, 모두들 그만 둔 것을 못 봤나?"
"못 봤습니다."
"눈싸움을 하면 안 된다는 걸 모르나?"
"몰랐습니다."
"그러면 이제부터 잘 알아두도록. 손 내놔!"

교장은 지팡이로 지독히 아프게 내 손바닥을 여러 번 때렸다. 나는 겉으로는 꿈쩍도 하지 않았지만 속으로는 부당함에 대한 혐오감으로 치를 떨었다. 학교의 모든 남학생들이 눈싸움을 하고 있었는데, 신출내기인 나만 혼자서 본보기로 벌을 받은 것이다. 누가 봐도 재미로 한 장난에 대한 벌치고는 심한 처벌이었다. 단지 경고만 했어도 충분했을 것을. 그러면 아직도 교장선생님을 존경하고 있을 텐데. 그러나 그 어처구니없고 잔혹한 매질이라니! 그는 결국 스스로 물러났다. 나는 마음속으로 그를 경멸했고, 그를 알고 지내는 동안 내내 그랬다.

도시에서 만난 야생동물들

토론토로 온 뒤로 야생의 생활은 끝난 것 같았지만, 열정만은 내 안에 남아 있었다. 나는 늘 그 생활을 꿈꾸고 계획하고 찾아다녔다. 그러나 이상하게도 늘 떠오르는 장면은 울창한 숲도 아니고, 새들이 지저귀는 목초지나 냇물도 아니라 폴리 아저씨의 세간도 없는 작은 방이었다. 그 방의 하얀 벽에는 여섯 개의 나무 선반이 달려 있고, 각 선반마다에는 박제된 새들이 놓여 있었다. 나는 언젠가는 꼭 저런 걸 가지리라 맘먹고 있었다.

"먼저 새를 잡아야 한다."

나는 하마터면 중요한 것을 놓칠 뻔했다. 그래서 고무총과 덫과 활과 화살을 들고 당장 새를 잡으러 나섰다. 결과는 뻔했다.

손에 잡힐 듯 가까운 거리에서 새로운 종류의 새들을 보았지만 그 이름을 아는 새는 아쉽게도 거의 없었다. 그러다 셔터 근처의 욘지 거리에 있는 패스모어의 박제 가게를 발견했다. 나는 늘 그래왔듯이 창유리에 코를 대고 가게 안을 들여다보면서 행복에 겨운 시간을 보냈다. 얼마 뒤 샌즈라는 사람이 같은 욘지 거리에 박물학 가게를 열었다. 이 가게의 창가에 진열된 새들과 그 밑에 붙어 있는 새의 이름표는 내게는 풍성한 잔칫상과도 같았다.

붉은가슴밀화부리, 멧종다리, 새매, 솜털딱따구리, 노랑부리뻐꾸기의 이름도 이 가게에서 알게 됐다.

시내에 있는 한 모피상 문 앞에는 살아 있는 듯한 곰 박제가 있었는데, 나는 그것을 볼 때마다 기쁨에 휩싸였다. 이 박제는 여러 번 보았지만, 그때마다 새로운 희열을 맛보았다. 친구 한 명이 칼튼을 지나 자비스 거리에 있는 어느 집에서 베란다 아래에 곰을 묶어 키운다고 얘기했다. 그 곰을 한번 볼 요량으로 그곳으로 가봤지만, 곰은 벌써 오래 전에 죽고 없었다.

제랄드 거리와 펨브로크 거리가 만나는 모퉁이에서도 종종 즐거움을 얻을 수 있었다. 몇 년 전 이 모퉁이에서 스컹크 한 마리가 죽었는데, 습기 찬 밤이면 아직도 죽은 스컹크 냄새가 난다고 했다. 나는 종종 이 모퉁이로 가서 퀴퀴한 냄새를 듬뿍 들이마셨다. 거기에서는 분명히 특별한 냄새가 났다. 나중에 알고 보니 그것은 하수구 냄새였지만, 그렇다고 그 냄새가 내게 준 행복함을 앗아가진 못했다.

내 친구의 형들 중에 사냥을 좋아하는 사람이 있었는데, 그 형은 자기가 총으로 잡은 금빛날개딱따구리를 유리 상자 안에 넣어두고 '하이홀'(딱따구리를 부르는 미국 방언의 하나 – 옮긴이)이라고 불렀다. 그 새를 볼 기회를 얻은 나는 그 형이 들려주는 새에 대한 이야기에 귀 기울이며 마치 사막에서 길을 잃고 죽어가는 사람이 물을 마시듯 새로운 지식을 온몸으로 빨아들였다. 또 버트 윌리엄스라는 한 친구가 박제 원앙을 갖고 있었는데, 버트는 내가 이 박제를 간절히 원하는 걸 알고는 약간은 경멸하면서 나에게 주었다. 나는 박제된 원앙을 보물인 양 품에 안고 의기양양하게 집으로 돌아왔다. 그것은 내게 있어 보석보다 귀한 수집품이 되었다. 나는 그 원앙의 깃털 하나하나의 생김새와 빛깔까지 모두 연구했다. 어느 날 공터에서 크기는 울새만 한데, 몸은 푸르스름한 잿빛이고, 머리와 등은 청동색에 가까운 노란 색을 띠고 있는 새 한 마리를 보았다. 당시의 내 얕은 지식으로는 그 새의 이름을 알 도리가 없었지만, 그 모습은 10년이 지난 뒤에도 생생하게 기억하고 있었다. 나중에 삽화가 들어 있는 책을 보고서야 그 신비하고 낯선 새가 깃털갈이를 하지 않은 솔밑화부리의 어린 새끼라는 걸 알았다.

그때 나에겐 책이 없었기 때문에 새의 이름을 아는 것은 불가능했다. 그나마 출판된 책들도 하나같이 영국의 새들에 관한 것뿐이었다. 어둠 속을 헤매는 것과 다를 바 없었다.

아버지의 서재에는 『기사騎士의 살아 있는 자연 그림 박물관』이라는 두 권짜리 두꺼운 책이 있었다. 이 책은 옛날 삽화들을 모아 놓은 것으로, 그림 두 쪽 다음에 설명이 한 쪽 나오는 식이었다. 두 권 중 한 권은 응접실의 탁상 장식용 서적으로 꽤 인기를 모았다.

이 책들은 내게는 둘도 없는 푸짐한 만찬이었다. 나는 동물이나 새와 관련된 구절을 하나도 빠짐없이 읽었다. 하지만 늘 허탈했다. 이런 저런 아름다운 창조물은 하나같이 낯설었다. 내가 있는 초원의 새와 짐승과 꽃을 보고 싶었다. 그러나 내가 필요로 하는 책은 어디에도 없었다. 그래도 내게는 하나의 야생 세계가 열려 있었고, 그것은 곧 내 생활의 일부가 되었다. 그것은 새집 만들기였는데, 우리는 막대집 만들기라고도 불렀다. 우리는 알고 있는 지식을 총동원해서, 가로 20센티미터 세로 15센티미터에 높이가 25센티미터인 상자를 짧은 막대기 위에 고정시킨 다음 건물 지붕에 못을 박아 달았다.

곧 여러 종류의 새들이 우리가 만든 새집에 둥지를 틀었다. 맨 처음, 그리고 가장 자주 둥지를 튼 새는 흰가슴숲제비와 유리새였다. 가끔 보라큰털발제비와 굴뚝새도 찾아왔고, 1874년 초에는 집참새도 그 집에 세를 들려고 왔다.

1874년 가을에 건축업자인 두 형은 우리집이 있는 펨브로크 거리에서 네 구역 정도 떨어진 셔번 거리에 집을 짓고 있었다. 어느 날 밤 저녁을 먹으러 집으로 돌아온 형들은 놀라운 소식을 전해주었다. 네 시쯤에 붉은여우가 쏜살같이 달려와 집을 짓는 마당으로 뛰어드는 바람에 깜짝 놀랐다는 것이다. 털이 검고 몸집이 큰 뉴펀들랜드 종 개들이 여우를 뒤쫓고 있었다.

여우는 피난처가 될 만한 구멍을 찾지 못했다. 개들은 사납게 짖어대면서 그 작은 희생물에게 다가가서, 몇 분 동안 물고 마구 흔들어댔다. 가엾은 도망자는

풍성한 잔칫상과도 같았던 박제 가게

죽은 듯이 뻗어버렸다.

  윌리 형이 서둘러 막대기를 들고 따라가서, 무자비한 깡패들을 쫓아내고, 여우의 꼬리를 들었다. 형은 여우가 살아 있는 걸 확인하고, 닭들이 드나드는 작은 구멍만 있어서 개들이 접근할 수 없는 근처의 장작 창고에 가두고 왔다고 했다.

  나는 이 이야기를 듣고 흥분해서 어쩔 줄 몰랐다.

  그날 저녁 여덟 시쯤, 나는 친구와 둘이서 먹을 것과 물을 가지고 그 오두막으로 갔다. 오두막에 도착하자마자 여우가 마당에 나와 있다가 오두막으로 통하는 조그만 구멍으로 뛰어들어가는 걸 목격했다. 우리는 구멍을 막은 다음 안으로 들어갔다. 한쪽 구석에서 여우가 머리는 바닥에 두고 몸은 있는 대로 웅크린 채 두려움에 떨고 있었다. 손에 든 랜턴에 반사된 여우의 눈빛은 불타는 듯 이글거렸다. 우리는 음식과 물을 놓아두고 즐거운 마음으로 돌아왔다.

  집으로 오는 길 내내 어떻게 여우를 기르고 보살필지, 집에서 키우면 얼마나 즐거울지, 행복한 상상에 사로잡혔다. 그러나 집에서 웬 남자 두 명이 우리를 기다리고 있었다. 그들은 다짜고짜 "너희들이 우리 여우를 갖고 있니?"하고 물었다.

  "한 마리 있긴 해요. 어디서 왔는지는 모르지만." 내가 대답했다.

  "그거 우리 꺼다. 퀸 거리에 있는 사료가게에서 도망친 거란다. 목걸이와 쇠로 된 꼬리표를 보면 알 수 있을 거야."

  우리는 포로가 갇혀 있는 오두막으로 되돌아갔다. 그 남자는 전부터 아는 사이인 듯 여우를 붙잡고는 목걸이와 꼬리표를 보여주며 자기 여우라는 걸 확인시키더니, 자루에 넣어서 가지고 가버렸다.

  그 뒤 그 여우를 다시 보진 못했지만, 이 작은 영웅은 내 마음속에 크고 변함없는 존경의 대상으로 남아 있고, 여우를 죽이려던 검은 개들은 경멸의 대상이 되었다.

  이 하찮아 보이는 우연한 사건은 내 삶에 야생동물이 종종 뛰어들었다는 걸 보여준다. 반면에 학교 친구들은 야생동물들을 잘 보지도 못했고 알지도 못했다.

몇 년이 흐른 뒤, 나는 토론토의 하워드 거리와 블로어 거리 부근에 사는 야생 여우를 보았다. 겨우 한두 번 보았을 뿐이었지만, 이 야생의 붉은여우에게는 닭과 비둘기, 토끼들이 널려 있는 곳을 겁 없이 들락거리는 배짱이 있다는 걸 알 수 있었다. 도시에서 여우를 총으로 사냥하는 건 불법이었고, 그렇다고 덫이나 독이 든 미끼를 놓는 사람도 없었다. 그것은 여우보다는 개들을 죽일 가능성이 더 많았기 때문이다.

그 여우는 판자 울타리에 난 작은 구멍으로 쏙 들어가서 큰 개들로부터 달아났고, 고양이처럼 날렵하게 높은 담벼락으로 몸을 피해 작은 개들을 따돌렸다. 1892년 겨울 내내 정원에는 여우가 다녀간 흔적이 있었는데, 드디어 그 해 12월 14일에 녀석의 멋진 자태를 직접 볼 수 있었다. 그러고 나서 녀석은 어디로 갔는지 모르게 자취를 감춰버렸다. 그 여우의 삶은 고대 해적들이 오늘날 허드슨 강에서 빠르게 배를 몰면서 풍족하고 즐거운 삶을 누리는 것에 비유할 수 있을 것이다.

뮤추얼 거리의 우리집 뒤편으로는 장작창고와 마구간, 외양간, 과수원과 장작더미 등이 있는 기다란 터가 있었다. 여기에도 농장에서 만큼이나 새들이 많았는데 이 새들은 수십 마리의 고양이, 그러니까 집고양이와 도둑고양이와 야생 고양이들의 좋은 먹잇감이었다.

농장에서 살 때도 고양이에 대해 알 기회가 있었지만 지금처럼 좋은 기회는 없었다. 나는 곧 일정한 법칙을 깨달았다. 흰색, 오렌지색, 검정색, 회색의 털이 드문드문 나 있는 얼룩고양이는 영락없이 암컷이다. 몸이 온통 오렌지색인 고양이는 수컷이고, 옆으로 작고 짙은 반점이 규칙적으로 있고 머리에 호랑이 줄무늬가 있는 회색 얼룩고양이는 대체로 암컷인데, 특히 집을 나와 야생으로 사는 경우가 많았다.

토론토의 고양이들은 건초더미 속이나 마구간, 헛간의 버팀목 주변에 보금자리를 마련했다. 종종 아직 덜 자란 한 배의 새끼 고양이들이 햇볕을 쬐다가 사람이 다가가는 걸 눈치 채고 급하게 숨느라 자기들도 모르게 집을 가르쳐주기도 했다.

나는 또래들 중에서 나이가 많진 않았지만, 야생동물에 관해서라면 언제나 앞장섰다. 나는 이 야생 새끼고양이들을 사로잡기로 결심하고는 잘 끊어지지 않는 끈으로 올가미를 만들어 고양이의 보금자리 입구에 놓았다. 가장 간단한 덫이었다. 우리는 어느 토요일 아침에 덫을 놓고 기다리다가 새끼고양이들이 일광욕하는 걸 보고 녀석들 쪽으로 뛰어갔다. 고양이들은 보금자리로 들어가려고 허겁지겁 뛰었는데, 얼룩고양이 한 마리가 올가미에 걸리고 말았다. 질긴 끈이 녀석의 허리를 재빨리 휘감았고, 우리는 녀석을 쉽게 잡을 수 있었다. 그러나 우리는 새끼고양이의 성질이나 생태에 대해 아는 바가 없었다. 새끼 고양이는 움츠리지도, 낑낑대지도, 굴하지도 않고 미친 듯이 날카롭게 소리지르며 있는 힘껏 우리를 공격했다. 형이 잡으려고 다가가자 갑자기 달려들었다. 녀석은 앞발로 형의 손을 할퀴어서 깊은 상처를 네 줄이나 내고는 또 다른 사람에게 달려들었다. 그제야 우리는 진짜 사나운 고양이를 잡았다는 걸 인정하고 조심스럽게 덫을 끊어서 이 표독한 녀석을 놓아주었다.

얼마 동안 나는 동물이 나오는 와일드웨스트 쇼(카우보이, 북미 인디언이 야생마 타기 등을 보여주는 공연거리 - 옮긴이)를 계획하고 있었다. 그래서 나는 이 새끼고양이들 중 한 마리를 사로잡으려고 안달이 나 있었다.

우리집에서 키우는 고양이는 이웃 사람이 여섯 달 전에 준 것인데, 누런 털에 갈색 반점이 박힌 이 수놈은 방랑기가 있어서 밤에는 거의 집에 붙어 있지 않았다. 종종 옆집 수고양이와 격투를 벌이기도 했다. 나는 크고 강하게 자란 '오렌지 빌리'를 나의 와일드웨스트 쇼에 출연할 동물로 점찍어 두었다. 먼저 녀석의 우리를 준비했다. 가로 120센티미터, 세로 90센티미터 상자의 뒤쪽에 구멍을 내고, 앞쪽에는 5센티미터 간격으로 철책을 만든 다음, 얇은 철사로 각각의 철사를 감았다. 어떤 고양이도 도망칠 수 없을 정도로 튼튼했다. 그러나 그건 내 생각에 지나지 않았다.

나는 빌리를 붙잡아 얼굴과 귀와 꼬리에 호랑이처럼 새까만 줄무늬를 칠하고 몸에는 표범처럼 눈에 확 띄는 검은 반점을 그릴 생각이었다. '블라 블라 와일드 캣'이라는 녀석의 새 이름도 미리 생각해 두었다. 빌리는 내가 부르면 다가오고, 고깃조각도 받아먹을 정도로 길들여졌다. 녀석이 고기를 먹는 동안 배와 목 아래로 슬그머니 손을 넣어 녀석을 들었다. 그리고는 곧바로 우리로 향했다. 세상에! 그 녀석은 몇 달 새에 튼실하게 자라 몸무게가 세 배나 늘어나 있었다. 나는 머리를 쓰다듬으며 "착한 아가야"라고 부르며 얼렀다. 나는 우리 뒷문으로 녀석을 밀어 넣고 잽싸게 닫았다. 잠시 뒤에야 녀석은 나에게 배신당한 걸 알아채고는 낮게 그르렁거리며 철망으로 달려들었다. 녀석이 젖 먹던 힘을 다해 철망을 비틀자 어린 곰까지 가둬둘 수 있을 거라 믿었던 철망이 휘어지면서 15센티미터 가량의 틈이 벌어졌다. 오렌지 빌리는 그 즉시 밖으로 뛰쳐나가 버렸다. 다시는 우리집 근처에 얼씬도 안했다. 아마 녀석은 더이상 인간이란 족속을 절대로 믿지 않았을 것이다.

야생 고양이들의 우두머리였던 녀석은, 낮에는 아름다운 야생동물로, 밤에는 길고 구슬픈 울음으로 일년이 넘게 동네 사람들을 귀찮게 했다. 녀석의 삶과 사랑이야기는 1904년 《여성저널》에 실렸다가, 뒤에는 『영웅적인 동물들 Animal Heroes』에 실린 「빈민가 고양이 이야기」에 담겨 있다.

햇빛이 비치는 몇 시간 동안 나는 오렌지 빌리가 자주 하는 행동을 목격했고, 덕분에 그때까지 잘 알려지지 않은 야생동물들의 생활방식을 많이 알게 되었다. 힘이 센 고양이들은 길이가 120센티미터쯤 되는 통나무 울타리 꼭대기로 걸어 다녔다. 이 통나무에는 널빤지가 못박혀 있어서 고양이가 걷기에 딱 좋았다. 오렌지 빌리는 이 위를 걷다가 다른 수컷 고양이와 맞닥뜨리면, 작은 전투를 치러서 이 길을 계속 걸을 수 있는 권리를 차지했다. 수컷 고양이를 한 마리도 만나지 않으면, 맨끝에 툭 튀어나온 모서리까지 가서 냄새를 맡고는 다시 방향을 바꿔 돌아오곤 했다. 녀석은 꼬리 끝을 비틀어 꼬는 특이한 몸짓으로 콩팥에서 만들어낸 배설물을 뿌려댔다. 암코양이도 이 길을 지나갈 때면 비슷한 행동을 해서 모든 고양이들이 알아챌 수 있도록 흔적을 남기곤 했다. 다음에 오는 고양이는 이 냄새를 맡고 어느 고양이가 최근에 다녀갔는지, 암컷인지 수컷인지, 친구인지 적인지, 적의 신체 조건은 어떠한지 등에 대한 정보를 얻었다. 발자국의 냄새는 고양이가 어디서 왔다가 어디로 갔는지를 보여주었다. 개들이 가로등에다 대고 배설하는 행동도 또 다른 의사소통 방식을 나타낸다.

그 당시 주변에는 또 다른 야생동물이 많이 출몰했는데, 그것은 바로 흔해빠진 쥐였다.

대부분의 어린 아이들에게, 그리고 어린 시절의 나에게, 쥐라는 낱말은 불길한 도깨비나 악마, 밤중에 나타나서 파괴를 일삼는 끔찍한 괴물로 생각되었다. 쥐에 대한 최초의 기억은 우리를 아메리카 대륙으로 싣고 온 증기선에서 시작되었다. 나는 밤마다 쥐가 갉아대고 물어뜯고 찍찍대는 소리를 들었지만, 한번도 제대로 보진 못했다.

내가 쥐들을 실제로 본 건 농장의 통나무집에 살 때였다. 밤이면 열 마리도 넘는 쥐들이 밖으로 나왔다. 쥐들은 마루나 근처의 어두컴컴한 구석에서 놀았다. 쥐덫에 걸려든 쥐를 한 두마리 잡긴 했지만, 우리의 진정한 보호자는 몸집은 작지만 훌륭한 테리어 종 개 스냅이었다. 스냅은 밤마다 보초를 섰는데, 밤새 시끄럽게 으르렁대고 난 다음날 아침이면 영락없이 날카로운 이빨 사이에 커다란 갈색 쥐를 물고 있었다.

토론토에는 보초를 서던 스냅이 없었다. 고양이가 있어도 쥐들은 들끓었고, 집안 여기저기에 흔적을 남겼다. 등을 비추며 장작창고에 들어서면 어둠 속에서 황급히 달아나는 큰 쥐들을 볼 때마다 나의 사냥꾼이자 박물학자로서의 본능은 크게 자극받았다. 당시에는 쇠로 만든 쥐덫 두세 종류를 팔았는데 이건 돈이 들기도 했지만, 희생물을 죽이거나 토막내버리는 단점이 있었다. 나는 생생히 살아 있는 쥐를 갖고 싶어서 한 가지 방법을 고안해냈다. 완전히 독창적인 건 아니었지만, 그래도 여간한 재간으로 만들 수 있는 것은 아니었다.

빈민가의 야생 고양이

기본적으로 빈 못 통이 있어야 했다. 그 통의 바닥은 그대로 두고, 가로 20센티미터 세로 5센티미터의 창을 낸 다음 여기에 철사를 2.5센티미터 간격으로 끼워 창살을 만들었다. 뚜껑 쪽은 좀 까다로웠다. 나는 2.5센티미터 두께의 단단한 판자를 가로 35센티미터, 세로 50센티미터의 크기로 자르고, 가운데 부분에 지름 7.5센티미터의 둥근 구멍을 만들었다. 구멍 주위로는 두꺼운 철사를 23센티미터 길이로 12개를 잘라 끝을 뾰족하게 간 다음, 뾰족한 쪽을 안으로 향하게 하여 1.2센티미터 간격으로 설치했는데, 이때 조금씩 철사를 휘어서 안으로 들어갈수록 좁아지는 터널처럼 되게 만들었다.

뚜껑에는 고리를 달아서 쉽게 옮길 수 있게 했다. 그 안에다 고기 몇 조각을 미끼로 놓자, 덫은 완성되었다. 그리고 쥐들이 매일 밤 요란하게 돌아다니는 장작 창고에 내가 만든 쥐덫을 놓았다.

다음날 아침 식사시간에 밭에 갔다 온 아버지가 아무렇지도 않은 듯이 한마디 했다. "통에 든 게 어떤 짐승이냐, 얘야?" 흥분해서 달려가 보니, 정말로 창을 가로막은 철사를 사납게 갉고 있는 커다란 갈색 쥐 한 마리가 통 안에 들어 있었다. 덫은 대성공이었다. 흉포한 죄수를 흡족하게 보고 있자니, 한 가지 고민거리가 생겼다. 이 녀석을 어떻게 처리할까? 통 안에 든 녀석을 죽이는 방법은 많았지만, 썩 내키지 않았다. 그런데 누군가가 이렇게 제안했다. "너도 잘 아는 윌리엄 브로디 의사선생님이 방울뱀을 몇 마리 키우잖니. 살아 있는 쥐는 뱀 먹이로 제격이야." 재미와 모험이 넘칠 것 같았다. 마치 로마 시대에 투기장에서 싸우는 기분일 것 같았다. 나는 우리에 갇힌 포로를 손수레에 싣고 브로디 선생님네로 갔다. 브로디 선생님은 가난한 치과의사였는데 그 분의 진짜 관심사는 벌레나 꽃, 온갖 기어다니는 짐승부터 바스락거리는 잡초에 이르기까지 모든 자연이었다. 브로디 선생님은 약간은 특이하지만 야생을 사랑하는 사람이었다. 그 분은 언제나 "우리 딸랑이들에게 살아 있는 먹이 좀 갖다 주렴" 하고 부탁했다.

그래서 나는 내 포로를 반백의 늙은 박물학자에게 들고 갔다. 선생님은 내가 가져간 것을 보더니 눈을 반짝이며 몹시 기뻐했다. 브로디 선생님은 방울뱀 우리에 먹잇감인 쥐를 바로 떨어뜨리려고 했다. 그러나 끈질기게 철사를 갉아대며 완강히 반항하는 쥐는 매우 위협적이었다. 쥐는 끝까지 용감무쌍하게 굴하지 않고 싸울 듯이 보였다. 쥐가 잡아먹히기는커녕 오히려 뱀들을 죽일지도 모른다는 생각에 브로디 선생님은 낡은 장화가 들어 있는 큰 상자 속에다 쥐를 던져 넣었다. 쥐는 전속력으로 뱅글뱅글 돌다가 장화를 발견하고 그 안으로 쏙 들어갔다.

브로디 선생님이 막대기로 장화를 쿡쿡 찔러대자 녀석은 장화 속으로 더 기어 들어가면서 막대기를 포악하게 공격했다. 그러다가 예상했던 대로, 녀석의 꼬리가 장화 발가락 쪽에 있는 구멍으로 나왔다. 선생님이 꼬리를 잡자 쥐는 그의 손아귀에서 벗어나지 못하고 완전히 맥을 못 추었다. "우리 예쁜이들을 다치게 하는 건 용서 못하지."

뱀 할아버지는 차갑게 말했다. 그리고는 이빨 빼는 집게를 들고서 쥐의 가장 강력한 무기인 커다란 뻐드렁니 네 개를 뿌리째 뽑아버렸다. 그런 다음 방울뱀이 살고 있는 커다란 우리에 집어던졌다. 우리는 우리 가장자리에 코를 박고 서서, 네로 황제가 콜로세움에서 벌어지는 마지막 싸움을 구경하는 것처럼 뚫어져라 안을 보았다.

쥐는 곧바로 가장 어두운 구석에 자리를 잡더니, 피투성이가 된 턱을 부딪치며 우리 쪽을 보다가 자신의 적이 얼마나 센지를 가늠했다. 방울뱀들은 쥐가 털썩 떨어지는 소리에 본능적으로 몸을 사리더니, 싸울 태세를 잃지 않은 쥐의 낮은 울음소리를 들었다.

그래봤자 쥐는 먹잇감에 불과했다. 굶주린 네 마리의 거대한 파충류는 느릿느릿 다가가며 머리를 치켜세우고 쥐의 일거수 일투족을 감시했다. 뱀들은 혀를 날름거리며 초승달처럼 몸을 웅크리고 있는 쥐에게 서서히 다가갔다. 쥐는 한구석에서 기다리며 단 한번 가슴 속으로부터 울려오는 낮은 소리를 냈다. 이빨이 부러져 턱은 피투성이가 되었지만, 전의를 가다듬은 눈빛만은 여전히 매서웠다. 사방에서 네 마리 독사가 머리를 높이 쳐들고, 공중의 안테나 같은 혀를 날름거리며 다가갔다. 뱀들은 용의주도하면서도 정확하게 쥐에게 다가갔다. 쥐는 여기저기를 흘깃거리며, 적의 위험한 거동을 살폈다. 그러나 적들이 공격할 수 있을 정도로 가까이 다가오자, 쥐는 용수철처럼 펄쩍 튀었다. 뱀들은 다시 몸을 사렸고, 쥐는 뱀들을 펄쩍 뛰어 넘어 가까운 구석으로 도망갔다. 또다시 뱀들이 머리를 똑바로 위로 쳐들고, 달콤한 냄새를 맡으려는 듯 혀를 날름거리며 쥐를 포위하며 접근했다. 궁지에 몰린 쥐는 또다시 그르렁거렸고, 네 개의 날카로운 창을 피해서 더 먼 구석으로 피했다. 그러나 이렇게 피해 다니는 것도 오래 가진 못했다. 쥐는 지쳤고 점점 행동이 느려졌지만, 독사들은 아무렇지도 않았다. 이런 장면이 여러 번 반복되고 나서, 드디어 올 것이 왔다. 냉혹한 뱀의 납작한 머리 위로 쥐가 껑충 뛰어오를 때 쥐의 가슴이 잠깐, 아주 잠깐 드러났는데, 그 순간만으로도 충분했다. 뱀은 코일처럼 감겨 있던 목을 용수철처럼 세워 번개처럼 공격했다. 쥐는 옆구리를 정확하게 물렸고 적은 잠시 뒤로 물러섰다.

이제 이 용감한 쥐는 죽음이 핏속에 흐르고 있음을 알았다. 남은 건 용맹스럽게 싸우다 전사하는 것뿐이었다.

쥐는 가장 가까운 뱀에게로 몸을 날려, 이빨이 뽑혀 피범벅이 된 입으로 비늘 덮인 뱀의 목을 있는 힘껏 물고 늘어졌다. 뼈에서 우지직거리는 소리가 나고, 꼬리를 꿈틀거리는 걸로 봐서 척추 뼈가 부러진 것 같았다. 뱀은 더이상 싸워보지 못하고 맥없이 쓰러졌다.

곧이어 두 번째 뱀이 잽싸게 쥐를 향해 독을 발사했다. 또다시 독이빨에 찔리고도 쥐는 조금도 움츠러들지 않았다. 쥐는 위험한 자신의 처지를 잘 알고 있었고, 단 한 가지 바람, 그러니까 용감하게 싸워서 적을 끝장내는 것 외엔 아무것도 바라지 않았다. 세 번째 적이 다가갔다. 쥐는 다리가 마비되어 더이상 도망칠 수 없었지만 정신만은 또렷했다. 쥐는 이빨도 없는 피투성이 입으로 적을 물어서 으깨버렸고, 몸부림치는 적의 몸통을 갈기갈기 찢은 다음, 입 뒤쪽에 남아 있는 납작한 어금니로 척추 뼈를 갈아 뭉갰다. 두려움을 모르는 강인함 그 자체였다.

쥐는 마침내 마지막으로 남아 있던 비열한 맹수를 향해 처참한 몰골로 달려들었다. 앞발에는 아직도 힘이 있었으나 후들거리는 뒷다리는 죽어가고 있었다.

피가 굳어가는 마지막 순간까지 쥐는 굴하지 않는 용기로 뱀의 목을 물어뜯었다. 뱀은 꼬리의 방울을 딸랑거리며 털썩 쓰러졌고, 더이상 희미한 소리도 들리지 않았다. 그것은 죽음의 방울소리, 네 마리의 거대한 방울뱀들의 마지막 노래였다. 그리고 그 옆에는 용맹스런 전사 쥐가 누워 있었다. 아무런 미동도 없이, 죽음의 전장에서 장렬히 전사한 채.

경악한 나머지 얼어붙은 듯 꼼짝 않고 지켜보던 우리는 정신을 차릴 수 없었다. 나는 몸을 떨었고, 치과의사는 숨을 들이쉬며 앙상한 손을 쥐어짜듯이 비틀었다. "맙소사! 세상에 이럴 수가. 이 용감무쌍한 싸움 쥐 같으니라구. 너무 사랑스럽구나. 아니지, 정말 못됐구나! 내 방울뱀을 앗아가다니. 하지만 정말 멋진 녀석이야! 아니 정말 나쁜 놈이야!"

나는 트랩 사격이 뭔지 알지도 못했지만, 살아있는 새라는 말에 구미가 당겨 그 다음 토요일에 점심을 먹자마자 돈 평원으로 갔다.

그다지 많지 않은 사람들이 제각기 총신이 두 개 있는 엽총을 들고 모여 있었다. 근처에는 말 한 마리가 끄는 마차가 있었고, 그 안에는 작은 새들을 가둔 새장이 가득 들어 있었다. 정면에 있는 발사대에는 줄이 쳐져 있었다. 여기에는 표적을 날리는 곳이 두 군데 있었다. 표적은 작은 접이식 새장 속에 들어 있었는데, 새장의 끈을 잡아당겨 뚜껑을 열면 안에 있던 새가 날아가게 된다. 그러나 새들은 기다리던 사수들에 의해 단 몇 초 만에 추락해 버리고 만다. 단연 눈에 띄는 사람은 그 경기를 지휘하는 빌 론이란 사람이었다. 빌은 영국 출신으로 토론토에서 총 장사를 하는 뛰어난 새 사냥꾼이었다. 그는 훤칠한 키에 잘생긴 외모에다 강인한 성격의 소유자였다. 작은 새들이 가득 든 새장 쪽으로 가자 사람들이 새장을 바닥에 내려놓고 있었다. 새들은 머리와 날개를 구멍으로 내밀며 도망가려고 애를 썼다. 한 꼬마아이가 막대기를 새장 안으로 밀어 넣고 있었다. 관리인이 소리 질렀다.

"얘야, 그럼 못 써!"

"왜요?"

아저씨의 대답은 굉장히 충격적이었다.

"그렇게 막대기를 찔러대면 새들이 다치잖아, 그럼 날아갈 수 없단 말이야."

포로에게 자비를 베풀자는 게 아니라, 절름발이 새는 사격스포츠에 도움이 안 되니 다치게 하지 말라는 말이었다.

내가 큰 새장 앞에 매달려 있자, 론이 다가와서 새에 대한 이야기를 들려주었다. 사로잡혀 있는 것들은 거의 다 하얀 흰머리멧새였고, 우연찮게 이 새 무리에 껴서 미끼를 먹던 해변종다리와 홍방울새도 몇 마리 있었다.

잠시 뒤 나에겐 색다른 구경거리인 사격이 시작되었다. "모두 사격선 뒤로 물러나십시오." 론이 지시했다.

론의 조수가 새를 표적 위치에 두었다. 자기 차례가 된 사람이 "당겨!" 하고 말하면, 조수가 끈을 당겨 뚜껑을 열었고, 놀란 새는 도망가려고 위로 튀어 올랐다. 그러면 총 소리와 함께 피투성이가 되어 부서진 작은 몸뚱이가 눈 위에 떨어졌다. 다른 표적이 올라가고, 비극은 반복되었다. 50여 마리의 새가 학살되었고, 죽은 새는 바구니에 모아졌다.

"그걸 모아서 뭐에 쓰게요?" 내가 물었다.

"병원으로 가져가서 환자들이 먹을 음식이나 스프를 만든단다. 그것 때문에 우리가 사냥을 할 수 있는 거란다. 그렇지 않으면, 덫을 놓거나 총으로 쏘는 건 벌써 오래 전에 금지됐을 거다."

그날 낮에 나는 표적이 되어서 날아가는 새들에게 자행되는 끔찍하고도 야만적인 짓을 목격했다. 나는 공포와 강한 혐오가 뒤섞인 기묘한 느낌으로 정신을 잃을 지경이었다. 나는 빌 론에게 포획한 새들의 값이 얼마나 하는지 물었다. 흰머리멧새는 12마리에 1달러, 해변종다리나 홍방울새 열두 마리는 60센트였다. 내 주머니에는 겨우 15센트밖에 없었다.

"세 마리만도 팔아요?"

"물론이지. 어떤 걸로 줄까?"

"해변종다리 한 마리랑 홍방울새 두 마리요."

나는 소중한 포로를 낡은 딸기 상자에 안전하게 가두어서 집으로 가져왔다. 농장에서의 경험을 되살려 보면, 야생의 새는 철사로 만든 새장에 넣어두면, 가느다란 철사 사이를 쉽게 탈출할 수 있을 줄 알고 쉬지 않고 날개를 퍼덕인다. 이런 상태로 그냥 두면 결국 새는 죽고 만다. 그러나 얇은 널빤지로 만든 새장 안에 두면, 비록 탈출구를 찾아 헤매긴 해도, 나무판자에 돌진하진 않는다. 나는 얇고 좁은 널조각으로 가로 90센티미터, 세로 30센티미터에 높이가 60센티미터인 상자 모양의 새장을 만들기 시작했다. 판자를 두 쪽으로 쪼개는 방법으로 얇고 긴 나무 조각 여러 개를 만들어 철사대신 썼다. 새들이 무턱대고 돌진해서 부딪치는

일을 막기 위해서였다. 이 2층짜리 새장의 바닥층은 가로 90센티미터 세로 30센티미터 높이 30센티미터였고 가운데는 뚫려 있어 높이가 두 배였다. 그래서 위의 남아 도는 각각 30센티미터의 여유 공간을 홍방울새의 집으로 만들었다. 결국 완전히 독립적이진 않지만 해변종다리는 가로 90센티미터 세로 30센티미터의 집을 갖게 됐고, 홍방울새는 가로 세로 각각 30센티미터인 윗쪽의 공간을 차지했다. 그리고 거기엔 횟대도 있었다. 그렇게 해서 해변종다리와 홍방울새는 하

나의 상자에 제각각 안전한 공간을 차지했다.

해변종다리는 하루 종일 오르락내리락 바닥에서 파닥거렸고, 홍방울새는 가끔씩 날아다녔다. 먹이를 줄 때마다 녀석들이 무얼 좋아하는지 지켜보는 것이 내겐 큰 기쁨이었다. 나는 나이팅게일의 먹이라고 불리는 모이를 만들었다. 이것은 거칠게 간 완두콩가루와 올리브기름, 완숙한 달걀 노른자를 섞은 것이었다. 이것들을 물에 개어 여과기로 쥐어짜면 벌레 모양으로 나오는데, 내 포로들은 카나리아풀의 열매와 함께 이 모이를 썩 잘 먹었다.

홍방울새는 쉽게 길들일 수 있었다. 녀석들은 내 손에서 먹이를 받아먹는 법도 알았고, 특별식을 주면 꼭꼭 씹으면서 맛을 보았다. 그런 다음 서로 나눠 먹었다. 그러나 해변종다리는 영 길들여지지 않았다.

그러다 문득 이 새들과 더 많은 시간을 함께 보내면, 더 빨리 길들일 수 있을 거란 생각이 들었다. 나는 새장을 내 방으로 옮겨놓고 숙제를 했다. 홍방울새들의 반응은 만족스러웠다. 녀석들은 곧 내 손에도 앉기 시작했다. 한 걸음 더 나아가서 새들을 방안에 풀어주었더니 흥분해서 재잘대며 날아다니다가, 마침내 한 마리가 내 어깨에 사뿐히 내려앉았다. 내가 움직이지 않고 가만히 있었더니 다른 녀석도 내게로 날아왔다. 녀석들은 내 어깨에 앉아 있으면서 한두 번 먹이도 받아먹었다. 홍방울새는 내가 아는 새들 중 가장 사랑스러운 새였다. 녀석들은 길들이기도 쉬웠고 내가 부르면 오는 것도 배웠다. 녀석들은 이제 내 방에서는 완전히 자유로웠다.

해변종다리는 사뭇 달랐다. 녀석은 새장에서 오르락내리락하며 푸드덕댔지만, 한 번도 위쪽에 앉지 않았고, "찌이익" 하고 길고 애처롭게 울었다.

봄이 문턱에 왔다. 홍방울새의 진홍색 머리 부분은 더욱 밝게 빛났고, 해변종다리는 여전히 애처로운 "찌익찌이익" 소리에 맞춰 더 심하게 퍼덕거렸다. 나는 사랑스런 홍방울새에게 준 자유를 해변종다리에게도 주기로 결심하고 새장 문을 열고 뒤로 물러섰다.

녀석은 슬쩍 밖을 내다보더니, 겁에 질려 있으면서도 점차 자유가 눈앞에 있음을 깨달았다. 녀석은 앞으로 살짝 몸을 내밀어 창살이 사라진 걸 확인하더니, 큰 소리로 "지지 배배 쫑"하고 즐겁게 노래하면서 예전에 그랬던 것처럼 푸른 하늘로 날아오르려는 듯이 솟구쳐 올랐다. 그러나 그 새는 야생의 세계에서 그랬던 것처럼 위를 올려다보지도 않고 제어할 수조차 없이 솟구쳐 날더니, 결국은 천장에 부딪혀서 내 발 아래 떨어져 죽고 말았다.

나는 죽어버린 작은 새를 손에 들고 앉아서 울었다. 그럴 생각이 아니었는데, 나는 녀석을 사랑하고 싶었고, 내 곁에 오게 하려는 생각뿐이었다. 내가 가만히 앉아 있자, 두 마리의 홍방울새가 날아와 어깨에 내려앉더니 조그맣게 속삭였다. 나는 못 알아들었지만, 녀석들은 내게 한 가지 생각을 전해주었다. 나는 바로 행동에 옮겼다. 나는 창문을 열어젖히고, 쉬이 하면서 새들을 부드럽게 쫓아냈다. 녀석들은 다시 푸른 하늘을 날아다니는 자유를 되찾자 즐겁게 재잘대며 빠르게 날아갔다. 멀리 멀리, 길을 잃었던 곳으로, 자신들의 집이 있는 북쪽을 향해. 죽은 해변종다리를 손에 든 채 깊은 슬픔에 잠긴 나만 외로이 남겨두고. 내 가슴엔 평생 잊을 수 없는 교훈이 깊이 아로새겨졌다.

땅콩 좀 주세요.

습지의 사냥꾼들

1870년에 나는 《습지와 섬들》이라는 일간지를 받아보았다. 우리집이 도시의 북쪽 끝과 넓게 자리 잡은 만 사이에 있어서, 신문은 꽤 멀리에서 배달돼 왔다. 1871년에 나는 작은 증기선인 부케호가 욘지 거리 부근에서 출발하여, 만을 지나서 섬에 있는 미즈 호텔까지 운행한다는 걸 알게 됐다. 아주 가끔이었지만 우리는 10센트를 모으면 이 배에 타서 새로운 세계를 만끽하는 기쁨을 한껏 즐겼다.

우리는 주로 낚시를 하거나 미역을 감으며 시간을 보냈다. 우리가 미역 감는 곳은 섭씨 12도쯤 되는 넓은 호수나, 18도쯤 되는 지브롤터 만이나, 28도쯤 되는 따뜻한 석호(바다의 일부분이 떨어져 나와서 생긴 호수 – 옮긴이) 중 한 곳이었다. 습지의 얕은 물이나 만에는 농어와 파랑볼우럭과 메기가 지천이었다. 그래도 내 가장 큰 즐거움은 가지각색 새들의 떠들썩한 모습을 보는 것이었다. 갈대밭에는 긴부리늪굴뚝새, 붉은어깨검정새의 소리가 울려 퍼졌고, 작은 잠수부인 얼룩부리논병아리의 뒤를 쫓을 때면, 여기저기서 경계하는 소리가 터져나왔다. 섬의 서쪽 끝에 있는 물가의 통나무집과 보트 창고에는 울새와 왕산적딱새, 제비, 흰가슴제비가 수도 없이 찾아왔다. 섬의 서쪽 끝에는 제비 제방이 있었는데, 이곳에는 적어도 천여 쌍의 흰털발제비가 서식했다. 나중에 알았지만, 노랑날개참새와 멧종다리나 해변종다리도 상류 쪽 강둑이나 마른 사초莎草 속에 둥지를 틀었다. 그 지역에서 자주 보이는 새들의 전체 목록은 캐나다에서 알려진 종의 적어도 반 정도를 차지한다. 봄과 가을이면 스무 종류 이상의 야생오리와 서너 종의 기러기와 도요새나 그 친척뻘쯤 되는 섭금류(다리, 목, 부리가 모두 길어서 물속에 있는 물고기나 벌레 따위를 잡아먹는 새 - 옮긴이)가 무수히 많았다.

1860년대에서 1880년대까지 이 지역에는 습지의 새를 사냥해서 호텔이나 식당에 팔아 생계를 꾸리는 유명한 사냥꾼이 세 명 있었다. 이 사람들은 빌 론, 샘 험프리스, 빌 랭이었다. 나는 나중에 이 사냥꾼들과 아주 친해졌는데, 그 사람들이 비록 기록으로 남기진 않았지만 그들의 세계가 완전히 새롭고 귀중한 자연사로 꽉 차 있다는 걸 알게 되었다.

빌 론은 위대한 노장 수렵가였는데, 매우 친절하고 상냥했으며 신뢰할 만한 사람이었다. 그는 비록 저술기록을 남기진 않았지만, 캐나다 제일의 박물학자였다. 빌은 호수와 습지가 얼어붙고, 사냥감 새들이 꼭꼭 숨어버린 겨울에는 아주 독특한 방법으로 일을 했다. 빌의 새잡는 솜씨는 일품이었다. 그는 아마실로 촘촘하게 짠 가로 9미터, 세로 3미터의 기다란 그물로 새를 잡았다. 그는 보통 때는 워드 섬의 탁 트인 제방 근처에 깨끗하게 손질된 그물을 둥글게 펼치고 그 위에 씨앗을 넉넉하게 흩뿌렸다. 그물의 한쪽에는 다른 새를 유인할 수 있게 새장 안에 새 한 마리를 넣어놓았다. 무리지어 날아가던 새들은 이 새를 보고 그냥 지나치지 않았다. 제방 주위에는 서너 마리의 새를 더 놓았는데, 이것들은 모두 박제를 고정해 놓은 것이었다.

어느 날 빌 론은 큰재개구마리 한 마리가 새장의 창살 사이로 살아 있는 유인 새를 잡으려고 애쓰는 걸 목격했다. 그래서 빌은 그 새장을 제방의 그물 위로 옮겨 놓았다. 그 대담한 큰재개구마리는 곧바로 새장 속의 새를 다시 공격했다. 빌은 그물의 끈을 잡아당겼고, 녀석은 쉽게 그물에 걸려들었다. "산 채로 사로잡을 생각이었는데 녀석이 날카로운 부리로 사납게 손가락을 물어뜯는 바람에 많이 다쳤지. 어쩔 수 없이 녀석을 죽여 버렸어"라고 빌은 말했다.

주로 잡히는 새들은 이른 겨울에 무리지어 찾아오는 흰멧새였다. 빌은 까치가 보인 다음날이면 이 새들이 떼지어 날아든다고 말했다. 그물을 쳐서 한 번에 가장 많은 새를 잡았을 때는 흰머리멧새의 수가 470마리나 됐다. 그것은 천여 마리의 흰머리멧새가 몰려왔던 어느 날 오후의 일이었다. 또 어떤 날은 붉은어깨검정새를 한번에 365마리나 잡았다. 해변종다리와 홍방울새도 그리 많은 양은 아니었지만 그물에 걸려들었다.

이렇게 잡은 새들은, 이미 말했듯이, 사격 클럽에 팔려 총의 표적이 되었다. 이런 식의 대량 포획은 1900년 즈음 법으로 금지됐다.

빌 랭은 빌 론의 추종자이자 숭배자였다. 수렵을 좋아하는 멋쟁이 운동선수인 샘 험프리스는 새로운 스타일의 유인 오리를 발명했는데, 이것은 가벼운 데다 접을 수도 있었다. 그는 또 얼음 카누도 발명했는데, 이것은 뱃머리를 높인 카누로 '스쿠터'라고도 했는데, 배 아래에 날카로운 강철 날 두 개를 45센티미터 간격으로 붙이고, 끝에 뾰족한 쇠를 댄 노를 저어 얼어붙은 강이나 호수에서 겨울오리들을 따라갈 때, 물과 얼음을 가리지 않고 거침없이 미끄러져 나갈 수 있었다.

또 한 명의 남다른 인물은 캣피쉬 조였다. 영국인인 그는 좋은 가문 태생에 교육도 잘 받았다. 그러나 그를 부르는 야생의 목소리는 너무나 강렬했다. 그는 영국에서의 존경받는 생활과 동료들을 뒤로하고, '원주민과 같은 생활'을 하기 위해 캐나다로 왔다. 그리고 여기저기 적당한 장소를 물색한 끝에 돈 강 어귀에 있는 저지대 섬에 정착했다. 이곳에는 때가 되면 오리와 기러기와 물떼새 등 야생의 사냥감이 널려 있었다. 하지만 그가 가장 즐기는 것은 낚시였고, 물고기 중에서도 메기(catfish)를 잘 잡았다. 캣피쉬 조라는 그의 이름은 이 때문에 생긴 것이다.

그는 이 섬에서 은둔자처럼 살았고, 몇 년이 지나서야 영국에서 온 형제의 방문을 받았다. 그의 형제인 윌은 조가 완전히 탈바꿈하여 매우 소박하게 사는 모습에 충격을 금치 못했다. 그러나 더욱 거슬리는 것은, 식탁의 모든 음식에서 생선 비린내가 난다는 것이었다. 심지어 빵이나 차, 토스트에서도 비린내가 났다.

하루는 식사 메뉴를 달걀로 결정했다. 그러나 이럴 수가, 조의 암탉들의 먹이

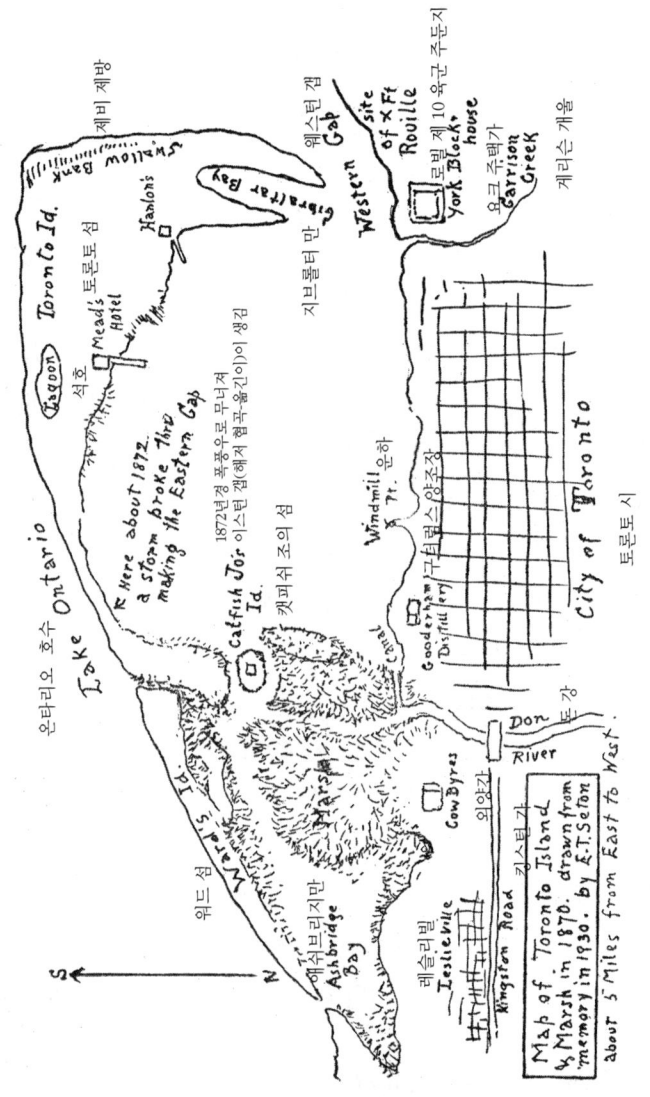

1870년경의 토론토 섬과 습지 지도.
1930년경 기억을 되살려 그림. 동쪽에서 서쪽 끝까지 약 8킬로미터

도 생선이었다. 닭들이 냄새가 코를 찌르는 대구의 간을 먹었으니, 알에서도 역겨운 비린내가 날 수밖에 없었다. 결국 윌은 메기는 눈을 씻고 봐도 찾을 수 없는 영국이라는 멀고 먼 낯선 나라로 줄행랑을 쳤다고 한다.

지도에 보면 짧은 운하가 돈 강에서 만 쪽으로 흐른다. 초창기에는 운하가 없었다. 돈 강에서 흐르는 유일한 운하는 캣피쉬 조의 섬을 지나야 했다.

그러나 돈 강의 상류 다리 근처에 빌 론의 보트 창고와 집이 있었다. 빌은 친구들과 함께 '사냥 여행' 차 구더럼스 증류주 공장을 자주 방문했는데, 조의 섬까지 3킬로미터쯤 빠른 지름길을 만들기 위해 카누가 지나 갈 수 있는 좁은 운하를 팠다. 운하가 침전물로 막히는 걸 피하려고 꽤 깊게 팠는데, 강의 흐름이 예기치 않게 점차 바뀌었다. 지금에 와서는 원래의 넓은 운하는 진흙과 잡초로 꽉 막혀 있고 깊이 파낸 카누용 운하를 사용하게 되었다.

온타리오에서 보기 드문 새들, 예를 들어 카스피해쇠제비갈매기, 북극흰갈매기, 작은제비갈매기 같은 희귀한 새들에 대한 많은 기록은 모두 토론토 습지에서 이루어진 것이다. 그 새들 중 상당수가 빌 일행에게 잡혔고, 그들은 이 새들이 새로운 종이나 희귀종임을 확인해 주었다.

그 당시에는 두 종의 독수리가 셀 수 없이 많았는데, 이 새들은 겨울에도 흔하게 볼 수 있었다. 온타리오 호수는 꽁꽁 얼어붙는 일이 드물어서 독수리들은 보통 죽어서 위로 떠올라 물과 함께 살짝 얼어 있는 물고기를 먹었다. 사냥꾼들이 새를 사냥하는 몇몇 소택지에서도 마찬가지였다.

빌 론은 독수리의 습성 중에서 흥미로운 것을 발견했다. 애쉬브리지 만에서 동쪽으로 3킬로미터 떨어진 호숫가의 스카보로 고지를 사이에 둔 협곡의 아래쪽에는 독수리들이 즐겨 앉는 소나무가 한 그루 있었다. 론은 이 발치에 낮은 지붕의 은신처를 만들어 잡초덤불처럼 위장해 놓았다. 그리고 독수리가 새 덤불에 익숙해지도록 이 은신처를 한 달 동안이나 그대로 방치했다.

그러던 어느 날 사나운 북서풍이 불 때, 빌 론은 어둠을 틈타서 은신처로 들어갔다. 곧이어 독수리 한 마리가 날아오더니, 소나무에 내려앉았다. 빌은 은신처

쇠물닭과 둥지

의 구멍으로 총구를 내밀어, 이 커다란 새를 단 한방에 떨어뜨렸다. 독수리들이 날아올 때마다 똑같은 식으로 방아쇠를 당겼다. 그날 빌은 흰머리독수리 여섯 마리와 검독수리 한 마리를 잡았다.

그는 나에게 같은 장소에서 사냥하던 젊은 사냥꾼의 가슴 아픈 이야기를 들려주었다. 이 사냥꾼은 소나무에 앉아 있는 독수리에게 몰래 접근하고 있었다. 그가 방아쇠를 당기자, 독수리는 부러진 날개를 퍼덕이며, 비탈을 따라 멀리 날아갔다. 그 뒤를 쫓던 사냥꾼은 경솔하게도 자신의 모습을 드러내고 말았다.

독수리는 날카롭고 긴 발톱이 달려 있는 억센 발로 사냥꾼의 허벅다리를 꽉 잡고는 목숨을 건 사냥꾼의 투쟁도 아랑곳없이 그를 놓아주지 않았다.

다음날 아침 걱정이 된 사냥꾼의 친구들이 그를 찾았을 땐 이미 죽은 다음이었다. 독수리는 여전히 사냥꾼의 한쪽 대퇴부 동맥 깊숙이 발톱을 박은 채였고, 사방에 뿌려진 핏자국은 사냥꾼이 살기 위해 얼마나 처절하게 싸웠는지를 보여주었다.

어느 날 빌 론이 저녁을 먹으려고 집으로 갔는데, 그의 아내가 독수리들이 근처 숲에서 시끄럽게 소란을 벌인다고 말했다. 빌은 즉시 총을 들고 나섰다. 공중에서 여전히 싸우고 있는 독수리 두 마리가 그의 눈에 띄었다. 한 마리가 위에서 아래로 날쌔게 내려와 공격하면, 다른 한 마리는 공중에 누운 채로 갈고리 같은 발톱을 세우고 내려오는 적을 공격했다.

빌은 기회를 엿보다가 총을 쏘았다. 아래쪽에 있던 대머리독수리가 총에 맞아 떨어졌다. 다른 검독수리도 날개에 부상을 입고 같이 떨어졌다. 그러나 검독수리는 빌을 보고도 달아나거나 숨지 않고, 곧바로 뒤쫓아 오기 시작했다. 빌 론은 죽을 힘을 다해 숲으로 도망갔다. 독수리는 펄쩍펄쩍 통나무를 뛰어넘고, 나무를 피하면서 추격해 왔고, 빌은 거의 잡힐 뻔했다. 그러다가 다행히 독수리가 뒤처지는 바람에 빌은 간신히 총알을 재장전할 수 있었다.

뒤로 돌아서자, 독수리가 높다란 나무 위에 앉아서 적을 찾으려고 두리번거리고 있었다. 빌은 새가 가까이 접근하지 못하게 긴 장대를 들고 슬금슬금 새쪽으

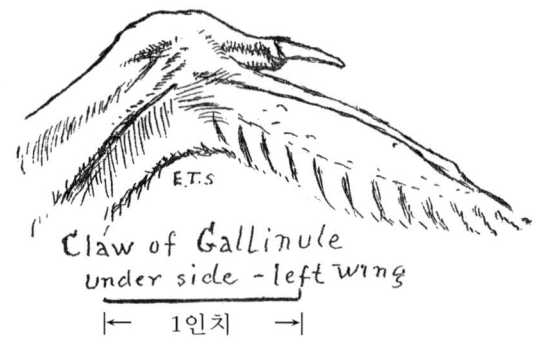

플로리다 쇠물닭의 왼쪽 날개 아래에 있는 발톱

로 다가갔다. 이름값을 하듯 독수리는 순식간에 장대를 두 발로 움켜쥐었는데 발톱이 나무에 단단히 박혀버렸다.

그렇게 장대 끝에 매달린 독수리를 집으로 가져와서 사방이 막힌 헛간에 막대기째 집어넣었다. 다음날 아침에도 독수리의 발톱은 여전히 막대에 박혀 있었다.

빌 론은 장대를 마차에 싣고 토론토까지 8킬로미터를 달렸다. 독수리는 마차가 달리는 내내 밖으로 삐져나온 장대에 대롱대롱 매달려 있었다. 빌은 토론토에서 독수리를 박물학자이자 박제사인 패스모어에게 넘겼고, 독수리는 여전히 장대에 매달린 채 우리에 갇혔다. 그 뒤 몇 년 간 독수리는 그 안에서 겉으로 보기엔 편한 삶을 살았다. 나도 1870년대 초에 감옥에 갇힌 이 녀석을 여러 번 보았다.

1871년부터 1879년까지 토론토 습지는 내가 사랑하는, 나에게 둘도 없는 장소였다. 그러다가 내 인생의 전기가 된 런던 생활이 시작되었고, 그 뒤 1881년 가을, 토론토 습지로의 귀향은 내게 있어 아주 큰 의미가 있었다. 이때부터 나는 새들에 대해 정확한 연구를 시작했다.

이때 내가 한 일들 가운데 가장 눈에 띄는 일은 작은덤불해오라기로 알려진 멸

종위기의 새를 발견한 일이다. 이제는 멸종해 버린 이 희귀종은 토론토 습지에서 마지막으로 발견되었다. 대부분의 표본도 그곳에서 잡은 것들이다.

1885년 7월 30일, 캐나다 북서부에서 4년을 지내고 나서 옛 친구인 윌리엄 브로디 박사와 함께 토론토 습지를 다시 찾았다. 그 당시의 내 일기를 보면 습지의 풍요로움과 그것들에 대한 기록들로 가득 차 있다. 우리는 특히 물닭류인 플로리다 쇠물닭을 찾아다녔는데, 이것은 이리호의 북쪽에선 거의 볼 수 없다고들 했다.

"우리가 습지에 막 들어서자마자 태양이 떠올랐다. 새들은 우리가 도착하기 전에 이미 먹이를 먹고 있었다. 우리는 조심스럽게 노를 저어 거대한 잡풀이 무성한 곳으로 갔다. 그러나 물 위에서 수영을 즐기던 새 한 마리를 놀라게 하는 바람에 모든 게 수포로 돌아가는 듯했다. 하지만 새들은 아직도 많았고, 여기저기서 새들이 까악 대는 소리가 들리더니, 때때로 길게 꺽꺽대는 소리도 들려왔다.

골풀이 울타리처럼 둘러쳐진 좁은 길을 꺾어 돌 때면, 먼 곳에서 거의 다 자란 새끼 여섯 마리를 거닐고 가는 쇠물닭 한 마리를 여러 번 볼 수 있었다. 쇠물닭은 우리가 가까이 다가가면, 먹던 개구리밥을 남겨둔 채 우거진 골풀 사이로 멀리 헤엄쳐 가버렸다. 어미는 우리가 가까이 다가가면, 눈에 띄지 않게 숨어서 우리를 지켜보며 규칙적으로 울어댔다. 그 울음소리는 우리가 은신처에 아주 가까이 다가갔음을 알려주었다. 아마도 이렇게 해서 새끼들에게 무리에서 떨어지지 말라고 경고를 하는 것 같았다.

그러나 쇠물닭 가족의 은신처가 늘 일정했던 건 아니다. 몇 번이나 실패를 거듭한 끝에 우리는 40미터쯤 떨어진 곳에서 낯익은 녀석이 끼어 있는 쇠물닭 한 무리를 찾았고, 그 중 한 마리를 포획할 수 있었다. 운이 좋았는지 곧바로 새끼 두 마리와 수컷 두 마리도 잡았다. 이 두 녀석은 갈대숲 언저리에서 정신없이 먹이를 먹고 있었는데, 암컷들에 비해 우리를 덜 경계하는 눈치였다. 총이 발사될 때마다, 수많은 쇠물닭들이 요란하게 울어댔는데, 녀석들은 그들을 다치게 할 폭발음이 마치 전혀 해롭지 않고 재미있기라도 한 양 우리를 조롱하는 것 같았다.

그날 아침 토론토 습지에서 우리는 희귀조라 불리는 이 플로리다 쇠물닭을 다섯 마리나 잡았고, 스무 마리도 더 보았다.

어린 플로리다 쇠물닭들은 한날 한시에 태어난 것 같진 않았는데, 어린 새들의 작은 날개에 발톱이 나 있는 게 보였다.

나중에 브로디 박사와 나는 이 새들을 해부했다. 원뿔형의 단단한 발톱이 별개의 발가락뼈와 유기적으로 연결되어서, 이 두 개가 함께 잘 발달된 첫째 발가락을 이루고 있었다.

브로디 박사는 이 발톱이 제비닭(이 새 새끼의 날개에도 발톱이 있음 – 옮긴이)과 마찬가지로 어린 새들이 풀밭을 지나가거나 할 때 도움을 준다고 생각했다. 나는 이 기이한 부속물을 실물 크기대로 그렸다. 토론토 대학의 램세이 라이트 교수는 처음엔 의심하는 눈치였지만, 직접 보자마자 과학계의 새로운 발견이라고 말했다."

가장 의미 있었던 토론토 습지에 대해 얘기하느라 사건이 일어난 시간 순서로 쓰던 방식을 잠시 접었다. 이제 이야기를 마무리할 때가 되었다.

이 추억들은 이제 다시 오지는 않으리라. 모두 다시 올 수 없는 날들에 대한 추억이다. 훌륭한 노장 수렵가인 빌 론은 죽었다. 빌 랭도 죽었다. 샘 험프리스도 멋진 얼음 카누와 함께 사라졌고, 캣피시 조와 그의 섬도 사라졌다. 제비 방죽도 호수의 거대한 파도에 완전히 씻겨나가 그 많던 제비들과 함께 사라져 버렸다. 작은덤불해오라기도 사라지고, 봄, 가을로 찾아오던 철새 떼도 가버렸다. 가버린 것들은 다시는 돌아오지 않으리라.

이 아름다운 새의 천국은 안타깝게도 과거로 사라져 버렸다. 1936년에 찾아간 습지는 시의 쓰레기 처리장으로 바뀌어 온통 백인 문명의 고약한 증거물인 쓰레기와 깡통과 재로 뒤덮여 있었다.

잘 가라, 나의 사랑하는 습지여! 나는 이제 야생세계에 대한 지식에 굶주리고, 그 지식을 동경하느라 홀로 외로워했던 소년시절의 기록으로 돌아간다.

어린 탐험가

1873년 여름, 신문에 다음과 같은 기사가 났다.

"A. M. 로스 박사의 『캐나다의 새들』이 책으로 출판됨. 처음부터 끝까지 캐나다의 새를 다룬 위대한 작품. 지금 피딩턴 서점에서 할인판매 중."

다음날 나는 두근거리는 마음으로 서점에 갔다. 정말이었다. 책은 서점에 진열되어 있었고 값은 1달러였다. 1달러만 있으면 저 책을 살 수 있는데! 그림 그리는 데 필요한 거라면, 아버지가 도와주셨겠지만 박물학은 금지 대상이었다. 나는 감히 물어보지도 못했다. 그리고 그 누구에게도 도움을 청할 수 없었다.

1달러를 손에 넣기 위해 돈이 될 만한 일을 찾아다녔다. 돈이 그렇게 귀중하고 소중한 건지 처음 알았다. 100센트를 모으기 위해 정직한 일이라면 뭐든 할 준비가 되었다.

우선 여기저기 소문을 낸 끝에, 사랑스런 토끼 한 쌍을 50센트에 팔았다. 이제 반은 손에 들어왔다. 한 일주일쯤 뒤에 아는 아주머니네 장작 한 더미를 뒷마당으로 옮겨주고 10센트를 받았다. 이제 60센트가 됐다. 애들이 좋아하는 구슬도 몽땅 팔고, 싸구려 소설도 팔아서 12센트를 벌었다. 일거리를 찾아다녔다. 가게에 가서 여러 가지 물건을 보여주었지만, 모두 고개를 저었다. 그래도 나는 돈이 될 기회만 닿으면 놓치지 않고 일했다. 앞에서 이미 나온 얘기지만, 영국에서 온 부인을 위해 곤충을 수집한 것도 이 즈음의 일이었다.

몇 주 지나자 90센트가 모였다. 그러나 그 뒤로 한동안은 한 푼도 보탤 수 없었다. 운명의 여신이 날 저버린 것만 같았다. 이제 싸구려 소설을 찾는 사람은 아무도 없었고, 옮길 장작도 없었고, 벌레는 헐값이 되었고, 노동시장엔 사람이 넘쳐났다. 그래도 나는 매일같이 피딩턴 서점의 창문에 매달려서 틀림없이 자연의 모든 비밀을 풀 열쇠가 들어 있을 그 책을 매우 탐을 내며 지켜보았다. 두 달이 지나서야 나머지 10센트를 벌 수 있었다. 지금에서야 밝히지만 그 돈은 그렇게 깨끗한 돈은 아니었다.

그 돈을 벌 기회는 이렇게 찾아왔다. 나는 동생 월터와 날마다 부엌에서 쓸 장작을 팼다. 내가 늘 제 시간에 일을 마친 반면, 월터는 거의 그렇지 못했다. 월터는 허영이 몹시 심한 데다 멋진 옷만 좋아했다. 나는 옷이라면 대놓고 경멸했다. 그래서 조 형은 월터의 이런 약점을 이용할 심산이었다. 형은 누구든 형이 날마다 패야 할 나무를 한 달 동안 대신 패주면 25센트짜리 새 넥타이를 사주겠다고 제안했다.

월터는 꽤 흥분해서 일을 시작했다. 25센트짜리 넥타이라면 월터에게는 꽤 큰 것이었다. 그러나 내게는 있어도 그만 없어도 그만이었다.

며칠 동안 월터는 흠잡을 데 없이 장작을 팼지만, 속도가 너무 느렸다. 하지만 박차를 가하기는커녕, 조금씩 꾀를 부리더니, 결국은 평상시로 되돌아갔다. 넥타이는 내 차지가 되었다.

조 형은 돈을 주면서 직접 가서 맘에 드는 걸로 고르라고 했다. 나는 곰곰이 생각했다. "넥타이 사는 데, 25센트씩이나 쓰는 사람은 없을 거야. 마침 잘 됐어." 그러자 양심이 말했다. "그렇지만, 그건 넥타이 살 돈인데……" 유혹의 소리가 또 속삭였다. "15센트면 충분하잖아. 그토록 바라던 10센트를 손에 넣을 수 있는 절호의 기회란 말이야."

나는 결국 굴복하고 말았다. 15센트로 작은 장미꽃 무늬가 점점이 박힌 하얀 넥타이를 샀다. 그리고 나머지 돈으로 1달러를 채웠다.

나는 은화를 딸랑이면서 자신만만하게 피딩턴 서점으로 걸어갔다. 겉으론 태연했지만, 점원에게 말 할 때는 가슴이 얼마나 두근댔는지 모른다. "저기, 로스의 캐나다의 새들 주세요." 점원은 냉담하게 돌아보았다. 은근히 "너무 늦었어. 다 팔렸다"거나 "100달러로 인상됐다"는 말이라도 하면 어쩔까 걱정이 되었다. 그러나 점원은 무덤덤하게 말했다.

"초록색 표지로 줄까, 갈색 표지로 줄까?"

나는 놀라서 숨을 들이쉬고 "초록색이요" 하고 대답했다. 그는 선반에서 한 권을 꺼내어 표지 안쪽을 보더니, 사무적인 목소리로 말했다.

"1달러지만 현금으로 사면 10센트 할인해서 90센트야."

나는 멍하니 90센트를 내놓았다. 스코틀랜드인의 근성을 갖고 있으면서도 10센트를 깎을 수 있다는 생각을 하지 못하고 있었던 것이다. 점원이 포장도 하기 전에 나는 내 보물을 들고 혹시라도 나를 부를까봐 서둘러 나와 버렸다.

현금으로 내면 할인해 주는 걸 모르고 있었다니! 두 달 동안이나 배고픔을 참은 채 이 행복의 나라로 들어가는 일을 미뤄야 했다니! 그리고 급기야는 쓸모없는 10센트를 벌려고 양심까지 팔아야 했으니!

그러나 내 손에는 그 책이 있었고 앞으로는 야생의 모든 경이로움이 내 것이라고 믿어 의심치 않았다. 자연의 비밀을 풀 열쇠가 내 손 안에 있는 것이다.

집으로 오는 길 내내 책을 훑어보느라 책에 머리를 박고 느릿느릿 걸었다. 책은 썩 만족스럽진 않았지만, 그건 전적으로 내 탓이었다. 먼저 이 책을 이용하는 법을 배워야 했다. 날기 전에 먼저 달리는 법을 알아야 하는 법이니까.

책이 조금 성에 안 차긴 해도, 나는 날아갈 듯이 기뻤다.

몇 년이 지나서야 이 책이 광고했던 것보다도 훨씬 형편없다는 걸 알았다.

나는 책의 약점을 발견할 때마다 내용을 수정하고 새로운 내용을 더하는 일에 끊임없이 노력을 기울였다. 그 책은 지금도 내 앞에 놓여 있다. 거의 모든 페이지마다 잉크로 고치거나 더한 흔적이 있고, 그림에는 색칠도 해놓았다. 이런 것들은 그다지 중요한 기록들은 아니다. 그러나 마지막 장과 뒤표지 안쪽에 '매와 올빼미 분류'라고 쓰여 있는 부분은 내 생애 최초의 창조물이었으며 나중에 『캐나다의 새 분류』를 저술하는 시초가 되었다. 이 부분은 3부 '청년 시절'에서 더 상세하게 다루겠다.

앨버트 거리와 욘지 거리 모퉁이에 있는 인디언 담뱃가게에서 나는 말할 수 없이 짜릿한 기쁨을 얻었다. 내 안에 지진을 일으키는 진원지가 있는 것처럼 깊은 곳에서부터 어떤 울림이 울려왔다. 새들에 대한 내 열정은 순전히 내 속에 있는 어떤 것이 밖으로 표현된 것에 지나지 않았다.

이러한 내게 가장 도움이 된 책들은, 좀 쓸쓸하게 느껴지는 『로빈슨 크루소』가 아니라, 『스위스의 로빈슨 가족』, 『살아 있는 자연』, 『로빈 후드』, 메인 리드가 쓴 책들, 그리고 무엇보다도 다임 노벨들이었다.

나는 눈에 보이듯 묘사하고 구성하는 창조적인 상상력을 타고 났고, 이상하게 들릴지 모르지만 현실적인 방법으로 그 상상을 실현하고자 애썼다. 농장에 살 때 작업장에서의 경험은 내게 큰 도움이 되었다. 나는 그리 튼튼하지도 않았고, 형처럼 톱질을 잘 하지도 못했지만, 언제나 의욕이 넘치고 끈기가 있었다.

토론토 대학 부속고등학교에 다니면서는 사회적으로 높은 위치에 있는 친구들, 그러니까 책을 좋아하고, 상상력이 있는 친구들, 어떤 경우는 나와 전혀 다른 관심사를 가진 친구들과도 사귀었다.

몇몇 친구들은 나와 같은 동네에 살아서 우리는 매일같이 빈터에서 만나 여러 가지 일을 같이 했다.

처음에 나는 인디언 연극, 그러니까 인디언이 비록 악인이지만, 결국 승리한다는 내용의 연극을 썼다. 우리는 프랭크 리드의 아버지가 뒤꼍에 지은 낡은 다락에서 연극을 공연했다. 입장료는 여학생은 핀 하나, 남학생은 핀 두 개, 어른은 세 개를 받았다. 핀이 다해서 1달러어치라도 되는 날은 운수대통한 날이었다.

나는 뚜렷한 목표도 없었지만 내가 원하는 일을 하며 즐겁게 살아갔다. 다음에 할 일은 인디언 부족을 조직하는 거였다. 그러나 친구들은 달랐다. 친구들은 강

도단을 조직하거나 해적이 되고 싶어 했다. 그래서 우리는 로빈 후드의 의적단을 만드는 것으로 타협을 보았다.

나는 몸집이 크진 않았지만, 로빈 후드 역을 맡았다. 프레드 모스가 리틀 존, 허브 매클래플린이 프라이 터크 역을 맡았다. 마리안 아가씨 역은 맡을 사람이 없었다. 모두 해서 열두 명쯤 되는 아이들은 셔우드 숲의 의적단처럼 약속을 지킬 것을 맹세했다.

우리 의적단원들은 우두머리에게 충성을 맹세했다. 나팔소리가 들리면 언제든지 무슨 위험이 있더라도, 정해진 장소로 달려가야 했다. 활과 화살밖에는 어떤 것으로도 사냥하지 않으며, 절대로 성냥으로 불을 피우지 않고 부시와 부싯돌만 쓰기로 약속했다. 마지막으로 어떤 심한 고문에도 로빈 후드 의적단의 비밀을 절대 누설하지 않기로 약속했다.

우리 중 몇 명은 투트니어로 말했는데, 이것은 철자를 이용한 학교 아이들의 말이었다. 모음은 그대로 두고, 모든 자음은 두 번 썼다. B는 bub가 되고, C는 suk가 되고, D는 dud가 되는 식이었다. H는 hash, Q는 quack, W는 wack, X는 zux, Y는 yak이다. 한 글자가 두 번 겹쳐지면, 그 앞에 double을 붙이는데, 예를 들면 oo는 dublo가 된다. 따라서 "Wack-hash-o-ah-rur-e-yak-o-u"란 구절은 "Who are you?"란 뜻이다. "I a-mum o-nun-e o-fuf Rur-o-bub-i-nun Hash-dublo-dud-sus mum-e-nun,"은 "I am one of Robin Hood's men."이었다.

처음 몇 번의 모임은 활기차고 열정적인 분위기였다. 그러나 분쟁과 파벌싸움은 빨리도 나타났다.

맨 첫 번째 불평꾼은 프레드 모스였다. 우리는 뿔나팔 대용으로 양철로 된 저녁식사용 나팔을 썼는데, 끈에 매달아서 목에 걸고 다니기로 했다. 나는 로빈 후드인 내가 나팔을 걸고 불어야 한다고 생각했지만 프레드는 리틀 존이 나팔을 갖고 다녀야 한다며 고집을 부리면서, 몇 장의 그림까지 보여주었다. 나는 그림이 잘못됐기 때문에 적당한 증거물이 될 수 없다고 즉석에서 대답했다. 그러나 다른 단원들의 생각은 달랐다. 프레드가 "투표로 정하자"고 했을 때 나는 이미 프레드가 친 덫에 걸려들었다. 결국 나는 내 나팔을 불 권리를 뺏기고 말았다.

나는 정정당당하게 내 패배를 받아들였다. 얼마 안 있어 기운세고 야심만만하며 주근깨투성이에 빨강머리인 한 녀석이 우리 모임에 들어왔다. 그러나 '주근깨'라는 별명으로 통하는 그 녀석은 내가 불법적인 거래라고 미처 선언할 틈도 주지 않고, 껌 다섯 통 값으로 프레드 모스가 맡은 리틀 존의 역할과 함께 나팔과 나팔잡이의 권리마저 사버렸다. 그 아이는 지금은 토론토에서 가장 성공한 부동산업자가 되었는데, 아직도 소년 시절의 범죄를 속죄하지 않은 탓에 그 어두운 거래에 대해 친구로부터 용서를 받지 못하고 있다. 그는 당시 겁 없이 계획을 실행한 덕분에 모험에 성공할 수 있었다. 그는 자신의 권리가 정당하다고 끝까지 싸울 태세였다. 그래서 나는 다시 한 번 패배의 쓴물을 삼켜야 했다.

에드워즈라는 아이도 서약을 하고 모임에 들어왔는데, 그 뒤부터 우리 모임은 삐걱거리기 시작했다. 그 아이는 언제나 빳빳하게 세운 하얀 깃을 달고 있었고, 우리 의적단에는 어울리지 않게 고상한 말만 썼다. 그 아이는 투표를 거쳐 들어왔기 때문에 한동안 회원 자격으로 있었지만, 머지않아 성직자 수업을 받기 위해 완전히 탈퇴했다.

모임에서 우두머리가 되고 싶었던 나는, 의기양양하게 친구들을 돈 강으로 데리고 가서, 나 혼자서 비밀리에 만들어놓은 인디언 오두막을 보여주고, 그 오두막을 함께 썼다. 그러나 나는 점점 친구들이 인디언의 세계와 동떨어져 있다는 걸 알게 되었다. 그래서 나는 모임을 위해 다른 장소를 물색하기 시작했다.

프랭크 리드네 헛간은 신비감이 없는 데다 너무 잘 알려진 장소였다. 밥 버킨쇼네 장작창고는 그보다 좀 나았지만 나는 비밀스러우면서 동굴처럼 어둡고 음침하고 지하 소굴 같은 근거지를 원했다. 그것은 바로 굴이었다.

나는 이미 전에 형과 함께 우리집 부엌 주춧돌 밑에 지하 작업장을 만들어보았기 때문에 할 수 있다는 자신감이 있었다. 모임 장소는 좀더 은밀해야 했으므로 나는 그때보다 더 안쪽인 집 바로 밑에 땅을 파서 굴을 만들었다. 흙에 모래가 섞여 있어서인지 땅파기는 쉬웠다. 그러나 소리 없이 파내자니 힘들었고, 파낸 모래를 치우는 일은 더 고달팠다.

가끔씩 친구들의 도움을 받기는 했지만, 그러나 대부분은 나 혼자서 이 일에 매달렸다. 드디어 가로 세로가 각각 3미터인 정사각형 모양에 깊이가 1.5미터인 공간을 만들었다. 동굴에서 나온 모래는 집 아래 사방에 흩뿌렸다. 마침내 우리 의적단의 소굴로 이사 갈 채비가 다 끝났다.

입구가 길고 좁았기 때문에 우리는 허리를 굽히고 서른 발 쯤 기어가야 했다. 이것 때문에 흰 깃이 달린 옷을 입은 아이 두 명이 탈퇴했다.

그러나 더 큰 문제는 '주근깨'였다. 녀석은 리틀 존 역이었는데, 자꾸 큰소리로 떠들었다. 나머지 아이들은 모두 숨을 죽여 속삭였으며, 점점 음흉한 도둑패거리처럼 행동했다. '주근깨'의 커다란 목소리는 셔우드 숲의 음침한 소굴에서나 어울리는 것이었다. 불행히도 우리 소굴은 토론토 시내에 있는 이층집의 나무 바닥 아래일 뿐이었다. 마루 밑에서 들려오는 소리가 수상쩍긴 했겠지만, 예기치 못한 일이 벌어지지 않았더라면 우린 들키지 않았을 수도 있었다. 어느 날 어머니가 우리 바로 위에서 바구니를 떨어뜨렸다. 실패와 골무가 북서쪽으로 굴러가는 걸 보고 놀란 어머니는 그날 밤 아버지에게 그 일을 말한 것 같았다. 아버지는 목수를 불러 우리집이 수평인지를 재달라고 했고, 곧 북서쪽이 겉으로 보아도 확연히 주저앉아 있음이 판명되었다. 집의 주춧돌 아래를 뭔가 파먹어 들어가고 있다는 것이다. 샅샅이 조사한 결과, 우리가 판 굴이 발견되었다. 아버지는 훈계조로 장황한 설교를 늘어놓았고, 우리 의적단은 영원히 뿔뿔이 흩어지고 말았다.

그 시절, 이제는 댄더스 거리로 불리는 월튼 길은 도시의 북쪽 경계이자 욘지 거리의 동쪽에 있었다. 그 북쪽에는 탁 트인 평지가 있고, 세인트 제임스 공동묘지를 지나면, 거친 계곡과 울창한 숲이 나오다가 드넓은 돈 평원이 펼쳐졌다. 발보아(스페인의 탐험가 - 옮긴이)가 태평양을 발견했을 때의 기쁨이나, 라살(프랑스의 북아메리카 탐험가 - 옮긴이)이 미시시피 강을 발견했을 때의 환희가 내가 이 거대하고 웅장한 야생 세계를 탐험하며 찾은 것들에 비해 더 깊고, 더 순수하고, 더 높을 수 있으랴! 그것은 나만의 것이었다! 나는 맨 처음 뭔가를 발견한 사람의 권리를 느꼈다.

사람이 사는 곳이라곤 돈 강을 내려다보는 드럼스냅 성과 그 멀리 테일러네 방앗간이 고작이었다. 그러나 그 두 곳 사이에 있는 땅은 나 말고는 사람의 발길이 전혀 닿지 않은 미지의 세계였다.

나는 토요일이면 탐험여행을 떠났다. 한두 번쯤은 동생들을 데리고 가기도 했지만, 동생들은 나무 따위밖에는 볼만한 게 없는 데다, 한참이나 걸어야 했기 때문에 지치고 따분해 했다. 그래서 나는 가벼운 도시락과 고무총만 들고 혼자 다닐 때가 많았다.

한번은 테일러네 언덕을 향해 북쪽으로 걷다가 서쪽으로 방향을 바꿔 세 번째 골짜기를 올라가는데 숲이 울창한 아름다운 협곡이 눈에 들어왔다. 그곳에는 빽빽한 나무들이 끝없이 펼쳐진 원시림이 있었다. 나는 발자취 하나 없는 미로를 따라 나아갔다. 새들이 지저귀고, 다람쥐가 조잘대는 모습이 눈에 띌 때마다 짜릿한 전율을 느꼈다. 수정처럼 맑고 깨끗한 시냇물은 여러 개의 작은 폭포로 굽이쳐 흘렀다. 내가 발견하기까지 사람의 손길이라곤 전혀 닿지 않은 곳이었고, 모든 것이 야생의 세계 그대로였다.

그곳은 분명히 나의 것이었다. 사람들이 돈 강의 상류를 따라 여행했을지도 모르지만 이 작은 에덴의 시냇물을 본 사람은 틀림없이 나 한 사람뿐이라고 확신했다.

나는 혼자서 비밀을 간직한 채, 한두 번 더 탐사한 뒤 여기에다 통나무집을 짓기로 결심했다. 집터는 통나무집을 효과적으로 잘 가려 줄 수 있는 잡목 숲 아래 푸른빛 진흙땅의 언덕배기로 정했다. 먼저 기초를 다졌는데, 오두막의 반 정도를 땅속에 둘 생각이었다. 내가 가지고 있는 땅 파는 연장이라곤 엉성한 삽으로 쓰였던 낡고 평평한 가래가 전부였지만, 인디언들도 하나같이 조잡한 연장을 쓴다는 생각에 만족했다. 내 꿈은 인디언과 똑같아지는 것이었다. 연장이라고 해봐야 2.5센티미터의 끌, 톱, 망치, 그리고 아까 말한 삽이 전부였다. 불타버린 목수가

게에 뒹구는 걸 주워 와서 직접 나무 손잡이를 만들어 끼운 것들이었다. 필요한 공간을 파내는 데 두 주일이 걸렸다. 가로 3미터에 세로는 2미터 정도였고, 뒤쪽으로 높이가 90센티미터 정도 되게 팠다. 앞쪽은 물론 트여 있었다.

주변에는 쌓아 올릴 돌멩이가 하나도 없었다. 숲에는 목재가 풍부했지만, 나에겐 나무를 찍을 도끼조차 없었다. 나는 잘려 있는 나무토막을 찾기 시작했다.

500미터쯤 떨어진 돈 평원의 목초지에는 느릅나무들이 웅장하게 자리잡고 있었는데 거기에 2.4미터 길이에 두께가 15센티미터쯤 되는 삼나무 목재가 쌓여 있었다. 이것들은 집 짓는 데 큰 도움이 될 것 같았다. 그리고 내 땅에 있는 거니까 내 거였다. 드디어 나는 목재를 하나씩 집 짓는 곳으로 나르기 시작했다. 목재 하나의 무게는 11킬로그램 정도였다. 처음 옮기기 시작할 때는 어깨에 짊어지고 옮겼는데 목적지에 도착할 때쯤이면 무게가 거의 20킬로그램은 나가는 듯했다. 그도 그럴 것이 내가 아무리 끈질기다 해도, 나는 겨우 열네 살밖에 안 된 말라깽이 소년이었던 것이다.

두 번의 토요일을 다 바쳐서 통나무 스무 개를 간신히 옮겨 놓고 나니, 그제야 서까래로 쓸 통나무가 더 필요하다는 걸 깨달았다. 계곡에서 통나무 여섯 개를 찾아냈는데, 이번에는 내 톱이 꽤 쓸모 있었다.

나는 이 통나무들을 가지고 은신처를 짓기 시작했다. 미개척 삼림지에서 살아본 덕에 집짓기라면 시시콜콜한 것까지 잘 알고 있었지만, 적당한 연장과 힘센 사람이 있었으면 하고 바란 적이 얼마나 많았는지 모른다.

그러나 나는 혼자서 모든 것을 해결해야 했다. 야생의 생활과 자연사에 대해서 말하는 것은 집에서 금지되어 있었고, 가족 중에는 믿을 만한 사람이 아무도 없었다. 나는 언덕의 비탈에 잘 기댈 수 있도록 기초를 닦았다. 통나무 길이가 2.4미터 정도였으니까 집안 공간은 약 2미터 가량 되는 셈이었다. 집 정면에는 폭이 60센티미터인 문을 달아야 했는데 밖에서 보면 집의 폭이 3미터 정도 되고 안에서는 2.7미터 정도 되었다. 집 뒤쪽에도 3미터 정도의 통나무가 필요했는데, 근처 숲에서 알맞은 길이의 통나무 다섯 개를 찾아냈다. 집 모퉁이는 통나무를 십

글렌얀에 지었던 오두막의 정면

자로 엇갈리게 쌓으니 쉬웠다. 그러나 다음은 두 장의 널빤지에 버팀대를 대서 문을 만들어야 했는데, 그러려면 널빤지에 못질을 해야 했다.

못질을 한다는 건 양심에 찔리는 일이었다. 인디언들은 못질을 하지 않는다. 그러나 나는 아직 나무 핀을 만들 수 있는 연장도 없었기에 자존심을 꺾고, 못 조각을 주웠다. 최종적으로 완성된 오두막은 그림과 같았다.

문은 완전히 내가 독창적으로 고안해 낸 것이다. 나는 강가에서 폭이 20센티미터 정도 되는 널빤지를 발견하고 내 거친 톱으로 문 높이 정도 되게 잘라 널빤지 세 개를 만들었다. 그 중 널빤지 한 장의 양쪽 끝은 5센티미터 정도 뾰족하게 나오게 만들어 두었다. 이 널빤지에 작은 널 두개를 가로 대서 못질하자 문이 완성되었다. 그리고 바닥에 놓인 통나무에 낡은 끌로 문의 뾰족한 부분이 들어갈 구멍을 내고 맨 위쪽 통나무에도 구멍을 냈다. 그런 다음 기다란 지렛대로 처마 구실을 하고 있던 통나무를 들어올려서 문을 끼웠다.

지붕은 우선 통나무 네 개를 가로 놓아 서까래를 얹었다. 이 위에 버드나무 가지를 수북하게 덮고, 근처 풀밭에서 풀을 뜯어다가 덮었다. 마지막으로 진흙을 15센티미터 두께로 덮자 거의 다 완성되었다. 이제 남은 일은 힘든 일은 아니었

어린 탐험가 149

통나무집을 차지한 부랑아들

지만 끈기가 필요한 일이었다. 나는 쉬지 않고 이끼와 진흙을 단단히 붙여서 갈라진 틈을 메웠다. 마침내 오두막 안쪽에 잠자리를 마련하고 나서, 마지막으로 문에 걸쇠를 달았다.

그때의 행복감이란 말로 다 할 수 없었다.

이것은 내 삶에 있어서 커다란 비밀이 되었다.

오두막을 지을 때 내 나이 열네 살이었다. 1874년 일년 내내 집을 짓느라 시간을 보냈다. 그러나 이듬해인 1875년 봄이 되어 토요일마다 혼자 오두막을 찾아갈 때면, 나는 헤아릴 수 없는 행복감에 휩싸이곤 했다.

나는 조개껍데기나 깃털과 같은 숲 속 보물들을 모아서 오두막의 작은 선반 위에 진열했다. 마치 로빈슨 크루소나 스위스 로빈슨 가족의 일원이 된 것 같은 상상에 빠졌다. 언젠가는 어떤 식으로든 인디언식으로 살아봐야지 하는 희망에 부풀기도 했다. 인디언이 된 양 신발만 신고 아무것도 걸치지 않은 채 돌아다녀서 온몸이 갈색으로 그을기도 했다. 나는 또 낡은 흙손 하나를 숫돌에 갈아서 사냥을 하거나 머리 가죽을 벗길 때 쓰는 칼을 만들었다. 가죽으로 칼집도 만들어서

숲속의 안식처

허리에 찼다. 볼썽사나운 흠이 있긴 했지만, 아주 마음에 들어서 8년 뒤 매니토바의 샌드힐에서 잃어버릴 때까지 아주 유용하게 잘 썼다.

나는 낡은 양가죽으로 모카신 한 켤레를 직접 만들었는데 며칠 만에 금방 망가지긴 했지만 그래도 내게는 마법의 신이었다. 새의 깃털을 머리에 꽂고 인디언식 말투를 연습하기도 했다. "백인은 아무짝에도 쓸모없어"와 같은 말은 당시 내가 즐겨 말하던 인디언식 말투였다.

나는 나와 취미를 같이 나눌 사람을 간절히 원했다. 내 바로 위의 형은 가능성은 있었지만 믿을 만하지 않았다. 형은 약간은 관심을 가지고 내 일에 동참했을지 모르지만 바보 같은 짓이라며 콧방귀를 뀌었을지도 모른다. 게다가 형은 일을 해야 했기 때문에 그렇게 한가하지 않았다. 토요일 오후엔 시간이 있었지만, 형은 음악수업을 듣기로 했다. 그래서 나는 내 비밀을 혼자서 간직했다.

어느 날 나는 아버지에게 죽도록 맞고 죽을 힘을 다해 집에서 도망쳤다. 차라리 죽고 싶은 마음뿐이었다. 내가 평안을 얻을 곳이라곤 딱 한군데밖에 없었다. 그곳은 멀리 떨어진 숲 속의 오두막이었다. 그 오두막에서라면 다시 평화를 되찾고

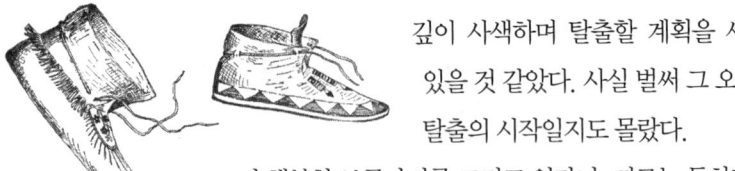

모카신

깊이 사색하며 탈출할 계획을 세울 수 있을 것 같았다. 사실 벌써 그 오두막은 탈출의 시작일지도 몰랐다.

이 행복한 보금자리를 그리고 있자니, 찌르는 듯하던 등의 아픔도 조금씩 사라졌다. 내 마음이 갑자기 따뜻해지는 걸 느꼈다. 작은 희망의 불씨가 내 안에서 점점 피어나 활활 타올랐다.

탁 트인 돈 강의 어귀를 지나 좁은 골짜기를 따라 올라가는데 몸집이 큰 사람 발자국이 보였다. 나는 약간 긴장이 되었다. 그러나 곧 그 발자국은 사라져 버렸다. 여기저기 엉켜 있는 잡목 숲을 헤치면서 올라가는데, 사람 소리가 들렸다. 소리가 나는 곳으로 살금살금 기어가보니, 험상궂게 생긴 부랑자 세 명이 내 오두막에서 카드놀이를 하며 술을 마시고 있었다. 하늘이 무너지는 것 같았다.

나는 다시 기어서 오두막에서 멀리 떨어진 곳으로 갔다. 기쁨과 희망이 산산조각 나 버리는 것 같았다. 아버지의 잔인한 채찍이 지나간 자리가 새삼스레 다시 곪아 터지는 듯했고 등은 찌르는 듯 아파왔다. 나는 몇 킬로미터를 비틀거리며 정신없이 내려왔다. 그런 다음 비탈진 강둑에 쓰러져서 하염없이 울었다. "하느님! 아, 하느님!" 내 영혼은 송두리째 짓밟히고 상처를 입었다.

몇 주가 지나서 나는 다시 내 고귀한 희망을 묻어 둔 그곳으로 가보았다. 그리고 마음의 상처가 채 아물기도 전에 부랑자들이 잠시 동안 오두막을 사용하면서 더럽히고 망가뜨리고 짓밟아 놓은 흔적들을 보고야 말았다. 그 부랑자들은 모든 타락한 백인들을 사로잡는 몹쓸 병에라도 걸려 있었던 양 내가 샘에다 만들어 놓은 우물까지 찾아내서 역겨운 배설물로 더럽혀 놓았다.

시련과 희망

1875년에 우리는 사우스 펨브로크 거리 17번지에 살았다. 토론토에 살기 시작한 지 삼 년째 되는 해였다. 나는 학교 공부를 지나치게 열심히 한 나머지 학기말인 7월이 되었을 때는 내 몸에 병 기운이 완연했다. 우리 가족이 린지를 떠날 때 주변에서 꽤 존경받는 블랙웰 씨 가족에게 농장을 팔고 왔는데, 윌리엄 블랙웰 씨는 그 지역을 개척한 사람의 아들이었다. 블랙웰 씨는 이 지역에 최초로 정착한 사람이었고, 그의 아내도 이 지역에서는 알아주는 가문 출신이었다. 평범한 농부들 이상이었던 블랙웰 씨 가족은 농장을 경영하는데도 매우 현실적이고 근면해서 우리집안이 실패한 농장을 성공적으로 경영하고 있었다.

의사의 충고에 따라 어머니는 이 가족에게 편지를 써서 '어니스트가 여름 한 달 동안 농장에서 지내도 좋은지'를 물었다. 어머니는 농장에서는 모든 것을 직접 생산하기 때문에 음식은 별 문제 없을 거라고 생각했고, 아버지가 지은 커다란 집에는 방도 여러 개 있었다.

블랙웰 부인의 진심 어린 답장을 받고, 나는 그 다음 주에 린지로 출발했다. 역에는 아들인 조지 블랙웰이 마중 나왔다. 조지는 나보다 세 살 많았는데, 거칠고 억센 아이였다. 우리는 짐마차를 타고 농장으로 갔다. 농장에서는 커다란 몸집의 마음 좋고 솔직한 블랙웰 씨와 어머니처럼 다정다감한 블랙웰 부인이 나를 반갑게 맞아주었다.

우리는 해가 진 다음에 도착했다. 나는 슬픔에 겨워 말이 없었다. 저녁도 거의 먹지 않았다. 우리집과 어머니에게서 그렇게 멀리 떨어지기는 그때가 처음이었기 때문에 나는 비참한 심정에 사로잡혀 있었다.

블랙웰 부인의 따뜻한 눈은 곧바로 정확히 내 증상을 알아 맞추었다. "집이 그리운가 봐요." 그녀는 남편에게 속삭였다. 그녀는 나를 위층으로 데려가서, 잠자리를 마련해 주고는 이불을 꼭 여며주며, 눈물 젖은 내 뺨에 입을 맞추고, 나를 혼자 있게 해주었다.

시간이 어떻게 흘렀는지 모르겠지만 아침이 되자, 검은 구름은 언제 그랬냐는 듯이 말끔히 걷혔다. 나는 다시 삶의 활력을 되찾았고, 즐겁게 웅성대는 주위의 작은 세계에 곧 적응했다.

이 집에는 내 나이 또래의 여자아이가 셋, 남자아이도 셋 있었다. 그 밖에도 남자일꾼 한 사람, 집안 일을 돕는 여자아이 하나, 그리고 블랙웰 씨 부부가 있었다.

곧 새로운 생활이 시작되었다. 신선한 음식과 맑은 공기, 생기 있는 삶이 시작되었다. 해야 할 허드렛일도 많았지만, 놀 시간도 충분했다. 그 시절의 공적과 활동과 모험들은 『작은 인디언의 숲』에 자세하게 써놓았으므로 여기서 다시 반복할 필요는 없을 것이다.

나는 이 가족을 사랑하게 되었고, 이 가족의 일원이 되길 바랐다. 나는 언제나 어머니에게 충실했다. 어머니는 삶에서 모든 선한 것의 상징이었다. 그러나 나는 처음으로 수줍음을 느끼며, 비밀스럽게, 그러나 나중에는 나 자신에게 솔직하게 블랙웰 씨가 나의 아버지였으면 하고 바라게 되었다. 블랙웰 씨는 교육을 거의 받지 않은 강하고 거칠고 억센 남자였지만, 아주 상식적인 사람이었다. 장사꾼으로도 성공한 그는 열심히 노력하여 날이 갈수록 사업을 번창시켰고, 해마다 농장이나 재산을 늘려갔다. 그와 싸움을 하거나 그로 인해 망하게 된 사람들은 그를 미워했지만, 많은 사람들이 그를 존경했다. 또 세상을 대할 때는 억센 사나이였지만, 가정에서는 부드러웠다. 나는 그를 숭배했다.

나는 집안의 다른 남자아이들처럼 일을 도왔다. 블랙웰 씨가 일거리를 주는 방식은 이랬다. "추수가 끝난 뒤에 이삭줍기를 할래, 아니면 헛간에서 마른풀을 밟을래?" "순무를 파낼래, 감자벌레를 잡을래?" 또는 "돼지 먹이를 줄래, 물을 나를래?" "소를 몰래, 달걀을 모을래?" 나는 언제나 내 마음속 영웅 가까이에서 할 수 있는 일을 선택했다.

우리 사이에는 미묘한 우정이 싹텄다. 그는 나의 학문에 깊이 감명받은 것 같았다. 나는 어려운 용어를 쉽게 풀어서 말할 줄 알았고, 고등학교의 상급생이었으며, 열여섯 살이 되면 써먹을 수도 있는 2급 정교사 자격증도 가지고 있었다.

학교의 평의원인 블랙웰 씨는 간혹 교사를 새로 뽑기도 했다. 보통 3급 수료증만 있으면 자격이 되었는데, 나처럼 작은 아이가 더 높은 자격증을 갖고 있다는 사실은 그에게 경외심을 불러일으켰다. 그는 가장 어렵고 난해하다고 생각되는 것만 골라 물어보곤 했다. "어니스트, 이 방은 가로가 4.5미터, 세로가 6.4미터인데 바닥을 다 덮으려면 카펫이 얼마나 필요하겠니?"

"28.8제곱미터요." 나는 곧바로 대답했다.

그는 깜짝 놀랐다. 온 집안 식구들이 여러 가지 방법으로 확인한 결과 내 대답이 정확하게 맞다는 게 입증됐다.

나를 학교 이사회에 데려간 적도 있었는데, 그날은 마침 낡은 통나무 교실을 헐고 벽돌건물을 새로 짓는 문제를 의논하고 있었다. 법에 따르면 난방기와 통풍기가 제대로 설치되어 있는 교실에 한해서 정부에서 비용의 반을 부담하게 되어 있었다. 또, 교실에 빈자리가 없다고 가정하면 학생 한 명당 교실공간은 3세제곱미터로 정해져 있었다. 통풍기와 난방기는 쉽게 설치됐다. 그러나 노동으로만 단련된 이사회의 임원들로선 필요한 공간을 측정하는 일이 하늘의 별따기였다. 건축기사와 건축업자는 적군이었으므로 믿을 수가 없었다.

커다란 덩치의 블랙웰 씨는 보잘것없이 작은 내가 이 어려운 문제를 해결할 수 있을 거라고 생각했다.

임원들은 도면을 탁자 위에 펼쳐놓은 채, 큼직한 손가락으로 거칠게 짚어가며

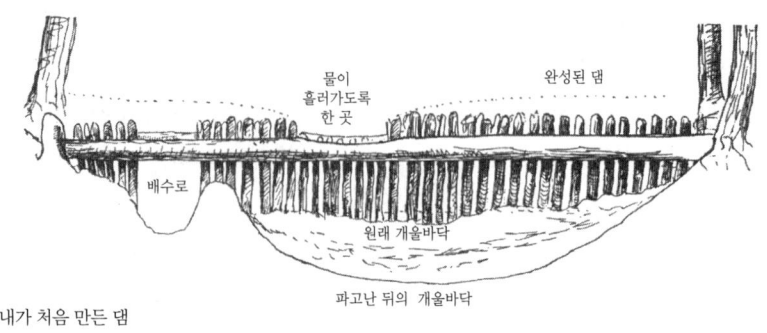

내가 처음 만든 댐

의논하고 있었다. 블랙웰 씨가 나를 돌아보며 말했다. "어니스트, 이 교실은 가로 6미터, 세로 10미터, 높이 3미터다. 그럼 교실에 공간이 얼마나 있는 게냐?"

나는 연필이나 종이에 계산하지도 않고, 곧바로 대답했다. "180세제곱미터요."

어른들은 깜짝 놀라더니, 계산이 맞았다는 걸 알고는 찬탄을 금치 못했다.

"그럼, 학생 한 명당 공간이 어떻게 되는 거지?"

"학생이 몇 명인가요?" 내가 다시 물었다.

"48명이란다."

"선생님도 세야 되나요?"

"그래야 될 게다. 선생은 몸이 크니, 두 명으로 치자." 선생님이 쓸데없이 공간이나 많이 차지한다는 거친 농담도 들려왔다.

"그럼 50명이네요. 그러면, 한 사람 당 공기는 3.6세제곱미터 정도예요."

"역시! 우리가 생각했던 대로군. 이런 야바위꾼들 같으니라고." 블랙웰 씨는 큰소리로 말했다. 정부 쪽에서는 1인당 겨우 3세제곱미터 정도의 공기가 필요하다고 했다. 블랙웰 씨는 이 속임수가 은근슬쩍 통과되기 전에 잡아낸 것이 한없이 기뻤다.

"잠깐만요!" 나는 큰소리로 말했다. "현관을 빠뜨렸어요." 현관은 가로, 세로,

높이 각각 3미터였다. 현관의 공간은 27세제곱미터였다. "180에서 27을 빼면 153이 되고, 이걸 다시 50으로 나누면 1인당 공기의 양은 정부가 최소로 잡은 3제곱미터와 거의 맞아떨어져요."

설계도는 틀림없었다. 툴툴대던 어른들은 자기들이 사기를 당할 뻔했다는 흔적을 발견하지 못하자 실망한 기색이 역력했다.

토론토로 돌아갈 때가 다 되어가자, 나는 점점 의기소침해졌다. 밝은 빛으로 넘쳐나던 숲 속의 삶에서 끔찍한 주일학교와 엄격한 가정으로 다시 돌아가야 했다. 그나마 두 가지 위안은 있었다. 하나는 책을 다시 볼 수 있다는 거였고, 또 하나는 어머니를 다시 만나는 것이었다.

그 뒤 매년 여름마다, 나는 린지로 가서 풍성한 음식과 신선한 공기, 온화한 분위기에 젖어들었고, 내 삶의 본질이 될 야생세계를 실컷 만끽했다.

내가 처음으로 댐을 만들고 다른 두 소년과 함께 인디언 생활을 한 것도 블랙웰 씨 집에서였다. 티피를 처음으로 만들고, 활과 화살을 만들고, 인디언 흉내를 낸 곳도 바로 거기였고, 사내애들과 싸워서 덩치 큰 녀석을 우리가 만든 연못에 빠뜨린 것도 거기였다. 캘럽 클락을 만나서, 나무와 야생의 생활에 대해 많은 것을 배운 곳도 바로 그곳이었다.

생어의 마녀를 만나서 나무에 대한 귀중한 지식을 얻은 곳도 거기였다. 생어의 마녀는 옵스 읍에서 유명했는데, 굶어 죽을 만치 가난에 쪼들렸지만, 늘 생기 있고 친절하기로 유명한 할머니였다.

내가 처음 그 할머니를 만났을 때는 할머니의 남편도 살아 있었다. 그의 이름은 톰이었지만, 다들 '담배침 영감'이라고 불렀다. 그는 입담배를 아주 좋아했는데, 누런 갈색 침이 빠진 앞니 사이로 냇물처

생어의 마녀

럼 줄줄 흘러서, 허연 수염 사이로 보이는 턱을 지나, 옷 여기저기 길을 내면서 땅으로 떨어졌다.

톰 영감은 힘이 셌지만, 우유부단했다. 젊은 시절에 그는 유명한 싸움꾼이었다. 이제는 힘든 일도 못하고, 늙고 망가진 몸에다 관절염으로 다리까지 절었고, 언제나 돈과 음식에 쪼들렸다. 그러나 그의 낙천적인 아일랜드인 기질은 사라지지 않았다. 그는 모두에게 친절했고, 항상 상대방을 배려했다.

내가 그를 마지막으로 보았을 때, 그는 한길에서 아픈 다리를 절뚝거리며 길에

있는 돌멩이를 하나하나 조심스럽게 주워서 도랑에 버리고 있었다. 그는 길에 굴러다니는 돌멩이를 보면 멈춰 서서는 막대기로 툭툭 쳐서 옮길 수 있는 것인지를 확인한 다음, 한 손으로 신경통을 앓고 있는 엉덩이를 받친 채, 천천히 몸을 굽혀서 다른 한 손으로 돌멩이를 주웠다. 그런 다음 다시 툴툴거리면서 찡그린 얼굴을 하고 일어나서, 쓸데없는 이 돌멩이를 도랑에 던져 넣었다. 그리고는 절뚝거리며 다시 걸었다.

하루는 돌을 던지던 톰 영감이 나를 보더니 이런 말을 했다. "마차가 잘 달려야 쓰지 않겠냐? 원젠간 나도 마차에 탈 것 아니겠어." 그 영감의 성격을 그대로 나타내주는 말이었다.

미치광이 지미 허시도 특이한 사람이었다. 아직도 그를 기억하고, 그의 지저분한 오두막과 운율이 맞지 않는 엉터리 시를 기억하는 사람들이 있을 것이다.

해마다 여름이 되면 어김없이 에덴의 땅을 찾을 수 있었다. 그 뒤 여러 해 동안 나는 여름을 즐겼다. 우리 가족들은 블랙웰 가족의 친절에 점점 무뎌졌다. 어

른들은 이제 가고 없지만, 그의 손자들은 아직도 거기 살고 있다.

1875년 가을은 길고 어두운 절망의 시기였다. 내 오두막도 없어져버렸고, 세상에 나 혼자만 있는 것처럼 외로웠다. 집에서는 내가 잘못만 저지르는 말썽꾸러기라고 생각하고 거들떠도 안 봤다. 나는 주워온 아이일지 모른다는 생각도 했다. 이제 부모님은 내게 싫증이 나서, 조만간 모든 게 끝장날 것만 같았다.

유일한 즐거움은 학교 공부밖에 없었다. 나는 가능하면 아침 일찍 집을 나섰고, 되도록 늦게 귀가했다. 방에 처박혀서 죽어라 공부만 했고, 특히 항상 점수가 낮아 싫어하던 수학 공부에 열을 올렸다. 밖에 나가 노는 데는 완전히 흥미를 잃었다. 학교 선생님들은 내가 점점 마르고 창백해져 간다고 걱정했다. 나는 삐쩍 마른 가슴을 책상에 바짝 대고 가슴에 통증이 오도록 공부를 한 적이 한두 번이 아니었다. 그런 다음 다시 허리를 쭉 펴면, 뼈가 부딪치는 듯한 이상한 소리가 들렸다. 열다섯 살이나 되었지만, 아직도 사춘기가 오지 않아서 신체적으로도 미성숙했고, 몸무게는 45킬로그램도 되지 않았다.

돈 강을 따라 산책하던 토요일의 나들이도 중지한 채 나는 공부에만 몰두했다. 내 꿈은 대학에 갈 장학금을 따내서 힘차게 내 길을 개척해 나가는 것이었다. 젖먹던 힘을 다해 목표를 향해 매진했다.

나는 크리스마스 무렵에 있을 시험에서 상을 받게 되길 기대했다. 그러면 다음해 여름엔 장학금을 받고 승리를 거머쥘 수 있을 테니 말이다.

시험 보는 날 나는 꽤 흥분해 있었다. 한순간도 게을리 하지 않고 준비하고 복습하고 외우며 시간을 보냈다.

닷새 동안 계속되는 시험에서 첫 사흘은 꽤 잘했다. 그러나 다음 순간 희망이 와르르 무너져 버렸다. 저녁에 공부를 시작하는데 벽이 온통 까맣게 되어 빙글빙글 돌았던 것이 지금도 기억난다. 나는 웅얼거렸다. "공부가 안 돼. 더 이상 못하겠어!" 그 다음은 기억나지 않는다.

완전히 기절하진 않았었는지 사람들 목소리가 들렸다. 집안 일을 도와주는 여

자애가 큰소리로 외쳤다. "많이 아픈가 봐요." 그때 성경연구회의 회장이었던 형이 와서 말했다. "어니스트한테 필요한 건 매야."

늘 그랬듯이 어머니가 나를 구하러 오셨다. 어머니는 내 맥을 짚어 보고, 이마에 손을 대 보시더니 말했다.

"열이 많구나."

의사가 왔다. "열이 높은데다, 폐가 병들었습니다. 왼쪽 폐는 거의 죽어버린 상탭니다."

나는 곧 침대로 옮겨졌다. 시험은 끝내 마치지 못했고, 학창 시절은 끝나버렸다. "어디 멀리 보내서 변화를 주는 게 필요합니다." 의사가 조언했다.

어디로 가냐고? 나는 당장 그곳으로 정했다. 나를 진심으로 걱정해 주는 호의적인 블랙웰 집안의 투박한 친절이 너무나 그리웠다.

다음날 아침, 날이 밝기도 전에 나는 어머니와 함께 역으로 갔다. 아서 형이 옷가지가 든 작은 가방을 들고 따라왔다. 가방은 겨우 4킬로그램 정도였지만, 너무나 허약해진 나는 이것도 들지 못할 정도였다.

나는 열에 들뜬 채, 하루 종일 혼자 기차를 타고 갔다. 예전에 이웃에 살던 찰스 하틀리라는 사람이 블랙웰 농장의 문 앞에 나를 내려준 것은 한밤중이었다. 나는 간신히 문까지 기어가서 노크를 하고는 문을 열었다. 그들은 나를 보고 기뻐하다가 곧 걱정스러운 얼굴이 되었다.

"세상에, 어니스트야, 많이 아픈 모양이로구나."

인디언 티피

나는 의자에 털썩 주저앉으며 농장 문 앞에 짐이 있다고 말했다. 그 짐을 옮길 만한 힘도 내게 남아 있지 않았다.

나는 일주일 동안 친절하고 건강한 분위기가 넘치는 그 집에서 지냈다. 그러나 이미 죽음의 신이 화살을 쏘아 나를 쓰러뜨린 것처럼 보였다. 블랙웰 부인이 어머니에게 전갈을 보냈다.

"당장 오세요. 얼마 못 살 것 같아요."

부랴부랴 기차를 타고 찾아온 어머니는 곧 쓰러질 듯 침대에 비스듬히 기대앉아 있는 내 모습을 보고 놀랐다. 두 여인은 내 옆에 무릎꿇고 앉았다. 어머니는 그동안 한번도 들어보지 못한 내용의 기도를 했다. 어머니는 나를 내버려둔 것을 용서해 달라고, 나를 회복시켜 달라고, 그리고 나를 좋은 길로 인도해 달라고 기도했다. 기도를 하고 나자, 어머니의 짐은 한결 가벼워진 듯했다. 어머니의 눈가엔 눈물이 흘러 넘쳤지만, 얼굴은 밝게 빛나고 있었다.

"하느님이 내 기도를 들으셨어. 나에게 응답하시고 약속하셨어. 어서 집으로 가자. 너를 당장 집으로 데려가라고 계시를 내리셨단다."

다음날, 우리는 우울한 여행을 마치고 토론토로 돌아왔다. 내 생애 처음으로 역에서 사우스 펨브로크 가 17번지에 있는 우리집까지 마차를 탔다.

그 일이 있은 뒤, 나의 생활은 완전히 바뀌었다. 어머니는 사랑과 정성으로 최선을 다해 나를 보살폈다. 음식이나 이불도 모두 내 입맛에 맞게 바뀌었다. 가족 모두가 한동안 번갈아가며 나를 돌보았다.

의사는 이렇게 말했다. "하루라도 빨리 몸무게를 늘려야 합니다. 일주일 동안 먹고 싶다는 건 뭐든지 주세요. 일주일 안에 몸무게가 늘면 살 수 있지만, 몸무게가 더 빠지면 가망이 없습니다."

내가 체중계에 올라서던 모습이 지금도 생생하다. 옷을 다 입고도 15년 6개월을 산 내 몸무게는 겨우 44킬로그램이었다. 일주일 후 몸무게를 다시 쟀다. 눈금이 46킬로그램을 넘어섰다. 던컨 캠벨 의사 선생님이 짤막하게 말했다.

"좋아질 겁니다. 도지지만 않는다면 말이죠."

그 겨울은 꿈만 같았다. 병에 걸리고 첫 한 달이 지나자, 내 몸은 맛있는 음식과 따뜻한 보살핌 덕택에 회복되기 시작했다. 어머니는 날마다 내 비쩍 마른 갈비뼈를 문질러 주었다. 밤마다 내 침대 옆에 앉아 있기도 하고, 가끔은 밤새 들락거리며 내가 숨쉬는 걸 지켜보았다. 그리고 언제나 내 옆에 무릎꿇고 앉아 기도했다. 내가 자고 있을 땐 방해가 되지 않도록 조용히, 내가 깨어 있을 땐 큰소리로.

그 누가 어머니의 기도의 효험을 의심할 수 있으랴! 세상이 암흑으로 덮이고 희망의 등불이 꺼져갈 때도, 무거운 짐에 몸이 만신창이가 되면서도, 어머니는 무릎을 꿇고 몸과 마음을 다해 신의 자비를 구했다. 기도를 마치고 일어설 때면 어머니의 얼굴과 눈에는 기쁨이 흘렀다. 어머니는 걱정을 훌훌 털어버린 채, 다시 힘을 되찾고, 희망의 등불을 다시 한번 밝혔으며, 그 등불은 어머니의 영혼을 환히 비춰 주었다.

1876년 초 몇 달 동안, 나는 사우스 펨브로크 거리에 있는 우리집에서 정성스런 보살핌을 받았다. 의사의 권유 때문이기도 했지만, 전에는 한번도 받아보지 못한 배려와 관심은 어머니의 선한 본성과 애정 덕분이기도 했다.

나는 아버지에게 특히 불만이 많았다. 아버지는 내가 화가가 돼야 한다고 결정했다. 내 희망은 박물학자가 되어 야생 생물을 연구하는 것이었다. 아버지는 내가 박물학 쪽으로 관심을 기울이는 걸 막기 위해서 성인이 될 때까지 총을 사용하는 걸 금지했다. 내 또래의 학교 친구들 중에는 벌써 총을 가진 애들이 많았고,

토요일이면 토론토 습지나 돈 강으로 나가서 사냥을 즐기곤 했는데, 나만 부당한 취급을 받는 것 같아 억울했다.

가족의 태도가 관대해진 틈을 타 나는 새로운 규칙을 만들 기회를 노렸다. 나는 건강해지면 총을 가져도 되는지 물어보았다. 어머니의 강력한 지지 덕분에 아버지는 못마땅해 하면서도 허락을 했다. 어쩌면, 내가 영영 회복되지 않을 거란 생각도 허락을 받는 데 한몫 했을 것이다. 방법이야 어찌됐든, 나는 15살 6개월의 나이에 총을 소지해도 좋다는 허락을 정식으로 받아냈다. 물론 내 돈으로 사야 한다는 조건이었지만.

그 당시 가장 이채롭고도 흔했던 야생동물은 봄가을이면 날아오는 거대한 산비둘기떼였다. 학교 친구들 모두가 숲 속에서 하는 놀이 중 비둘기 사냥을 가장 짜릿한 놀이로 여겼다. 그러나 앞서 말했듯이 우리집 최고 사령관은 나를 이런 활동에서 제외시켰었다.

그러나 그 족쇄가 풀리자, 비둘기떼에 대한 관심은 걷잡을 수 없이 강렬해졌다.

셀 수 없이 많은 비둘기떼가 마지막으로 날아가던 모습은 결코 잊을 수 없다. 그날은 1876년 4월 20일이었다.

큰 무리의 비둘기가 북쪽으로 날아갔다. 비둘기떼는 땅에서 겨우 6미터 정도 위를 나는 것처럼 보였다. 동서로 길게 떼지어 수평선 너머로 연기처럼 사라졌다. 수백, 수천 마리도 더 되는 것 같았다. 그날 거의 온종일, 비둘기들은 30분에 한 번 꼴로 꼬리에 꼬리를 물고 날아갔다. 나는 침대 창가에서 하나도 빠짐없이 그 모습을 지켜보았다. 그러나 안타깝게도, 기록에 따르면 그 비둘기떼를 마지막으로 토론토에는 더이상 비둘기떼가 찾아오지 않았다.

만물이 소생하는 봄이 오자 나는 건강을 되찾았고, 성장도 빨라졌다. 그러자 내게도 사춘기의 변화가 시작됐다.

6월 한 달 동안, 나의 또 다른 어머니인 블랙웰 부인이 편지를 보낸 덕분에 린지의 집에서 몇 주 동안 묵을 수 있었다. 한때는 우리의 농장이었던 이곳에서 나는 블랙웰 씨의 총으로 새들을 맘껏 잡을 수 있었다.

나는 여러 번 사냥을 나가 새를 잡았다. 변명의 여지가 없지만 그 당시의 목적은 새를 죽이는 게 아니라, 새를 소유하고, 새에 대해 아는 것이었다. 그러려면 새를 잡는 것 말고는 달리 방법이 없었다.

하루는 물총새가 기쁨에 겨운 듯 큰 소리로 지저귀며 즐겁게 날아다니고 있었다. 총으로 쏘자 물총새는 땅으로 뚝 떨어져서 곧 죽고 말았다.

나는 재빠르게 물총새를 해부해서, 방금 먹은 먹이와 몸의 구조를 샅샅이 조사했다.

나는 곧 간에서 살아 있는 커다란 벌레를 발견했다. 이 벌레가 간을 꽤 많이 먹어치웠기 때문에 이미 새는 위험한 상태에 있었다. 겉으로는 기쁨에 겨워 즐겁게 봄노래를 부르는 것 같았지만, 실제로는 틀림없이 고통을 참을 수 없었을 것이다.

나는 그때의 교훈을 결코 잊지 못한다. 야생의 생물도 슬픔과 고통을 느끼지만, 사람들은 그걸 알지 못한다는 사실을.

침입자 살쾡이

예전에 아버지 농장의 일꾼이었던 래리 위티 아저씨를 만나게 되었는데 아저씨는 꽤 잘 사는 것처럼 보였다. 아저씨는 큰 아들 톰의 도움으로 북쪽으로 40킬로미터 떨어진 페넬론 폭포 근처의 미개척 삼림지에서 농장을 운영하고 있었다. 내게 이 농장을 자랑하고 싶어 안달이었던 래리 아저씨는 한 달 이상 그 농장에 머물도록 나를 초대했다. 아저씨는 그 지역에 사슴, 곰, 살쾡이, 산비둘기, 들꿩 따위가 흔하다고 말했다. 그 말에 마음이 흔들린 나는 6월 말경에 크랜델 운송회사의 밴더빌트라는 증기선을 타고 들뜬 마음으로 린지를 출발했다.

배는 몇 시간 만에 스터전 호수의 바로 위에 있는 걸 강의 페넬론 폭포에 도착했다. 나는 가겠다고 미리 편지를 써 보냈는데, 이런 깊은 숲에서는 편지가 종종 더 늦게 도착하곤 해서 마중 나온 사람은 아무도 없었다.

대장간에 들어가 위티 농장에 대해 물어보았더니 전에는 모로우 농장이라고 불리던 그 농장이 숲을 지나 6킬로미터쯤 떨어진 곳에 있다고 했다. 나는 총과 짐을 어깨에 메고, 두 시간 동안 터벅터벅 걸은 끝에 래리 아저씨의 오두막에 도착했다. 아저씨는 스터전 곶에서 그리 멀지 않은 곳에 12만여 평의 황무지를 갖고 있었다. 진정한 숲 속 생활이 나를 기다리고 있었다.

가로 6미터, 세로 3.6미터 정도 되는 오두막은 거친 판자로 만들었고, 안에는 거실 겸 부엌이 하나, 작은 침실 두 개가 전부였다. 방 하나에는 어른이 다 된 딸

둘이 지냈고, 다른 방에서는 장남인 톰 형과 내가 묵게 되었다.

톰 위터는 젊은 남자의 빛나는 표본 같은 사람이었다. 강하고, 친절하고, 청결하며, 위엄 있었다. 그는 내 소년시절의 영웅 가운데 한 사람이다. 지금도 나는 그의 잘생긴 얼굴과 남자다운 풍채를 기억할 때면 존경심과 애정이 되살아난다.

개척한 지역은 거의 4만여 평이었다. 톰 형은 말들을 부려가면서 이 땅을 용케 경작했다. 건초를 말리는 철이 와서 우리 넷은 하루 종일 건초를 모아 헛간에 쌓았다.

건초 일도 다 끝나고, 보리 수확도 거의 마친 7월 말의 어느 날, 튼튼했던 톰 형의 몸에 아픈 증세가 보였다. '가슴앓이'라 불리는 병이었는데, 통 먹지도 못했고 밤마다 끙끙대며 뒤척이는 바람에 몇 번이나 잠에서 깼다. 톰 형은 위가 아프고 메스꺼워서 아무것도 먹지 못하고 토하기만 했다.

그러다 오한을 느끼더니, 곧 고열에 시달렸다. 병세는 하루가 다르게 악화됐다.

일주일 정도 지나 톰 형은 마차를 몰 힘이 남아 있을 때, 정착지의 옛 집으로 돌아가서 어머니의 간호를 받기로 결정했다. 톰 형은 집에 있던 마차를 끌고 갔다.

톰 형이 떠나고 난 뒤, 우리에겐 아주 약간의 식량밖에 남지 않았다.

톰 형은 일주일이 지나도 돌아오지 않았고, 우리 셋 모두 심한 고열과 오한에 시달렸다. 톰 형은 이틀에 한번 꼴로 오한이 났는데, 우리는 매일같이 덜덜 떨었다. 의사는 이 병을 학질이라고 불렀지만, 사람들은 '매일 떨림병'이라고 했다. 우리 셋은 똑같은 증상을 보였다. 매일 오후 두 시경이면 우리는 덜덜 떨기 시작했다. 난로와 담요가 있어도 아무 소용이 없었다.

오한은 두 시부터 일곱 시까지, 심하게 찾아왔는데 오한이 사라지고 나면 또 일곱 시부터 다음날 새벽 두 시까지 고열에 시달려 온몸이 불덩이 같았다. 우리가 할 수 있는 일이라곤 고작 물을 마시는 것뿐이었다. 우리 몸은 점점 약해지고 있었다. 새벽 두 시경, 고열이 사라지면, 우리는 힘없이 축 처진 채로 겨우 잠이 들었다. 아침이 되면 기분도 좀 나아졌다. 누나들은 나보다 더 힘들어 했기 때문에 나 혼자 세 사람 분의 아침을 준비했다. 누나들은 침대에 누워서 옴짝달싹도 못했다.

톰 형이 말을 끌고 가버려서 읍내로 나가지도 못하는 바람에 약도 구할 수 없었다. 우리가 할 수 있는 건 아무것도 없었다. 그러던 어느 날, 잠깐 몸이 좋아진 틈을 타서 가장 가까운 이웃인 빌리 엘리스네 집으로 기어갔다. 빌리는 1킬로미터쯤 떨어진 오두막에 어머니와 단둘이 살고 있었다. 문을 두드리자 "들어오세요" 하는 희미한 소리가 들렸고, 들어가 보니 빌리와 그의 어머니 둘 다 우리보다 더 심한 상태로, 거의 먹지도 못한 채 침대에 누워 있었다. 나는 빌리를 도와 줄 수 없었고, 빌리도 나를 도울 수 없었다.

식량이 점점 떨어지기 시작하자, 그 무렵엔 셀 수 없이 많았던 산비둘기라도 잡아볼 심산으로 가까운 숲으로 들어갔다. 비둘기 한 마리가 높은 나무에 앉아 있었다. 나는 기어가서 총을 쏘았다. 동시에 다른 총소리도 들렸다. 나무 저편에서 아는 사람이 다가오더니 나보다 먼저 새를 찾아냈다.

"벨 아저씨!" 나는 큰소리로 불렀다. "그 새 내가 잡은 거예요."

"내가 쐈는데." 벨 아저씨가 말했다.

우리는 사이좋게 의논한 끝에 동시에 총을 쏜 것을 인정하게 되었다. "그래도 내가 먼저 찾았으니까, 내가 가져갈게." 아저씨가 말했다.

내가 따졌다.

"그런 게 어딨어요?"

"우리 식구 모두 오한에 떨고 있어. 어린애들도 다 앓아누웠고. 이렇게 상황이 안 좋긴 처음이야. 먹을 거라곤 눈을 씻고 찾아봐도 없을 지경이야."

"약은 있어요?"

"약이랄 건 없고, 매화노루발풀은 있어. 키니네(말라리아 특효약 – 옮긴이) 만큼 효과가 좋진 않지만 쓸 만해."

벨 아저씨는 숲에서 매화노루발풀을 보여주며, 진하게 차로 끓여서 "두 시간에 한번씩 먹어. 인디언들의 치료법이야" 하고 말해주었다.

나는 이 들풀을 한 짐 짊어지고 집으로 돌아와서 다같이 마실 차를 만들었다.

이렇게 일주일이 지나자 밀가루도 동이 나기 시작했다. 베이컨도 동이 나긴 마찬가지였다. 그래도 차와 감자는 넉넉했고, 베이킹파우더도 충분하고 사과도 몇 개 있었다. 누나들은 거의 침대에서 지냈다. 가끔 상태가 좋을 때나 몇 발자국 움직이면서 내가 비스킷 굽는 걸 도왔다.

이런 식으로 다시 일주일을 병마와 싸우는 동안, 우리는 점점 허약해져갔다. 누나 둘이서 방 두 개를 다 차지하는 바람에 나는 낡은 퀼트 이불과 말이 쓰는 담요로 긴 의자에 침대를 마련해야 했다.

괴물 같은 검정뱀과 맞닥뜨린 것도 바로 그 즈음이었다.

나는 몸이 좀 괜찮아지자, 호수의 맑은 공기가 몸에 좋을 거란 생각에, 1킬로미터 정도를 기다시피 걸어가서 자갈이 깔린 호수 가장자리의 통나무에 앉아 쉬고 있었다. 갑자기 이상한 소리가 나는 쪽으로 고개를 돌리니, 커다란 파충류가 돌멩이들 틈에서 스르르 기어 나오고 있었다. 길이가 3미터도 넘어 보였는데 마치 돌멩이와 통나무들 사이로 검은 진흙이 흘러나오는 것처럼 보였다.

녀석은 나를 보자, 땅에서 1미터쯤 몸을 치세우고, 몸통 뒤쪽으로 2미터 가량은 바위 사이에 숨긴 채 무시무시한 혀를 날름거렸다.

머리카락이 쭈뼛 곤두섰다. 공중에서 쉭쉭대는 녀석의 두 갈래 혀와 방울뱀처럼 흔들어대는 기다란 꼬리는 나를 공포의 도가니로 몰아넣었다. 무릎이 딱딱 부딪치고 식은땀이 흘렀다. 나는 도망가지도 못하고 그 자리에 얼어붙었다. 괴물은 머리를 더 높이 쳐들었다. 녀석은 적을 가늠하려는 듯 혀를 쑥 내밀고 날름대더니, 느리게 몸을 내리고 스르르 기어가 버렸다. 길이가 족히 5미터는 됨직한 무서운 놈은 통나무 사이로 쇳물을 붓듯 스르르 들어갔다.

녀석은 높이가 2미터쯤 되는 덤불 사이로 다시 한번 머리를 쳐들고 날렵하게 혀를 움직이더니, 몸을 낮추어 똬리를 틀고는, 속이 빈 통나무에 머리를 먼저 집어넣고 들어갔다. 구멍의 지름은 약 15센티미터 정도였는데, 뱀의 몸통은 그 구멍에 꽉 끼었다. 4미터 길이의 몸뚱이는 똬리를 풀며 서서히 미끄러져 들어갔고, 나머지 1미터만 모래 위에 부드럽게 놓여 있었다.

갑자기 죽기 아니면 살기라는 용기가 불끈 솟구쳤다. 나는 양쪽 손에 돌멩이를 잡고, 놈의 꼬리를 두 발로 꽉 밟은 다음, 뼈가 으스러질 때까지 세게 쳤다. 뱀은 사납게 몸부림쳤지만, 구멍에서 빠져 나올 수 없었다. 나는 밖으로 나와 있는 꼬리 끝에다 돌을 쌓아놓았다. 그런 다음 끝이 뾰족한 죽은 삼나무 가지를 잘라 와서, 통나무 밖으로 드러나 있던 나머지 몸뚱이를 찔렀다. 뱀의 몸뚱이가 모래 깊숙이 들어갔다. 돌멩이로 치는 것보다 나았다. 그래서 나는 끝이 뾰족한 죽은 나뭇가지를 여러 개 더 구해다가 놈의 몸을 찔렀다. 곧 말뚝 박힌 울타리처럼 창이 가득 꽂힌 놈의 거대한 몸뚱이가 나타났다. 그러나 나머지 부분은 여전히 속이 빈 통나무 안에 있는 채였다.

반쯤 넋이 나가 있던 나는 그제야 정신을 차리고 슬금슬금 뒷걸음질쳐서 도망쳤다.

그날 오후 나는 이 끔찍한 괴물에 대해 정신 없이 지껄여댔다. 그리고 밤새 녀석과 싸우는 악몽에 시달렸다. 다음날 아침, 다시 걸을 힘이 생기자, 총을 들고 호숫가로 느릿느릿 기어갔다. 이 무시무시한 파충류의 본거지를 완전히 없애버릴 작정이었다. 나는 너무 쇠약하고 수척해서 총 한 자루를 들기도 버거웠다. 그러나 임무를 수행해야 했기에 100미터에 한번 꼴로 걸음을 멈추고 쉬어가면서 마침내 상쾌한 호숫가에 다다랐다.

그건 환상이 아니었다. 괴물이 실제로 있었다. 삼나무 창에 찔린 2미터 가량의 몸통은 조금도 움직이지 않고 죽은 채 통나무 바깥에 나와 있었다. 나머지 몸은 그대로 통 속에 들어 있었다.

나는 총알을 장전하고, 조심스럽게 다가갔다. 꼬리를 툭툭 쳐봤다. 이미 뻣뻣하게 굳어 있다. 정말로 죽은 것이다. 나는 용기를 쥐어짜서 창을 뽑아내고, 있는 힘을 다해 이 무시무시한 녀석을 통나무 구멍에서 끌어냈다. 세상에, 이럴 수가!

나는 주머니에서 자를 꺼내서 조심스럽게 길이를 쟀다. 그 뱀의 길이는 맹세컨대 주둥이에서 꼬리 끝까지, 정확하게 95센티미터밖에 안 되었다.

낮에도 시간은 천천히 흘렀지만 밤에는 더 느리게 흘렀다. 우리 셋은 점점 허약해지고 있었고 나도 이제는 거의 일어날 수 없을 정도였다. 그저 톰 형이 구호품을 싣고 돌아오기만 간절히 바라고 있었다.

먹을 것도 떨어져가고, 고기는 이미 바닥나 있었다. 외부 세계와 연락할 방법도 없었고 사냥도 나갈 수 없었다. 그래도 한 가지 먹을 만한 게 남아 있긴 했다.

닭들이 헛간 근처를 돌아다니고 있었다. 스무 마리도 더 됐다. 쫓아가서 잡을 힘은 없어도 내겐 총이 있었다.

마지막 남은 베이컨마저 먹어치운 날, 나는 총을 들고 그 무게를 버거워하며 헛간 앞마당으로 느릿느릿 기어갔다. 덜덜 떨리는 손으로 조준하면서 원하는 거리까지 가까이 다가갔다. 그리고 가장 가까운 닭의 머리를 날려버렸다.

매화노루발풀

아픈 몸을 끌고 집으로 돌아와서 한 시간 만에 닭을 끓는 물에 데쳐서 깨끗이 씻은 다음, 털을 뽑았다.

여자들은 나를 도와 줄 순 없었지만, 끓이는 게 가장 빠르고 쉬운 방법이라고 알려주었고, "국물을 버리지 말라"는 조언도 잊지 않았다.

그날 오후 반나절 동안 우리는 감자를 넣어 걸쭉하게 만든 닭고기 스프와 닭고기 몇 점을 먹었다. 먹고 난 음식은 접시에 담아 부엌의 탁자 한가운데에 두었다.

몇 번의 경험에 비추어 밤이면 오한에 시달릴 것에 대비해야 했다. 나는 늘 하던 대로 담요를 햇볕에 내다 널어 말렸다. 그런 다음 일곱 시쯤이면 어김없이 찾아오는 타는 듯한 갈증과 고열에 대비해 머리맡에 있는 의자 위에 국자와 물 한 양동이를 갖다 놓았다. 여자들 방에도 똑같이 했다. 예상대로 이를 딱딱 부딪칠 정도의 끔찍한 오한이 찾아왔다. 침대가 삐걱댈 정도로 나는 몸을 덜덜 떨었다.

간간이 매화노루발풀 차를 마셨지만, 효험이 없어 보여 걱정스러웠다.

그날 저녁에는 아무것도 먹고 싶은 생각이 없었다. 일곱 시쯤 되자 오한은 사라지고, 그 대신 또다시 갈증과 고열이 시작됐다. 나는 물을 마시고 고통 속에서 자리에 누웠다.

한밤중에 열이 조금 내리고 나서야 나는 완전히 기진맥진해진 채 잠이 들었다.

다시 돌아온 살쾡이

달그락거리는 소리에 눈을 뜬 건 분명 새벽녘이었다. 소리나는 쪽을 보니, 부엌 한가운데 있는 탁자 위에서 고양이처럼 생긴 커다란 동물이 남겨놓은 닭고기를 말끔히 먹어치우는 모습이 눈에 들어왔다. 나는 소스라치게 놀랐다. 몸을 일으켜 그 동물을 향해 소리를 질렀다. 그 동물은 그르렁거리더니 바닥으로 훌쩍 뛰어내려 부엌 바닥 통나무에 뚫려있던 구멍 사이로 기어서 나가버렸다. 그쪽 바닥은 널을 쳐 놓지 않은 곳이었다.

무서워서 식은땀만 줄줄 흘렀다. 벌벌 떨기만 하고 쇠약해진 소년이 다 자란 살쾡이와 어떻게 대항한단 말인가? 살쾡이가 사라지고 난 다음 나는 한숨도 못 잤다. 어서 햇살이 비추어서 이 모든 것이 환상에 지나지 않는 악몽이길 바랐다. 그러나 맙소사, 텅 빈 접시가 명백한 증거물로 남아 있었다.

다음날도 똑 같은 일이 반복됐다. 총으로 닭을 쏘고, 남아 있는 장작 부스러기로 죽을 끓였다. 도끼를 휘두를 힘도 없었다. 부엌 바닥의 구멍도 드나들지 못하게 꽉 막아놓고, 먹다 남은 닭고기는 찬장에 놓고 잠가버렸다. 그리고 한 가지를 더 준비했다. 바로 무기였다. 집안에서 총을 쓰는 건 원치 않았다. 탄약도 거의 다 떨어져서 닭을 잡으려면 아껴야 했다.

부엌 구석에는 당시 대부분 개척자들의 집에서 볼 수 있던 끝이 뾰족하고 가시가 돋친 물고기 잡는 작살이 있었다.

나는 이 작살을 가져다가 쇠를 다듬는 줄로 날카롭게 날을 세운 다음, 침대 머리맡에 두었다.

그날 오후와 밤에도 나는 전과 다름없이 오한과 고열에 시달렸다. 그러다 얼핏 잠이 들었는데, 살쾡이가 다시 들어온 듯한 희미한 소리에 잠이 깼다. 그러나 그런 일은 없었다.

길고 긴 악몽 같은 사흘 밤낮이 지나도록 도둑은 다시 침입하지 않았다.

나흘째 밤, 고열이 잠깐 내렸을 때 물을 할짝이는 소리에 잠이 깼다. 눈을 뜨고 고개를 돌렸는데, 살쾡이가 바로 눈앞에 있었다. 녀석은 침대 옆 의자 위에 둔 양동이의 물을 핥아먹고 있었다. 바로 코앞에서 앞발을 의자 위에 걸치고 있는 녀석의 눈은 호랑이처럼 이글거렸다.

나는 소리를 질렀다. 살쾡이는 네 발을 바닥에 내려놓더니, 낮게 크르렁 댔다. 나는 비명을 지르듯 누나들을 불렀다. "제인 누나! 케이트 누나! 살쾡이가 다시 왔어. 여기야 여기!"

그러나 "하느님 도와주세요. 우린 아무 힘도 없어요"라는 대답이 들리더니, 곧 이어 문을 꽝 닫고 잠그는 소리가 들렸다.

오한보다 더한 두려움으로 온몸이 벌벌 떨렸지만, 나는 창을 움켜쥐고 일어났다. 먼저 촛불을 켜야 했다. 그런 다음, 이 맹수의 얼굴을 제대로 보았다. 놈의 얼굴엔 호랑이와 비슷한 줄무늬가 있었고, 귀는 뒤쪽으로 누워 있어서 귀에 난 털은 보이지 않았다. 나는 한 손에는 양초를 들고, 다른 한 손엔 창을 든 채 힘없이 돌진했다. 살쾡이는 나를 스쳐 지나 침대 위로 용수철처럼 튀어오르더니, 탁자로 다시 뛰어가서 짧은 꼬리로 탁 치면서 크르렁거렸다. 나는 녀석이 다시 내 옆을 지나 침대 밑으로 들어가서 크르렁거리는 동안 전의를 가다듬었다.

드디어 작살을 쓸 기회가 왔다. 촛불을 탁자 위에 올려놓자 침대 밑에 숨은 녀석의 이글거리는 눈빛이 불빛에 반사되었다. 녀석은 끊임없이 크르렁거렸고 옆방에서는 두 여자가 쉬지 않고 기도하고 있었다.

무릎은 떨려서 딱딱 부딪쳤다. 작살을 든 손은 부들부들 떨렸지만 용기를 쥐어짜 앞으로 나갔다. 나는 남아 있는 힘을 다 긁어모아 이글거리는 눈빛의 바로 아랫부분을 공격했다. 날카로운 끝이 부드러운 무언가에 닿는 느낌이 들었다. 살쾡이가 악을 쓰는 소리가 들렸고, 격렬한 전투가 벌어졌다. 녀석은 기다란 발톱이 있는 앞발을 쭉 뻗어 나를 할퀴려 애썼다. 나는 살쾡이가 몸을 일으키지 못하게 작살에 내 몸무게를 실었고 녀석은 계속 으르렁거리면서 나를 붙잡으려고 애썼다. 녀석이 날카로운 이빨로 작살을 갉는 게 느껴졌다. 녀석은 앞발로 나를 붙잡으려고 애쓰기도 하고 작살 자루를 할퀴기도 하였다. 녀석이 침대 아래서 고통을 못 이겨 이리저리 몸을 비트는데, 갑자기 와지끈하며 뭔가 부러져나가는 소리가 들렸다. 작살의 머리 부분이 부러져버린 것이다. 살쾡이의 몸은 이제 자유롭게 된 것이었다!

그러나 녀석은 작살이 꽂힌 채로 장작더미 아래 다른 구멍으로 도망쳐 버렸다. 그리고 다시는 나타나지 않았다.

나는 두려움에 질린 채 완전히 기진맥진해져서 침대에 털썩 누웠다.

여자들은 큰소리로 울고 있었다.

이 끔찍한 고난은 8월 한 달 내내 이어졌다. 찾아오는 이웃은 한 사람도 없었다. 우리 셋은 거의 침대에 누워서 지냈다. 헛간 주위에 돌아다니는 닭이 아직 몇 마리 있었지만, 탄약도 다 써버린 상태였다. 자포자기해서 죽기 일보 직전이던 어느 어스름 무렵, 따각따각 말이 끄는 마차 소리가 들렸다. 그리고 활기찬 목소리가 들려왔다.

"어이! 다들 어디 갔어?"

무거운 발자국 소리가 들리더니 훤칠한 젊은 남자가 문을 열고 들어와서 낯익은 목소리로 말했다.

"잘들 있었어? 다들 죽은 거야?"

다름 아닌 톰 형이었다. 나는 의자에서 죽어가는 소리로 대답했다.

"그래요, 죽겠어요."

"세상에! 끔찍하군!" 톰 형은 놀라서 침대와 침대 사이를 돌아다녔다.

"나에게 알렸어야지!" 톰 형이 말했다.

"무슨 수로 알려요?" 우리는 겨우 이 말만 할 수 있었다.

톰 형은 등불을 밝히고, 장작을 한아름 패다가 난로에 이글이글 불을 지폈다. 그리고는 등불을 들고 닭장으로 가더니 암탉 두 마리를 잡아와서 냄비에 넣었다.

톰 형은 마차에서 생필품을 가져왔다. 무엇보다 반가운 것은 넉넉하게 챙겨온 키니네였다. 그는 우리에게 약을 먹였다. 그리고 말에게 물과 여물을 주고, 우리를 위해 맛있는 식사를 준비하고, 장작을 패서 쌓아놓고, 닭의 털을 뽑아서 깨끗하게 다듬었다. 밤 10시가 넘었는데도 그는 놀랍게 이렇게 말했다. "바로 돌아가서 진짜 도움을 청해야겠어. 내일 정오까지 어머니를 모시고 올게."

그렇게 해서 이 잘생긴 젊은 사내는 다시 마차에 뛰어올라 거친 숲길을 40킬로미터나 달려서 부모님이 계시는 농장으로 갔다.

그가 린지 근처의 부모님 집을 떠나 집으로 올 때가 오후 한 시였고, 우리가 머무는 끔찍한 집에 도착한 게 저녁 일곱 시쯤이었다. 밤 10시에 우리를 떠난 톰은 이번엔 새벽 네 시에 다시 부모님의 농장에 도착했다.

그가 문을 두드리고 "톰이에요!" 소리치자, 뛰어나온 그의 어머니는 여자의 직감으로 바로 알아차렸다. "하느님 맙소사! 누가 아프든지 죽어가고 있구나. 어느 쪽이냐?" 톰은 어머니를 안심시켰지만, 어머니는 서둘러 옷을 입고, 이불이나 병간호에 필요한 것을 챙겼다. 한 시간 만에 어머니는 준비를 마치고, 마차에 올라타서 녹초가 된 말들을 재촉했다.

다음날 정오에 자비로운 천사처럼 친절하고 강인한 톰 형의 어머니가 마차에서 뛰어내려 음울한 집안으로 뛰어 들어왔다. 우리 셋 모두가 그녀의 은혜로운 보호 아래 놓이는 순간이었다.

바쁘게 움직이는 와중에도 여위고 고통 받는 우리를 향해 모성이 넘치는 눈에는 눈물이 흘렀다. 하지만 톰 형의 어머니는 잠시도 허비하지 않았다. 배의 선장처럼, 혼자서 의사와 간호사와 요리사와 주부의 일을 해냈다.

그녀는 일을 능숙히 해냈고, 적당한 음식과 약을 제공했다. 그러고 나서 우리 어머니에게 간단하게 요점만 담은 편지를 썼다. "아드님이 오한에 시달리고 있습니다. 심각하진 않지만, 간호가 필요합니다. 제 생각엔 집으로 돌아가는 게 더 좋을 것 같습니다. 어떻게 할까요?"

이틀 후에 어머니에게서 전보가 왔다. "어니스트를 데리러 다음 기차로 가겠습니다."

그렇게 해서 어머니가 다시 한번 나를 구하러 왔다. 어머니는 나를 보자마자 흐느껴 울었다. 그리고 다시 가슴에 통증을 느끼는지 묻고, 나를 이토록 힘들게 괴롭히는 것이 말라리아라는 게 확인되자 안도의 한숨을 내쉬었다.
 페넬론 폭포에서 코보콩크까지 증기선을 타고 한 여행은 결코 잊을 수 없다. 늦은 9월의 숲은 너무나 아름다웠다. 새로운 희망과 어머니의 사랑이 마음속 깊은 곳에 있었다. 코보콩크에서 우리가 탄 기차는 그날 저녁 토론토에 도착했다.

그림을 시작하다

그해 1876년 9월에 나는 잃어버린 오두막 근처를 배회하다가, 잡목 덤불 사이에서 죽은 매 한 마리를 발견했다. 작은 매였다. 온몸이 짜릿했다. 어떤 사냥꾼이 매를 쏘아 떨어뜨리고 찾지 못한 게 분명했다. 내게는 의미 있는 수확이었다.

나는 이것을 집으로 가져와서 흡족하게 바라보았다. 이미 이웃에 사는 화가인 존 B. 맥건 부인한테 그림 수업을 몇 번 받은 적도 있고 해서 나는 이 작은 매를 열성적으로 그리기 시작했다.

여러 가지를 실험해 본 끝에 매가 날아가는 것처럼 보이게 날개를 꽉 고정시키는 방법을 생각해 내고 그림을 그리기 시작했다. 그때는 몰랐지만 나중에 알고 보니 이 방법은 오두본이 새 그림을 그릴 때 쓴 방법과 아주 비슷했다.

나는 2주일 동안 매를 그렸다. 점과 얼룩과 줄 하나하나를 자세하게 그려 넣어서 누구든지 새를 잘 아는 사람이면 한눈에 새의 종류를 알아볼 수 있었다.

그 그림은 지금 내 앞에 있다. 나중에 배운 지식의 시각에서 보면, 내가 너무 세밀한 묘사에 치우치는 바람에 큰 형태를 놓쳤다고 말할 수 있다. 아무리 그렇다 해도 이것은 지극한 정성이 들어간 그림이었고 모든 면에서 내 미래를 예고해 주는 그림이기도 했다.

그랬다. 아무리 집에서 내가 박물학에 관심을 갖고 쫓아다니는 걸 반대해도, 박물학은 점점 더 강하게 나를 사로잡았던 것이다.

새와 들짐승들에게 강한 애정을 기울이게 된 것은 숲에서 지낸 어린시절부터였다. 토론토의 메마른 주변 환경과 커가는 반대 속에서도 내 관심은 시들지 않았다.

많은 아이들이 화가가 되길 원하는데, 주변 사람들, 특히 아버지의 반대에 부딪쳐 허락받으려고 싸우는 이야기는 많이 들어본 이야기이다. 하지만 화가가 되고 싶지 않은데, 화가가 되라고 강요하는 아버지와 부딪친 아들 얘기는 딱 한번밖에 듣지 못했다. 그게 바로 나였다.

나는 아주 어려서부터 박물학자가 되고 싶었다. 나는 사명감을 느꼈다. 야외 생활의 선구자가 되어야 한다는 사명감이었다. 그러나 아버지는 반대였다. "아니야, 그따위는 돈도 못 벌고, 미래도 없어. 넌 예술적 기질을 타고 났어. 넌 커서 화가가 되어야 한다."

집안 식구 중 누구도 아버지의 소망을 거역하는 건 꿈도 꾸지 못했는데, 하물며 명령은 오죽했을까. 박물학자는 내 첫 번째 선택이었고, 화가는 그 다음이었다. 그러나 아버지는 내가 화가가 되어야 한다고 못을 박았다. 가망이 없지도 않았던 게, 나는 재능도 좀 있는 데다 학교에서도 미술이라면 늘 두각을 나타냈기 때문이었다.

1876년 가을, 180센티미터의 키에 기다란 나무처럼 비쩍 마른 몸으로 인생을 진지하게 고민하던 열여섯 살 소년은 신출내기 화가로서 출구를 열심히 찾아보기로 결심했다.

거리에서 상업용 건물을 스케치해서 한두 개는 광고용으로 팔기도 했다. 사진에 색을 입혀서 그런 것을 취급하는 회사에 갖다 주기도 했지만 별 성공을 거두지 못했다. 나는 주목도 받지 못하는 화가로서 새와 동물 그림에만 관심을 가졌다.

도시에는 두세 명의 초상화가가 있었는데, 그 지역에선 꽤 유명했다. 몇 번은 내가 그린 그림을 들고 그들을 찾아가서 조언을 듣기도 했다.

이 화가들 중 한 사람에 대한 별난 얘기가 있다. 그의 아버지는 건축업자였는데 다들 아들이 아버지를 도와 그 일을 물려받을 거라고 생각했다. 얼마 동안은 그랬다. 그러나 한번도 그림공부를 한 적이 없는 아들은 스무 살이 되자 너무나 열렬하게 그림이 그리고 싶어졌다.

그는 물감 한 상자를 샀다. 아버지가 모델로 자세를 잡았다. 몇 주 후에 놀라운 초상화가 완성되었다. 색채도 뛰어나고, 색조도 훌륭했고, 묘사도 경탄할 만한 데다, 무엇보다 모델과 완벽하게 닮아 있었다.

열광적인 칭찬을 받은 젊은이는 미래를 선택했다. 그는 외국에 가서 일년 동안 공부를 하고 토론토로 돌아와서 초상화를 그려주는 화실을 열었다. 도시에는 단골손님도 많았고, 캐나다의 화가들 중에서 돈도 제일 많이 벌었다.

그러나 이상하게 들릴지 모르지만, 그는 자기 아버지의 초상화만큼 훌륭한 그림을 다시는 그리지 못했다. 그것은 바다에서 터져 나오는 화산의 첫 번째 폭발이었다. 그러나 그 뒤, 화산은 우르륵 소리가 나고 연기가 나더니 두 번 다시 폭발하지 않았다. 그는 꾸준하게 일했지만 살아 있는 것은 거의 그리지 않았다. 사진만으로 거의 모든 초상화를 그렸다. 똑같은 배경과 똑같은 광선, 계획한 듯 똑같은 명암을 가진 그림이었다. 오로지 돈을 벌기 위해 그림을 그린 덕분에 그림의 명성은 갈수록 떨어지고, 예술작품에 대한 칭찬과 평가는 해가 갈수록 바닥으로 떨어졌다.

내가 동물 스케치를 들고 그를 찾아갔을 때는 그가 젊은 데다, 최고의 명성을 얻고 있을 때였다. 그는 매우 친절하고 호의적이었다. 그는 내가 동물 그림에 소질이 있음을 간파하고는 몇 가지 사소한 문제만 도와주면 수업료 없이 2년 동안 화실에서 그림을 그려도 좋다고 제안했다.

그렇게 해서 내 인생의 새로운 장이 시작되는 듯했지만 화실에 다닌 지 석 달 만에 더이상 배울 게 없다는 걸 깨달았다. 생각해 보면 반복되는 대량생산의 나날이었다.

예를 들어, 한 남자가 초상화를 그려달라고 한다. "좋습니다! 제일 잘 나온 사진을 보내주십시오. 당신과 꼭 닮고, 지적으로 나오고, 반드시 웃고 있어야 합니

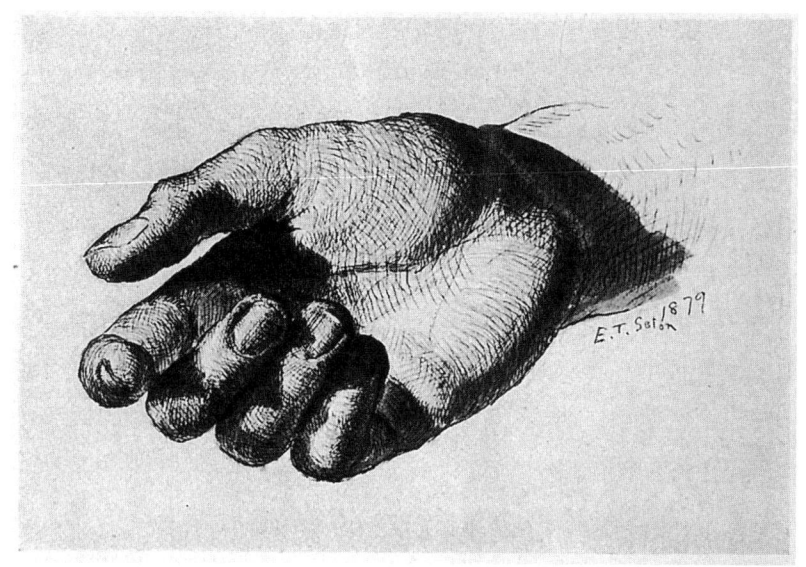

시튼의 습작

다. 눈 꼬리에서 입 꼬리까지의 길이를 정확히 재서 보내주십시오." 나는 이런 것들을 기록하고, 사진사에게 가서 원판 사진을 빌려왔다. 화실에는 입체 환등기가 있었다. 주위를 어둡게 한 다음 환등기에 원판사진을 놓고, 미리 팽팽하게 잡아당긴 캔버스에 상을 투영한다. 주문자의 눈과 입의 선이 거의 정확하게 일치하도록 거리를 조정하고 초점을 맞춘다. 머리끝이 정확하게 캔버스 끝에서 8.8센티미터 되는 지점에 와야 한다. 1.3센티미터는 액자에 들어갈 분량이었다. 그런 다음, 나는 빨간 색연필로 캔버스에 상을 따라 그렸다. 외곽선과 그늘과 그늘진 안쪽까지 그렸다. 그 다음엔, 젊은 사람이면 어깨를 1.3센티미터 쯤 내리고, 나이든 사람이면 2.5센티미터쯤 내려서 자신감 넘치는 분위기가 나도록 조정했다. 그러면 내가 할 일은 끝났다.

그 다음은 색을 칠할 차례였다. 처음에는 나에게 이 일을 맡기지 않았다. 그러나 준비하는 건 내 몫이었다. 매일 아침 8시 30분이면, 나는 화가의 '피부색 팔레트'를 준비했다. 팔레트에는 기본 40가지의 색이 들어갔다. 연분홍에서 연한 올리브색, 약간 보랏빛이 나는 갈색에 이르기까지 다양한 색깔이었는데, 흰색이 섞인 스무 가지 색이 있었고, 흰색이 섞이지 않아 약간 어두운 스무 가지 색이 있었다. 색들은 팔레트의 테두리를 따라 배열해 놓았다. 그리고 각각의 색깔에 대해 농도가 점점 밝아지게 세 가지 색을 더 짜놓았다. 그러니까 각 색깔마다 농도가 다른 네 줄이 생기는 셈이었다. 팔레트의 맨 앞쪽에는 순백색이 있고, 뒤쪽에는 순수한 검정색을 놓았으므로 다해서 162색이나 됐다. 나는 이 팔레트를 수십 번도 더 준비했고, 팔레트는 언제나 똑같았다. 그는 이렇게 준비된 팔레트로 얼굴을 칠했다. 맨 처음 것이 잘 되면, 나머지도 잘 되었다.

그는 이 방법이 완벽한 방식이라도 되는 듯 여기에 집착했다. 남녀노소에 상관없이 모든 초상화를 이 방식대로 그렸다. 그림의 인물은 하나같이 자신만만한 자세를 취하고 있으며, 분홍빛 뺨에 흰 피부의 사랑스런 얼굴과 환하게 미소짓는 눈으로 상대방을 응시했다. 눈동자는 언제나 칠흑 같은 까만색이었다. 가장 중요한 건 눈동자 그리기였는데, 순백색 바탕에 언제나 같은 크기의 눈동자를 그렸다. 배경도 천편일률적이었다. 부드러운 황록색으로 머리의 어두운 부분 옆을 살짝 칠하고, 밝은 부분을 살짝 어둡게 했다. 그리고 어깨 뒤쪽을 따뜻한 보라색으로 칠해 음영을 넣었다. 수없이 많이 그렸지만 초상화들은 모두 똑같았고, 가격도 상당히 비쌌으며, 완성도도 똑같았다. 그러면서도 서서히 그 질이 떨어지고 있었다.

나중에 배운 지식에 비추어 봤을 때, 그 화실에 있던 2년 동안 나는 미술 지도라고 할 만한 도움말이나 비평은 단 한마디도 듣지 못했다. 나의 선생은 진정한 그림 세계에 대해 아는 바도 없고, 그 근처에도 가보지 못한 사람이었다.

그러나 그 화실에서도, 확연하게 다른 그림의 선이 있었는데, 나는 이것을 우연히 발견하게 됐다. 화실이 있는 건물 위층에는 잭 스킬링이라는 사람이 운영하는 권투 도장이 있었다. 화실 주인의 친구들은 여기에서 권투를 배우거나 구경했다.

어느 날 그 친구들 가운데 한 사람이 눈을 얻어맞아 시퍼렇게 멍이 들었다. 화실 주인이 말했다. "내 화실로 오게. 내가 밖에 나다닐 수 있게 싹 고쳐 줄 테니."

친구가 오자, 나는 지시대로 했다. 먼저 눈을 꼭 감게 하고, 뒤로 완전히 눕혔다. 그런 다음 멍든 부분을 다른 쪽 눈과 똑같은 색조로 칠했다. 그러면 눈두덩은 양철 냄비처럼 번들거렸는데, 거기다가 분을 적당히 발라 문질렀다. 멍 자국은 흔적도 없이 사라졌고, 남자는 아무 일도 없었다는 듯 나다닐 수 있었다. "잘 했어. 이런 일을 해주고, 용돈을 벌어도 되네. 명심할 것은 유명한 부자가 오면, 눈 한쪽에 2달러를 받고, 존경은 받지만 가난한 사람한테는 50센트에서 1달러만 받게. 아주 가난하거나, 거지라면 '죄송합니다. 여기선 그런 일은 하지 않습니다. 저쪽 모퉁이로 가보시지요'라고 말하게." 주인은 경쟁자인 다른 초상화가를 들먹이며 말했다.

그렇게 해서 나의 사업은 시작됐다. 나는 이 일에 희망을 품었다. 돈을 많이 벌진 못했지만 용돈 정도는 들어왔다. 그 화실에서 내가 유일하게 번 돈이었다.

미용사처럼 화장을 해 주고 돈을 번 이 이야기는 친구들과 나에게 재미있는 농담거리가 되었다.

2년이 지나자 이 화실에 남아 있어야 할 필요가 없다는 걸 깨달았다. 그래서 나는 온타리오 미술학교의 야간반에 등록했다. 그곳에서 M. 매튜스, C. M. B. 슈라이버처럼 뛰어난 선생들에게서 색채화, 목탄화, 스케치, 유화 수업을 들었다. 여기서 나는 내 취향에 맞는 분위기를 발견했고, 여러 가지를 배우면서 최선을 다했다. 겨울이 끝나가던 1879년, 나는 전 과목에서 1등을 차지해 다른 학생들을 제치고 금메달을 받았다.

그것은 나에게나 아버지에게나 자랑스러운 순간이었고, 또한 전환점이기도 했다. 나는 상을 받은 여세를 몰아 똑 부러지게 말했다.

"이제, 캐나다 최고 학교에서 최고에 올랐습니다. 화가가 되려면, 한걸음 더 나아가 런던에서 공부해야 합니다."

내 말에 반박할 여지가 없었다. 아버지가 대답했다.

"일년 동안 런던에 보내주마. 어머니와 너의 형들과 함께 절약하면 너에게 보낼 돈을 마련할 수 있을 게다. 그러나 그 돈으론 먹고 살기에도 빠듯할 거고, 나중에는 빚을 져야 할지도 모른다."

정확히 얼마나 줄지는 결코 말하지 않으셨다. 그러나 어머니는 나의 궁핍한 주머니 사정을 알고 남몰래 귀띔해 주셨다.

"우리가 아껴 쓰면, 너한테 한 달에 25달러는 보낼 수 있을 거야."

그래서 나는 6월에 떠나기로 결정했다.

나는 또 다른 어머니인 블랙웰 부인을 만나기 위해 린지로 짧은 여행을 했다. 그런 다음 사촌 폴리 누나와 함께 온타리오 호수를 건너 처음으로 나이아가라 폭포를 보러 갔다.

1879년 6월 12일, 긴 다리에 앙상하게 여윈 사내가 토론토 항구에서 몬트리올을 거쳐 영국으로 가는 알제리안 호의 갑판에 서 있었다. 어머니와 아버지와 형제들 모두 나를 배웅하러 나왔다. 배가 뱃머리를 돌리자 목이 콱 메고 눈물이 고였다. 나는 가족들에게 손을 흔들어 인사하고, 어머니의 하얀 손수건이 멀어져 보이지 않게 될 때까지 지켜보았다. 겨우 일년 만 있으면 된다고 가족들과 나 자신에게 다짐하고 있었지만 영원히 안녕이라고 내 가슴속 깊은 곳에서는 말하고 있었다. 아직 열아홉 살도 채 안 된 나이로 나는 오랫동안 집과 작별했다.

그렇게 어린시절이라 불리는 평범하고, 진부하며, 지나치게 과대평가된 시기가 막을 내렸다. 지금 돌이켜 보건대, 그때는 약간의 고난과 즐거움, 억압받는 본성과 좌절당한 노력들, 몇몇 어른들과의 불화의 시기였다. 진정한 삶의 영광스런 슬픔과 행복은 없었다. 나는 한숨 대신에 탈출했다는 안도감이 눈덩이처럼 불어나는 것을 느끼며 작별을 고했다.

3부 청년시절, 야생의 땅으로

운명의 부름

1879년 8월 28일, 런던에 도착한 나는 리전트 파크 앨버니 가 66번지의 작은 방에서 새로운 생활을 시작했다.

집을 떠나 혼자서 생활하는 것은 처음이었다. 내 행동이나 생활을 간섭할 사람은 아무도 없었다. 이제 모든 것을 스스로 책임져야 한다는 생각에 불안하기도 했지만 집의 통제에서 벗어났다는 기분에 짜릿한 자유를 느꼈다.

나는 당장 런던에 온 목적을 달성하기 위해 나섰다. 미술 학교에 등록을 해야 했는데 사우스 켄싱턴 학교가 마음에 들긴 했지만 수업료가 비싼 게 흠이었다. 반면, 왕립 아카데미는 유명한 미술 학교였고 수업료는 한푼도 내지 않아도 되었지만, 까다로운 시험을 통과해야만 했다. 입학을 하려면 큰 화폭에 고대 그리스·로마시대의 인물을 훌륭하게 그려서 제출해야 했다. 나는 미개척 삼림지에 살 때도 본능적으로 늘 제일 큰 사냥감을 쫓는 사람이었다. 결국 나는 왕립 아카데미에 도전하기로 마음먹었다.

사오십 명의 재기발랄한 학생들이 나와 같은 야망을 품고 대영박물관에 모여들었다. 나는 그 학생들 틈에 자리를 잡고 매일 아침 9시부터 4시까지 미술관 끝에 서 있는 〈헤르메스〉 상을 그렸다.

나는 다시 태어난 느낌으로 혼신을 다해 그림을 그렸다. 경쟁자가 얼마나 많은지 알고 있었지만 전혀 두렵지 않았다. 이곳에서 준비하는 학생만 해도 줄잡아

오십여 명이었고, 사우스 켄싱턴 학교에서도 오십여 명이, 세인트 존스 우드 학교에서는 이십 명 이상, 그리고 영국 전 지역에 있는 여러 학교에서도 오십 명 이상이 이 시험을 준비하고 있었으니까 모두 이백 명 가까운 경쟁자가 있는 셈이었다. 그 중에서 기껏해야 여섯이나 일곱 명만 뽑힐 수 있었다.

자연히 경쟁 열기는 뜨거웠다. 나는 하루도 빠짐없이 그림에 매달렸고, 그런 새로운 생활 속에서 많은 기쁨도 누렸다. 내 옆에서 그림을 그리던 런던 출신의 여학생은 내 또래로 아주 예쁘게 생긴 소녀였다. 그 소녀는 미술뿐 아니라 문학에도 조예가 있었는데, 쉬는 시간에 그 소녀와 대화를 나누면서 나는 값으로 따질 수 없는 귀중한 자극을 받았다. 그 소녀는 내 안에 숨어 있는 재능을 꿰뚫어보고, 세련된 도시인들 사이에서 나 자신을 초라하게 느끼며 움츠려 있었던 나에게 그 재능을 발전시키는 방법을 일러주었다. 만약 그 소녀가 이 글을 본다면, 내 안에 잠자고 있던 재능을 발견하고 소중하게 키워준 데에 대해 늦게나마 깊은 감사의 마음을 전하고 싶다.

나는 1879년 12월 첫 그림 〈헤르메스〉를 왕립 아카데미에 보냈으나 퇴짜를 맞았다. 일년 뒤, 두 번째로 미켈란젤로의 〈사티로스〉를 그려서 왕립 아카데미에 보냈고, 1880년 12월, 수백 명의 지원자 가운데 여섯 명의 합격자 안에 들 수 있었다. 그 뒤로 나는 왕립 회화 조소 아카데미에서 칠 년간 장학금을 받으며 공부할 수 있게 되었고, 여러 가지 작은 특권을 누릴 수 있는 상아로 만든 학생증을 받게 되었다.

그 특권들 가운데 하나는 런던 동물원에 공짜로 들어가는 것이었다. 당시 런던 동물원은 세상의 온갖 동물들이 모여 있는 훌륭한 동물원이었다. 나는 동물원에 수주일 동안 들락거리면서 학교에서 배운 여러 가지 기법들을 적용해가며 동물 그림을 그렸다.

돈 문제라면 나는 궁핍하기 짝이 없었다. 아버지는 일년에 생활비로 60파운드를 보내 주겠다고 넌즈시 내비친 적이 있었지만 보내주지 않았다. 용돈도 없었다.

시튼 자화상

내가 얼마나 쪼들리는지 구구절절이 애절한 편지를 써서 보냈을 때나 마지못해 조금 보내주었고, 그나마도 금세 바닥이 났다. 2년 반 동안 아버지가 보내준 돈은 다 합해서 80파운드(400달러)에 불과했다.

런던에 살면서, 나는 '캐셀, 페터 앤드 갤핀(Cassel, Petter & Galpin)'이라는 출판사에서 비정기적으로 간행되던 책에 삽화를 그려주고 돈을 조금씩 벌었지만 그건 푼돈에 지나지 않았다.

이 일을 해서 번 18파운드는 전부 캐나다에 돌아갈 때 뱃삯으로 썼다. 내가 일 년 동안 쓴 돈은 다 해서 30파운드(150달러)였다. 책과 미술 도구는 꼭 사야 했으므로 음식이나 옷같이 중요하지 않은 곳에는 돈을 아껴 썼다. 당연히 나는 늘 후줄근한 옷차림에다 늘 허기져 있었다.

나는 끊임없이 절약하는 방법을 연구했다. 영국은 고깃값이 비쌌기 때문에 고기를 먹지 않기로 했다. 아침은 보통 우유를 넣어 끓인 죽 한 그릇, 커피 한 잔, 버터 바른 빵 한 조각이 다였다. 사실 커피도 내가 직접 만들었는데, 밀기울과 당즙과 콩을 빻아서 같이 섞어 볶은 다음 딱딱한 덩어리로 만들었다. 호두 크기 만한 이 덩어리 한 개를 뜨거운 물에 넣으면 커피 색깔과 향이 났다.

점심은 대개 흰 콩 200그램 정도로 때웠다. 가끔 건포도나 대추야자열매 몇 알을 먹을 때도 있었지만, 어쨌든 점심값은 다해 봐야 6센트를 넘지 않았다. 보통은 대영박물관의 벤치나 멤논(그리스 신화에 나오는 인물로 에오스와 티토노스 사이에서 태어난 아들이며 에티오피아의 왕 – 옮긴이)상의 그늘 아래에 앉아서 점심을 먹었다.

저녁은 내 방에서 우유에 적신 빵을 먹었는데 가끔 버터 바른 빵을 곁들일 때도 있었다. 일주일치 식비는 2달러를 넘지 않았고, 거기에 방세와 죽과 커피를 끓이는 비용으로 6실링(1달러 50센트)이 더 들었다.

아침을 7시에 먹고 나서 대개는 리전트 공원에서 산책을 했는데 박물관이 9시에야 열기 때문이었다. 오후 5시에 다시 내 방으로 돌아왔다가 7시부터 10시까지는 도서관에서 보냈다.

캐나다에서 올 때 소개편지도 몇 장 가져왔지만, 내 행색이 너무 초라해 감히 사람들을 찾아갈 엄두도 못냈다. 그래서 나는 외롭게 혼자 지냈다. 외롭고 배고픈 생활이었지만 행복했다.

나는 교회나 종교 따위에는 전혀 관심이 없었다. 집에 있을 때도 종교라면 진저리를 쳤다. 그러나 혼자 지내게 되면서 거의 매주 일요일에는 교회에 갔는데, 모두 어머니를 기쁘게 해드리기 위해서였다. 어느 한 교회를 정해서 다닌 것은 아니었고, 이름난 곳을 구경하거나 유명한 목사들의 설교를 들으려고 이곳저곳을 다녔다. 하지만 설교에서 아무런 감동도 받지 못한 나는 오히려 시골길을 산책하는 것이 낫겠다는 결론을 내렸다.

영국에는 친척이 여러 명 있었는데, 16킬로미터 떨어진 블랙히스에 찰스 테이트가 살았고, 70킬로미터 떨어진 새프런 월든에는 조지 포티어스가 살았다. 주말에 종종 친척들을 방문할 때면 당연히 그 교회의 예배 의식에 따랐다. 수년 뒤 가톨릭교도나 모르몬교도, 혹은 다른 이교도들과 지낼 때도 마찬가지였다.

그 당시 낮에는 내내 박물관에서 그림을 그렸고, 밤에는 방에 있는 물건들을 스케치하거나 때때로 거울에 비친 내 모습을 그리면서 나날을 보냈다.

그러던 어느 날 굉장한 일이 생겼다. 나는 항상 자연사 분야에 관한 책에 굶주려 왔었다. 어떤 책이 있는지도 몰랐지만 책에 대한 갈망은 절실했다. 그런데 한 친구가 2백만 권이나 되는 자연사 분야의 책이 바로 내가 매일 그림을 그리는 건물 아래 있다는 사실을 알려주었다. 그곳은 바로 대영박물관의 도서관이었다. 하늘 아래 귀중한 책들은 모두 그곳에 있고 전부 무료로 열람할 수 있다는 것이었다.

어느 날 나는 인류의 자랑거리를 관람할 영예를 얻은 관광객들을 따라 도서관에 들어갔다. 나는 흥분에 휩싸였다. 어린 시절부터 가슴 깊이 묻어 둔 정열과 희망이 그동안 억압되었던 힘만큼이나 다시 살아나 샘솟았다.

나는 곧장 도서관 사서에게 가서 열람증을 신청했다. 하지만 날벼락 같은 대답이 돌아왔다. 스물한 살 미만에게는 금지되어 있다는 것이었다. 나는 그때 막 열

아홉 살이 지났었다. 세상에! 단 한 번이라도 슬쩍 책을 만져볼 수 있는 황홀한 기회를 얻으려고 천국의 문 앞에서 2년이나 기다려야 한다니.

하지만 쉽게 물러설 내가 아니었다. 내 몸에는 '전사 조디'의 피가 흐르고 있었다. 사무장을 찾았지만 똑같은 대답이었다. "정말 죄송합니다만, 스물한 살 미만에게는 열람증이 발급되지 않습니다."

"어디에 가면 도서관장을 만날 수 있나요?" 내가 물었다.

"서쪽 복도 끝에 사무실이 있습니다."

나는 바로 그곳으로 갔다. 복도에는 금빛 장식 끈이 달린 제복을 입고 지휘봉을 든 경비원들이 지키고 있었다. 경비원들은 내 초라한 옷차림을 거만하게 쳐다보더니 떨떠름한 표정으로 통과시켜 주었다. 복도 끝에 이르자 '도서관장'이라고 쓰여 있는 방이 보였다. 문을 두드리자 옷을 잘 빼 입은 직원이 거드름을 피우며 안에 있는 사무실로 나를 안내했다. 드디어 사무실 책상 앞에 앉아 있는 도서관장 에드워드 본드 경이 보였다. 관장의 태도에는 나를 깔보는 기색이 전혀 없었다. 그는 내 말이 끝날 때까지 예의 바르게 듣고 있다가 일어서서 이렇게 말했다.

"정말 죄송하지만 우리 도서관에는 청소년들에게 도서 열람증을 주지 못하게 하는 엄격한 규정이 있습니다. 학생들의 열람을 허가했던 적도 있었습니다만 대부분 남학생들은 책을 읽지 않았고, 또 여학생들은 통속 소설류만 읽는다는 것을 알게 되었죠. 그래서 우리는 진지하게 공부하는 사람들을 위해서만 봉사하는 것이 도서관의 목적과 부합한다는 결론을 내렸습니다. 그래서 이런 규정이 생긴 것입니다. 정말 죄송합니다."

"그건 법원의 최종 판결인가요? 혹시 그 결정을 번복할 수 있는 권한을 가진 사람은 없나요?" 내가 다시 물었다.

관장이 미소지으며 대답했다. "제가 도서관에서는 제일 높은 사람입니다만, 저도 대영박물관 이사회의 명령에 따라 일을 처리합니다."

"그럼, 이사회에 있는 분들은 누군가요?"

"왕세자님과 캔터베리 대주교님, 그리고 비컨즈필드 총리이십니다."

"그분들에게 부탁드려야겠군요."

관장은 미소를 지으며 나를 배웅했다.

그날 밤 나는 작고 초라한 셋방에서 높은 분들에게 정성들여 긴 편지를 썼다. 편지에 내 꿈과 희망에 대해 자세히 쓰고, 앞으로 몇 년이 내 인생에서 얼마나 중요한 시기인지도 강조했다. 절대로 다시 돌아올 수 없는 시기라고 말이다. 편지를 다 쓰고 나자 한밤중이 되었는데도 나가서 그 편지들을 부쳤다.

사실 그 편지가 제대로 전달될지 확신도 없었을 뿐더러 더구나 답장은 기대도 하지 않았었다. 그렇지만 난 최선을 다했다. 나는 뭐든지 끝까지 포기하지 않고 싸우는 사람이었다. 아마 앞으로도 죽는 순간까지 싸울 것이다. 그렇게 해야 직성이 풀리니까.

사흘도 채 안 되어 높은 자리에 있는 바쁘신 분들 모두에게서 내 요청을 고려해 보겠다는 전갈이 왔다. 2주 뒤에는 대영박물관 부속 도서관장, 에드워드 본드 경으로부터 방문해 달라는 편지가 왔다. 나는 당장에 달려갔고 단순한 도서 열람증이 아니라 평생 허가증을 받았다. 거기에는 도서관장의 인사말과 함께 내 편지에 감명을 받은 이사회에서 나를 예외로 인정했다는 내용이 간략하게 쓰여 있었다.

그 뒤로 나의 인생은 꽃을 피우기 시작했다. 도서관 부관장의 친절한 안내를 받아 책들로 가득 찬 거대한 보물 창고를 보며 나는 놀라움과 함께 짜릿한 기쁨을 맛보았다. 부관장은 원하는 책을 도서 목록으로도 찾게 해 주었을 뿐만 아니라 장서가 보관된 방에도 데려가 끝없이 이어진 책꽂이에서 직접 책을 찾아보는 영광을 누리게 해 주었다.

미지의 사람들이 진짜 존재하는 사람들로 다가왔다. 아니, 최소한 진짜 책이 거기에 있었다.

여기서 나는 오두본과 윌슨을 만날 수 있었고 리처드슨, 너톨, 쿠스, 베어드, 브루어와 리지웨이, 존 버로스와 헨리 소로에 대해서도 알게 되었다. 오두본이 죽고 나서 뒤를 이은 사람이 아무도 없었기 때문에 나는 그때까지만 해도 생존해 있는 박물학자가 없는 줄 알았다. 하지만 책을 읽으면서 수많은 젊은이들이 아메리카 대륙에서 눈부신 아름다움을 간직한 자연을 위해 훌륭한 일을 하고 있다는 것을 알게 되었다. 정말 다행이라고 생각했다. 자연은 내가 가장 소중히 여기는 세계이기도 했으니까.

그때부터 나는 저녁 시간을 도서관에서 보내기 시작했다. 도서관이 문을 닫는 밤 10시까지 책에 파묻혀 지냈다. 낮에는 여전히 그림을 그리는 데 매달렸다. 아직까지 미술은 나의 본업이었던 것이다. 말하자면 미술은 내 '직업'인 셈이었고, 저녁 시간의 독서는 '부업'인 셈이었다. 하지만 내 마음은 언제나 새들과 함께 있었다.

대영박물관의 도서관에서 수많은 시간을 보내면서 길러진 지식은 내 책 『캐나다 새들의 역사 History of Canadian birds』를 쓰는 데 중요한 밑거름이 되었다. 영국으로 올 때 나는 로스의 『캐나다의 새 Birds of Canada』라는 책을 가져왔는데 그 책의 마지막 두 페이지에는 내가 쓴 「맹금류 분류 Key to the birds of prey」(1874)가 있었다. 그러다가 도서관을 드나들게 되면서 쿠스(북아메리카의 조류에 대한 연구와 분류법을 발전시킨 미국의 조류학자 – 옮긴이)의 『아메리카 조류 분류 Keys to the birds of America』를 읽게 되었는데, 점점 내가 쓴 내용이 더 낫고 논리적이라는 생각이 들게 되었다. 내 글은 자연스러웠고, 쿠스의 책은 작위적인 냄새가 났다. 내가 중요한 부분을 잘 가려 썼다면, 그는 사소한 세부사실을 다루었다. 내가 가까운 친척 새들끼리 모아서 정리했다면, 그는 분류법에 상관없이 섞어서 썼다. 내가 간단한 그림으로 설명한 반면, 쿠스는 난해한 전문 용어를 써가며 설명했는데, 하나같이 새를 분류하는 데는 아무 상관도 없는 용어들이었다.

이런 생각이 들자 나는 예전에 「맹금류 분류」에 만들어 놓았던 내 분류법을 한 줄 한 줄 보완하는 일을 시작했다. 몇 주 지나지 않아 나는 그것들을 모두 모아서 「새들의 가족 분류 Families of our birds」를 완성했다. 여기서 나는 각각의 분

존 제임스 오두본(1785~1851)

류마다 중요한 특징을 간략하게 그림으로 그려서 서로 구별이 되게 했고 거기에 간단한 설명을 덧붙였다.

이 원고는 아직도 내 서재에 보관되어 있다. 이 분류법은 프랭크 M. 채프먼(미국의 조류학자 - 옮긴이)이 쓴 『조류안내서Handbook of birds』의 개정판 15쪽에 실려 있는데, 자료 제공자로 내 이름이 기록되어 있다. 그 뒤에도 많은 사람들이 내 분류법을 따랐다.

어린 시절 나는 사시 때문에 고생을 했다. 그런데 1875년이던가, 사춘기로 접어들자 눈 근육이 서서히 제자리를 잡아 눈이 정상으로 돌아왔다. 하지만 내 몸속에는 가시가 숨어 있기라도 한 것처럼 또다시 큰 병이 찾아왔다. 1876년 당시, 다른 소년들처럼 힘이 세지고 싶었던 나는 체력을 기르기 위해서 토론토에 새로 문을 연 YMCA 체육관에 다녔다. 저녁마다 체육관에서 체조용 곤봉을 휘두르거나 다른 기구들을 이용해 운동에 전념했다. 그러나 열성이 지나쳤다.

운명의 부름 197

체육관에는 운동을 지도해 주는 사람이 없어서 우리는 각자 하고 싶을 때까지 꽤 열심히 운동을 했다. 어느 날 친구 하나가 천장까지 뻗어 있는 10미터쯤 되는 기둥에 올라가는 시합을 하자고 했다. 나는 힘차게 올라가기 시작했다. 하지만 기둥은 미끄러웠고 천장은 너무 높았다. 반쯤 올라갔을 때 나는 이미 지쳐 있었지만 마지막 힘을 짜내어 2미터 남짓 더 올라갔다. 바로 그때, 살 부분이 터지는 듯한 갑작스런 통증이 왔다. 나는 바닥으로 미끄러져 떨어졌고, 내 음낭에 예전에 없었던 아픈 덩어리가 만져졌다.

다음날 병원에 갔더니 의사는 탈장이라고도 하고 헤르니아라고 부르기도 하면서, 당장 탈장대를 하고 다녀야 한다고 말했다.

그날부터 나는 탈장 부위에 끔찍한 검정 쇠붙이를 대고 다녀야 했다. 대수롭지 않게 여길 수도 있었으나, 어쨌든 나는 불구가 된 것이었고 시간이 지날수록 탈장대를 원망하는 마음이 커져 갔다. 탈장대 때문에 걷거나 뛰지 못하는 것은 아니었지만, 확실히 몸을 유연하게 움직이지는 못했다. 마치 영원히 내 살을 파먹어 들어가는 징그러운 벌레가 붙어 있는 느낌이었다.

나는 그 문제에 대해서 이상하리만큼 민감해졌다. 하지만 언젠가는 그 괴물로부터 벗어날 길을 찾게 되리라는 희망을 품으며 그 고통을 속으로 삭였다.

돈이 없기도 했지만 빨리 걷는 것을 좋아했기 때문에 나는 런던 구석구석을 걸어서 돌아다녔다. 그러다 보니 다리도 튼튼해졌고 걷는 속도도 아주 빨라졌다. 먼 길을 걸을 때도 보통 한 시간에 8킬로미터 정도는 걸을 수 있었고, 짧은 거리는 한 시간에 10킬로미터도 걸을 수 있게 되었다. 새프런 월든에 사는 친척집까지도 가끔 걸어다녔는데 67킬로미터가 넘는 거리를 10시간 반 만에 걷곤 했다.

주말에는 가끔 런던 남동부의 블랙히스에 사는 친척집에 갔다. 거기는 내 셋방에서 정확히 16킬로미터 떨어진 곳이었는데 단 두 시간 만에 도착했다.

어느 순간엔가 나는 이렇게 빨리 오래 걷는 것이 두뇌에 강렬한 자극을 준다는 것을 깨닫게 되었다. 빨리 걷다보면 좋은 생각이 떠오르고, 더 빠르게 생각할 수도 있고 더 현명한 판단을 내릴 수가 있었다. 그럴 때면 모든 게 신선한 영감으

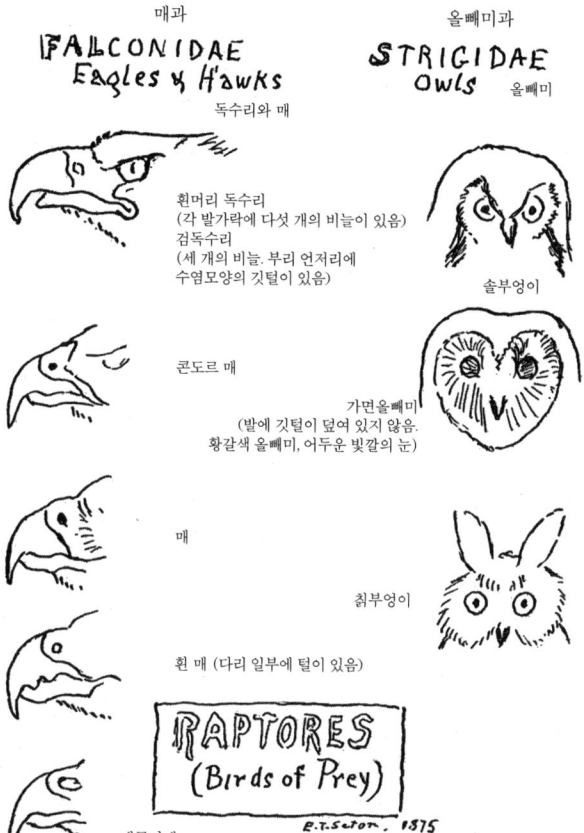

시튼이 작성해 놓은 <맹금류 분류>

로 다가왔다.

그날도 나는 상쾌하게 걸으면서 내 병에 대해서 곰곰이 생각하다가 이런 생각에 미치게 되었다. 분명히 새로운 기술을 가진 외과 의사는 그 부위를 째서 수술을 할 수 있을 것이다. 구멍을 조이면 근본적인 치료가 가능하겠지.

나는 친척이 사는 마을의 젊은 의사를 찾아갔다. 의사는 나를 진찰해 보더니 이렇게 말했다. "네, 요즘엔 그런 수술을 종종 합니다. 당신 같은 경우엔 몸만 건강하다면 수술이 아주 쉬울 것 같습니다. 하지만 지금은 건강이 안 좋아 보이는군요. 사실 쓰러질 정도로 몹시 쇠약해 있습니다. 건강이 회복될 때까지는 기다리는 게 좋을 것 같습니다. 일단 푹 쉬세요."

희망을 주는 말이었다. 이제 뭔가 기대할 것이 생긴 것이다. 앞날에 서광이 비치는 것 같았다. 비록 그날이 아직 멀었다 해도.

새프런 월든에 사는 친척, 조지 포티어스는 큰 이모 엘리자베스 스노우든의 딸인 엘리자베스 스노우든 버필드와 결혼한 사람으로 내게는 사촌 매형인 셈이었다. 나와 이종사촌 사이인 엘리자베스는 우리집에 양녀로 들어와 캐나다에서 같이 살았던 폴리 버필드와 자매지간이었다.

새프런 월든에서 사촌 누나네 가족과 함께 지내는 주말은 정말 행복했다. 그 가족은 나를 한가족처럼 대해 주었고 내가 즐겁게 지낼 수 있도록 신경을 많이 써 주었다. 그 집에는 아들 둘과 딸 넷이 있었는데 모두 나보다 어렸고 나를 친오빠나 친형처럼 따랐다. 그곳에선 환대를 받으며 편안하게 지낼 수 있을 뿐만 아니라 제대로 된 세 끼 밥도 먹을 수 있었다. 그 당시엔 그 식사가 퍽 고맙게 느껴졌다.

사촌 매형 포티어스는 은행에서 높은 자리에 있었다. 매형의 부하 직원 중에 R. 밀러 크리스티라는 젊은이가 있었는데 나와 동갑내기였고 자연에 대해서도 나와 똑같은 생각을 갖고 있었다.

금세 친해진 우리는 내가 새프런 월든에 머무는 여름이면 매일 새벽 5시에 일어나서 서너 시간 동안 아름다운 들판과 숲을 거닐며 그림 같은 시골의 자연을 만끽하곤 했다.

크리스티는 새와 식물에 대해서도 많이 알 뿐만 아니라 역사학과 고고학에도 해박한 사람이었다. 새벽 산책을 통해 나는 아주 소중한 것을 얻을 수 있었다. 내가 그토록 사랑하는 야생 생물에 대해 매일 조금씩이나마 배울 수 있었고, 내 고향인 캐나다에 가서 야생 생물을 연구하기 위한 준비를 착실히 해 나갈 수 있었다.

이 시기(1880)에 내가 열심히 매달린 그림은 〈사티로스〉였다. 나중에 나는 이 그림으로 왕립 아카데미에 들어갈 수 있었다. 그러나 당시에 내가 다른 일에도 관심이 많았다는 것을 보여주는 재미있는 메모를 많이 찾았는데, 그 메모는 다음과 같다.

1879년 10월 27일. 개 보호소에서 죽은 개 한 마리를 해부용으로 구입함. 그 다음 주에 근육 하나하나를 해부해서 진흙으로 모형을 똑같이 만듦.

1880년 12월 25일. 〈사티로스〉 그림이 합격했다는 소식을 들음. 나는 이제 왕립 아카데미의 예비 신입생이다.

1881년 1월 18일. 왕립 아카데미 학생으로서 첫발을 내딛다.

6월 8일. 내가 그린 펜화 두 개가 통과되어서 더들리 미술관에 걸렸다는 소식을 들었다. 그 그림의 제목은 〈물닭〉과 어린 피리새를 그린 〈길을 잃은 피리새〉였다. 사람들 앞에 내 그림이 전시되는 것은 이번이 처음이다.

그동안 나는 '캐셀, 페터 앤드 갤핀' 출판사와 일을 같이 해왔다. 나는 펜화를 많이 그려주었는데, 그것은 주로 목판으로 인쇄되었다. 이 일거리로 많지는 않지만 무척 고마운 돈을 벌 수 있었다.

9월 14일. 왓스탠드웰에서 〈여우로부터 새끼를 지키고 있는 염소〉(작가 주: 이 그림은 뉴멕시코 주 산타페에 있는 시튼 마을의 시튼 미술관에 전시되어 있다)의 배경 풍경을 그림.

Order Grallatores

Latin "gralla" = a stilt hence grallator (plural -es) = a stilt walker. They all have very long legs with the thigh more or less bare, neck long, bill generally long. All found near water, & spend their time in wading in marshes & shallows for food. The young (except Gruidae) follow parents as soon as hatched.)

Family Rallidae (Rallus = a rail) – Rails

Short upright tails, very large feet, thighs partly bare, compact bodies, dense plumage, seen about marshes, avoid flying.

1 **Gallinula** (L. gallinula = a little hen) Waterhens
All dark, large hind toe

2 **Fulica** (f = a coot in Latin) or Coots
Small hind toe, Toes lobed, swims a great deal

3 **Rallus** (Latinized form of Rail) or Rails
Hind toe still smaller, not lobed, often about meadows
(Brown includes these ten types in one genus Audubon separates them.)

Family Gruidae (Latin grus, gruis = a crane) Cranes

Very large birds, very long bill neck & legs. Thigh much bare. Young (unlike other grallatores) stop long in nest

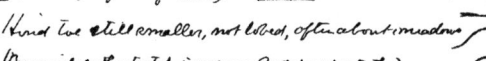

A SAMPLE PAGE OF THE AUTHOR'S KEY TO FAMILIES AND GENERA OF CANADIAN BIRDS

캐나다 새에 관한 시튼의 분류를 엿볼 수 있는 기록

나에게 사춘기는 늦게 찾아왔다. 열여섯 살쯤 되었을 때 사춘기가 시작되었는데 나는 누구보다도 심하게 앓았다. 매일 아침 눈을 뜨면서부터 생기는 강렬한 성적 흥분을 주체할 수가 없었다. 아주 조금만 자극을 받아도 하루 종일 흥분에서 벗어날 수 없었다. 육욕의 악마가 나를 사로잡아버린 느낌이었다. 나만 이상한 존재인 것 같았다. 다른 사람들이 내 추잡한 생각을 알기라도 하는 날에는 날 혐오하며 내쫓아 버릴 것 같았다. 지금 생각해 보면 지극히 평범한 사춘기를 보냈고, 오히려 대부분의 친구들에 비하면 성적인 환상에 덜 얽매였던 셈인데.

하지만 그 당시엔 나 자신이 소름 끼치도록 싫었고 무슨 수를 써서라도 이 음탕한 상상을 날려 버려야겠다고 단단히 맘먹었다. 나는 성 안토니우스(Saint Anthony 이집트인으로 수도원 제도의 창시자 - 옮긴이)의 생애를 읽고, 매일 아침저녁으로 나를 사로잡고 있는 악마로부터 구해달라고 기도했다.

나는 하루에도 몇 번씩 은밀한 부분을 찬물로 씻었다. 잘 때도 매트리스에 화판 두 개를 깔아서 나 자신에게 딱딱한 침대에서 자는 벌을 주려 했다.

나는 판화점 진열장을 피해 다녔는데 그런 곳엔 으레 음란하고 자극적인 그림들이 많이 걸려 있었기 때문이었다. 국립미술관에 갈 때도 옷을 안 걸친 여자의 그림이나 조각상 앞을 지날라치면 아예 눈을 돌려버렸다.

도서관에서 하숙방으로 돌아오는 길에는 밤마다 옷자락을 잡아당기는 매춘부가 적어도 열 명은 되었다. 그래도 그런 유혹은 대단한 건 아니었다. 나는 한번도 매춘부들에게 '넘어간' 적이 없었으니까. 하지만 그 때문에 추잡한 상상에 사로잡히게 되고 또다시 새로운 싸움에 내몰리곤 하였다. 그 싸움에서 아군은 한 사람밖에 없었다. 늘 내 가슴속에 조용히 자리잡고 있는 어머니였다.

나는 성적인 문제 때문에 거의 미칠 지경이었다. 하지만 나는 이겨냈다. 나 자신과 싸워 승리를 거둔 것이다. 하루 종일 생리적인 증상이 단 한번도 없는 날이면 승리를 내려 주신 하느님께 무릎을 꿇고 감사기도를 드렸다.

거의 2년을 이렇게 보내면서 나는 육식의 해로운 면을 알게 되었고 마음을 안정시키는 '채식'에 대해 눈을 뜨게 되었다. 옛 성인들이나 불교도들이 고기를 멀리하고 들에서 나는 푸성귀와 과일만 먹는 까닭을 이해할 수 있었다.

그렇다, 나는 이긴 것이다. 내 생각을 지배할 수 있게 된 것이다. 하지만 끔찍한 대가를 치른 결과였다. 내 행동은 내 육체를 십자가에 못 박는 것이나 마찬가지였던 것이다. 어쩌면 나 자신을 죽음으로 몰아넣을 수도 있는 어리석은 행동이었다.

어쨌든 나는 극복했다. 나는 '사람으로는 감히 생각할 수 없는 하느님의 평화' (「신약 성서」필립비서 4장 7절 – 옮긴이)를 얻었다.

이 모든 것이 지나가자 환청이 들리기 시작했다.

육식을 하지 않고 최대한 마음을 정화시키는 혹독한 훈련은 드디어 열매를 맺기 시작했다. 이 시련이 내가 진정으로 원하는 일이 무엇인지 통찰할 수 있는 계기가 된 것이다.

딱딱한 화판 위에서 잠을 깨어 맞는 이른 아침의 달콤한 평화는 정말 큰 기쁨이었다. 아침마다 평화로움이 나를 찾아왔고 그 느낌은 점점 강렬해졌다. 그러자 어떤 목소리가 들려왔다. 처음엔 이상하고 잘 알아들을 수 없는 웅얼거림이었는데 한 달이 지나자 점점 또렷하게 들렸다. 내 이름을 부르는 소리도 들렸고 이해할 수 없는 말도 들려왔다. 그러다가 처음으로 알아들을 수 있는 소리가 들렸는데 그것은 어머니의 목소리였다. "꼭 기억하여라, 얘야, 영원히."

한 주가 가고 또 한 주가 지나갔다. 한 달이 가고 또 한 달이 갔다. 환청은 점점 또렷해졌다. 목소리는 부드러웠지만 계속 끈질기게 들려왔다.

1881년 여름으로 기억된다. 그때까지 들었던 소리 중에서 가장 길고 뚜렷한 목소리를 듣게 되었다. 그때까지 난 내 인생을 예술의 도시 런던에서 보내려고 생각하고 있었다. 사실 이미 삽화가로서 첫발을 디딘 곳이기도 했기 때문이었다. 하지만 그 목소리는 이렇게 말했다. "아니다. 지금부터 일년은 캐나다 서부의 대평원에서 보내게 될 것이다. 거기서 너는 건강을 되찾을 것이고 고질병에서 벗어나려는 네 소원을 이룰 것이다. 너의 미래는 캐나다도 아니고 런던도 아닌 뉴욕에 있고, 너는 거기서 삽화가로서 작가로서 성공할 것이다. 캐나다로 가라. 대평원에서 기쁨을 맘껏 누려라. 하지만 너무 오래 머물지는 말아라. 바로 뉴욕으로 가야 한다. 거기서 네 길을 찾게 될 것이다."

이것이 그때 들린 목소리였다. 나는 런던에 내 인생을 걸 경우를 거듭거듭 생각해보았다. 하지만 역시 아니었다. 벌써 아메리카들소의 울음소리가 내 귓가를 맴돌고 있었던 것이다! 그것은 서부로 오라는 운명의 부름이었다.

다시 집으로

런던에서 미술 공부를 한 지 2년 반이 지났다. 나는 런던에 정착하려고 했었다. 그렇지만 '목소리'의 명령은 달랐다. "아니다. 너는 서부로 가야만 한다." 하지만 어떻게, 언제, 어디로 가야 한단 말인가. 도대체 감이 잡히지 않았다.

그러는 사이 누군가가 어머니에게 편지를 썼다. "아들이 살기를 바란다면 당장 데리고 가는 게 좋을 게요." 이런 편지를 받은 어머니가 나에게 당장 돌아오라고 한 것은 무리가 아니었다.

그때까지 내가 번 돈은 모두 합쳐봐야 10파운드도 안 되었다. 가장 싼 배편을 이용해야 할 형편이었다. 나는 6파운드 7실링 6펜스(30달러)에 토론토까지 템펄리 라인의 배를 타고 가기로 낙찰을 보았다. 1881년 10월 26일 수요일, 병들고 허약하고 파리한 모습의 청년은 런던에서 사귄 친구 프레드 헤이워드의 전송을 받으며 몬트리올로 향하는 얼킹(북유럽 신화에 나오는 요정의 왕 - 옮긴이)호에 올랐다.

이등석 전용실에 가려고 객실로 내려간 순간, 나는 소를 싣고 왔다가 되돌아가는 배의 값싼 승객일 뿐이라는 사실을 깨닫게 되었다. 하나같이 상스럽고 우악스러운 승객들만 타는 배여서 여자는 아예 승선이 금지되어 있었다. 승객들은 전과자이거나 도망친 죄수, 아니면 영국 동부 빈민촌의 게으름뱅이들, 군대에서 쫓겨났거나 탈영한 군인들이었다. 그 중에서 제일 멀쩡해 보이는 데마라라 출신의 한 흑인은 자기의 죄목이나 감옥에서 탈옥하다 잡힌 횟수를 떠벌리곤 했다. 그 흑인은 간수를 배 바깥으로 던져서 상어 밥으로 만들었다는 얘기를 하면서 신이 나서 낄낄거렸다. 이런 부류의 말투나 행동거지, 습관 등은 충분히 있을 수 있는 것이었지만 그때 내게는 공포와 충격을 주었다. 어떻게 사람의 몸이나 말씨, 그리고 생각이 그렇게 비천하고 지저분할 수 있는지 도무지 이해할 수가 없었다.

우리는 배 밑창에 있는 어두컴컴한 화물칸에 모여 있었다. 그곳은 캐나다에서 올 때 소떼를 실었던 곳이어서 외양간 냄새가 코를 찔렀다. 어두컴컴한 방에는 고래 기름 등잔 하나만이 어슴푸레하게 빛을 발하고 있었다. 모두들 담배를 피우며 하루 종일 왁자지껄 떠들어댔다. 식사는 간단했지만 충분하게 배급되기는 했다. 스프와 커피는 양동이 두 개에 담겨 나왔는데, 그 양동이는 대충 헹궈서 세면기 대용으로도 쓰였다.

배가 해협으로 들어서면서 파도가 높게 일기 시작하자 나도 다른 사람들과 같이 끔찍한 배멀미를 시작했다. 나는 용감하게 갑판 위에서 끈질기게 버티다가 결국엔 지독한 냄새와 담배 연기로 가득 찬 어둠을 더듬어 구질구질한 짚이 깔려 있는 내 자리로 돌아와야만 했다. 다른 일은 신경 쓸 여유도 없었다. 메스꺼운 배를 움켜쥐고 기진맥진해진 채 며칠 동안을 누워 있기만 했다. 음식이란 건 모두 역겹게 느껴져서 아무것도 입에 댈 수 없었다. 나는 점점 더 여위고 약해졌다.

사내들 사이엔 싸움이 끊이질 않았다. 그 중에서 모든 사내들이 무릎꿇은 최후의 승자가 두 명이었는데, 둘 다 아일랜드 출신의 건장한 사내로 이름도 똑같이 댄이었다. 사람들은 모두들 그 둘의 격돌을 은근히 기대하고 있었다. 댄 플래니건은 스물일곱 살의 가축상으로 키가 180센티미터는 족히 넘었고 거칠기가 이루 말할 수 없었다. 한편, 댄 오그래디는 탈영병으로 그 가축상보다 체구가 더 좋아서 가슴 너비가 1미터는 되어 보였고 헤라클레스처럼 어깨가 떡 벌어진 사내였는데, 적어도 마흔 다섯은 되어 보였다. 두 사내는 서로를 피해왔지만, 언제든 한 번은 부딪쳐야 할 사이였고 승산은 젊은 사내에게 있어 보였.

이런 이야기는 전부 너저분한 잠자리에 누워서 멀미로 고생하는 데다 스멀스멀 기어다니는 이에게 들볶이면서 주워들은 이야기였다. 나는 이라는 놈의 정체도 모른 채 끊임없는 가려움 때문에 어찌나 긁어댔는지 온몸이 상처와 피투성이가 될 지경이었다.

폭풍 속을 항해한 지 사오 일쯤 지난 어느 날이었다. 사흘 밤낮을 꼼짝없이 누워 있는 내가 죽었는지 살았는지 신경 쓰는 사람은 아무도 없었다. 폭풍이 조금 누그러지자 갑판 문을 열어놓은 덕분에 자욱한 연기 사이로 나처럼 자리에 누워 있는 사람 한둘을 볼 수 있었다. 다른 사람들은 연기 속에 앉아 있었는데, 탈영병 오그래디는 거만하게 선실을 돌아다니고 있었다.

선실이 점점 밝아지자 그의 눈이 처음으로 내게 꽂혔다. 그는 나를 노려보면서 큰 소리로 으르렁거리듯 말했다. "이런 염병할, 이 배에서 내 주먹맛을 못 본 놈이 없는디 요넘만 못 봤네. 몸 한번 풀어볼까나. 어이, 너 일루 나와."

그러나 나는 옴쭉달싹할 수가 없었다. 꼼짝없이 당할 판이었다. 그가 잔뜩 벼르며 성큼성큼 다가오고 있을 때, 소를 실었던 위쪽 선실에서 으르렁거리는 또 다른 목소리가 연기를 뚫고 나왔다. "가만 놔둬, 이 새끼야. 그 꼬맹 건드리기만 했단 봐라. 니 드러운 몸뚱이에 내 발차기 맛을 보여줄 테니." 어둠 속에서 나타난 사람은 또 한 명의 댄, 거구의 가축상이었다. 둘은 두 마리 멧돼지처럼 이를 바드득 갈며 마주섰다.

곧바로 구경꾼들이 모여들었다. 드디어 올 것이 온 것이었다. 가축상이 말했다.

"손끝 하나라도 건드려 봐, 이 더러운 새끼야."

무거운 침묵이 흘렀다. 드디어 탈영병이 입을 열었다. "대관절 니가 무슨 상관이야? 농담도 못하냐?" 이 말을 남기고 그는 슬며시 내뺐다. 대결은 끝났고, 싸움도 끝났다. 아니 싸움을 피한 것이었다. 탈영병의 위신은 크게 실추되었다. 그 뒤로 그는 다른 사람들을 피했고 위쪽 갑판을 정복자에게 내준 채 어둠침침한 아래 갑판에서만 돌아다녔다.

그 사건은 내게 엄청난 변화를 가져왔다. 누구든 한 번 해를 입힌 사람은 상대방을 계속 괴롭히기 마련이고, 도움을 준 사람은 계속 은혜를 베풀기 마련이다.

스물한 살 때의 시튼

나는 우연히 그 사건에 끼어든 사람에 지나지 않았지만, 가축상의 의협심을 발휘할 구실이 되었던 것이다. 그 뒤로 가축상 댄은 내게 잘 해주었고, 나는 그의 특별한 보호 아래 있었다. 그는 배 안에서 경찰이나 경호원 같은 역할을 하며 승무원을 돕고 있어서 특별대우를 받고 있었다. 이 일이 있고 나서 그는 승무원들에게 무뚝뚝하게 말했다. "저 꼬마한테 객실 음식을 갖다 줘." 나는 이렇게 특별대우를 받게 되었다. 나쁜 짓이라면 안한 게 없다고 뻐기는 한 거구의 사내가 하루에 세 번씩 꼬박꼬박 음식 쟁반을 내게 갖다 주었다. 그 쟁반에는 그 배에서 최상의 음식인 과일, 닭고기, 갓 구운 빵, 커피 등이 담겨 있었다.

길고도 괴로운 여행이었다. 폭풍이 하나 지나면 또 다른 폭풍이 몰려왔다. 항해 예정 기간은 8일이었지만 16일이 지나서야 몬트리올에 도착했다. 내 몸은 지독한 멀미 때문에 허약해졌지만 조금씩 회복되고 있었다. 드디어 배가 장엄한 경관을 이루고 있는 강을 거슬러 올라갔다. 밤낮으로 나를 괴롭히는 알 수 없는 병만 아니었다면 수려한 강과 아름다운 겨울새들을 감상하는 기쁨을 훨씬 더 누릴 수 있었을 것이다.

마침내 토론토에 도착한 나는 애타게 기다리고 있던 어머니를 만났다. 조금 전까지만 해도 가축 운반선에서 짐승 같은 사내들의 시끄럽고 상스러운 말만 듣다가 어머니의 부드러운 목소리를 다시 듣게 되니 꿈만 같았다. 드디어 집, 집에 온 것이다! 명예는 고사하고 한푼 가진 것 없이 망가진 몸을 이끌고 집으로 돌아올 땐, 도망치는 패잔병이 된 기분이었다. 바로 어머니를 만나기 전까지 말이다. 어머니는 사랑과 기쁨이 담긴 말과 감사 기도로 나를 따뜻하게 맞아주었고, 그로 인해 잠시나마 전쟁에서 승리를 거두고 돌아온 영웅 같은 기분에 휩싸였다.

　나는 곧장 의사를 찾아가 내 끔찍한 비밀을 털어놓았다. "몸이 온통 가렵고 비듬투성이"라고 나는 설명했다. 의사는 껄껄거리며 웃더니 배에서 이가 옮은 것뿐이라면서 한 시간 안에 고쳐주겠다고 장담했다. 그리고 진짜로 그렇게 해 주었다.

런던은 추위와 우중충한 날씨와 굶주림의 땅이었다. 런던에서 내가 사랑한 것은 책 말고는 아무것도 없었다. 이제 나는 빛의 땅으로 다시 돌아왔다. 훌륭한 세 끼 식사를 하게 되었고, 방세를 걱정하지 않아도 되었다. 집은 따뜻했고 젊음의 기쁨을 맛볼 수 있었다. 이제 새에 대해서 더 알아봐야겠다는 생각이 머릿속을 꽉 채웠고, 야생 생물에 대한 내 열망이 틀림없이 이루어질 것 같은 생각이 들었다.

나는 토론토 주변 지역의 자연사 연구에 착수했다. 날마다 총을 들고 밖으로 나돌아다닌 덕분에 내 다리는 날이 갈수록 튼튼해졌다. 야생 생물은 모두가 흥미로웠지만 나를 처음으로 사로잡은 것은 새들이었다. 나는 뜨거운 정열을 가지고 새들을 쫓아다니며 연구했다.

아버지는 무뚝뚝했지만 어머니는 언제나 따뜻했다. 하지만 어머니도 내가 하찮은 것에 매달리고 있는 게 아닌지 걱정을 했다. 그러면서도 약하고 아픈 나를 무조건 받아주던 어머니는 내가 밖으로 나가는 것을 허락했다.

11월 18일, 블로어 거리에서 처음으로 매를 쏘았다. 비둘기수리매였다. 내 역사에 길이 남을 일이었다. 나는 매의 치수를 재고, 설명을 붙이고, 그림을 그리고 꼼꼼히 연구한 다음 가죽을 벗겼다. 그리고 이 흥분되는 사건에 대해 자세히 적어두었다.

새가 많은 철은 아니었지만 나는 화창한 날이면 매일 밖으로 나갔고 나갈 때마다 까마귀나 검은방울새, 때까치, 솔검은머리방울새, 박새 등을 관찰하거나 잡아왔다. 나는 그 새들의 이름을 모두 안다는 것만으로도 행복했다. 이름을 안다는 것은 새들을 진짜로 알게 되는 첫 걸음이니까.

돈 계곡에 새로운 흥미거리가 나타났다. 청설모와 딱따구리가 등장한 것이다. 애쉬브리지 만에서도 아직 남아 있는 물새 몇 마리를 발견했는데, 그 중에서 철새 이동 무리에서 떨어진 노랑발도요와 총을 맞은 꺅도요를 관찰할 수 있었다. 나중에 나는 모든 오리와 도요새의 크기를 재고 검사했으며, 가능하면 해부도 해서 최근에 먹었던 먹이를 조사하기도 했다. 나는 곧 크기를 재고, 스케치하고, 자

비둘기수리매

세한 설명을 쓰는 일에 숙달되었다. 하지만 그때 가죽을 안 모아놓은 것은 후회가 되었다.

이런 생활을 시작한 지 두 주가 지나자 내게 큰 변화가 생겼다. 건강을 되찾은 것이다. 인생이 만족스러웠고 행복을 약속하는 희망에 내 가슴은 부풀어올랐다. 내가 그토록 갈망하던 세계로 가는 입구가 보였다.

어느 날, 집에 돌아온 지도 꽤 지나 여행의 후유증에서 회복되자, 아버지가 나를 서재로 불렀다. 아버지는 낡고 묵직한 현금 출납장을 꺼내더니 E 자로 시작되는 부분을 펼쳤다. 그리고는 아버지 특유의 말투로 이야기를 꺼냈다.

"아들아, 너도 이제 스물한 살이니 네가 원하지 않아도 어른이 된 것이다. 너에게 부여된 의무와 책임을 지금까지는 아버지가 대신 해 주었지만 이제부터는 네가 그 책임을 떠맡아야 한다. 내가 이제까지 너를 위해서 얼마나 열심히 기도했는지 너도 잘 알 것이다. 네가 하느님 다음으로 빚을 진 사람은 바로 나, 네 아버지이다. 물론, 네 어머니에게도 조금은 빚이 있지.

그러므로, 네 인생의 목표를 위해 살아갈 때 항상 깊은 감사의 마음을 가져야 한다는 걸 명심해라. 너의 모든 것이, 심지어 이 세상에 태어난 것조차 이 아버지 덕분이다. 경외와 감사만이 네가 할 일이다. 앞으로 네가 이 빚을 갚지 못할 것 같으면, 당장에 너를 다시 불러들일 테니 그리 알아라."

그러더니 아버지는 현금 출납장을 한 장 한 장 가리켰다. 거기에는 내가 태어난 날부터 내게 들어간 지출 내용이 모두 적혀 있었다. 정확한 날짜가 요일과 함께 기록되어 있었고, 심지어 내가 태어났을 때 의사에게 낸 돈까지 적혀 있었다. 금액은 모두 합해서 537달러 50센트였다.

"지금까지는" 아버지는 짐짓 자신의 관대한 아량을 음미라도 하는 듯 시간을 끌다가 말을 이었다. "이자를 계산하지 않았다. 하지만 당연히 지금부터는 일년에 6퍼센트씩 이자를 물리겠다. 이렇게 하는 게 나의 의무이기도 하거니와 성인으로서의 네 의무도 다하는 길이라고 생각한다. 가능한 한 빠른 시간 안에 빚을 갚아나가도록 해라."

그저 어안이 벙벙할 따름이었다. 나는 망연자실해서 앉아 있었다. 보통 부모들은 자식들이 자리 잡을 수 있게 도와줘야 한다고 생각한다. 아버지도 할아버지가 그래야 한다고 생각했다. 하지만 아버지 자신은 반대로 생각했다.

엄청난 액수였지만 모든 계산이 합리적이고 정확했다. 그러나 그 어떤 곳에도 할아버지가 남긴 유산이나 어머니의 지참금 2만 달러에 대한 언급은 없었다. 어쨌든 그때까지 내 빚에 대한 이자는 2천 달러로 명시되어 있었다.

나는 말문이 막혔다. 내가 '꼼꼼히 따져볼 수 있도록' 무료로 한 장 더 써서 주겠다는 아버지의 친절한 제안을 간신히 거절할 수 있었을 뿐이었다.

"갚아야 할 금액만 알면 돼요."
"그래, 아주 좋구나. 하느님의 은총이 너와 함께하기를 빈다. 너를 위해서 쉬지 않고 기도하마. 깊은 믿음을 가지고 너의 열망과 고귀한 뜻이 꼭 실현되기를 늘 기도해 주마. 이제부터 너는 내 집에서 살 수 없다. 당연한 일이지. 네가 어디에서 살든 간에 네 아버지에게 진 빚을 잊지 않으리라 믿어 의심치 않는다. 너는 하느님 다음으로 나에게 너의 모든 것을, 네 목숨까지도 빚을 졌으니까 말이다."

아, 그때의 그 암울함이란! 나는 스물한 살의 나이에 아무것도 이루어 놓은 것이 없고, 뚜렷한 계획도 없으며 빈털터리에다 별다른 가능성도 안 보이는 한심한 청춘이었다. 오직 무지막지한 빚과 무거운 이자에 만신창이가 된 몸, 그리고 집을 떠나 혼자 살라는 명령만이 나를 짓누르고 있었다.

내 나이 스물한 살이었지만 사실 열일곱 살 된 소년이나 다를 바 없었다. 나는 빠르게 걷고 또 걸었다. 수 킬로미터를 이렇게 걷다보니 지독한 절망감이 점점 사라지는 걸 느꼈다. 이제 모든 일이 그렇게 비관적으로만 보이지 않았다. 그래, 빚을 갚고야 말겠어. 혼자서 해 낼 거야.

나는 시내로 가서 일거리를 찾아보았다. 롤프 스미스 회사에서 크리스마스카드 열두 장을 만드는 일을 맡았다. 한 장 당 5달러씩 받기로 했는데 믿을 수 없을 만큼 큰 돈이었다.

나는 6주 만에 일을 끝냈다. 회사는 그 즉시 5달러짜리 지폐로 자그마치 60달러를 지불해 주었다. 그렇게 큰 돈을 한 번에 손에 쥔 적은 내 생에 처음이었다. 행운을 잡은 느낌도 들었고, 하찮은 스케치 열두 개를 해주고 이런 큰 돈을 받는 게 너무 창피하고 과분하다는 생각도 들었다.

나는 그 회사가 맘을 바꿔 반을 도로 내 놓으라고 할까봐 서둘러 사무실을 나왔다.

그 스케치는 모두 토론토 주변에서 흔히 볼 수 있는 새들을 그린 것이었다. 그 그림을 그리면서 나는 무척 행복했다. 처음으로 마음에 소중히 남을 일을 해 보는 것이었고 이것으로 얼마간의 돈도 벌 수 있었다. 정말 가슴 벅찬 경험이었다.

처음에는 번 돈을 모조리 가지고 아버지에게 곧장 달려갈 작정이었다. 하지만 곧, 빚 중에서 500달러를 제외한 나머지 돈 37달러 50센트만 갚아야겠다고 생각했고, 또 조금 지나자 50센트만 먼저 갚는 게 낫겠다고 생각하게 되었다. 하지만 결국엔 모두 갖고 있기로 최종 결론을 내렸다. 아버지는 내가 집을 떠나야 한다고 말하지 않았던가. 나 혼자 세상에 던져졌으니 내게도 돈이 필요했다.

서부로 가는 험난한 길

아버지는 늘 일하는 것을 싫어했다. 아버지는 9년 동안 판에 박힌 사무실 일을 마지못해 해왔지만, '이젠 더이상 견딜 수 없다'고 결론을 지었다. 아버지는 아들이 열 명이나 있었고 그 아들들이 이제 아버지를 부양해야 했다. 아들들은 이미 이런 경우를 예상하고는 있었지만 모두들 자기 살아가기도 벅찼다.

그 즈음 매니토바 붐이 일고 있었다. 아서 형은 이미 매니토바에 목장을 갖고 있었고, 나도 그곳에 가기로 작정했다. 거기에 가면 마음껏 야영도 할 수 있고 건강도 좋아질 것이다. 게다가 내가 그토록 갈망하던 새들과 짐승들도 마음껏 볼 수 있겠지. 내가 가진 전 재산 60달러로 그곳에서 새로운 인생을 시작할 수 있을 것이다.

형한테서 "지금 매니토바에서는 소나 모든 가축이 금값이다. 그런 것에 투자하면 돈이 될 것"이라는 답장이 왔다.

소를 살 돈은 안 되었지만 암탉은 살 수 있었다. 나는 당장에 30달러로 닭을 사고, 25달러로 매니토바 행 열차표를 샀다. 나는 그동안 옷깃을 만드는 회사에 사자 모양의 상표를 몇 개 그려주고 15달러를 벌었다. 그래서 남은 비상금 20달러를 가지고 1882년 3월 16일, 드디어 아버지의 집에 기꺼이 작별을 고했다. 그때부터 나의 홀로서기가 시작되었다.

열차는 토론토를 떠나 서부로 향했다. 은총이 충만하고 경이로운 약속의 땅, 서부로. 내 또래의 친구 윌리엄 G. A. 브로디도 나와 함께 여행을 떠났다. 우리가 탄 열차는 농부들이 타는 열차로 소나 닭들을 싣는 칸이 십여 개가 있고 승객용으로는 형편없는 객차 한 칸이 달랑 있었을 뿐이었다. 내 닭장은 어떤 목장 주인의 화물칸을 빌려서 실었다. 요금은 닭장 넓이로 계산했는데, 목장 주인은 닭장 요금 10달러에다 통로 요금까지 얹어서 15달러를 내라고 했다.

위니펙까지는 보통 사흘이 걸리는데, 열차 차장이 닷새 안에 도착하면 다행이라고 알려주었다. 우리는 실망을 감추지 못했다.

내가 가진 재산이라곤 스물한 살의 젊음과 닭 60마리, 칠면조 4마리, 거위 4마리, 그리고 닷새 동안 먹을 식량과 현금 20달러가 전부였다. 그나마 15달러는 나중에 목장 주인에게 지불해야 하는 것이었다. 그러나 내게는 넘치는 힘과 희망, 그리고 내 앞날과 나 자신에 대한 믿음, 그리고 삶에 대한 열정이 있었다.

이틀 만에 우리는 시카고에 도착했다. 하지만 난 그 대도시를 구경조차 못했다. 우리 기차는 들판에 머물러 있었고, 나는 기차에 갇혀 있었으니 말이다.

사흘째 되는 날 기차가 세인트폴에 도착할 무렵에 나는 다른 개척자들과 꽤 친하게 되었다. 그런데 갑자기 상황이 돌변했다. 사흘 동안 맑기만 하던 봄 날씨가 시커먼 구름과 맹렬히 휘몰아치는 폭설에 자리를 내 준 것이다.

꼬박 이틀 동안 우리는 세인트폴에 묶여 있었고, 그동안 신문은 다코타 평원에 불어닥친 무시무시한 눈보라에 대해 속보를 내보내고 있었다.

눈보라가 언제 끝날지 전혀 모르는 탓에 기차나 가축에서 단 한 시간도 떠날 수 없었다. 그렇게 손을 놓은 채 그저 기다리기만 하면서 참기 힘든 이틀을 보냈다. 윌리와 내가 가진 기차표는 다른 기차로도 갈아탈 수 있는 표였지만, 나에게는 돌봐야 할 가축이 있어서 그러지도 못했다. 그래서 이틀째 되던 날, 나는 윌에게 이렇게 말했다. "다음에 오는 급행열차를 타고 먼저 가는 게 좋겠어. 나는 닭들 때문에 이 기차에 남을게." 그렇게 해서 그는 남은 식량의 반을 가지고 먼저 떠났고, 여자 승객들도 같이 떠났다.

농부들은 분개해서 잇따라 회의를 열었다. 그들은 닷새치 식량밖에 싣고 오지 않았기 때문에 가축들이 비좁은 화물칸에서 굶주림에 시달렸고 몇 마리는 죽기도 했다.

성난 농부들을 달래기 위해 열차 배치를 담당하는 직원은 이렇게 말할 수밖에 없었다. "제가 할 수 있는 일은 다 하겠습니다. 이렇게 폭설이 내리면 교통이 마비되기 마련이죠. 어쨌든 아주 좋은 기차는 지금 내 드릴 형편이 안 됩니다."

그는 나름대로 최선을 다한 것 같았다. 하지만 그가 내준 기차는 폐차 직전의 비참한 몰골이었다. 기차는 털털거리며 세인트폴에서 16킬로미터 정도 느릿느릿 기어가다가 멈춰버리고 말았다. 최악의 상황이었다. 눈은 하염없이 쏟아지고 쏟아지고 또 쏟아졌다.

다행히도 우리 기차는 주요 선로를 따라가고 있었기 때문에 급행열차가 뒤에 오면 우리 기차도 움직일 수 있었다. 세 시간을 기차 안에서 기다리다가 우리를 구해 줄 기차가 올 때가 되자 삽을 들고 눈을 퍼내기 시작했다.

고되고 힘든 일이었다. 눈은 우리가 퍼내기가 무섭게 다시 쏟아져 내려 기껏 퍼낸 자리를 메워버렸다. 하지만 우리는 쉬지 않고 열심히 일했다. 드디어 우리를 구원해줄 기차가 북쪽에서 우리 기차 뒤로 다가와서는 몇 번 쿵 부딪치고 덜커덩거리더니 마침내 연결이 되었다. 우리는 자못 의기양양해져서 다시 위니펙으로 여행을 시작했다.

정말 고달픈 하루였다. 눈보라 속에서 눈을 퍼내느라 뼛속까지 한기가 느껴졌다. 객차의 잠자리래야 고작 나무 의자가 다였지만, 모든 자리가 꽉 차 있었기 때문에 앉아서 눈을 붙여야 했다. 밖에선 눈보라가 미친 듯이 날뛰고 있었지만, 객차 안은 둥그런 난로가 석탄불에 빨갛게 달궈져 있어서 공기가 지독하게 덥고 답답했다.

나는 한밤중에 숨이 막힐 듯 답답해서 잠에서 깨었다. 기차는 시속 30킬로미터 정도로 달리고 있었다. 답답한 공기와 열기 때문에 눈을 제대로 뜰 수가 없었다. 나는 신선한 공기를 쐬려고 자고 있는 사람들에 걸려 넘어지면서 객차 끝으

매니토바 카베리에 있는 톰슨 형의 목장

로 갔다. 문을 열자 사나운 눈보라가 눈앞을 가로막았다. 눈을 뜰 수조차 없는 상태에서 좀더 안전한 곳으로 가려고 다음 칸으로 발을 디뎠다. 그러나 거기엔 다음 칸이 없었다! 순간 나는 죽을 힘을 다해 기차 뒤에 매달렸고 내 발은 눈 덮인 선로를 쿵쾅거리며 부딪치고 있었다.

잠이 확 달아났다. 그러나 나는 젊었고 몸도 가벼웠다. 얼마간 매달려 있던 나는 필사적으로 몸을 끌어당겨 기차에 올라탔다. 죽음을 간신히 모면했다는 생각에 서늘해진 가슴을 쓸어 내리며 다시 후끈거리는 기차 안으로 되돌아갔다.

몇 달 뒤에 어머니에게 이 이야기를 하자, 어머니는 눈물을 글썽거리며 예의 그 열성적인 말투로 이렇게 말했다. "주님께서 전능하신 손으로 내 아들을 구해 주셨구나. 주님께서 너와 함께 계신 거야."

퍼거스 폴스 역에 도착하자 우리의 구원 열차는 우리를 옆 기찻길에 쿵 떨어뜨려 놓고는 제 갈 길로 가버렸다.

바깥에는 눈보라가 점점 더 사납게 몰아치고 있었다. 기온은 영하를 훨씬 밑돌았고, 눈은 도무지 그칠 기미를 보이지 않았다. 눈발은 강풍과 만나 온 사방 천지에서 휘몰아치며 춤추다가 땅으로 내리꽂혔다.

우리 기차는 반이나 눈에 잠겨 버려 더이상 움직일 수 없게 되었다. 우리들은

서부로 가는 험난한 길 219

하는 수 없이 기차를 떠나 역 안으로 들어갔다. 역 안은 넓고 따뜻했다. 우리에게 주어진 잠자리라고는 더러운 널빤지가 전부였지만, 거기에라도 누워서 지칠 대로 지쳐버린 몸을 쉬었다.

새벽 세 시경이 되자 종소리가 울렸다. 우리를 구해 줄 새 기차가 제설 장치까지 달고서 왔다는 것이다! 이 소리에 우리는 허둥지둥 기차로 뛰어갔지만 제설차만이 눈을 치우며 천천히 우리 옆을 지나갈 뿐이었다. 우리들은 다시 진흙투성이에다 담뱃진에 누렇게 절은 널빤지 위에서 잠을 청했다.

새벽 여섯 시에 또다시 종소리가 잠을 깨웠다. 그러나 역장은 우리에게 좋은 소식을 전해 줄 의향도 없어 보였고 실제로 좋은 소식을 전해주지도 못했다. 우리는 마치 달갑지 않은 소떼 취급을 받는 기분이었고 그건 우리가 단지 소 수송 차량을 탔기 때문인 것 같았다. 만약 우리가 몇 명 되지도 않았다면 이보다 더 심한 대우를 받았을 것이다. 하지만 우리는 스무 명이나 되었고, 이 중에는 싸움을 못해서 안달이 난 우락부락한 벌채노동자들도 몇 명이나 껴 있었다.

나흘 동안 우리는 퍼거스 폴스 역에 갇혀 역 바닥에서 잠을 자면서, 기차가 왔느니 제설차가 왔느니 하는 헛소리에 자다가 수십 번이나 깨서 우르르 몰려다녔다.

그래도 한 가지 좋은 점은 있었다. 눈보라를 헤치고 식료품점에 갈 수 있었던 것이다. 돈만 있으면 가게에 가서 음식을 사먹을 수 있었다. 수중에 있던 5달러는 4달러로 줄어들었다. 닭에게 줄 모이도 사야 했다. 나는 1달러로 내가 먹을 음식을, 2달러로는 닭에게 줄 옥수수를 샀다.

3월 25일이 되자, 드디어 역장이 제설차와 기차가 그날 아침 역에 도착할 예정이고, 다음날까지는 우리를 위니펙에 데려다 줄 것이라고 말해주었다.

아침 8시까지 모이라는 말에 우리는 모두 미리 떠날 채비를 하고 있었지만, 기차는 오후 세 시가 지나서야 도착했다. 마침내 우렁찬 소리와 함께 기차가 연결되자 우리는 다시 길을 떠났다.

퍼거스 폭포 근처를 지날 때는 울창한 나무가 눈보라를 가려주어 기차가 잘 달릴 수 있었다. 그러나 한 시간쯤 달리자 탁 트인 다코타 평원으로 나오게 되었다. 그곳에서는 눈보라가 스러지기는 했지만 아직도 기세를 발휘하고 있었다. 광막한 평원은 눈의 파도가 끝없이 펼쳐진 바다 같았다. 눈의 파도는 얼어붙은 듯 고요했지만 그 위를 떼지어 내달리는 눈들은 마치 말들이 갈기를 휘날리며 파도를 넘고 있는 것 같았다. 정말 아름다운 광경이었다. 하지만 곧 그것이 무서운 적임을 알게 되었다. 우리가 가야 할 길에 차곡차곡 쌓인 눈이 기차의 발목을 잡은 것이다. 결국 시커멓고 육중한 기차는 깊은 눈더미에 갇힌 채, 춤추듯 날아다니는 하얀 장난꾸러기들 앞에 무릎을 꿇고 말았다.

한번 멈추어 서자 눈더미는 점점 더 쌓였다. 우리가 지나치며 날려보냈을 눈까지도 기차를 가로막고 쌓였기 때문이었다. 차장이 모두 삽을 들고 나오라고 하자 우리는 밖으로 나가 눈을 파헤치기 시작했다.

한 시간쯤 고되게 눈을 치운 뒤에야 기차는 다시 움직일 수 있었다. 하지만 몇 킬로미터 못 가서 기차는 또다시 더 깊은 눈 속에 파묻히고 말았다. 또 나가서 눈을 퍼냈지만 얼마 지나지 않아 세 번째 눈더미에 갇혀 꼼짝달싹 못하게 되었다. 이제 어둠이 내렸고 우리는 완전히 지쳐 있었다. 차장은 나가서 일을 하든지 아침까지 그냥 있든지 알아서 하라고 퉁명스럽게 말했다. 우리는 입을 모아 이렇게 말했다. "그냥 둡시다. 우리는 지칠 대로 지쳤소. 이대로 있다가 내일 아침에 행운이나 빌어봅시다."

다음날 아침(3월 26일), 폭풍은 누그러졌지만 눈더미는 그대로였다. 우리는 눈 치우는 일로 하루를 시작했다. 500미터도 못 가서 또 다른 눈더미가 가로막았고 우리는 모두 불려 나가 눈을 치워야 했다. 한 시간쯤 눈을 파 낸 뒤에 우리는 다시 출발할 수 있었고, 탁 트인 초원으로 들어서서는 한 시간 가까이 순조롭게 달렸다. 또다시 기차는 느려졌고 바로 앞에 깊은 눈더미가 있음을 경고해 주었다. 차장이 우리 객실로 들어왔다. 그는 기차 맨 앞에 있었으니까 우리가 갇힌 눈더미가 어느 정도인지 알고 있을 거라고 생각해서 그만 바보 같은 질문을 하고 말았다.

"얼마나 여기 갇혀 있게 될까요?"

"제가 그걸 어떻게 알겠습니까?" 차장이 정중히 대답했다.

"그럼, 저기 목장에 음식 좀 얻으러 가도 되겠습니까?"

"맘대로 하세요." 다행이었다.

그 목장은 3킬로미터 정도 떨어져 있어 보였는데, 낮은 건물들이 길게 이어져 있었고 주변에 다른 인가는 없어 보였다. 나는 음식이 다 떨어진 상태였다. 음식을 조금이라도 얻으면 좋으련만. 기차 안의 다른 사람들도 상황은 마찬가지였다.

기차가 나만 두고 떠난다 해도 더 나빠질 게 없었다. 다음 번 눈더미에 갇혔을 때 따라 잡으면 된다고 생각했다. 나는 용감하게 기차를 떠나 눈 쌓인 벌판으로 발을 옮겼다.

이제 바람도 잠잠해졌기 때문에 목장이 뚜렷이 보였다. 하지만 눈이 깊이 쌓여 있어서 방심할 수 없었다. 얇게 언 눈을 밟을 때는 괜찮았지만 1미터 가까이 되는 부드러운 눈을 만나면 눈 속에 푹 빠져 뒹굴었기 때문이다. 3킬로미터로 예상했던 그 목장은 가는 데만 해도 꼬박 한 시간이 걸렸다.

낮 12시가 다 되어서야 간신히 목장에 다다른 나는 부엌 문 쪽으로 다가갔다. 베이컨 굽는 맛있는 냄새가 코를 자극했다. 열린 문 사이로 빼빼 마른 여자가 보였는데, 아일랜드계 사람 같았다. 그 여자는 도저히 돼지고기라고 할 수 없을 정도로 이상하고 푸르스름한 베이컨을 프라이팬에 가득 집어넣고 굽고 있었다. 그래도 그 냄새는 허기진 배를 움켜 쥔 나를 잡아끌었다.

"그걸 얼마에 팔겠습니까?" 나는 프라이팬 전체를 가리키며 물었다.

"섬십 오 씬트요." 억센 사투리가 돌아왔다. 내가 잔돈을 꺼내자 그 여자가 다시 말했다.

"워디에 담아 갈낀가?"

"아무것도 없는데요."

"옛수." 그 여자는 재빨리 오래된 신문을 집어들었다. 나는 신문을 커다란 고깔 모양으로 만든 다음, 프라이팬의 음식을 부었다. 곧바로 뜨거운 기름기가 신문지에 배었다. 나는 얼른 바깥으로 나왔다. 살을 에는 듯한 추운 날씨에 베이컨 덩어리는 굳기 시작했다.

갑자기 식욕이 싹 가셔버렸다. 구역질이 나올 것만 같았다.

한 시간도 더 걸려서 나는 기차로 돌아왔다. 기차는 그 자리에 서 있었다. 나는 맛있게 먹을 수 있길 바라며 후덥지근한 객차로 들어갔다. 하지만 끈적끈적하고 기름기가 줄줄 흐르는 그 퍼런 돼지고기를 보니 비위가 거슬렸다. 나는 구역질이 나서 심하게 토해버리고 말았다. 그리고는 자리에 돌아와 기진맥진해진 채로 앉아 있었다. 내 맞은편에 우락부락하게 생긴 블루노우즈 벌목 노동자가 앉아 있었다. 블루노우즈란 뉴브런즈윅(캐나다 남동 연안의 주(州) - 옮긴이)출신이란 뜻이다. 다른 사람들처럼 그 사내도 굶고 있었다. 그는 굶주린 늑대처럼 기름이 줄줄 흐르는 쓰레기를 노려보고 있었다. 나는 힘없이 말했다.

"먹겠소?"

"아무렴."

"그럼 드시오."

그는 야생의 동물처럼 기름덩어리에 게걸스레 달려들더니 단 몇 분 만에 먹어치웠다. 그리고는 긴 다리를 통로에 쭈욱 뻗더니, 책을 한 권 꺼냈다.

"무슨 책이요?" 내가 물어보았다.

"성경이외다." 그자는 유난히 힘을 주어 말을 했다. "여행할 때는 꼭 들고 다니지." 그의 입이 움직이는 모양으로 보아 한 자 한 자 더듬어 읽는 것이 분명했다.

조금 있으려니 한 프랑스계 캐나다 사람이 무심하게 통로를 걸어오다가 블루노우즈의 정강이에 걸려 넘어졌다. 그 거구는 벌떡 일어나 소리 질렀다.

"이런 빌어먹을 놈이 있나. 조용히 성경도 못 읽겠네."

프랑스 사람이 거구에게 덤벼들었고 다른 사람들도 싸움에 끼어들었다. 불쾌한 소동이 시작되고 있었다. 그 자리를 피해 기차 밖으로 나온 나는 닭들에게 모이를 줄 시간이라는 걸 깨닫고 얼른 닭장으로 갔다. 그때 닭 울음소리가 크게 들렸다. 부리나케 달려가 보니, 닭 한 마리가 알을 낳은 것이 보였다.

나는 당장 달걀껍질을 앞니로 톡깨서 신선하고 따뜻한 알을 꿀떡 삼켰다. 그것이 그날의 유일한 식사였다. 나는 그 다음날부터 매일 아침 닭장에 가서 새로운 식량을 기다렸다. 하지만 나와 같은 음식을 기다리기는 다른 닭들도 마찬가지였다. 그 놈들은 매일 단조로운 먹이에 싫증이 난 데다 동물성 식품에 주려 있었다. 그래서 다른 닭이 알을 낳으려고 하면, 무슨 장례식에 모여든 친척들처럼 모여들어서는 알이 세상에 나오자마자 모두 쪼아대는 것이었다. 보통 일 분이면 끝장이 났다. 그래서 나도 그 놈들 틈에 끼어 주변에서 서성거리기로 했다. 매일 아침 망을 잘 본 덕분에 하루에 달걀 한두 개씩은 먹을 수 있었다.

나는 그때 그렇게 목숨을 부지했고, 드디어 엿새 뒤, 토론토를 떠난 지 보름 만에 위니펙에 도착했다.

위니펙에 도착하기 전에 나는 아주 흥미진진한 경험을 했다. 기차가 펨비나에 조금 못 가서 울창한 미루나무 숲을 지나고 있을 때였다. 빽빽한 숲이 끝없이 이어지는 사이사이에 빈터가 가끔씩 보였다. 위니펙 동부의 교외인 세인트 보니페이스에 가까워질 무렵, 우리 기차는 폭이 30미터 정도 되는 공터를 지나게 되었다. 바로 거기서 내 영혼 깊은 곳을 뒤흔들어놓은 장면을 보게 되었다.

크고 작은 검은 개, 흰 개, 누런 개 수십 마리가 둥그렇게 모여서 들썩거리며 이리저리 날뛰고 있는 게 보였다. 한쪽에는 작은 누런 개 한 마리가 눈 위에 조용히 뻗어 있었다. 원 바깥쪽에는 커다란 검은 개가 덤빌 듯이 짖고 있었지만 무리들 바깥에서 안으로 들어올 마음은 없어 보였다. 한가운데에는, 이 난리의 주범으로 보이는 무자비하고 섬뜩하게 생긴 커다란 늑대가 서 있었다.

늑대라기보다 그 놈은 차라리 사자 같았다. 놈은 낮은 덤불을 등지고 서 있었

위니펙의 늑대

는데, 홀로 결연하고 냉정한 표정으로 털을 곤두세운 채 다리를 땅에 힘껏 버티고 서서 경계의 눈초리로 언제 닥칠지 모르는 공격에 대비하고 있었다. 입 언저리는 비웃는 것처럼 뒤틀려 있었지만 실은 싸우기 위해 이빨을 드러내고 으르렁거리는 것이 틀림없었다. 비겁하게 물러서 있던 개가 먼저 덤벼들자 나머지 개들도 늑대를 향해 달려들었다. 개들의 공격은 스무 번도 넘게 계속되었다. 그러나 거대한 잿빛 물체는 이리저리로 날렵하게 움직이며 무시무시한 턱으로 탓 탓 탓 소리를 내며 맞섰다. 외로운 전사에게서는 그 소리밖에 나지 않았지만 적진에서는 여기저기에서 죽음의 비명소리가 터져나왔다. 개들이 다시 뒤로 물러나자 늑대는 전과 똑같은 위엄 있는 모습을 드러냈다. 털 끝 하나 흐트러지지 않은 채 야성이 넘치는 모습으로 오만하게 적들을 바라보면서.

아, 그때 나는 기차가 눈더미에 갇히길 얼마나 바랐던가. 그때까지 몇 번이고 갇혔던 것처럼 말이다. 나의 마음은 온통 그 잿빛 늑대에게 달려가 있었다. 놈에게 달려가서 도와주고 싶었다. 하지만 기차는 그곳을 휙 지나쳐갔고, 늑대는 미루나무에 가려 더이상 보이지 않게 되었다. 기차는 도착지까지 멈추지 않고 달렸다.

이게 내가 본 전부였다. 얼마 지나지 않아 나는 그때 내가 얼마나 운이 좋았는지를 알게 되었다. 그렇게 보기 드문 멋진 녀석을 그것도 벌건 대낮에 본 것은 행운이었다. 그 녀석은 다름 아닌 '위니펙 늑대' 였던 것이다.

녀석은 특이한 늑대였다. 들판보다 마을에 사는 것을 더 좋아했고, 양들은 그냥 지나치지만 개들은 꼭 죽였으며, 늘 혼자서만 사냥을 했다.

녀석은 루가루(밤이면 늑대로 변하여 동물이나 사람, 시체를 먹어치우지만 낮이 되면 인간의 모습으로 되돌아온다는 전설 속의 사람 – 옮긴이)라고 불리기도 했지만 실제로 마을에서 이 늑대를 알고 있는 사람들은 얼마 없었던 모양이었다. 시내 중심가의 한 멋쟁이 가게 주인은 이 늑대에 대해서 전혀 모르고 있다가 개들의 시체 위에 총알이 잔뜩 박힌 채 죽어 있는 끔찍한 늑대의 모습을 본 뒤에야 녀석의 존재를 알게 되었다. 위대한 늑대의 시체는 하인 박제 가게에서 박제되었고 나중에는 시카고 세계

박람회에도 전시되었다. 하지만 슬프게도 1896년 위니펙 멀비 중학교의 화재로 이 위대한 늑대 박제도 잿더미로 사라지게 되었다.

드디어 1882년 4월 1일, 눈보라를 이겨낸 우리 기차는 쉭쉭거리며 꽁꽁 얼어붙은 위니펙에 들어섰다. 첫 번째 긴 노정이 끝난 것이었다.

그러나 여행자들은 서글픈 맘을 금치 못했다. 추위와 굶주림으로 가축이 많이 죽었기 때문이었다.

나는 내 닭들을 나와 같이 가축 칸을 나눠 썼던 남자에게 맡겨 두었다. 먹이는 있으니 하루에 한 번 닭들에게 먹이를 주는 것은 그리 어려운 일이 아니었으니까.

역에 도착했을 때 모든 기찻길이 폭설 때문에 불통이 되었다는 소식을 들었다. 서쪽으로 160킬로미터만 가면 형의 농장에서 가까운 드윈턴 역이 있었지만 일주일 동안 위니펙에 묶여 있어야 했다.

역 바깥에는 인부 모집 광고가 붙어 있었다. '눈 치우는 사람 구함. 일당 2달러.' 나는 당장에 지원했고, 스무 명 남짓한 다른 지원자들과 함께 삽을 들고 나섰다. 우리들은 가축수송용 기차를 타고 펨비나 쪽으로 30킬로미터 정도 남쪽으로 내려가서는 쌓여 있는 눈을 공격하기 시작했다.

꽁꽁 얼어붙는 추위에 바람마저 심하게 불었다. 한 시간쯤이나 퍼냈을까, 같이 일하던 사람이 나에게 말했다. "이봐, 자네 얼굴이 얼었잖아."

확실히 내 뺨과, 코, 귀가 얼어서 잿빛으로 변해 있었고 아무 감각도 느낄 수 없었다. 발도 동상에 걸린 게 틀림없었다. 내 옷차림은 전혀 추운 날씨에 맞지 않는 데다 장화 안은 아무런 감각도 없었기 때문이었다.

리안이라는 맘 좋아 보이는 젊은 감독이 나를 살펴보더니 이렇게 말했다. "이봐, 꼬마. 기차 안으로 들어가 몸 좀 녹여라." 정말 반가운 말이었다.

점심 때가 되자 사람들이 커피와 샌드위치를 주었고, 일이 끝나자 기차는 다시 위니펙으로 돌아왔다. 나는 다른 사람들처럼 2달러를 받았다. 하지만 눈보라 속에서 눈 치우는 일은 내게 맞지 않는다는 사실을 깨달았다.

서부에서 시튼이 처음 살았던 곳

2달러가 주머니에 들어오니 부자가 된 기분이었다. 나는 역사 벤치에서 새우잠을 자고 아침으로 커피와 빵 하나를 먹은 뒤 시내구경을 나갔다.

아는 사람은 없었지만, 몇 년 전인가 형 밑에서 일하던 사람이 위니펙으로 이사했다는 소문을 들은 적이 있었다. 그의 이름은 사이먼 퍼트였다. 나는 우체국 인명부에서 주소를 알아낸 뒤 오후에 그 집을 찾아 나섰다.

그는 시내의 작은 집에 자리잡고 별 어려움 없이 살고 있었다. 그는 부지런한 사람이었고, 부인은 착하고 검소하고 현명한 사람이었다. 그에게는 아들이 셋 있었는데, 큰 아이가 벌써 십대 소년이었다. 그는 낙농업을 하고 있었고, 아들들도 모두 신문배달부로 일하고 있었다. 착실하고 부유한 가정이었다.

그 가족은 나를 기쁘게 맞아주었고 며칠 머물다 가라고 했다. 정말 반가운 말이었다. 그날 밤 나는 3주 만에 처음으로 침대에서 잠을 잤다.

몇 달 후, 그 착한 부인은 내 어머니에게 이렇게 말했다고 한다. "아드님은 완전히 지쳐 있었어요. 기절한 것처럼 정신없이 자더군요."

나는 그들의 환대 속에서 이틀 밤을 지냈다. 내 닭을 태운 마차가 어디에 있는지 알 도리가 없었지만 위니펙 어딘가에 있으려니 했다. 눈 때문에 기차가 아무 데도 못 나갔으니까 말이다. 4월 3일 저녁에 밤 기차가 바로 내가 가려는 방향인 서쪽으로 출발할 예정이라는 소식을 들었다.

나는 토론토에서 이미 사두었던 표를 가지고 저녁 여덟 시경 기차에 몸을 실었다. 다른 밤차들처럼 그 기차도 밤새도록 달렸다. 새벽 4시 30분이 되자, 차장이 나를 흔들어 깨웠다. 차장은 내 모자에서 표를 꺼내보더니 이렇게 말했다. "드윈턴은 다음 역이오."

10분 뒤 나는 어둠 속에서 또다시 무섭게 휘몰아치는 눈보라 속으로 던져졌다.

역사는 황량한 벌판에 홀로 서 있는 작은 건물이었고, 창문에 불 하나만이 어둠을 밝히고 있었다. 안으로 들어가 보니 의자에서 졸고 있는 역 직원이 보였다. 나는 그가 쳐다볼 때까지 기다렸다가 아서 S. 톰슨이라는 사람이 어디에 살고 있는지 아느냐고 물어보았다. 그는 일부러 큰소리로 욕지거리를 하며 대답했는데, 어쨌든 자기는 알지도 못하고 관심도 없다는 내용이었다. 아무래도 그를 다시 깨우지 않는 게 나을 듯싶었다.

나는 대합실 의자에 혼자 조용히 앉아 있었다. 여섯 시가 조금 지나자 먼동이 트기 시작했다. 밖으로 나가보았다.

형의 농장은 기찻길을 따라 북쪽으로 2킬로미터 정도 가면 있다고 나는 어렴풋이 알고 있었다. 바람이 잦아들어 눈도 날리지 않았다. 그래서 나는 눈 위에 혹시 발자국이라도 남아 있지 않나 싶어 밖으로 나갔다. 곧 북쪽으로 난 작은 길을 발견했는데, 거기에는 작고 뚱뚱한 사람의 발자국이 나 있었다. 형의 발자국일지도 몰랐다. 별 달리 좋은 방법도 없고 해서 나는 그 발자국을 따라가기로 했다.

1킬로미터도 못 가서 울타리가 나왔고, 길고 낮은 둔덕 가운데에 연통이 박혀 있는 게 보였다. 나는 그곳으로 다가가다가 길이 갑자기 끊기는 바람에 1.5미터 아래로 굴러 떨어졌다. 그 둔덕 옆에 나무문이 달려 있는 게 보였는데, 거기엔 형의 이름이 써 있었다.

나는 문을 두드리고 안으로 들어갔다. 방 하나만 있는 평범한 오두막이었다. 하지만 벽 끝에 놓인 네 개의 침대에 붉은 얼굴의 무시무시한 인디언 세 명이 있었다. 얼굴이 붉었다. 보통 인디언들처럼.

곧이어 환호가 터져 나왔다. "어서 와!" 인디언들은 싱글거리며 소리쳤다. "어니스트!" 볕에 그을린 구릿빛 얼굴들이 인사를 했다. 그들은 아서 형과 찰리 형 그리고 윌리 브로디였다.

1881년 토론토에서 서부 생활을 준비하고 있을 때 신세를 많이 졌던 박물학자 윌리엄 브로디 박사는 내게 이렇게 말한 적이 있다. "서부에서 생활할 때, 매일매일 일기 쓰는 걸 잊지 말게. 그렇지 않으면 후회하게 될 거야."

난 당장에 일기 쓰기를 시작했고, 그 일기는 지금 내 앞에 놓여 있다. 맨 첫 장에는 이렇게 쓰여 있다.

아서 형의 오두막

1881년 11월 13일 월요일, 온타리오 주, 토론토. 화이트 브리지에서 울새 세 마리를 봄.

어느 누가 내가 써 놓은 몇 자 안 되는 이 글을 보고 순수하고 미묘한 기쁨을 맛볼 수 있을까. 이 글은 다른 사람들에게는 아무런 가치가 없을 것이다. 하지만 나는 이것이 내가 갈망하던 삶의 시작이라는 것을 본능적으로 알 수 있었다. 이 것이 바로 숭고한 왕국으로 향한 나의 첫걸음이었던 것이다.

나는 그 뒤로 일기를 계속 써왔고 지금도 쓰고 있다. '여행과 관찰 기록'이라는 제목의 일기가 내 책상 위에 놓여 있다. 가죽표지로 된 50권의 이 두꺼운 일기는 지금도 그 두께가 계속 늘어나고 있다.

나는 일기에 연필이든 잉크든 또는 그림물감이든 상관없이 닥치는 대로 기록했다. 때로는 알고자 하는 욕망에 희생된 제물들의 피로 더럽혀지기도 했고, 때로는 모닥불 불똥이 튀어 그을리기도 했으며, 더러운 손으로 서둘러 그리느라 기름때가 묻기도 했다. 가끔은 글씨가 엉망이기도 하고, 급히 그리느라 그림도 엉망이었다. 하지만 아무리 대충 급히 그린 그림이라도 소중한 그림이었다. 이 일기를 돈주고 살 사람도 없겠지만, 나도 수억을 준다 해도 내놓을 생각이 없다. 이 기록에는 지난 내 육십 평생의 삶과 생각뿐 아니라 나의 노력과 나의 기쁨이 오

서부로 가는 험난한 길 231

롯이 녹아 있기 때문이다.

야망에 찬 젊은 박물학자들이 종종 내게 조언을 달라고 찾아온다. 그러면 언제나 난 그들에게 내가 받았던 그 충고를 해준다. '기록을 자세하게 남겨라. 그리고 과학은 자세하게 관찰하고 기록하는 것에서 시작한다는 것을 명심해라.'

그리고 몇 가지 이야기를 더 해준다. 내가 미처 가치를 알지 못해 하지 못했던 일들이다. "관심을 끄는 것은 무엇이든 표본을 만들어라. 표본을 만들기 어려우면 그림이라도 그려 넣고, 그 표본 밑에 최소한 날짜와 장소를 표시해 두어라.

사건이 일어나면 바로 그날 기록을 남겨라. 기억력은 믿을 게 못된다.

모든 사건마다 날짜와 시간을 자세하게 기록해라."

내가 처음으로 일기를 쓰기 시작한 것은 토론토에서였다. 하지만 내 진짜 기록과 진짜 인생은 매니토바에서 시작되었다. 내가 형의 집을 찾으려다 눈더미 아래로 굴러 떨어졌던 바로 그 순간부터.

그때 바로 거기, 지저분하고 바닥도 깔지 않은 좁은 오두막이 내 꿈을 향한 찬란한 입구였던 것이다. 나는 그곳에서 농장 일을 하기도 하면서 진짜 내 삶을 찾았다.

목장과 평원에 1미터 가까이 쌓인 눈과 울타리에 쌓여 있는 눈더미 때문에 우리는 몇 주일 동안 아무 일도 하지 못했다. 덕분에 나는 스케치북과 총을 들고 자유롭게 나다닐 수 있었다.

500미터도 안 떨어진 곳에 숲이 있었다. 그곳엔 벌써 철새들이 날아와 있어서 나는 내 오랜 열망을 매일매일 하루 종일 채울 수 있었다.

토론토에 있을 때 나는 쿠스의 『아메리카 조류 분류법』과 조던의 『척추동물 안내서』를 어렵게 구했다. 나는 이 책들을 들고 깊이 쌓인 눈을 힘들게 뚫고서 매일 돌아다녔다.

나는 발견하는 것마다 쿠스와 조던의 책을 찾아보면서 분류해보고, 치수를 재고, 특징과 먹이와 질병 등을 두꺼운 일기장에 적어두었다. 나는 무슨 신성한 기쁨 같은 것을 느끼면서 들떠서 어쩔 줄 몰랐다. 어린 시절의 꿈과 청년 시절의 희망이 이루어지는 듯했다.

윌리엄 브로디는 나를 많이 도와주었다. 그는 그의 아버지의 가르침 덕분에 식물과 곤충의 이름을 내게 많이 일러줄 수 있었다.

도착한 지 사흘이 지난 날, 화물 열차의 연기가 동쪽 숲 위로 피어오르는 게 보였다. 우리는 역으로 달려가서 내 닭을 찾았다. 얼마나 기쁘던지. 한 마리도 빠짐없이 모두 건강하게 살아 있었다. 닭을 맡았던 사람에게 잘 돌봐준 대가로 5달러를 주었더니 무척이나 좋아했다.

근처 개척지에서 사는 사람들도 물건을 사려고 역에 많이 모여들었다. 그들은 내 닭에 열렬한 관심을 보여서 맘만 먹으면 그 자리에서 모두 팔아치울 수도 있었다.

나는 좋은 놈 여섯 마리만 30달러에 팔았다. 그 돈은 내가 처음에 60마리를 샀던 돈과 같은 액수였다.

그 뒤 3년 동안 나는 닭과 달걀을 팔아서 돈도 벌고 식량도 구했다. 닭을 작은 돼지나 송아지로 바꾸고, 그것들을 길러서 돈으로 바꾸었다. 내가 나중에 동부로 돌아갈 때 가지고 있었던 돈은 모두 닭에서 나온 돈이라고 할 수 있다.

이런 이야기는 아주 오래 전 일들이지만, 전혀 엉뚱한 이야기가 아니다. 이 이야기는 중요한 점을 시사하고 있는데, 비록 나는 몽상가였고 시인이었지만, 내가 스스로 시작했고 혼자서 했던 사업은 모두 경제적으로 성공했다는 것이다. 나는 이 생각을 할 때마다 내 몸에 훌륭한 스코틀랜드인의 피를 흐르게 해 주신 하느님께 감사드린다.

땅 사냥꾼들

아서 형은 자기 땅에 방이 여섯 개가 딸린 집을 짓고 있었다. '공유지(서부개척시대에 정부가 초기 정착인들에게 팔았던 땅 - 옮긴이) 오두막'이라고 불리는 지금의 통나무집을 대신할 집이었다.

아서 형과 찰리 형은 하루 종일 그 일에 매달렸다. 윌리엄 브로디는 요리를 맡았고, 나는 닭장을 만들거나 다른 허드렛일을 했다.

하지만 우리 모두의 목표는 하나였다. 날씨만 풀리면 서부로 더 들어가 보는 것이었다. 각자 반 구역(공유지를 구분하는 단위, 1구역은 약 78만 평 - 옮긴이)의 땅을 갖고 싶었기 때문이다. 그동안 우리는 탐험준비를 열심히 해서 기름진 공유지를 찾아 나설 준비가 다 되어 있었다.

1882년 5월 11일, 우리 세 형제는 처음으로 땅 사냥에 나섰다. 민첩한 말들이 끄는 마차에 여행 장비로 말에게 줄 귀리 열 포대, 텐트, 담요, 주전자와 프라이팬, 양철 접시와 컵, 칼, 포크, 숟가락, 건빵 한 봉지, 설탕, 차, 감자, 베이컨을 실었다.

당연히 아서 형이 마차를 몰면서 우리 원정대를 이끌었다. 나는 요리와 사냥을 했고, 찰리 형은 아서 형을 도와 모든 일을 총괄했다.

우리는 래피드 시로 가는 길에 점심을 먹으려고 페어뷰에 잠시 머물렀다. 나는 요리를 하려고 불을 피웠다. 서부에 온 이래 밖에서 불을 피우기는 이번이 처음이었다. 나는 묘한 흥분에 휩싸였다.

점심을 먹고 우리는 여행을 계속하다가 해가 떨어지자 니컬스 여인숙에서 하루를 묵었다. 브랜던에서 십여 킬로미터 못 미친 곳이었다.

다음날 아침 11시에 브랜던에 도착한 우리는 다시 배를 타고 강을 건너서, 남쪽으로 행군을 계속해 십여 킬로미터를 더 갔다. 우리는 저녁 7시가 되어서야 텐트를 쳤다. 대평원에서는 처음으로 해보는 야영이었다.

형들은 이미 오래 전에 잠들었지만, 나는 밤의 소리에 귀 기울이며 깨어 있었다. 봄의 수다쟁이인 청개구리와 머리 위로 날아다니는 새들의 날개 소리였다.

그날 내 일기에는 이렇게 쓰여 있다.

"1882년 5월 12일 밤, 브랜던에서 남쪽으로 십여 킬로미터 떨어진 곳에서 야영을 했다. 우리 텐트는 모닥불과 3미터 정도 떨어져 있었는데 그 중간쯤에 있던 새 둥지에서 작은 새가 나를 보더니 놀라 뛰쳐나갔다. 그 새는 불 때문에 마지못해 도망갔다가 멀리도 가지 못하고 가까운 수풀에서 종종걸음을 치며 맴돌았다. 그러다가 용기가 생기면 바로 다시 돌아오기를 반복했다. 새벽녘이 되자, 녀석이 다시 둥지로 돌아와 있는 것이 보였다. 내가 불을 다시 붙이러 다가가자, 녀석은 슬슬 뒤로 물러섰다가 조금 뒤에는 제 짝하고 다시 돌아왔다. 이제 나는 녀석들을 자세히 볼 수 있었다. 녀석들은 해변종다리 한 쌍이었다. 둥지에는 갈색 알 세 개가 들어 있었다. 풀로 만든 둥지는 땅에 파묻혀 있었고 커다란 갈색 깃털이 두세 개 들어 있었는데 그것은 바로 그들의 숙적 매의 깃털이었다.

이번엔 짝과 같이 있어서 그런지 녀석은 용기를 얻은 것 같았다. 둥지 쪽으로 슬금슬금 걸어가더니 마침내 알을 품었다. 2미터도 안 떨어진 곳에서 내가 활활 타오르는 불에 베이컨을 굽고 있었는데도 말이다. 나는 새들이 놀라지 않게 매우 신경을 썼다. 우리는 그 새들의 평화를 방해하지 않도록 아침 식사가 끝나자마자 불을 얼른 끄고 텐트를 챙겨서 말을 데리고 그곳을 떠났다."

다음날 우리는 수리스 강에 도착했다. 물이 불어 있었다. 우리는 조그만 거룻배를 타고 건넜지만 말들은 얼음처럼 차가운 강을 헤엄쳐서 건너야 했다. 한 마

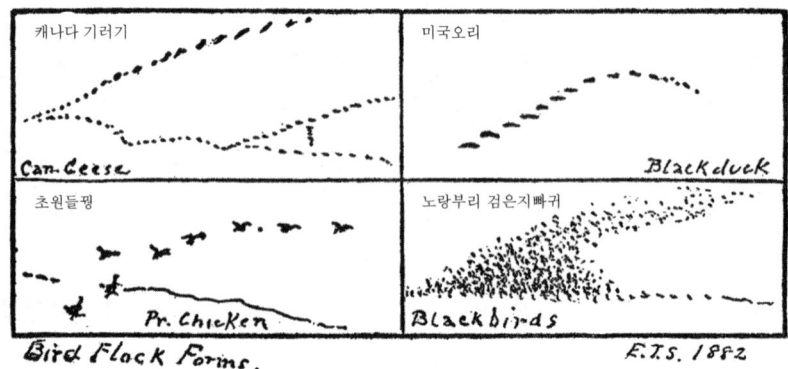

새들이 무리지어 나는 모양

리는 건너다가 물에 빠져 죽을 뻔했다.

우리는 수리스 대평원을 지나갔다. 새들은 예전에도 많았지만 그때는 보통 때보다 열 배는 더 많아 보였다. 수없이 많은 긴발톱멧새가 떼지어 북쪽 번식지로 날아가고 있었다. 녀석들이 겨울 동안 남쪽에 머물 동안 총과 올가미에 떼죽음을 당한 것을 보았다면 어떻게 이 많은 떼가 유지될 수 있을지 궁금하지 않을 수 없으리라. 또 여름에 북쪽에서 무수한 긴발톱멧새 떼를 보게 되면 도대체 어떻게 하나도 줄지 않았을까 의아해 할 것이다.

갈색 두루미들은 작은 무리를 이루고 있었고 가끔 보이는 흰색 두루미는 쌍을 이루어 하늘에서 나팔소리를 내며 날아다니거나 목초지 언덕에서 서넛씩 무리를 지어 춤을 추고 있었다. 둥그렇게 서서 인사한 다음 옆으로 미끄러지듯 움직여 원을 그리며 높은 나팔 소리에 맞추어 춤을 추는 듯했다.

기러기가 기다랗게 줄을 서거나 혹은 V자 띠를 만들며 날아가고 있었고, 초원들꿩들은 작은 언덕을 모두 차지하고 서 있었다. 한두 번은 높은 하늘에 떠 있는 대머리수리도 보았는데, 놈은 각진 날개를 활짝 펴고 날아가는 쇠콘도르였다.

나는 모닥불 옆에서 오래된 공책을 읽다가 새로운 사실을 발견했다. 학명을 포함해서 새나 짐승들에 대해 적어놓은 내용이 사실과 다르다는 점이었다. 이 발견은 새로운 빛이었고, 영혼의 즐거움이었다. 그 즐거움은 내 인생, 아름다운 내 인생 내내 기억될 기쁨이었다. 이 발견으로 나는 하늘과 땅을 지배하는 새들에 대해서 더 깊은 관심을 갖게 되었다.

쿠에일리라는 이름은 예전에 우리가 알고 있던 이름이다. 하지만 요즘은 머리 나쁜 학자들이 '고지대 물떼새'니 '바트라미안 도요'니 하는 이름으로 바꿔놓았다. 도대체 그 따위 이름이 어떻게 야생 세계의 언어가 될 수 있단 말인가?

아침 일찍 높은 하늘에서 쿠에일리의 강하게 떨리는 휘파람소리가 들려왔다. 그 떨리는 소리는 '루루루루 퓨 피유 피유' 처럼 들렸다. 녀석이 낮게 날수록 소리가 점점 가까워지더니 드디어 내 눈앞에 몸을 드러냈다. 녀석은 날개 끄트머리만 조금 떨고 있을 뿐 날개를 퍼덕이지도 않은 채 날고 있었다. 그리고는 아래로 쏜살같이 내려와 들판에 내려앉았다. 녀석은 마치 천사처럼 날개를 활짝 펴 똑바로 들어올린 채 검정과 흰색으로 수놓인 자기의 화려한 날개 안쪽을 과시하는 것처럼 잠시 꼼짝 않고 서 있었다. 잠시 동안 그렇게 서 있다가 천천히 날개를 접더니, 고개를 끄덕거리며 수풀을 헤집으며 뛰어다녔다. 조금 있다가 녀석은 목청을 높여 길게 노래를 불러 구름 속에서 제 친구들과 가족을 불러들였다. 녀석들은 드넓은 초원으로 내려와 예의 그 천사 날개를 선보인 뒤 고개를 끄덕거리며 이리저리 뛰어다녔다. 녀석들의 아름다운 날개 무늬와 그것을 공들여 과시하려는 끊임없는 노력 덕분에 그 날개는 더 아름답게 진화를 거듭하는 것일 게다.

우리는 하루 종일 녀석들의 구슬픈 노랫소리를 들었고, 날래게 내려앉는 모습과 천사 같은 몸짓을 구경했다. 거의 60년이라는 오랜 시간이 흐른 뒤에도 그때 그 광경과 노랫소리는 내가 느꼈던 그 어떤 감동보다도 강하게 내 마음을 사로잡는다.

그 여행에서 내게 빛과 기쁨을 안겨준 사건들이 더 있었다.

5월 17일, 나는 홀로 텐트를 지키고 있었다. 형들은 펨비나 강 건너에 혹시 쓸만한 땅이 있는지 알아보려고 나갔는데 그 쪽 땅이 이 지역에서 마지막 남은 곳이기 때문이었다.

　근처의 강 유역에 참나무 몇 그루가 듬성듬성 자라고 있었다. 혹시나 새로운 새를 발견할 수 있을까 싶어서 그곳을 살펴보다가 마침내 한 마리를 발견했다. 참나무에는 딱따구리가 파 놓은 듯한 구멍이 여러 개 뚫려 있었는데 실제로 그 구멍을 차지하고 있는 놈들은 바로 붉은 제비들이었다. 동부에서는 이 제비들을 새장이나 헛간 따위 또는 사람들 손에서나 사는 새로 생각한다. 그런데 나는 여기서 이 새들이 자기들만의 집 짓는 습관이 있다는 것을 알았다. 백인들이 이 땅에 들어오기 훨씬 전부터 이 녀석들이 해 오던 방식 말이다.

5월 23일, 우리는 낙담한 채 국유지 관리국을 나섰다. 쓸 만한 땅은 벌써 일년 전에 다른 개척자들이 등록을 해 놓았다는 사실을 알게 되었기 때문이다.
　우리는 우울한 맘을 안고 브랜던을 지나 집으로 가려고 북서쪽으로 말을 몰았다.
　펨비나 계곡을 벗어나자 드넓은 알칼리평지(침전된 후 건조되어 반짝거리는 고농도 상태의 소금이 있는 건조한 사막의 호수지대. 미국과 캐나다 서부지역에 있음 - 옮긴이)가 나타났다. 우리는 도요새 둥지를 발견했는데, 둥지래 봐야 조금 오목한 들소의 뼈에 풀 몇 포기 가져다 놓은 게 전부였다. 둥지의 안쪽은 휑뎅그렁하게 비어 있었고 회색빛이 도는 황록색 알은 주변의 삭막한 풍경과 비슷한 색채를 띠고 있었다. 아마 그 들소의 뼈는 어미가 멀리 나갔다 돌아올 때 눈에 띄는 이정표가 되어주는 모양이었다.
　하지만 내 눈을 잡아 끈 것은 다름 아니라 알이었다. 그 알들은 세모꼴이었는데 네 개가 뾰족한 끝을 서로 맞대고 있어서 꼭 원을 넷으로 똑같이 나눠놓은 모양이었다. 나중에야 나는 섭금류(涉禽類 다리, 목, 부리가 모두 길어서 물 속에 있는 물고기나 벌레 따위를 잡아먹는 새를 통틀어 이르는 말. 두루미, 백로, 해오라기 따위 - 옮긴이)의 새나 바닷새들의 알은 거의 이렇게 한 쪽이 뾰족한 세모 모양이라는 걸 알게 되었다. 그 당시 내게는 정말 놀라운 발견이었다.

1881년 가을과 겨울에, 나는 토론토 만에서 온 빌 론, 빌 랭, 샘 험프리 같은 사냥꾼들을 알고 지내게 되었는데, 난 그들이 5백 미터 밖에서 날고 있는 사냥감의 이름을 알아맞추는 것을 보고 깜짝 놀랐다.

내가 그들에게 "어떻게 그걸 알아 맞추죠?"하고 물었더니, 그들은 그저 이렇게만 대답해 주었다. "자꾸 하다보면 알게 돼."

나는 곧 새들의 이름을 알아내는 중요한 방법을 알아냈다. 첫째는 특정 지역과 환경에서 특정 계절에 사는 종류를 미리 알아두는 것이다.

둘째는 무리를 이루는 방법과 날아다니는 습관을 파악하는 것이다. 그러니까, 기러기나 왜가리들은 긴 띠나 V자 모양 띠를 이루어 높이 날고 큰흰죽지들과 몇몇 섭금류는 띠를 이루어 날지만 낮게 난다는 사실을 알아두는 것이다. 쇠오리와 쇠도요, 찌르레기류와 작은 새들 대부분은 일정한 모양 없이 날아다닌다. 다시 말하자면, 몸집이 큰 새들이 한 줄이나 V자 모양으로 무리를 지어서 날아다닌다는 얘기다. 줄지어 나는 것은 확실히 몸 크기와 관계가 있을 것이다. 날다가 부딪치면 큰놈들이 더 큰 문제가 될 테니까.

얼마 전, 항공사에 있는 친구들이 내게 재미있는 사실을 알려주었다. 실제로 비행 편대가 비행할 때 기러기들이 나는 방법을 따라한다는 사실이었다. 이런 방법으로 정렬을 하게 되면 비행기들은 각자의 시야를 확보한 상태에서 선두에 있는 대장도 잘 볼 수 있다는 것이다. 혹시라도 비행기 중 하나가 뒤로 쳐진다 해도 부딪칠 위험이 없다. 결국 모든 비행기들이 우왕좌왕하지 않고 '깨끗한 시야'를 확보한 상태에서 날게 되는 셈이다. 마치 기러기들처럼 말이다.

사냥꾼들의 마지막 비결은 다른 새들과 구별되는 특징을 아는 것이었다. 그 방법은 새들이 좀더 가까이 왔을 때 써먹을 수 있다. 모든 새들이 그들만의 독특한 꼬리표를 달고 있는 것이다.

나는 이 특징, 즉, 꼬리표를 알아내서 종이에 그려 넣기 시작했다. 319쪽에 있는 그림이 바로 내가 1881년과 1882년에 그린 것이다. 나는 당시에 그림을 〈비행 묘사〉, 〈멀리서 본 모습〉, 〈멀리서 그린 초상화〉라고 불렀다. 대평원에서 보낸

바다오리

비오리와 강오리

1882년뿐 아니라 그 이후에도 나는 수백 가지에 이르는 특징을 발견해서 그려놓았다. 이 그림들은 훗날 내 중요한 재산이 되었다.

1897년 《오크AUK(바다오리 - 옮긴이)》지 10월호에 〈새들의 특징적인 배색과 구분법〉이란 제목으로 기사 한 편을 기고했는데, 그 기사는 배 쪽에서 봤을 때 드러나는 매와 올빼미의 특징에 관한 것으로 매 열두 마리와 올빼미 여섯 마리의 그림이었다. 나는 내용을 보완하여 《조류 연구》지의 1901년 11월호에 「조류 구별법」이란 제목으로 발표했다. 또 1903년에 출간한 『작은 인디언의 숲』에 〈멀리서 본 오리들의 모습〉 두 판을 싣기도 했다. 아직 출판된 적이 없는 그림도 많다. 나는 1881년 토론토 습지에 살 때부터 스케치를 시작했다. 그러나 본격적으로 체계적인 연구와 함께 스케치를 시작한 때는 바로 1882년 펨비나로 땅 사냥을 나섰을 때였다.

여행을 하는 동안 우리는 영양을 한번도 보지 못했다. 그 거대한 무리는 이미 몇 년 전에 멸종해 버렸기 때문이었다. 아메리카들소는 이미 20년 전에 사라져 버렸다. 1880년까지만 해도 종종 몇 마리가 눈에 띄었다곤 하지만 말이다. 가끔 여우나 오소리, 스컹크는 만날 수 있었다.

네 발 달린 짐승들은 대개 야행성이지만, 오소리만은 자기 굴 입구에서 볕을 쬐는 습성이 있다. 그 모습은 꼭 희끄무레하고 끝이 뾰족한 돌처럼 보인다.

1882년 5월 15일, 우리가 대초원의 오솔길을 따라 가고 있을 때였다. 30미터 남짓 떨어진 비탈에 둥근 돌들이 많이 있었는데 형이 그 중 누렇고 둥근 바위 하나를 가리키며 이렇게 외쳤다.

"봐! 여우같지 않아?"

"아니야, 그냥 누런 바위잖아." 내가 대답했다.

나보다 눈이 더 좋은 형이 계속 우겼다. "저건 여우가 웅크리고 있는 거야."

우리는 말과 마차를 요란하게 몰고 그 비탈을 지나쳐 20미터 정도를 더 갔다. 그때 한바탕 바람이 일자 그 둥근 바위가 흐트러지는 게 아닌가.

멀리서 본 새들의 모습

"저건 분명히 여우야." 형은 이렇게 말하면서 뒤로 돌아서서 그 '둥근 바위'에게 다가갔다. 그러자 그 둥근 바위는 펄쩍 뛰어오르더니 재빨리 도망쳤다. 여우였던 것이다!

녀석은 검게 그을린 초원을 쏜살같이 달려서 300미터 밖의 누런 풀밭으로 도망가서는 아까처럼 몸을 웅크리고 우리를 바라보았다. 아마 그쪽 초지는 불에 그슬리지 않은 누런색이어서 자기를 보호해 준다고 생각하는 모양이었다.

녀석은 우리가 처음 발견했을 때도 자고 있었던 게 아니었다. 놈은 아마 자기의 보호색을 믿으며 꼬리 사이로 우리를 관찰하고 있었을 거다. 만일 형이 가까이 다가가지만 않았더라면 들키지 않길 바라면서 끝까지 가만히 앉아 있었을 거다.

어쨌든 정말 놀라운 것은 그 여우가 자기 몸 색깔이 둥근 돌이나 수풀과 비슷하다는 사실을 알고 있었고 그 보호색을 이용하려고 했다는 점이었다.

5월 20일, 봄이 한창이어야 할 시기에 갑자기 날이 추워지더니 눈앞이 안보일 정도로 눈보라가 몰아쳤다. 연못의 얼음은 1센티미터 가까이 얼어 있었다.

몇 시간 동안 눈보라와 싸우던 우리는 버려진 헛간에 피신했다. 헛간에는 우리 말고도 땅 사냥을 나선 다른 사람들이 더 있었다. 우리는 다음날까지 그곳에서 웅크리고 있었다. 지푸라기가 여기저기 쌓여 있어서 불을 피울 엄두도 못 냈다.

피난처를 찾아 들어온 새들로 벽과 서까래 사이도 붐볐는데, 딱새 한 마리, 청회색머리신세계솔새 한 마리, 검은머리솔새 한 마리, 흰털발제비 한 쌍, 개똥지빠귀 한 마리였다. 이 개똥지빠귀는 나중에 들어온 제 친구처럼 얼마 가지 않아 죽고 말았다.

헛간에서 할 일도 없이 추위에 떨고 있는 우리는 비참한 신세였지만, 걱정하거나 낙담하는 사람은 아무도 없었다. 우리는 새 땅을 찾아 나선 씩씩한 젊은이들이 아니었던가. 사흘째 되는 날 새벽 여섯 시에 우리는 말을 마차에 연결하고 다시 여행을 떠났다.

매일 오솔길에서나 야영지에서 혹은 금방 떼로 이은 집을 지나면서 우리와 처

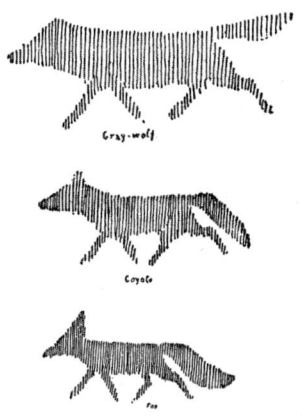

회색 늑대, 코요테, 여우를 멀리서 본 윤곽

지가 비슷한 사람들과 마주쳤다. 그들은 모두 우리에게 반갑게 인사를 건넸고, 가끔은 운 좋게 가는 길에 놓인 위험한 늪이나 여울에 대한 정보도 들을 수도 있었다. 만나는 사람들마다 가난한 티가 역력했다. 음식이나 생활필수품도 부족했고 타르지紙 지붕에 떼로 이은 지저분한 집은 흙투성이였다. 벽이고 마루고 지붕이고 할 것 없이 흙투성이에다 동부에서라면 지독한 빈민굴에서나 볼 수 있는 풍경이었다. 지독하게 비참하고 불결하고 침울한 환경. 그렇지만 거기엔 빈민굴도 없었고, 우울함도 없었다. 희망의 빛으로 반짝이는 눈동자만 있을 뿐이다.

아내와 함께 온 젊은이도 있었고, 개중엔 아기가 딸린 사람도 서넛 있었다. 동부에서 실패한 뒤 새 희망을 품고 온 중년의 남자들도 있었다. 밭을 갈고, 울타리를 박고, 떼집을 임시로 짓는 모든 일이 미래에 대해 타오르는 희망의 힘으로 이루어졌다. 그 희망은 지금의 비참함과 고된 노동에서 해방시켜 줄 마술과도 같은 것이었다. 태양은 새로이 태어난 무한한 희망의 땅 위에 날마다 뜨고 졌다.

그런데 그런 사람들 중에 예외가 한 명 있었다. 그는 훌륭한 황소떼와 유망한 농장을 가진 사내였는데, 이미 쟁기질을 해 놓은 밭도 있었고 새로 지은 떼집에다 단물이 나는 야트막한 우물도 있었다.

우리가 그의 성공을 부러워하자 그는 우울하게 대답했다.

"그렇죠. 내가 여기 살 수만 있다면요."

"무슨 일이 있나요?"

"실은, 난 공유지 무단 거주자요. 원래 이곳은 학교 부지이긴 하지만 내가 맨 처음으로 이 땅을 살 수 있을 거라고 생각했지요. 그런데 정부에서 나 같은 사람들을 모두 쫓아내겠다는 거요. 무슨 일이 일어날 줄 모르니, 이거 원. 그래서 저 소들을 다 팔아버리고 이곳을 정리할 생각이오."

아서 형은 소를 볼 줄 알았다. "세 살배기에 잘 길들고 건강 상태도 아주 좋군. 잘 걷게 생겼고. 삼백 달러 정도는 되겠어." 형이 우리 둘에게 말했다.

거래를 하기로 결정하고 이번에는 찰리 형이 흥정을 걸었다.

"얼마에 팔겠소?"

"이백오십 달러 준다는 걸 거절한 적이 있소. 하지만 현금으로 당장 준다면 이백 달러에 팔겠소."

아서 형과 따로 얘기를 나누더니 찰리 형이 말했다.

"좋소, 지금 이백 달러를 주리다."

이렇게 해서 거래가 이루어졌다. 우리는 소떼를 몰고 가면서 기쁨에 젖었다. 녀석들은 모두 굴레를 씌워 놓았는데 씩씩하게 잘 걸었고, 아주 유순했으며 힘이 넘쳤다.

다음날, 우리는 녀석들이 말들보다 더 빨리 걷는 걸 보고 놀라지 않을 수 없었다. 정말 희한한 일이었다.

점심 때쯤 쉬고 있는데, 다른 무리가 지나갔다. 그 사람들은 잘 훈련된 말 두 마리가 끄는 마차를 타고 있었는데, 그 말들은 발을 맞추어 똑바로 잘 걷고 있었다. 그렇게 훌륭한 암말은 본 적이 없었다. 분명히 순종 같았고, 켄터키 골드 더스트 혈통이 아닐까 싶었다.

말은 키가 크고 균형이 잘 잡힌 다리에 목도 활 모양으로 잘 빠져 있었고, 반들거리는 피부는 마치 붉은 금처럼 빛을 내고 있었다. 또, 촉촉하게 젖은 눈은 가젤의 눈처럼 반짝거렸다. 우리는 그 말들에게 점점 더 빠지게 되었다.

점심 준비를 하는 그 사람들에게 우리는 말에 대한 칭찬을 아끼지 않았다. 그러자 그 쪽 우두머리가 대답했다.

"맞아요. 동부 같았으면 천 달러는 나갈 겁니다. 하지만 우리처럼 개척 생활을 하는 처지에는 차라리 당신네 소들이 더 낫지요."

"바꾸는 게 어떻겠소?" 찰리 형이 제안했다.

"덤으로 오백 달러 내슈. 그럼 하리다."

"그건 안 되겠는데요."

"그럼 이백오십 달러는 어떻소?"

"덤 없이 그냥 맞바꿉시다." 형이 말했다.

"소하고 순종 말하고 맞바꾸자고?"

"그렇소, 그러면 거래하겠소."

"좋소, 그렇게 하리다." 사내는 그렇게 말했고, 형과 그 사내는 서로 고삐를 맞바꾼 뒤 악수를 했다. 놀랍게도 거래가 성사된 것이었다.

점심을 다 먹은 사람들은 아름다운 소떼를 몰고 남쪽으로 향했고, 의기양양해진 우리 셋은 고귀한 말과 변변찮은 마차를 끌고 브랜던을 향해 북서쪽으로 향했다.

얼마 지나지 않아 평소에 말을 잘 다루던 찰리 형이 말했다. "안장을 놓고 한 번 타보고 싶은데." 우리 짐에는 안장이 하나 있었기 때문에 십 분도 안 돼서 우리의 '보물'에 안장을 올렸다. 녀석은 안장에 꽤 익숙한 것 같았다.

형이 말에 가볍게 올라타서 재빠르게 달려 우리에게서 멀어지자 남은 말이 항의라도 하듯 히히힝 울어댔다.

찰리는 빠른 속도로 돌아왔다. 형은 흥분해 있었다.

"와, 안락의자에 앉은 것처럼 편안해. 재갈에도 잘 길들여 있고 바람처럼 빨라."

형은 다시 다른 말을 타고 달려갔다 왔고, 똑같은 찬사를 늘어놓았다.

"그래? 안장엔 꽤 익숙한가 보군. 하지만 난 녀석들이 마차에 익숙했으면 좋겠어. 우리 마차 좀 끌게."

이런, 왜 좀더 일찍 그 생각을 못했을까.

우리는 당장에 마차를 끌던 말을 마차에서 풀고 거칠고 무거운 마구를 새 말에게 옮겼다. 마구를 등에 얹은 뒤, 양쪽 수레 채에 한 마리씩 연결했다.

찰리 형은 한 쪽으로 비켜섰고, 나는 아서 형과 마부 석에 앉았다.

"가자!" 아서 형이 채찍을 휘두르며 줄을 흔들었다. 그러자 말들은 앞으로 가기는커녕 험악하게 머리를 흔들며 귀를 뒤로 젖힌 채 뒷걸음질 쳤다.

"움직여!" 형이 다시 채찍질을 했다. 그리고 전쟁이 시작되었다.

말들은 비명을 지르며 앞다리를 들어서 발길질하더니 뒷다리를 쳐들면서 뛰었다. 한 놈이 앞으로 튀어 오르면 다른 놈은 완강하게 뒷걸음질쳤다. 놈들은 서로 대들며 물기도 했고 꼬리를 사방으로 세차게 흔들어대는 바람에 하마터면 형이 꼬리에 맞을 뻔했다.

형이 나에게 말했다. "험한 꼴 당하지 않으려면 넌 내려라."

"옆에서 도와줄게."

"뛰어 내려!" 형이 짤막하게 대답했다.

나는 뛰어내렸다.

형의 얼굴은 굳어 있었고 화가 나서 새파래져 있었다. "끝장을 내주지. 도끼를 써서라도 말이야."

형이 채찍을 휘두르고 발로 차고 때리자 아름다운 가젤 같던 눈이 분노로 이글거렸고, 입은 거품으로 범벅이 된 채 괴물처럼 변해 고통과 분노에 찬 비명을 질러댔다. 그러면서도 놈들은 마차가 끄는 방향으로는 한 걸음도 나가지 않았다.

형과 말 모두 숨이 턱까지 차 올라 헐떡거렸고, 놈들의 코에서는 피섞인 거품이 뿜어져 나왔다. 잠시 한숨 돌리는 사이 우악스럽게 생긴 키 큰 남자가 성큼성큼 걸어오더니 이 광경을 쳐다봤다.

지쳐버린 아서 형이 그 남자에게 말했다.

"말에 대해 좀 압니까?"

"수없이 길들였지."

"이 놈들도 다룰 수 있겠소?"

"할 수 있을 것 같군."

"한 번 해 보겠소?"

형이 마차에서 뛰어내렸다. 그 사내는 마구와 마차, 장비, 줄과 채찍을 먼저 살펴보고는 채찍에 쇠 나사못을 하나 달더니 마부석으로 올라갔다. 그는 양손에 고삐를 두 번씩 감아쥐고 두 발을 단단히 버틴 채 소리 질렀다.

"뒤로 가! 내가 앞으로 가라고 할 때까지는 뒤로 가란 말야, 이 망할 놈의 빨강 머리들아."

그 사내의 힘은 엄청났다. 사내는 온힘을 다해 채찍을 휘둘러대면서 놈들의 입을 있는 힘껏 잡아당겼다. 놈들이 앞으로 나가려고 안간힘을 쓸수록 사내는 더 힘껏 뒤로 잡아끌었다.

차츰 녀석들의 발길질과 비명 소리가 누그러졌다. 이제는 항복하는 것 같았다. 하지만 그 사내는 계속해서 뒤로 끌어 마차는 땅에 커다란 원을 새기며 뒤로 돌았고 결국 말머리를 북쪽으로 향하게 했다.

그러자 사내는 서서, 반들거리는 말가죽에 피가 나도록 온 힘을 다해 분노에 찬 채찍질을 해대며 소리쳤다.

"빌어먹을 놈들아, 이제 앞으로 가!"

말들은 전속력으로 평원을 달리다가 사내가 방향을 바꾸자 1.5킬로미터가 넘는 원을 그리며 우리 셋이 기다리고 있는 곳으로 돌아왔다. 사내는 완벽한 솜씨로 말을 멈추었다.

말들은 그 사내 앞에서 떨며 서 있었다. 그는 마차에서 훌쩍 뛰어내려 줄을 형에게 넘겨주더니 태연하게 말했다. "이 봐, 자네는 말 조련사는 못되겠군. 나는 어려서부터 말을 길들이고 브롱코(북아메리카 서부 야생말 – 옮긴이)도 길들였지. 이 놈들은 훌륭하긴 한데 마차를 끌도록 훈련된 놈들이 아냐. 안장이나 놔야 될 녀석들이지."

다른 개척자들의 마차가 지나갔다. 사내는 그들을 큰 소리로 부르더니 마차를 얻어 타고 작별 인사를 남기고는 사라져 버렸다.

형들은 작전회의를 열었다. 우리는 저 멋들어진 말보다 우리 소를 간절히 되찾고 싶었다.

내가 말했다. "이 말들이 잘 길들여져 있고 마차도 잘 끌 거라고 그 사람들이 보장했었나?"

"그랬지."

"그렇다면 한 명은 여기 남아서 짐을 지키고, 나머지 둘이 저 말을 타고 소떼를 따라가서 계약을 취소하면 어떨까?"

간단하게 해결될 것 같았다. 제일 어린 내가 남아서 짐을 지키기로 했다. 형들은 피로 범벅이 된 말을 타고 남쪽으로 난 길로 사라졌다.

밤이 깊었다. 내가 이미 잠자리에 들었을 때 형이 탄 말들이 절뚝거리며 돌아오고 있었다. 나는 말굽 소리를 듣고 얼른 일어났다. 텐트 밖으로 나가자, 형들이 갈 때와 마찬가지로 피투성이 말을 타고 있었다.

"어떻게 된 거야! 우리 소들은 어디 갔어?" 나는 소리질렀다.

"흥, 그 사람들 대장이 뭐라고 하는지 알아? '난 마차를 잘 끌 거라고 보증한 적 없어. 건강하고 유순하고, 안장에 잘 길들여 있다고 말했을 뿐이야. 우리는 소들이 아주 맘에 들어. 자 꺼져버려!' 놈들은 모두 노인네들이었지만 일곱 명이나 됐다고. 더구나 모두 허리에 총을 차고 있었고. 우리는 총 한 자루도 없었는데 말이야. 그래서 이렇게 된 거지, 뭐."

다음날 우리는 플럼 강의 알칼리 평지를 넘어 계속 북서부를 향해 갔다. 그곳에 정착한 어떤 사람은 벌써 벽돌집을 짓고 살고 있었다. 특이하긴 했지만 별로 중요한 일은 아니었다. 하지만 좀더 가까이 가자 우물과 펌프가 보였다. 이것은 매우 중요한 일이었다. 초원을 흐르는 알칼리성 물은 맛도 없고 건강에도 해롭기 때문이다.

브랜던에 도착해서 우리는 이 '아라비아종(種) 명마'를 팔아치우려고 해봤지만 헛수고였다. 그냥 집으로 돌아가는 수밖에 없었다. 브랜던 옆에 있는 그랜드 계곡에 도착했을 때 20여 미터 정도 되는 한 건물의 처마 밑에 흰털발제비 둥지가 쉰 네 개나 있는 것을 보았다. 막 짓고 있는 둥지도 보였는데 제비들은 벌써 모두 돌아온 모양이었다.

5월 26일, 금요일 아침, 우리가 카베리에 도착해보니 아버지와 어머니, 두 동생, 찰리 형 형수와 조카들이 와 있었다. 윌리 브로디와 프레드 칼버트도 함께 있었다.

나의 첫 땅 사냥은 이렇게 막을 내렸다.

초원의 봄

카베리에 있는 형의 목장에서 멀리 남쪽으로 6~7킬로미터 떨어진 곳에는 모래사막이 펼쳐져 있고 거기에서 3킬로미터 정도 더 가면 빽빽한 가문비나무숲이 길게 뻗어 있다. 이곳은 사람의 발길이 닿지 않은 곳이어서 새로운 새들과 짐승들이 있을 게 분명했다. 내게는 가슴 벅찬 신비를 간직한 곳이었고 그 숲은 희망과 기쁨으로 가득 차 보였다.

어느 이른 봄날이었다. 나와 형은 그 숲 쪽으로 마차를 몰고 가다가 초원을 가로질러 가는 들꿩무리를 보았다. "들꿩이로군, 초원들꿩이야. 이제 눈이 녹으니까 숲에서 나온 모양이군." 형이 말했다. 수없이 많은 들꿩 무리가 있었다. 겨우내 숲에 있다가 봄이 되어 나온 모양이었다.

조금 있다가 초원 위에 야트막한 언덕이 보였다. 형이 그곳을 가리키며 말했다.

"저기가 녀석들이 춤추는 곳이야."

"누구?"

"들꿩들이지 뭐야."

나는 그게 무슨 말인지 이해할 수 없었지만 형은 워낙 말이 없고 성미가 까다로운 사람이라 더이상 설명해주려 하지 않았다.

언젠가 또 이웃에 사는 농부가 그 언덕에 대해서 비슷한 말을 했다. 내가 자세히 물어보자 그가 대답했다.

"그 녀석들이 봄만 되면 춤추는 걸 몰랐소? 다른 곳에서처럼 저기 저 언덕에서도 춤을 추지."

확실히 그런 것 같았다. 너비가 15미터 정도 되는 작은 언덕은 심하게 밟혀서인지 풀이 거의 없었고, 뚜렷한 발자국들과 함께 사방에 깃털과 새똥들이 흩어져 있었다.

며칠 뒤 나는 멀리 산등성이에서 초원들꿩 대여섯 마리가 꽥꽥거리며 돌아다니는 것을 보았다. 하지만 내가 가까이 다가가자 녀석들은 날아가 버리고 말았다.

멀리서이긴 했지만 내가 본 것은 분명히 녀석들이 춤추는 모습이었다. 그 일로 내 호기심은 더 커졌다. 나는 가까이서 보고 싶어서 꾀를 내었다.

우리 오두막에서 1.5킬로미터쯤 떨어진 곳에서 나는 초원들꿩들이 춤추는 언덕을 발견해 냈다. 그날 오후 나는 손도끼와 삽을 들고 가서 그 언덕 바로 옆에 눈에 띄지 않게 숨을 곳을 팠다. 다음날 자정이 지나서 나는 잠복장소에서 밤을 샐 작정으로 담요를 들고 갔다.

새벽녘이 되자 초원들꿩들이 휙휙 나는 소리가 들렸다. 그 중 한 마리가 언덕으로 내려와 앉았다. 다른 놈들도 속속 내려 앉았다. 날이 점점 밝아지자 십여 마리가 모여 있는 게 보였는데, 조용히 걷거나 가만히 앉아 있었다. 그러다가 그 중 한 놈이 갑자기 머리를 숙이더니 날개를 수평이 되도록 활짝 펴고 꼬리를 곧추 세우면서, 목의 양옆에 달린 공기 주머니를 부풀리고 깃털을 세웠다. 그리고는 '마루'를 가로지르며 종종걸음을 치기 시작했다. 어찌나 빠르게 쿵쾅거리며 달리던지 걸을 때마다 양철북 소리가 났다. 또, 그르릉 그르릉 소리도 냈는데 그 소리는 공기주머니에서 나오는 듯했다. 날개를 휘저어 퍼더덕 소리를 내고, 꼬리를 떨 때마다 와스슥거리는 큰 소리도 냈다. 놈은 순식간에 우레 같은 소리를 내며 진귀한 구경거리를 연출했다.

곧이어 다른 놈들도 합세했다. 우르르 휘젓고 다니면서 발을 구르고, 둥둥 북소리를 내고 꽥꽥거리면서 격렬하게 춤을 추었다. 소리는 점점 커지고 춤추는 속도도 점점 빨라지더니 마침내 미친 듯이 빙빙 돌며 한껏 흥분해서 서로에게 뛰어오르기도 하면서 춤을 추었다. 조금 지나자 기진맥진해진 녀석들은 춤을 멈춘 채 서 있었고, 움직이는 녀석들도 동작이 아주 느렸다. 그러나 얼마 지나지 않아 또 한 놈의 '지휘' 아래 다시 춤판이 시작되었다.

나는 거기 엎드려 해가 뜰 때까지 그 광경을 지켜보았다. 그때까지 녀석들은 십여 차례나 열정적인 춤판을 벌였다. 그러다 내가 모습을 드러내자 녀석들은 뿔뿔이 흩어져 날아가 버렸다.

5월과 6월 내내 나는 녀석들의 춤판을 볼 수 있었다. 배부르거나 기분이 좋으면 가을에도 춤추는 언덕에 한바탕 잔치가 벌어진다는 것도 알게 되었다.

하지만 더 멋진 축제가 나를 기다리고 있었다.

1883년 여름, 매니토바의 카베리에서 초원들꿩 새끼 열다섯 마리를 얻었다. 새끼들은 모두 한 배에서 태어났다. 녀석들이 2주 정도 되었을 때, 진눈깨비를 동반한 폭풍이 우리를 덮쳤다. 새끼들은 죽을 위기에 놓였다.

나는 초원들꿩 가족을 모두 부엌으로 데리고 갔다. 어미는 새장에 가둔 채 근처에 놔두고, 웅크린 채 떨고 있는 새끼들만 난로 밑 함석판 위에 올려주었다. 30분쯤 지나자 녀석들의 몸은 완전히 따뜻해졌다. 새끼들은 빠르게 회복해서 깃털을 부풀리거나 날개를 부리로 다듬기도 했다. 이제 생기를 되찾은 것 같았다.

구름이 물러나고 그날 처음으로 햇빛이 환하게 비추었다. 햇볕은 유리창을 통과해 난로 아래의 새끼들에게까지 닿았다.

햇볕이 새끼들에게 새로운 기분과 즐거움을 주었나보다. 참새만한 몸집의 새끼 한 마리가 머리를 숙이더니 부리를 평평하게 바닥에 뉘었다. 그리고 꼬리가 나게 될 작은 돌기를 높게 쳐들고 조그만 날개를 활짝 펼쳤다. 그러더니 작은 소리로 그릉그릉 거리며 날개를 치면서 종종걸음을 치기 시작했다. 조그만 분홍색 발로 함석판 위를 콩콩거리며 빠르게 움직이자 작은 양철북 두드리는 소리가 났다.

삽시간에 아수라장이 되었다. 갑자기 다른 새끼들이 모두 동시에 뛰기 시작했던 것이다. 모두 같은 동작이었다. 머리를 숙인 채 날개를 펼쳐서 퍼덕거리고, 꽁지는 들어올려서 격렬하게 떨고, 발로 쿵쿵 구르고, 뛰어 오르고, 종종걸음 치고. 예전에 어른 초원들꿩들이 언덕에서 추었던 춤과 똑같았다.

1분 정도 춤을 추고 나서 지친 새끼들은 앉아서 쉬었다.

30분이 지나자 녀석들은 또 춤추기 시작했다. 아마 그날 예닐곱 번은 춤을 추었을 것이다. 녀석들은 특히 햇볕이 따뜻하게 내리쬐거나 배가 부를 때 춤을 추었다.

녀석들이 기분이 좋기만 하면 두 손가락으로 함석판을 톡톡 두드려주기만 해도 춤을 추게 할 수 있다는 것을 곧 알게 되었다. 녀석들은 거의 화답을 했다. 집에 새끼들을 데리고 있는 사흘 동안 이웃 사람들에게도 녀석들의 춤을 선보였다. 북을 울리기만 하면 시작되는 조그만 솜털들의 '춤판'을 구경하러 친구들은 멀리에서도 마차를 끌고 달려왔다.

새끼들이 제 어미들과 똑같이 춤을 춘다는 사실이 무척 흥미로웠다. 어미들이 춤추는 것을 한 번도 본 적이 없는데도 말이다. 그러니까 이 춤은 완전히 본능에서 나오는 행동이라고 할 수 있었다. 암수를 가리지 않고 모두 똑같이 춤을 추었고, 번식기에만 추는 것도 아니었으므로 성적 충동으로 춤을 춘다고도 말할 수 없었다. 이것은 말 그대로 진짜 춤이었다. 건강과 기쁨이 표출된 열정적이고 역동적인 진짜 춤.

봄이 되자 우리는 농장 일을 열심히 했다. 쟁기질을 하고 써레질을 하고 씨도 뿌리고, 울타리와 가축 우리도 만들고, 길도 닦고 우유도 짰다.

나는 쟁기를 끌었는데 그리 어려운 일은 아니었다. 땅이 부드럽고 촉촉했으며 나무뿌리나 그루터기, 돌멩이들이 없었기 때문이었다. 양손으로 쟁기의 손잡이를 각각 잡고 말에 연결된 기다란 줄은 묶어서 내 목에 걸었다. 우리는 끝에서 끝까지 느릿느릿 걸었다. 다섯 마리에서 스무 마리에 이르는 노랑부리검은지빠귀 무리가 우리 옆이나 뒤에서 소리를 내며 날다 내려 앉아 3미터쯤 떨어진 곳에서

춤추는 초원들꿩 새끼들

폴짝폴짝 뛰어다니며 파헤쳐진 흙 속에 있는 벌레나 씨앗 따위의 먹이를 찾아다 녔다. 멀리서 보면 녀석들은 마치 수평선에 피어오르는 안개처럼 떼지어 날아올랐고 녀석들이 내뱉는 요란한 소리는 마치 해변의 자갈돌에 부딪히는 파도 소리 같았다.

우리는 모두 아침부터 저녁 때까지 열심히 일했고, 저녁을 먹고 난 뒤에도 깜깜해질 때까지 허드렛일을 했다.

나는 아침 식사 전이나 저녁 식사 뒤에 소 다섯 마리 가운데 세 마리의 젖을 짜는 일을 했다. 흔히 젖을 짜는 일은 열 살짜리 소녀도 하는 것처럼 별거 아닌 일로 여긴다. 하지만 내가 처음 한 달 동안 했던 고생은 이루 말할 수가 없을 정도다. 내 손은 물집이 잡혀 터졌고, 하루 종일 욱신거렸다. 새벽에 나를 깨우는 무자비한 종소리라니! 어떤 때는 손에 쥐가 나서 한참 동안 비벼주고 움직여야 겨우 퍼지곤 했다.

하지만 이곳에서 보내는 모든 시간이 나에겐 끊임없는 기쁨이었다. 새떼들이 낮이고 밤이고 속속 도착했기 때문이었다. 둥지 수도 엄청나게 늘어나서 우유를 짜려고 소를 초원에서 데리고 오는 짧은 길에도 둥지가 수두룩했다.

큰 나무에는 매의 둥지도 많았는데 아직 잎이 피지 않아서 둥지가 쉽게 눈에 띄었다. 대부분 스윈슨매의 둥지였는데, 나는 녀석들의 알의 크기며, 새에 대한 설명과 둥지 구조에 대한 자세한 묘사를 공책에 빼곡하게 적었다.

새매도 많이 보였다. 구불구불 돌아가는 오솔길을 걸어갈 때 우리 앞에 생쥐처럼 달려가는 새는 갈색어깨참새라는 놈이었다. 노랑부리검은지빠귀, 쇠찌르레기, 검은찌르레기, 붉은날개지빠귀가 우리 농장 그루터기마다 떼지어 있었다. 까마귀도 보였고 가끔은 도래까마귀도 우리 머리 위를 지나다녔다. 기러기들도 기다란 띠를 이루며 날아 다녔다. 초원종다리가 여기저기서 노래했다. 오리, 기러기, 초원들꿩 무리가 그루터기마다 내려앉았다. 그 중에서도 제일 많은 무리는 역시 노랑부리검은지빠귀였다. 처음엔 수천 마리더니 나중엔 수만 마리가 되었다. 녀석들이 내려앉으면 들판은 온통 검은 빛으로 물들었고, 나뭇잎이 없는 나무인데도 마치 나뭇잎이 무성한 것처럼 보였다. 녀석들은 수평선 위에 피어오르는 안개처럼 하늘을 뿌옇게 흐려놓았다. 녀석들이 쉴새없이 지저귀는 노랫소리는 먼 곳에서 부서지는 파도 소리 같아서 초원종다리의 노래 따위는 그 안에 묻혀버리기 일쑤였다. 그 노랫소리는 가지각색의 썰매 방울이 멀리서 꿈결같이 울리는 소리 같았다.

5월 2일, 왕산적딱새가 도착했고 당연히 내 공책에 기록되었다. 나는 알아 볼 수 있는 새는 모조리 공책에 남기고 있었다. 집에서 그리 멀지 않은 곳에 갈대숲이 있는 긴 습지가 있었는데, 그곳 역시 새들의 낙원이었다. 여러 종류의 오리들, 알락해오라기, 뜸부기, 도요새와 물떼새들, 그 밖에도 계속 닉닉닉 하고 울어대는 이름모를 새도 있었다. 몇 년 뒤에 나는 이 새가 물참새라고도 불리는 작은 노랑점박이뜸부기라는 걸 알았다.

몇 킬로미터 떨어진 숲에도 여러 종류의 새들이 살고 있었다. 나는 쿠스의 분류법에 따라 하나하나 이름을 확인했다. 발풍금새(5월 5일 도착), 소리 높여 지저귀는 흰꼬리쏙독새(5월 6일 도착), 솔딱새, 휘파람새, 그리고 새끼 딱따구리와 어미 딱따구리 등이었다.

5월 30일, 귀에 익은 아메리카쏙독새의 소리가 들렸다. 3년 만에 처음 듣는 소리였다. 그날부터 녀석들의 수는 늘어났다.

5월 31일, 속이 빈 떡갈나무 구멍에서 딱따구리의 둥지를 발견했다. 그 안에는 놀랍게도 보석같이 투명한 알이 들어 있었는데, 속이 환히 비치는 껍질 안에 노른자가 들여다보였다. 나는 기쁨에 젖어 옛 자장가를 생각해 냈다.

우유처럼 하얀 벽 안에는,
비단처럼 부드러운 커튼 뒤에는,
황금빛 사과가 있다네.
수정같이 맑은 곳에서 목욕을 한다네.
너의 눈에는 문도 안 보이고 창문도 안 보이지.
하지만 도둑이 깨고 들어와 황금을 훔치지.

6월 18일, 새로운 녀석이 도착했다. 토론토 북부 저지대의 숲에서 들었던 노래의 주인공 중 하나였다. 그 새들의 이름을 이젠 제법 많이 알고 있었지만, 이 녀석의 이름은 그때까지 알아내지 못했다. 나는 이것이 지빠귀일 거라고 추측했고 친구들은 숲지빠귀라고 추측했다. 이제 쿠스의 분류법과 망원경을 갖춘 나는 그 노랫소리의 주인공에 대해 자세하게 관찰할 수 있었다. 그랬다. 그것은 지빠귀였다. 위쪽은 황갈색이고 아래쪽은 흰색에다 어렴풋하게 거무스름한 얼룩이 보였다. 틀림없이 그것은 비리라고도 불리는 윌슨지빠귀였다. 노랫소리는 부드러우면서도 고음의 휘파람소리 같이 낭랑하고 맑았다. 마치 시냇물이 잔잔하게 물결치며 흘러가는 소리 같았다. 보통 사람들이 지어준 이름은 세련되지 못한 것 같지만, "비리 비리 비리"는 분명히 녀석들의 노랫소리를 가장 잘 흉내 낸 것이기 때문에 아이들이 이 이름을 사랑하는 것일 게다.

하지만 토론토에서 녀석들이 키가 작고 빽빽한 오리나무 숲에 날아다니며 냇가에 알을 낳는 것을 보았기 때문에 나는 아직도 이 새를 오리나무 그늘의 시냇

둥글레에 앉아 있는 비리

물 새로 기억하고 있다.

머리 위로 연한 새잎이 달린 미루나무 가지 위를 훌쩍 날아다니는 새는 분명히 솔딱새였다. 아주 조그만 이 새는 등은 회색이 도는 올리브색이고, 배는 흰색이며, 배설구멍 주위만 약간 노르스름했다. 눈 둘레에 흰색 테두리가 있었고 날개에는 가로 무늬가 하얗게 두 줄 있었으며 둘째 날개깃의 끄트머리도 흰색이었다. 녀석이 온종일 하는 일이라고는 훌쩍훌쩍 날아다니기, 벌레 잡아먹기, 꼬리 위아래로 흔들어대며 지저귀는 것이었다. 듣는 사람에 따라 노랫소리가 '피츄르 슈-웍'이라는 사람도 있었고 '슬-릭-스플릿' '플릿' 아니면 '체벡'이라는 사람도 있었지만 아무튼 이런 특성 때문에 이 놈들이 솔딱새, 즉 체벡(chebec)이란 것을 알아맞힐 수 있었다. 이렇게 시끄러운 새들은 보통 울음소리가 이름이 되는 법이니까.

1884년 5월의 일기에는 이런 기록이 있다. "그 누가 노랫소리로 솔딱새를 확신할 수 있겠는가? 오늘 나는 새 한 마리가 관목 숲 위로 날아가는 것을 보았다. 나는 그 새가 솔딱새라고 바로 알아볼 수 있었는데 놈은 흥에 겨워서 30초 동안이나 큰소리로 '체벡 투리-우룰, 체벡 투리-우룰'이라고 노래했기 때문이었다. 녀석은 노래가 끝나자 기분좋은 듯이 부리를 크게 벌렸다 다물면서 비스듬히 날아 다시 관목 숲 아래로 내려갔다. 그곳엔 아마 녀석이 멋진 모습을 자랑하고 싶고 관심을 얻고 싶은 유일한 관람객이 앉아 있을 것이다."

6월 21일, 늪지대 옆의 낮은 관목 숲에서 나는 검은찌르레기 한 쌍에게 공격을 받았다. 흥분한 녀석들이 필요 이상으로 시끄럽게 울어대는 바람에 둥지가 근처에 있다는 사실을 눈치챘다.

아이들이 물건 찾기 놀이할 때, 물건에 가까이 가면 "가까워", 멀리 가면 "멀어"하고 술래가 말해주는 것처럼, 녀석들은 어리석게도 큰 소리를 내서 나를 둥지로 안내해 주었다. 내가 둥지에서 멀어지면 녀석들의 울음소리가 잦아들었기 때문에 나는 녀석들의 둥지가 있는 장소를 찾을 수 있었다. 녀석들의 둥지는 땅 위에 있었는데, 훤히 드러난 평지에 겨우 잡초 몇 줌으로 가려져 있었다. 둥지에

초원들꿩

는 검은 찌르레기의 알 세 개와 카우새의 알 한 개가 들어 있었다. 난 그때 처음으로 카우새가 자기 알을 자기보다 큰 새의 둥지에 버린다는 것을 알게 되었다.

바람이 윙윙 불어대는 드넓은 초원은 고상한 연주자들의 집이자 무대였다. 여기에서 쿠에일리의 구슬픈 휘파람소리가 하루 종일 들린다. 녀석은 단숨에 내 시야에 들어와서는 자기 힘과 아름다움을 자랑이라도 하듯 날개를 곤추 세우고 공중에서 맴돌았다. 이 녀석과 함께 더 큰 소리로 더 장대한 노래를 부르는 새는 서부초원종다리였다. 내 친구 수 족 인디언들은 '포-페-타슈 캬'라고 불렀는데 이건 녀석들의 노랫소리를 그대로 따서 붙인 이름이다. 나는 골든 체우슨이라는 이름도 알고 있었는데, 이건 크리 족(캐나다 중앙부에 살았던 아메리카 원주민 - 옮긴이)들이 부르던 이름에서 따온 것이다.

새들이 배우라면, 장려한 초원은 그 자체가 무대라고 할 수 있다. 우리가 달에서 초원을 내려다 볼 수 있다면, 그 장대한 아름다움을 한눈에 볼 수 있을 텐데.

우리집이나 나지막한 모래 언덕에서 내려다보면, 초원의 색다른 아름다움이 우리를 잡아끈다.

4월의 눈이 녹으면 드디어 겨울의 흔적은 자취를 감추고, 초원 여기저기에는 새로운 눈꽃이 피어난다. 바로 조갑지국화의 계절이다. 책에 나오는 서양할미꽃도 피고 농부들이 사프란이라고 부르는 꽃도 피어나는데 이 꽃은 꽃이 먼저 피고 잎이 나중에 나온다. 이 꽃 저 꽃들이 열정적으로 앞 다투어 밖으로 나오고 다시 초원은 온통 하얀 눈으로 뒤덮인 것처럼 환해진다. 바로 라일락이 눈꽃처럼 핀 것이다. 계곡처럼 깊은 곳엔 없지만 모래산등성이에만 가도 라일락이 활짝 피어 있다.

레드 강에서 로키 산맥까지, 또 플래트 강에서 피스 강에 이르기까지 광활한 초원에는 헤아릴 수 없을 정도로 많은 꽃들이 아름다움을 더해준다. 야생의 동물들은 이 꽃들을 얼마나 기다렸던가. 아메리카들소, 말, 소, 사슴, 왜가리, 오리, 기러기, 초원들꿩, 서부흙파는쥐 같은 초원의 모든 동물들이 하나같이 봄꽃의 영양 많고 통통한 줄기로 잔치를 벌이며 살이 오른다.

꽃의 시절이 다할 때까지는 꽃무더기들은 조금도 줄지 않고 광대한 초원에 가득 피어 있어 동물들의 배를 실컷 채운다. 조갑지국화가 시들고 지면, 손 모양의 나뭇잎들이 빈자리를 채운다. 나뭇잎들은 모두 하늘을 향해 솟아 있다가 바람이 불면 모두 묘비 모양으로 삐죽삐죽 서서 마치 먼저 가버린 꽃들을 위로하는 듯 보인다.

이 야생화들이 눈앞에서 사라지면, 다른 꽃들이 순서대로 찾아온다. 여름의 길고 화려한 행렬이 지나간 봄의 조용한 노래의 뒤를 잇는 것이다. 꽃들은 각자 흠잡을 데 없는 완벽한 모습으로 행렬을 이룬다. 뱀무꽃, 초원 데이지, 톱풀, 실잔대, 해바라기, 나비나물, 백합들이 불꽃처럼 화려한 색채를 뽐낸다.

그리고 6월이 되면 초원의 영광, 들장미가 등장한다. 그 무성함과 화려함은 다른 것을 압도하며 찬란한 색채를 온통 흩뿌린다. 이렇게 꽃이 폭발하듯 만발한 뒤에는 신비로운 열매가 가시 박힌 가지에 열린다. 빨간색 이 열매는 바람과 어떤 궂은 날씨도 아랑곳하지 않고, 서리와 눈에도 굴하지 않는다. 만나(옛날 이스라엘 사람이 광야를 헤맬 때 신(神)이 내려준 음식; 출애굽기 - 옮긴이)와 같은 이 열매는 서리와 눈이 초원의 음식을 모두 앗아간 뒤에도 짐승들에게 기꺼이 먹이가 되어주는 것이다.

살을 에는 서리에 용담과 미역취가 시들어버린 뒤에도 들장미의 자식, 바로 들장미의 열매들만은 살아남는다. 이 열매들은 여름과 가을을 거치고 겨울을 지나 광대한 초원이 굶주림과 싸우는 이른 봄까지도 다른 생명들에게 도움의 손길을 내미는 것이다. '인정 많은' 여왕인 고귀한 붉은 장미가 돌아오는 여름까지는, 이 향기롭고 맛있고 풍성한 열매가 마치 크리스마스 트리처럼 일년 내내 들판을 장식하고 있는 것이다.

긴 행렬의 마지막에 오는 미역취는 넉넉한 초원에 자신의 생명을 후하게 나눠 준다. 많은 종류의 미역취 중에서도 나는 제일 작은 나침반미역취가 가장 맘에 들었다.

이 미역취는 끝이 우아하게 말려 있는데, 말려진 끄트머리는 늘 북쪽을 향하고 있다. 구름이 많이 낀 흐린 낮이나 캄캄한 밤에도 이 꽃들이 피어 있는 곳에만 오면 쉽게 북쪽을 가늠할 수 있다. 안 그런 것도 있지만 전체적으로 보면 늘 북쪽을 가리키는 것이다. 그 이유는 틀림없이 이렇게 하면 꽃봉오리들이 햇볕을 더 잘 쬘 수 있기 때문일 것이다.

미역취의 씨앗 꼬투리는 모든 세상이 눈에 뒤덮여 있을 때, 북쪽에서 내려온 굶주린 홍방울새들에게 없어서는 안 될 먹이가 된다는 것을 나는 나중에야 알게 되었다. 얼마 뒤 나는 내 공책에 나침반미역취를 칭송하는 시를 올려두었다.

미역취여, 미역취여.
긴 여행을 떠나는 자의 친구이며 안내자여,
북극에서 온 조그만 빨간 가슴 여행자의 겨울 친구여,
아무도 너의 조용하고 순박한 노고를 노래하지 않는구나.
자연의 안내자는 늘 북쪽을 가리키며 이리 말하네.
"저기 나의 새, 홍방울새가 오는구나."
이제 여름이니 나는 꽃을 피우고 퍼져나간다.
나는 일한다, 하지만 아직 나의 계절은 아니어라.
모진 눈이 내려 약한 풀을 다 때려눕혀도,
나는 꼿꼿이 서서 조용히 외치리라.
"저기가 북쪽이다, 나의 새들아 오너라."
바람을 타고 새들이 온다, 얼어붙은 호수를 건너, 무심한 초원을 지나.
부드럽게 속삭인다. "추워요, 추워요."
음식은 따뜻함이요 생명이니. 나는 꼿꼿이 서서 주노라
굶주린 자들에게 생명의 식탁을.
새하얀 눈 위에 심홍색 가슴이 화려하게 빛나는구나,
새빨간 가슴이 부드럽게 나의 허락을 청하는구나.

기꺼이 베풀어주마, 그들을 배불리 먹이고 적을 일러주마.
"저기가 북쪽이야, 저기가 북쪽이야."
배불리 먹었으니 다시 한번 날아올라라, 내 충고를 잘 듣고.
네 편은 나밖에 없다.
바로 나, 야생의 미역취,
꿋꿋이 서서
무자비하고 희디흰 눈의 순결에 맞선다.

미역취

초원에서 쓰는 일기

카베리의 집은 이제(1882년 5월) 온타리오에서 온 나머지 식구들로 붐볐기 때문에 우리는 여름에 먹을 식량으로 보리, 귀리, 감자를 심었다. 식량이 갖춰지자 우리는 두 번째 땅 사냥을 떠나기로 했다.

이번에는 말 대신에 소를 데려가기로 했다. 소는 초원의 풀만 먹어도 잘 지내기 때문에 귀리를 따로 가져갈 필요도 없었다. 그러면 당연히 비용도 줄이고 짐도 줄일 수 있었다.

한 달 치 식량을 실은 이번 원정대의 짐은 가벼웠다. 1882년 6월 27일, 우리는 당시 가장 유망한 지역이었던 어시니보인 강 상류로 떠났.

수레의 주인이자 길잡이인 아서 형이 수레를 몰았고 동생 월터는 형의 조수를 맡았으며, 박물학자인 나는 요리를 하기로 했다.

우리는 시속 3킬로미터라는 당시로서는 놀랄 만한 속도로 구불구불한 오솔길을 따라 북서쪽으로 갔다.

땅에는 여전히 생명이 가득했다. 여기저기에 새들이 짝을 지어 둥지를 틀어놓았고, 100여 미터 떨어진 작은 언덕 위에서 여우가 우리에게 짖어대기도 했다. 오솔길에 있는 작은 함정에 빠진 어린 스컹크는 내가 녀석을 밖으로 꺼내주려고 넣은 막대기를 긁어대며 적의를 보이기도 했다.

카베리에는 줄무늬땅다람쥐(*spermophiles*)가 많았는데 이곳의 다람쥐는 종류가 달랐다. 두 가지가 주로 있었는데, 한 종류는 울려퍼지는 큰 소리로 서로를 부르는 회색땅다람쥐였고, 또 한 종류는 프레리도그처럼 집단생활을 하는 리처드슨땅다람쥐였다.

거세게 몰아치는 폭풍우를 뚫고 6월 29일 오전 10시에 우리는 래피드 시에 도착했다.

이곳은 크고 작은 늪으로 가득 차 있는 지역이었다. 늪 주위에 사초가 우거져 있었는데, 그곳은 수천 마리 새들의 낙원이었다. 오리, 논병아리, 알락해오라기, 쇠뜸부기, 습지제비갈매기 등이 눈에 띄었다.

1882년 7월 1일. 버틀에 있는 국유지 관리국에서 살 수 있는 땅의 목록을 얻었다.

7월 2일. 포트 엘리스에 도착. 소를 몰고 가는데 물떼새 한 마리가 우리 머리 위에 나타나 사납게 소리를 지르며 덤벼들었다. 나는 바로 앞에서 어미 새가 화가 난 이유를 발견했다. 길이 움푹 파인 곳에서 갓 부화한 새끼가 빠져나오지 못하고 헤매고 있었다. 까딱하면 우리 소가 녀석을 밟을 지경이었다. 나는 얼른 뛰어내려 달려가서 녀석을 구해냈다. 녀석은 조그만 솜털 덩어리 같았다. 털 색깔은 제 어미와 거의 비슷했고 단지 궁둥이 부분만 어미와 달리 오렌지색이 없었다. 녀석은 어미가 내 머리 위에서 악을 쓰고 있는데도 커다랗고 촉촉한 갈색 눈으로 나를 아무 두려움 없이 쳐다보았다. 내가 본 새들 중에서 제일 부드러운 털을 가졌고 제일 귀여운 새끼 중의 새끼였다. 초롱초롱한 눈은 믿음으로 반짝거렸다. 나는 길 옆 안전한 곳에 녀석을 내려놓았다. 그러자 그동안 미친 듯이 날뛰던 어미 새가 녀석을 얼른 데리고 가버렸다.

새처럼 하등 동물의 새끼는 태어났을 때 어쩌면 그렇게 아름다울 수 있을까. 고등동물들의 새끼는 하나같이 못생겼는데 말이다.

7월 5일. 실버 강 근처에서 어미 미국쇠오리가 솜털에 싸인 작은 새끼 열 마리와 함께 걸어가는 것을 보았다. 그곳은 물가에서 멀리 떨어진 넓은 길 한복판이었다. 깜짝 놀란 어미는 날개를 파닥거리며, 꽥꽥 소리를 지르더니 뒤돌아서 다리를 저는 척했다. 어미는 우리 주의를 다른 데로 끌려고 온갖 짓을 다했다.

그렇지만 우리는 손쉽게 솜털 덩이 여섯 마리를 잡아서 가까운 연못으로 옮겨주었다. 우리는 거기에서 녀석들이 다시 가족과 행복하게 만나는 것을 지켜보았다.

아마 원래 살던 연못이 말라서 어쩔 수 없이 다른 곳으로 이동하는 중이었던 것 같다.

7월 7일. 갈색어깨참새의 둥지를 발견했다. 거기에는 깃털이 다 난 새끼 한 마리와 막 낳은 듯한 알이 하나 있었다.

다음은 당시 내 공책에 써 있었던 글이다.

1882년 7월 11일. 태어난 지 2주 정도 지난 초원들꿩을 잡았다. 녀석의 날개는 벌써 튼튼해 보였다.(나중에 나는 녀석들이 태어난 지 일주일만 지나도 날 수 있다는 걸 알았다) 굴뚝새 만한 새끼는 벌써 어른들과 같이 날 수 있었다. 정말 흥미로웠던 것은 어미가 참새떼와 함께 날아다닌다는 사실이었다. 녀석들의 크기를 재어보니 어미보다 새끼가 몸에 비해 날개가 차지하는 비율이 더 컸다.

나중에 (1883년 7월 19일) 내가 더 상세하게 관찰한 내용은 다음과 같다.

어미 초원들꿩 : 몸무게 910그램. 날개를 활짝 펼쳤을 때 날개넓이 28×13=364제곱센티미터, 즉, 날개 두 개의 넓이는 364×2=728제곱센티미터. 결국 날개 1제곱센티미터 당 감당해야 할 몸무게는 1.25그램이다.

일주일도 안 되었지만 날개가 튼튼한 새끼 초원들꿩 : 몸무게 28그램. 날개넓이 10×5=50제곱센티미터, 두 날개 넓이는 50×2=100제곱센티미터. 1제곱센티미터 당 몸무게는 0.28그램이다. 결국, 어미보다 몸무게에 비해 날개 넓이가 거의 다섯 배가 된다는 얘기가 된다. 하지만 어미는 잘 단련된 날개 근육의 힘으로 이를 보충한다.

1882년 7월 27일. 저습지나 연못에서 구름처럼 올라오는 놈들이 있다. 은혜 받

매의 공격을 막아내는 어미쇠오리

은 북쪽 땅에 내린 지독한 저주라고 할까. 물고, 피를 빨아먹고, 전염병을 옮기는 놈들, 바로 모기이다. 놈들은 6월부터 시작해서 점점 더 독해지고 있다. 놈들은 하루 종일 바쁘지만 해가 지고 나면 그 수가 두 배는 더 늘어나고 두 배는 더 광폭해진다. 어떤 날은 놈들이 떼로 덤비는 바람에 검은 말 한 마리가 온몸이 물어뜯기고 피를 빨려서 잿빛으로 변한 적도 있었다.

이건 헤라클레스가 히드라와 싸우는 격이었다. 그때 헤라클레스는 곤봉으로 쳐서 감당이 안 되자 불과 연기로 물리쳤던가.

우리도 소를 위해 그렇게 하기로 했다. 사람은 모기장 안으로 들어가면 그만이었지만 소는 그럴 수 없으니 모깃불을 피워 줘야 했다. 땅에 너비 1미터, 깊이 30센티미터 정도의 구덩이를 파서 여기에 잘 마른 나무로 불을 피운다. 불이 활활 타오르면 축축한 짚과 떼를 한 겹 올려놓는다. 이렇게 하면 짙은 연기가 몇 시간 동안 뿜어져 나온다. 무거운 밤공기는 위로 올라가지 않고 지면 가까이에서 바람이 부는 대로 맴돌게 된다. 이게 바로 모기한테는 최강의 적, 모깃불이다. 5월부터 9월까지는 밤마다 모깃불을 피워야 했다. 잿빛 향이 피어오르면 모기에 시달리던 소들은 한 걸음에 달려와 고마운 연기의 냄새를 맘껏 즐기는 것이다.

보통 제일 힘이 센 커다란 황소가 제일 좋은 자리, 즉, 연기가 가장 짙은 모깃불 바로 옆을 차지한다. 황소 옆에 연기가 엷게 퍼진 곳에 두 마리 정도, 그리고 그 뒤에 세 마리 정도, 이런 식으로 두면 된다. 그리고 바람이 조금씩 바뀌면 녀석들도 옆으로 조금씩 움직여서 보호막을 벗어나지 않게 된다.

나는 귀중한 가축이 모기떼의 공격을 참다 못해 모깃불에 뛰어들어서 사람들이 도울 새도 없이 치명적인 화상을 입었다는 얘기를 몇 번 들은 적이 있다. (이 글을 쓴 뒤로, 캐나다 북서쪽에서 모기에 대한 공포는 늪지와 연못이 많이 사라지는 바람에 꽤 줄었다. 자연적으로 말라버린 늪지도 있었지만, 사람들이 계획적으로 없앤 곳도 많았다)

1882년 8월 5일. 이곳에선 줄무늬땅다람쥐로 알려져 있는 열세줄땅다람쥐(*tredecemlineatus*)가 무척 많이 보인다. 이 지역에선 이놈들이 우세종인 것 같다.

오늘 우리가 한 놈을 잡았는데, 이 놈은 놀라운 병을 앓고 있었다. 말파리 종류는 땅다람쥐류의 음낭에 알을 낳는 습관이 있다. 알을 깨고 나온 유충은 음낭을 파고들어가 양쪽 고환을 파괴하거나 먹어버리기도 한다. 오늘 잡은 땅다람쥐에 붙어 있던 유충은 모양이 꼭 나비 유충 같았다. 길이가 2.4센티미터에 두께도 1센티미터가 넘었다. 몸은 열 개의 고리로 분절되어 있었고, 옅은 올리브색에 새까만 점이 빼곡하게 찍혀 있었다. 몸이 잘리자, 놈은 지렁이가 움직이는 속도 정도로 머리 쪽을 먼저 움직여서, 아니 머리라기보다는 뾰족한 쪽을 먼저 움직여서

검은찌르레기의 성장 단계에 따른 여러 가지 꼬리의 모습. 1882년 8월 16일

평평한 땅을 기어갔다. (우리는 나중에 초원에 사는 많은 다람쥐들이 이 유충들 때문에 다리와 궁둥이가 마비되어 심하게 고통을 받고 있다는 사실을 알게 되었다. 그것은 큐터브라 파리 종이었다)

8월 29일. 숲에서 형이 빨간 눈을 가진 신세계솔새 한 마리를 잡아왔다. 녀석은 다리를 다친 상태였다. 녀석은 맹렬하게 저항했다. 손가락을 쪼고 부리를 딱딱거리며 공격했다. 내가 우리 안에 집어넣으려 하자 녀석은 등을 대고 드러누워서 매처럼 저항하다가 내 손가락을 발톱으로 꽉 움켜잡았다.

8월 30일. 신세계솔새가 횃대 위에 서서 발가락으로 잠자리를 움켜쥐고 찢어

먹었다. 작은 잠자리는 통째로 먹어치웠는데 몇 분 걸리지도 않았다. 하지만 아주 큰 잠자리를 먹을 땐 애를 좀 먹었다. 둘은 바닥에서 거의 난투극을 벌였다.

8월 31일. 신세계솔새가 날고기를 먹었다. 오늘 녀석이 먹은 음식은 다음과 같다. 집파리 삼십여 마리, 말파리 십여 마리, 개암 열매만한 날고기, 참새 내장, 잠자리 여섯 마리, 큼지막한 메뚜기 두세 마리, 귀뚜라미 두 마리, 참새고기 큰 덩어리.

9월 2일. 신세계솔새가 소화되지 않은 덩어리를 거의 매일 뱉어내고 있다. 이것은 둥글고 거무스름했는데, 크기는 완두콩만 해서 지름이 0.5센티미터 정도 되었다. 오늘은 귀뚜라미 몇 마리와 쌀새의 내장을 먹었다. 녀석은 털 없는 애벌레는 먹었지만 털이 난 것은 안 먹었다.

9월 3일. 녀석이 죽었다. 수놈이었고 날개의 길이는 15센티미터에 폭은 23.5센티미터였다. 이것은 쿠스의 설명과 정확히 일치했다. 매일 엄청난 양의 먹이를 먹고서도 놈은 굶어 죽은 게 분명했다. 위가 비어 있었고, 몸에 있는 기름기는 다 빠진 상태인 데다가 가슴뼈가 살가죽을 뚫을 지경으로 야위어 있었다. 윌리 브로디 역시 벌레를 잡아먹는 새들을 가둬 놓으면 이와 비슷한 일을 늘 겪었다고 말했다.

나는 그 뒤 몇 년 동안 신세계솔새에 대해서 아주 잘 알게 되었다. 신세계솔새는 겉모습이나, 습관, 둥지, 노랫소리가 매우 특이했다. 녀석들의 노랫 소리를 구별하는 방법을 설명하기란 어려운 일이다. 하지만 한 번 들으면 그 노랫 소리를 잊을 수가 없다. 다른 새들은 그렇게 딱딱 끊어진 소리를 오랫동안 낼 수 없기 때문이다. 세레나데를 다 부르는 동안 이 빨간 눈의 새들은 불과 1미터도 안 떨어진 나뭇잎들 사이에 있으면서도 겁도 먹지 않고 꼼짝도 않기 때문에 나는 번번이 이 수다스런 가수를 찾는 데 실패했다. 이래서 노래하는 나뭇잎이 있다는 옛날이야기가 생겼으리라. 나는 녀석들의 노래를 해석해 봤는데, 소리로 보나 느낌으로 보나 아주 비슷하게 만들어냈다고 자신 있게 말할 수 있다. 녀석들은 꼼짝 않고도 나뭇잎으로 몸 색깔을 숨기고는 이렇게 말한다.

내가 보이니?
내가 들리니?
날 못 볼걸.
날 봤다고 상상만 하지.
날 듣기만 한 거야.
봐! 이게 나야!

1882년 9월 18일. 9월은 빨리 지나간다. 아침 하늘은 강철 빛깔을 닮았다. 차갑고 흰 구름이 곧 눈이라도 내릴 것 같다. 가을 철새들이 모여들고 있다. 노랑부리검은지빠귀들이 거대한 무리를 이루었다. 봄보다 열 배는 더 많아진 것 같다. 녀석들이 구름처럼 떼지어 날아다니다가 그루터기에 내려앉으면, 들판은 음울하게 빛나는 검은 빛으로 뒤덮인다. 또, 우두머리가 명령이라도 한 것처럼 동시에 하늘로 날아오를 때 수많은 날개가 퍼덕이는 소리는 천둥소리 같다고 하지만, 그보다는 바닷가로 무섭게 돌진하는 크고 사나운 파도 소리 같았다.

'좌아 – 쏴아 – 쏴아 – 쏴아.' 폭포의 외침처럼 끊임없이 이어지지만, 그 안에 일정한 박자가 있어서 오르락내리락 리듬을 탄다. 그러면, 이 웅장한 소리에 '크렉 크렉 크렉' 노랫소리가 어우러지는데, 이 소리는 날개의 굉음과는 동떨어져서 아주 뚜렷하게 구분된다. 자욱한 연기 속에서도 빗발치는 불똥이 보이듯 말이다.

1882년 10월 9일. 나뭇잎 떨어지는 속도가 빨라졌다. 노란색, 갈색, 땅은 가을색으로 가득 찼다. 아침마다 쌀쌀함이 느껴지고 얕은 시냇물엔 벌써 살얼음이 얼었다. 뭔가 재난이 닥칠 것 같은 조짐이 보인다. 새들은 남쪽으로 이동하고 있다.

오늘 아침에 나는 남쪽으로 가고 있는 거대한 기러기 떼를 스케치했다. 기러기들은 셀 수 없이 많은 개떼처럼 캥캥 짖고 있었다. 녀석들의 행렬은 못해도 2킬로미터는 되 보였다.

하늘은 푸르렀다. 하지만 눈같이 하얀 거대한 구름은 싸움이라도 하려는 듯 도전적으로 보였다.

그 당시 일기에서 나는 이 시기를 이렇게 묘사했다.

위로는 온통 푸르고 하얗고,
아래로는 온통 오렌지 빛 갈색이고,
앙상한 나무와 서리 낀 대지는
우울하게 눈을 기다린다.

10월 19일. 키 큰 나무의 높은 가지에서 볼티모어찌르레기흉내쟁이의 둥지를 찾아냈다. 주머니처럼 생겼는데, 깊이는 15센티미터에 너비가 10센티미터 정도 되었다. 둥지는 박주가리과(*asclepias*)나 협죽도과(*apocynum*)종류의 나무껍질 섬유로 짠 것이었는데, 역시 섬유질 끈으로 다섯 개의 가지에 매달려 있었다.

오래 전에 브로디 박사가 읽어 준 기사 내용이 생각났다. 토론토 박물학 협회가 이 섬유질이 매우 튼튼하므로 상업적으로 이용하자고 주장했다는 내용이었다. 이 섬유질은 인디언들이 사용했었는데, 이미 여기 우리의 새들이 사용하고 있는 것이다.

나는 한번 이것을 시험해 보기로 했다. 먼저 둥지를 가지 다섯 개에 매달고, 금속 조각을 3~4킬로그램이 될 때까지 담았다. 다음 들통 하나를 둥지에 매달아 7킬로그램 정도까지 무게를 늘렸다. 여전히 무게를 견디고 있었다. 다음에 1킬로그램을 더 얹었다. 하지만 조심하지 않는 바람에 끈이 옆으로 미끄러져서 제일 약한 가지 하나에 온 무게가 실리게 되자 결국 둥지는 부서지고 말았다. 이 둥지는 비바람에 닳아서 낡아 있었다. 새로 만든 둥지였다면 아마 10kg도 넘게 버틸 수 있을 것이다.

10월 24일. 땅을 파서 흙파는쥐(*Thomomys*) 여섯 마리의 굴과 둔덕, 은신처, 미로를 찾아냈다. 나는 녀석들의 소중한 노동이 농사에 끼치는 영향에 대해 생각해 보았다. 녀석들이 살던 곳에서는 곡물 생산량이 두 배에서 세 배까지도 늘어난다는 것을 정착민들은 잘 알고 있었다. 다윈의 말대로 유럽에서 지렁이가 하는 일을 아메리카 대륙에서는 흙파는쥐가 해준다는 사실을 나는 옛날부터 주장했다.

1882년 10월 27일. 카베리 북쪽 숲에 있는 오래된 그루터기를 조사하다가 나는 엘 카펜테로의 습성을 잘 알려주는 증거를 발견했다. 엘 카펜테로란 딱따구리의 스페인 말로 여기에선 개미잡이딱따구리를 이르는 말이다. 내 이름은 나무에서 일하는 딱따구리가 다른 새들을 위해서 집을 만들어주는 재주가 있다는 뜻을 담고 있다. 주변 상황 증거로 미루어 보아 이 집의 역사를 간략하게 설명하면 다음과 같다.

처음에 부지런한 개미잡이딱따구리가 이 나무에 구멍을 팠다. 아마 그 당시에 이 나무 그루터기는 생생했으리라. 그 뒤 몇 년 동안 이 작은 방에서 얼마나 많은 새끼들이 유리 같은 껍질을 뚫고 태어났는지 우리는 알 도리가 없다. 어쨌든 이제 더 이상 개미잡이딱따구리들이 그 집을 찾지 않게 되자, 다른 새가 집을 차지하게 되었다. 아마 찌르레기였을 것이다. '바보' 같은 그 녀석은 둥지 밑에 진흙을 깔고 그 위에 나무 조각이나 지푸라기를 얹었다. 그리고 또 새로운 집주인이 나타났다. 이 녀석은 이끼와 진흙으로 튼튼하고 멋진 둥지를 만들었다. 이 사실에 비추어보면 아마 그 녀석은 울새였을 것이다. 마지막으로 이 아파트에 새매가 둥지를 틀었다. 새매는 지푸라기와 이끼를 거의 입구까지 쌓아올렸다.

정말 신기한 이야기이다. 하지만 이 오래된 그루터기에 대한 이야기는 지금부터 시작이다. 주변의 상황 증거를 토대로 한 내 추측이 사실이라고 가정한다면, 다음과 같은 이야기가 엮어진다. 팔코 스파베리우스 경(*Falco Sparverius* 새매의 학명, 아메리카황조롱이라고도 함―옮긴이)은 소렉스 쿠페리(*Sorex Cooperi*)라는 학명이 붙은 조그만 땃쥐를 새끼들에게 가져다주었다.

그런데, 이 도둑 대왕의 어린 자식들은 때마침 그리 배가 고프지 않았다. 정말 신기하게도 드문 경우였다! 그래서 살아남은 소렉스 쿠페리는 궁리 끝에 탈출하기 위해서 밑바닥을 파기 시작했다. 황조롱이의 살림살이를 뚫고 이끼도 뚫었다. 하지만 진흙 바닥에 부딪히자 더이상 도망갈 수가 없었다. 상처를 입은 데다 지쳐버린 작은 포로는 그렇게 둥지에 갇힌 채 죽어버렸다. 마치 참나무 상자에 갇힌 지네브라(스프링 자물쇠가 달린 나무상자 속에 숨었다가 문이 잠겨버려 해골이 되어 발견이 되었다는 이탈리아의 신부(新婦)-옮긴이)처럼, 오랜 세월이 흘러 내가 썩은 통나무를 부러뜨리고 나서야 이 비극적인 이야기가 드러난 것이다. 어쩌면 이런 일은 일어나지 않았을 지도 모르지만……

1882년 10월 30일, 검은찌르레기의 깃털을 꼼꼼히 세어보았다. 결과는 다음과 같다.

머리	2226	등	300
뒷목	285	다리 100	200
멱	300	날개 280	560
배	1000	날개깃	44
		총계	4915

흔적 읽기

11월 중순(1882년), 15센티미터 가량의 눈이 쌓여 동물들의 흔적을 쫓기에 딱 알맞았다. 나는 눈 위에 쓰인 이야기를 읽기 위해 밖으로 나섰다.

나는 곧 방금 찍힌 듯한 여우의 흔적을 찾아냈다. 그림에서 볼 수 있는 것처럼, 여우의 발자국은 진흙이나 부드러운 흙이나 얇게 쌓인 눈 위에서는 뚜렷한 흔적을 남기기 때문에 쉽게 구별해낼 수 있다. 하지만 많이 쌓인 눈 위에서는 발톱 자국은 볼 수 없고 움푹 파인 구멍만 한 줄로 늘어서 있다. 그렇긴 해도 다른 사실로 유추해볼 수 있다. 작은 개나 여우나 발자국 크기는 비슷하지만 각각은 다른 특성이 있다. 그림①에서 A는 개의 발자국이고 B는 여우의 발자국이다. 개의 발자국은 지그재그로 나 있다는 것을 당장에 알 수 있다. 그 이유는 개의 가슴이 여우의 가슴보다 넓기 때문이다. 여우의 발자국은 거의 한 줄로 나 있다.

다음 특징은, 개가 발가락을 지저분하게 끌고 다니는 반면, 여우는 발을 깨끗하게 들어 올리고 깨끗하게 내려놓는다는 점이다. 이렇게 해서 여우는 소리 없이 숲을 다닐 수 있는 것이다.

다음, 그림①에서 x로 표시된 희미한 자국은 여우의 북슬북슬한 꼬리가 남긴 것이다. 이 자국 덕분에 나는 이 발자국을 여우의 것이라고 확신하게 되었다.

400미터쯤 따라가자, 여우의 발자국이 방향을 바꿨다가 지그재그로 다시 계속되었다.(그림②) 다시 말해서, 여우는 바람을 거슬러 둔덕에 난 작은 구멍까지

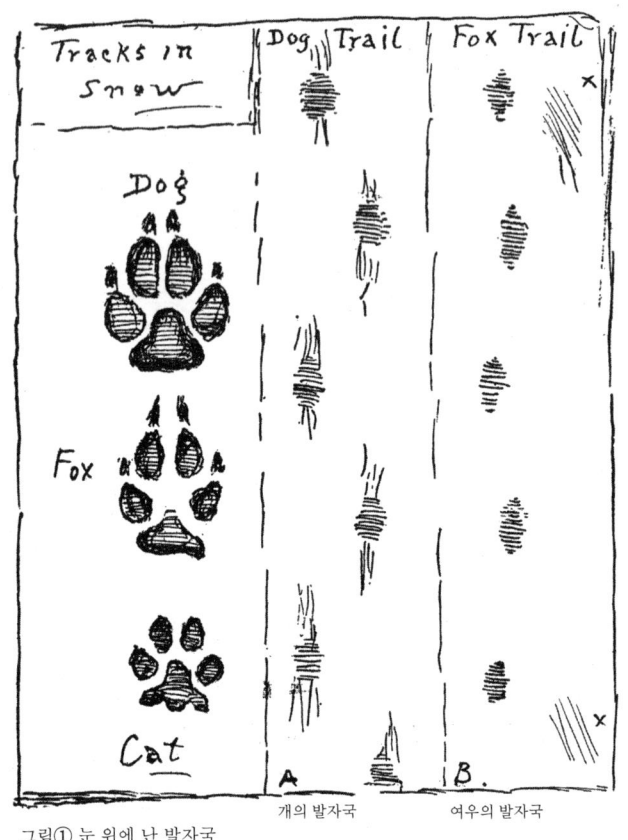

그림① 눈 위에 난 발자국

왔다가, 겨울잠을 자고 있던 줄무늬 뱀을 꺼내서 죽인 뒤, 눈 위에 팽개쳐 두고 다시 갈 길을 간 것이다. 800미터쯤 따라가자 키 작은 나무들이 무성한 곳에 이르렀다. 그곳엔 부드러운 눈이 아주 깊게 쌓여 있었다.

이 지역에서는 들꿩이 깊은 눈더미 속에서 추운 밤을 보내는 습성이 있다. 눈보라가 치고 영하 40도 이하로 내려가는 바깥에서 그냥 잠을 잤다가는 얼어죽기 딱 알맞기 때문이다. 그래서 녀석들은 해가 질 무렵이면 부드러운 눈 속으로 파고 들어간다. 그러면 바람이 눈을 날려 구멍을 메워줄 뿐만 아니라 녀석들을 잘 덮어주고, 발자국도 지워준다.

여우는 이 사실을 잘 알고 있다. 그래서 그림③에서 1지점까지 갔을 때, 여우는 멈춰선 것이다. 늘 바쁘게 킁킁대는 여우의 코가 이렇게 속삭인다. "잘 봐, 바로 코앞에 들꿩이 있어."

여우는 한 발을 들고 서 있었다. 이유는 나도 모른다. 어쨌든, 발톱 끝으로 찍은 희미한 자국 ix 가 눈을 거의 건드리지 않은 채 나 있다. 그러니까 아마 여우는 거기서 꼼짝도 하지 않고 서 있었을 것이다. 그리고는 천천히(걸음 폭이 짧은 것으로 미루어 보아 이 사실을 알 수 있었다) 냄새를 맡으며 기어갔다. 하지만 2에서 냄새를 놓쳐버렸고, 그래서 3방향으로 다시 돌아갔다.

드디어 들꿩의 먹음직스러운 냄새가 확 풍겨왔다. 여우는 먹이가 가까이 있다는 걸 알았다. 나는 계속 따라가다가 짧고 조심스러운 발자국들을 발견했고, 그 다음엔 뒷발이 남긴 깊은 흔적을 보았다. 이것은 눈치를 챈 들꿩들이 눈 위로 뛰쳐나올 때, 여우가 앞으로 튀어 올랐다는 이야기이다. 4와 5에 있던 들꿩들은 온 힘을 다해 날아올랐을 테지만 4에 있던 놈은 조금 늦었던 모양이다. 여우는 이놈을 공중에서 낚아채서는 눈 위에 굴렸다. 그리고 거기에서 일부를 먹고 나머지는 가져가 버렸다.

그제야 나는 가는 길에 있었던 죽은 뱀의 의미를 알아챘다. 뱀은 좋은 식사거리가 못된다. 더구나 추운 날에 차가운 뱀은 꽁꽁 언 식사밖에 되지 않는다. 여우는 좀더 나은 식사를 바랐을 것이다. 일단은 뱀을 죽여서 도망가지 못하게 해놓고 더 나은 식사를 찾지 못했을 경우엔 다시 돌아오려고 했던 것이다. 하지만 알다시피 돌아올 필요가 없었다. 따뜻하고 맛있는 새를 잡았으니까.

이 여우 이야기는 눈 위의 발자국만을 추적해서 알아낸 사실이다. 이 이야기는 모두 사실이지만, 사실 난 그 여우를 구경조차 못했다.

야생의 세계에서 벌어진 이 이야기는 실제로는 일어나지 않을 듯 아득하게 느껴질 것이다. 나의 간절한 소망에 대답이라도 하듯 어떻게 이런 일들이 진짜로 일어났단 말인가. 하지만 이것이 사실이란 것을 증명해 보이기 위해 흔적 추적에 대한 이야기를 하나 더 해주겠다. 1885년 2월 토론토 시 경계 안에서 추적한 발

그림② 눈 위에 난 발자국

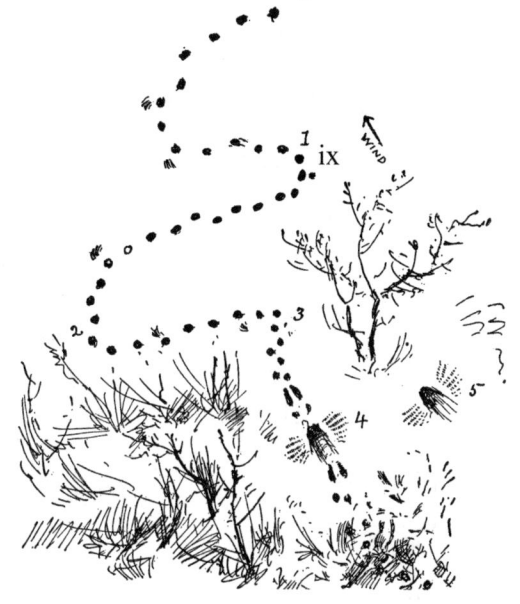

그림③ 눈 위에 난 발자국

자국 이야기인데, 팔러먼트 거리에서 북쪽으로 조금 떨어진 캐슬프랭크 힐에서 있었던 일이다.

우리집에서는 캐슬프랭크의 협곡과 숲이 가까웠다. 난 기분전환이나 할 겸 산책을 하고 있었는데, 평소와 다르게 그날따라 협곡 쪽으로 발을 옮겼다. 협곡에 막 쌓인 눈에는 아주 흥미로운 흔적이 나를 기다리고 있었다.

작은 나무가 서 있는 그림④의 A에 솜꼬리토끼의 발자국이 찍혀 있었다. 토끼는 무엇 때문인지 B로 껑충 뛰었다. 그런데 뒷발의 긴 발자국이 앞발의 짧은 발자국보다 앞에 있다. 빨리 움직일수록 뒷발자국은 더 멀리 떨어져 있게 된다. 이렇게 속도가 열 배나 빨라진 이유가 무엇이었을까.

C와 D에서 무서운 적한테서 도망치는 것처럼 토끼가 요리조리 몸을 피했다는 것을 읽을 수 있다. 하지만 어떤 적이 있었단 말인가? 거기에 다른 동물의 흔적

그림④ 눈 위에 난 발자국

은 없었다. 나는 토끼가 혹시 미쳐서 자기가 상상으로 만든 적을 피해 다닌 것은 아닐까 하는 생각이 들었다. 혹시 3월 토끼(3월 짝짓기 시기에 미쳐서 날뛰는 토끼 - 옮긴이)가 아니었을까.

하지만 F에서 피가 뿌려져 있는 것을 발견했다. G에도 피가 흩뿌려져 있었다. 오호라! 토끼는 진짜 위험에 처해 있었고, 진짜 적한테서 도망치려 했던 게로구나. 하지만 적이 누구였을까? 여전히 다른 흔적은 없었다.

그런데, 갑자기 H에서 날개자국이 선명하게 보였다. 이제야 이해할 수가 있었다. 토끼는 독수리나 매나 올빼미한테서 도망치려했던 것이었다.

결국 K에 먹다 남은 토끼가 있었다. 그렇다면 독수리는 아니었다. 독수리라면 다 먹어치웠거나 아니면 통째로 가져갔을 테니까.

그렇다면 매 아니면 올빼미인데, 어떤 놈이었을까?

나는 증거를 찾아보다가 남은 토끼 옆에서 발가락이 두 개인 올빼미 발자국을 발견했다. 매였다면 발자국이 그림 맨 아래 왼쪽 모양이었을 것이다.

그러면 어떤 올빼미였을까? 이 계곡에 사는 올빼미는 세 종류였다. 나는 증거를 더 찾아보다가 작은 나무 옆에서 작은 올빼미 깃털을 발견했다. 그것은 올빼미의 얼굴 솜털이었다. 거기엔 가로로 줄무늬 세 개가 있었다. 줄무늬올빼미가 최근에 여길 다녀갔다는 얘기가 된다. 상황으로 미루어 보아 토끼를 죽인 범인이 틀림없었다.

나는 남아 있는 흔적을 그리기 시작했는데, 그 사이 바로 그 올빼미가 나머지 먹이를 먹으려고 돌아왔다. 놈은 내 머리 바로 위에 있는 가지에 앉았다. 카메라는 없었지만 스케치북이 있었기 때문에 바로 그 자리에서 거기 앉아있던 올빼미를 그렸다.

결국 놈은 내 해석이 정확히 맞았다는 것을 훌륭하게 증명해 준 셈이었다. 덕분에 나는 영원히 간직할 귀중한 올빼미 그림도 그릴 수 있었다.

1882년 11월 25일 오후 1시쯤, 나는 막 점심 식사를 마치고 느긋하게 앉아서 성에가 낀 창문 너머로 밖을 내다보고 있었다. 그런데, 갑자기 커다란 늑대가 우리 농장 쪽으로 돌진해 오더니 외양간으로 들어가는 게 아닌가. 늑대 뒤에는 검정색 콜리 종 개가 바짝 뒤쫓고 있었다. "늑대다!" 나는 이렇게 소리치고 황급히 총을 들고 밖으로 나갔다.

바깥 기온은 영하로 뚝 떨어져 있었다. 모자나 겉옷이나 장갑도 가지고 나가지 않았지만 추격전이 펼쳐지는 동안에는 그런 생각을 할 겨를도 없었다.

외양간에 도착했을 때는 벌써 개가 늑대를 외양간에서 몰아내서 멀리 눈밭으로 가버린 뒤였다. 나는 공중에 총 한 발을 쏘고 나서, 추격전에 뛰어들었다. 그 개는 내가 본 개 중에서 제일 과학적인 방법으로 늑대를 쫓고 있었다.

1킬로미터마다 개는 늑대를 따라잡아 뒤쪽에서 덮쳤다. 궁지에 몰린 늑대가 뒤로 돌아서면, 다시 개는 의도적으로 숲을 등지고 옆에서 늑대를 공격했다. 그러니까 개는 난투극을 벌일 때마다 숲 쪽으로 도망치려고 안간힘을 쓰는 늑대의 길목을 막은 것이었다.

이런 식으로 추격전은 6킬로미터나 계속되었고, 여전히 쌩쌩한 개는 늑대를 인가 쪽으로 몰아붙여 자기 집에서 불과 500미터 떨어진 곳까지 이르렀다. 사람들이 이미 나와 있어서 자기편이 많아진 개는 늑대의 무시무시한 턱도 아랑곳하지 않는 모습이었다. 내가 도착할 때쯤엔 벌써 개가 늑대를 바닥에 눕혀 붙들어 놓고 있었다.

나는 가까이 다가가서 늑대의 머리에 총알을 박았다. 개는 적이 죽은 것을 보더니 눈길도 한 번 안 주고 여전히 쌩쌩한 모습으로 전속력으로 초원을 가로질러 가버렸다. 녀석은 친구 집에서 녀석을 기다리고 있는 주인에게로 6킬로미터를 쉬지 않고 달려갔다. 녀석은 그 집에서부터 늑대를 쫓기 시작해서 자기 집까지 몰고 와서는 죽인 것이었다.

이 프랭크라는 개는 꽤 유명한 놈이었다. 늑대를 바짝 뒤쫓을 때도 녀석의 폐활량은 견줄 데 없이 엄청났지만, 주인에게 돌아가는 길에도 여전히 쌩쌩해 보였다.

나는 녀석에게 한 눈에 반해버려서 당장에 녀석의 새끼 한 마리를 샀다. 그 놈도 스코틀랜드 콜리 순종이었다.

개척자 생활에는 콜리 개처럼 딱 알맞은 개도 없다. 물론 개를 기르는 사람들 생각은 다 똑같겠지만, 나도 얼마 지나지 않아 내 개가 세상에서 제일 훌륭하다고 믿게 되었다.

나는 녀석의 이름을 빙고라고 지었는데 이는 '프랭클린의 개' 라는 동요에서 따온 것이었다. 빙고의 이야기가 궁금한 사람들은 『내가 알던 야생동물들』(시튼 동물기-옮긴이)을 읽어보면 알 수 있을 것이다. 나는 그 책에 빙고의 이야기를 중요한 사건에 기초해서 꾸밈없이 썼다.

눈이 깊이 쌓일수록 늑대, 여우, 흰올빼미 등 겨울 동물들도 크게 늘어났다. 털 달린 동물들을 총으로 사냥한다는 것은 거의 불가능했고, 덫으로 잡는 것도 드문

들꿩을 낚아채는 여우

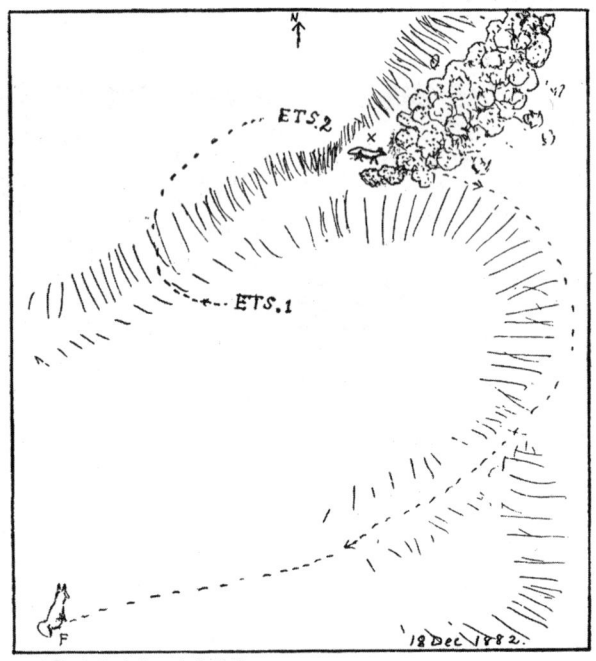

그림⑤ 나의 위치 1, 나의 위치 2

일이었다. 하지만 얼어 죽은 말이나 소 곁에 스트리크닌 독약을 넣은 미끼를 놓아서 잡는 일은 흔한 일이었다.

1882년 11월 26일. 미끼에서 3미터 떨어진 곳에서 독약을 먹고 죽은 여우를 발견함.
   11월 27일. 말 시체 옆에 죽어 있는 늑대를 발견함.
   11월 28일. 같은 장소에서 다른 늑대 시체를 발견함.
   12월 15일. '줄무늬땅다람쥐의 일생'이라는 논문을 완성해서 토론토박물학협회에 보냄.
   12월 16일. 늑대를 쫓아다니느라 시간만 낭비함. 같이 갔던 사람이 불과 50미터 떨어진 곳에서 놈을 쏘았지만 총알이 다리만 스침.

12월 18일. 아주 영리한 여우를 만남. 나는 눈이 쌓인 길을 걸어가다가 그림 ⑤의 X에서 여우가 관목 숲으로 들어가는 것을 발견했다. 나는 녀석이 눈치채지 못하게 꼼짝 않고 있다가 2로 열심히 달려가서 여우가 내 바로 밑에 있을 거라고 생각하고 조심스럽게 다가갔다. 하지만 여우는 거기에 없었다. 나는 주변과 여우 발자국을 살펴 본 뒤에야 여우가 남서쪽으로 800미터 떨어진 곳에서 나를 흥미롭게 지켜보고 있었다는 것을 알았다.

발자국을 살펴본 결과, 여우도 내가 여우를 발견한 것과 동시에 나를 발견했던 것이다. 하지만 그놈 역시 날 못 본척하면서 나무 사이로 들어갔고, 그리고는 재빨리 F까지 달려가서 내가 살금살금 관목 숲으로 다가가는 것을 비웃으며 지켜보고 있었던 것이다.

12월 19일. 이웃 라이트 씨 집에 늑대를 잡으러 갔다. 개에게 덤벼들었다는 이 늑대는 밤마다 와서 창문 안을 엿본다고 한다. 200미터까지 접근한 그 늑대를 발견했지만 총을 쏠 기회는 없었다.

1882년 크리스마스. 기온이 계속해서 영하 20도, 30도로 뚝뚝 떨어졌다. 부모님들은 추위를 견디지 못하고 사촌 메리 버필드와 함께 토론토로 돌아갔다.

북아메리카 대륙에 사는 사람이라면 누구나 북서쪽에서 불어오는 눈보라 사뭄 (원래 아라비아 사막에 부는 국지적 모래폭풍 - 옮긴이)에 대해 들어 봤을 것이다. 하지만 실제로 북아메리카 북서쪽 끝에 가보지 않은 사람은 그 위력을 알 도리가 없다. 이 눈보라는 삼림도 없이 평평한 땅이 끝없이 펼쳐진 지역에만 아주 추운 겨울에 극히 국지적으로만 나타나는 현상이었다.

처음 이곳에서 겨울을 맞는 우리는 그 눈보라가 언제 불어닥칠지 몰라 하루하루를 두려움으로 보내고 있었다. 크리스마스가 다가오고 있었다. 눈은 점점 깊게 쌓여만 갔고 온도는 꾸준히 영하에서 맴돌았다. 하지만 걱정할 만한 바람은 아직 없었다.

그러던 어느 날, 바람이 세게 불었다. 온타리오에 있을 때만큼 센 바람이었다.

굽이치는 눈의 파도는 점점 높아졌고 그 견고한 꼭대기에는 돌풍이 불고 있었다. 바람이 쌩쌩 불며 눈구름을 일으켜서 2킬로미터 밖의 물체는 자취를 감추었고 가까이 있는 것도 흐릿한 그림자만 남아 있을 뿐이었다. 아주 추운 날씨였다. 처음 여기에 온 사람들에게는 정말 견디기 힘든 날이었다. 하얀 바다가 이리저리 굽이치는 것을 보면서 내가 물었다.

"형, 이게 그 눈보라야?"

"피!" 콧방귀만이 돌아왔다.

사나운 날씨가 몇 차례 계속되었지만 별일 없이 지나갔다. 온타리오 같았으면 그런 날씨엔 아무도 바깥일을 하지 않을 것이다. 하지만 튼튼한 매니토바 사람들에겐 어림없는 일이었다.

1월 중순에 더 거세고 무서운 폭풍이 몰아닥쳤다. 온도계는 영하 30도 밑을 맴돌았다. 바람만이 밤새도록 집 주위와 초원을 오가며 고운 눈가루를 뿌렸다 깔아 뭉갰다 하며 짓궂은 장난을 쳤다. 어느 새 울타리는 금세 쌓여버리는 눈더미 밑으로 사라졌지만 사납게 몰아치는 바람은 군데군데 눈을 싹 날려버려서 맨땅이 드러나기도 했다. 바람은 쌓여있는 눈가루를 지상 15미터까지 날려서 우리는 이제 100미터 앞도 제대로 볼 수 없었다. 살을 에는 듯한 추위 때문에 한두 시간 바깥일을 하고 나서는 집으로 돌아와서 코와 귀를 녹여야 했고, 여행은 꿈도 꿀 수 없었다. 돌진하는 눈바람을 바라보며 내가 물었다.

"형, 이번엔 그 눈보라가 맞는 거지?"

"아 – 냐." 경멸 섞인 대답이 돌아왔다.

2월이 되었다. 이제 눈은 모든 걸 깊숙이 묻어두고 있었다. 바람이 눈더미를 쌓아올렸고, 눈 언덕마다 오목한 구멍을 무수하게 파놓아 초원 전체가 거칠게 몰아치는 거대한 눈의 바다를 이루고 있었다.

2월도 끝나가던 어느 날이었다. 새벽에 구름이 많이 끼었는데, 가끔 돌풍이 불어 눈가루가 날아오르기도 했지만 곧 잠잠해지곤 했다. 조용한 날이었다.

밤이 깊어지자 북풍이 불기 시작했고, 기온은 영하 40도로 뚝 떨어졌다. 바람

스코틀랜드 콜리 순종 프랭크(오른쪽)와 코요테

이 점점 거세지고 눈도 그칠 줄 몰랐다. 밤새 지붕 위에서 몰아치는 사나운 눈보라 소리뿐이었다.

날이 밝을수록 눈보라는 더 심해졌다. 분명히 낮이었는데 밖으로 나가자 5미터 앞도 제대로 보이지 않았다. 굉음을 내며 소용돌이치는 눈발말고는 아무것도 보이지 않았다. 위에도 옆에도 아래에도 모두 눈, 눈, 눈 천지였다. 차가운 눈바람이 몸을 뚫고 들어와 뼛속까지 얼어붙게 했다. 눈구름은 땅으로 내닫는가 싶더니 어느 새 급류를 탄 얼음처럼 휙 떠내려가 버렸다. 바람은 집 주위를 돌며 요란한 비명을 질러댔다. 벽이나 지붕 어디든 머리카락만한 틈만 있어도 눈가루가 스며들어왔다. 집에서 5미터만 떨어져 있어도 허허벌판에 홀로 서 있는 느낌이 들었다. 내 다리마저 시끄럽게 몰아치는 눈 속에 갇혀 보이지 않았다. 영하 40도가 넘는 추위에 난폭하게 몰아치는 돌풍은 얼어붙은 눈더미를 갈아 가루로 만들어서는 암흑 속으로 높이 집어던져 버리곤 했다.

포효소리에 귀가 멀 정도였다. 차디찬 공기에 살이 불붙는 것처럼 아팠다. 온 세상이 눈발로 만든 나이아가라 폭포로 가려진 듯했다. 하늘도 없고 땅도 없었다. 사납게 날뛰는 눈과 바람만이 보일 뿐이었고 암흑과 지독한 추위만이 있을 뿐이었다. 날은 밝을 줄 몰랐고 태양은 잊혀졌다. 온세상이 끔찍한 폭동으로 파괴되어 버린 것 같았다 ……

더이상 말이 필요 없었다! '폭풍' 이란 말은 너무 부족한 표현이었다. 꼬박 이틀 동안 이 난동은 계속되었고, 우리는 집에서 꼼짝도 하지 못했다. 셋째 날 아침은 조용히 찾아왔다. 이제 끝난 모양이었다. 초원의 모습은 완전히 딴판이 되어 있었다. 순결하고 새하얀 덮개 아래에는 많은 생명이 죽어 있었다.

죽은 소들을 묻으면서 내가 말했다. "형! 어쨌든 이번 건 눈보라였어."

이번엔 아무 대답도 없었다!

11월부터 우리는 부드러운 사슴가죽으로 만든 모카신을 신고 다녔다. 그때부터 봄이 될 때까지는 부츠를 신지 않았다. 기온이 보통 영하 20도인데다 영하 40도로 내려가는 일도 잦은 날씨에는 당연한 관습이었다. 부츠를 신으면 발이 한 시간 안에 얼어버릴 것이기 때문이다. 물론 모카신 안에도 서너 겹으로 양모 양말을 신기는 하지만 부드럽고 유연한 사슴 가죽은 발을 부드럽게 움직일 수 있도록 해주어 혈액순환이 원활해져서 동상을 근본적으로 막아주는 것이다.

겨울이 깊어지자 유리창에 엉겨 붙은 성에도 점점 두꺼워지고 탁해졌다. 이제 유리창으로는 아무것도 보이지 않았다. 거의 매일 밤낮을 가리지 않고 휘몰아치는 바람은 겨울을 나러 남쪽으로 날아간 새들과 잔혹하고 긴 추위를 피해 땅 속으로 들어가 잠을 자는 짐승들이 얼마나 현명한지를 새삼 일깨워주었다.

그런데 딱 하나, 추위를 두려워하지 않는 작은 새가 있었다. 바로 흰머리멧새였다. 녀석은 겨울 내내 우리 헛간 주위에서 볼 수 있었는데, 희미한 겨울 해가 질 무렵이면 눈더미에 구멍을 내서 그 안에 들어가 잠을 자고 낮에는 가축 우리에서 남은 음식을 먹었다. 잘 먹고, 잘 자고, 걱정이 없었다.

나는 매일 보는 녀석들이 같은 녀석들인지 궁금했다. 그래서 나는 서너 주에 걸쳐서 녀석들을 몇 마리씩 잡아 상자에 가두었다가 가슴에 검은 잉크로 콩알만 한 점을 찍은 다음 다시 날려 보내주었.

나의 계획은 '점박이'들이 계속 우리 농장에 오는지 관찰해 보는 것이었다. 하지만 나는 점박이들을 다시는 볼 수 없었고, 결국 이 녀석들도 잔인한 겨울을 피해 남쪽으로 이동하는 게 아닌가 하는 생각을 하게 되었다.

12월부터 2월까지 내내 우리가 정성을 쏟은 일은 딱 한 가지, 바로 폭풍 속에서 소와 닭과 말을 지키는 일이었다. 바람이 덜 부는 날이면 우리는 마차를 몰고 가문비나무 숲으로 들어갔다가 장작과 집 지을 통나무를 싣고 집으로 돌아왔다.

3월이 되면 변화가 찾아온다. 먼저 흰머리멧새가 달콤한 노래로 봄을 알린다. 하지만 그보다 감미로운 소리는 바로 처마에서 똑똑 떨어지는 물소리일 것이다. 바야흐로 해빙의 계절이었다. 모든 소리 중에서도 가장 경이로운 소리는 역시 겨우내 유리창에 두껍게 끼어 있던 얼음장이 흘러내려 바닥에 떨어지는 소리였다.

이제야 볼 수 있게 된 바깥 풍경 역시 봄이 왔음을 알려주었다. 하지만 처마에서 물 듣는 소리야말로 내 기억에 가장 뚜렷이 남아 있는 봄의 소리였다. 아직 진짜 봄새가 돌아오려면 몇 주나 남아 있었지만, 그 소리는 아름다운 봄의 전주곡이었다.

1882년은 내가 새로운 세계에 들어와서 새와 짐승들과 행복하게 함께 보낸 모험과 발견의 해였다. 내 공책엔 흥미로운 관찰과 조악하나마 야생생물의 스케치로 가득 차 있었다.

날이 갈수록 나는 건강해지고 튼튼해졌다. 혹독한 겨울도 내게는 아무런 해를 입히지 못했다. 오히려 나의 원기를 북돋아 주었을 뿐이었다. 3월이 되어 흰머리 멧새가 눈더미 위에서 달콤하고 경쾌하게 노래를 부르자, 이제 건강해졌으니 때가 왔다는 생각이 들었다. 밤낮으로 나를 꽉 붙들어 매고 있는 이 검은 쇳덩어리를 떼어내는 수술을 받아야 할 때가 온 것이다. 이것은 내 자유를 앗아갔을 뿐만 아니라, 더 심각하게는 내가 젊고 건강한 남자라는 자신감을 앗아갔다.

아는 사람들과 연락을 해 본 결과 서부에서, 아니 이 세상에서 가장 훌륭한 외과의사는 시카고의 모지즈 건이라는 걸 알아냈다. 나는 가진 돈을 다 긁어모아서 가장 싼 기차표와 샌드위치 도시락을 들고 기차에 올랐다. 사흘 뒤 1883년 3월 15일, 목요일 오전 7시, 드디어 시카고에 도착했다.

조지 형과 사촌 메리가 역에서 나를 반겨주었고 우리는 같이 조지 형 집으로 갔다. 다음날 나는 유명한 외과의사를 만나기 위해 시카고 시립병원으로 갔다.

나는 대기석의 긴 의자에 앉아서 다른 사람들이 한 사람씩 들어가는 것을 보며 시간을 보냈다. 그 사람들은 층층 의자에 쭉 둘러앉은 학생들에게 '사례'로 제시될 환자들이었다. 건 박사는 거대한 체구에 기품이 있어 보였다. 그는 조수들과 함께 환자 옆에 서 환자에게 질문을 하고 나서는 학생들에게 돌아서서 각 사례마다 환자의 상황과 예상되는 결과에 대해 감동적인 연설을 했다. 정말 유창한 달변가였다.

내 순서가 되었다.

"옷을 벗어요." 의사가 말했다. 내가 서혜부 탈장 때문에 왔다고 조수가 설명했다.

"좋아, 아주 쉽지." 의사는 이렇게 말하고는 뒤돌아 서서 학생들에게 쩌렁쩌렁한 목소리로 설명하기 시작했다.

"먼저, 이 젊은이는 최악의 탈장대를 하고 있다고 말할 수 있겠다. 아프지 않던가요?"

"예, 밤이고 낮이고 뱀이 내 살을 물어뜯는 것 같아요."

"죄다 잘못되고 죄다 쓸모없는 것들이야." 의사는 이렇게 말하고는 다시 뒤돌아섰다. "환자가 젊고 건강하기 때문에 쉽게 치료할 수 있다. 두 가지 방법이 있는데, 한 가지는 참나무 껍질에서 추출한 진액을 주사하는 것이다. 이 진액엔 강한 수축성분이 있어서 벌어진 구멍을 거의 완전히 조여 준다. 이건 가벼운 수술이다. 다른 방법은 환자를 마취시키고, 탈장부위를 째고 탈장된 장기를 싸고 있던 조직을 절제하는데, 그러면 그 상처가 아물면서 구멍이 닫히게 된다. 이것은 대수술이기 때문에 당연히 상당한 위험이 따른다. 어떤 시술을 할 것인가는 환자가 선택한다."

나는 대답했다. "나는 확실하고 근본적인 치료를 원합니다. 위험 같은 것은 신경 쓰지 않아요."

"알겠소. 칼을 선택하겠단 말이군. 하느님께 기도는 드렸소?"

"할 겁니다."

"다시 깨어나지 못 할 수도 있다는 걸 명심해야 하오. 심장이 멈춰버릴 수도 있거든. 신부나 목사 같은 사람을 만나고 싶소?"

"괜찮습니다. 나는 지금까지 정직하게 살았습니다. 다른 사람을 해코지 한 적도 없고요. 지금까지 내 능력으로 최선을 다해 열심히 살았습니다. 나는 지금처럼 살다 죽을 겁니다. 아무것도 두렵지 않습니다."

"여러분도 들었나." 의사가 외치자 학생들이 큰소리로 박수를 쳤다.

"우리는 최선을 다할 것이고 모든 게 다 잘 될 거요. 이 병원에 입원했소?"

흔적 읽기 293

"아닙니다."

"시카고 시민이요?"

"아닙니다. 전 매니토바에서 왔습니다."

"그럼 상황이 달라지는데. 여기 시민이 아니면 이 병원에서 수술을 받을 수가 없지. 사설 병원에서 수술을 받아야 할거요. 그러면 수술비가 5백 달러는 들지. 하지만 성 요셉 병원으로 가면 입원료가 일주일에 6달러고, 내가 월요일마다 무료 수술을 해주고 있지. 어디로 가겠소?"

"성 요셉 병원으로 가겠습니다."

"다음 환자." 의사가 말했다.

1883년 3월 20일. 나는 성 요셉 병원의 수술실로 실려 갔다. 거기서 모지즈 건 박사와 그의 조수들은 내게 그들의 능력을 나누어 주었다. 물론 수술하는 동안 나는 다른 세상에서 빛나는 소용돌이를 타고 하늘을 떠다녔다. 다른 것은 하나도 생각이 나지 않았다. 정신을 차려보니 삼십여 명의 다른 환자들과 함께 병실에 누워 있었다.

하루 이틀 정도는 복통과 이따금씩 일어나는 경련으로 고생을 많이 했다. 하지만 위대한 의사덕분에 수술은 성공해서 6주 뒤에는 완쾌된 몸으로 퇴원할 수 있었다. 몸뿐만 아니라 마음도 완전히 건강을 되찾았다. 매니토바로 향하는 내 마음은 마구 샘솟는 기쁨과 인생을 밝게 비춰주는 희망으로 가득 찼다. 먹구름이 싹 걷힌 기분이었다.

4부 찬란했던 시절

새를 찾아서

1883년 5월 7일 아직 몸은 완전히 회복되지 않았지만 마음만은 새로운 인생에 대한 부푼 꿈으로 가득 차 카베리에 있는 집으로 돌아왔다. 이제 내게는 아픔도 고통도 사라지고 스물두 살의 꽃다운 청춘만 있었다. 나도 보통 남자들처럼 건강하고 멋진 사나이라는 자신감(믿음)이 생겼다. 조갑지국화와 서양할미꽃이 활짝 피었고 대평원은 눈부시게 빛났다.

그 해 여름은 어느 때보다도 새로운 새들의 발견과 모험으로 가득 찬 나날이었다. 처음 보는 새들, 처음으로 알게 된 새들의 습성, 둥지, 그 모든 것이 내게는 새로웠다. 행복하고 찬란했던 그 시절을 대변해주는 일을 세 가지만 소개하겠다.

6월 19일, 친구와 같이 울창한 가문비나무 숲을 헤매며 남쪽으로 이동하고 있을 때 흰목참새의 둥지를 찾아냈다. 그 순간 그 새의 모든 것이 내 손안에 들어온 듯 행복한 느낌에 휩싸였다.

우리는 듬성듬성 몇 그루만 남겨둔 채 나무를 마구 베어내 그루터기들만 흉하게 남아 있는 곳을 지나가고 있었다. 좀 넓은 곳에는 가문비나무 무리가 있었고, 흰자작나무가 마치 야곱과 천사가 맞붙어 싸우듯 뒤엉켜 있었다.(「구약성서」에 나오는 이야기로 야곱이 동틀 때까지 천사와 씨름을 했다는 내용 - 옮긴이) 싸움꾼들의 발 밑에는 죽은 나뭇가지 더미 사이로 창살 모양의 아름다운 산부채 잎들이 지천으로 자라고 있었다. 이렇게 죽은 나무와 살아 있는 나뭇잎이 뒤엉켜 있는 곳을 지나는데 조금 덜 축축한 곳에서 흰목참새 한 쌍이 튀어나왔다. 둥지는 검은 이끼와 썩은 잔가지들로 뒤덮인 땅에 컵처럼 움푹 들어가 있었다. 둥지에는 검은 섬유질 같은 줄이 그어져 있어 주변과 쉽게 구별되지 않았다. 네 개의 알은 연한 보랏빛이 감도는 회색이었는데 그 빛깔은 마치 그 새들의 노랫소리를 닮은 것 같았다.

더크 산 가까이에 있는 숲에 가면 샘물 가까이 낮은 가지에는 작은 가방이나 바구니처럼 생긴 신세계솔새의 둥지가 매달려 있었다. 나는 여러 차례 둥지에 있는 새를 관찰했다. 그 새는 필라델피아신세계솔새 같았다. 나는 나무 아래에서 같은 모양의 오래된 둥지를 찾아서 나뭇가지에 걸어주었다. 그러나 다음에 와 보면 둥지는 언제나 땅에 떨어져 있었다. 아무래도 다른 둥지의 주인이 시샘을 해서 그렇게 한 모양이었다.
   네 개의 알들은 약간 노란빛이 도는 흰 색이었는데, 넓은 끝 부분에는 선명하고 짙은 보랏빛 점들이 둥글게 원을 그리고 있었다.
   나는 그 새들이 필라델피아신세계솔새 종류라고 확신하게 되었다. 만약 그게 사실이라면 그 알들과 둥지는 그때까지 학계에 소개된 바가 없는 것이었다. 그래서 나는 필라델피아신세계솔새임을 증명하기 위해 새들에게 희생을 치르게 하기로 결심했다. 새를 수집하기로 한 것이다. 세세한 특징이 맞아떨어지는 걸 보니 내 추측이 맞는 것 같았다. 그러나 책에 나온 것보다 가슴이 더 노랗고 발과 부리는 더 푸르스름했다. 그 알들을 잘 포장해서 스미스소니언협회(미국의 특수학술기관 - 옮긴이)에 보내려 했는데, 안타깝게도 알들이 깨지고 말았다. 그러나 나중에 프랭크 M. 채프먼과 윌리엄 브루스터가 이 발견을 증명해 주었다.

6월 21일, 나는 가장 중요한 발견을 했다. 코네티컷솔새의 둥지와 알들을 찾은 것이다. 그것은 안전하게 스미스소니언협회에 보낼 수 있었고, 아직까지도 그곳에 있다.
   남쪽으로 몇 킬로미터 더 가면 거대한 가문비나무숲이 있고, 숲 가운데에는 널찍한 아메리카낙엽송 습지가 있었다. 이 습지의 뒤쪽엔 이끼로 덮인 회색 늪이 있는데 벌레잡이 식물과 끈끈이주걱의 천국이었다. 위로는 사람들이 일정한 간격으로 듬성듬성 심어 놓은 곧게 뻗은 아메리카낙엽송들이 자라고 있고, 아래로는 잿빛 이끼들이 덮여 있었다. 그늘조차 만들지 못할 정도로 가녀린 잎의 아메리카낙엽송들은 언제 보더라도 곧 쓰러질 듯이 보였지만 축축하고 우중충한 이끼로 덮인 습지는 끝없이 길게 펼쳐 있었다.

나는 근처를 탐험할 때 가끔 이 습지를 가 보았지만 좀처럼 특별히 관심을 끌 만한 새들의 생태를 발견하지 못했다.

나는 모기와 용감히 맞서 싸우며 꽤 긴 거리의 늪을 가로질렀다. 그곳은 보통 뿔논병아리와 올리브딱새의 빽빽이는 소리말고는 다른 새소리는 들리지 않는 곳이었다. 그때 솔새의 맑은 소리가 내 귀를 유혹했다. 그 소리는 마치 '비추르 비추르 비추르 비추르 비추르' 라고 속삭이는 듯했다. 화덕딱새의 노랫소리와 비슷하기도 했지만 화덕딱새는 보통 처음엔 속삭이듯 노래하다가 점점 커져서 두 번째 마디 끝에 가서는 크고 힘찬 소리가 나오는데, 그 새는 처음부터 끝까지 같은 높이로 지저귀고 있었다.

새 소리를 따라가 보니 아메리카낙엽송 꼭대기에 새 한 마리가 앉아 있었다. 숲솔새보다는 부끄럼을 훨씬 덜 타는지 눈에 잘 띄는 곳에 앉아 있었다. 그 새는 코네티컷솔새 수컷이었다. 계속 걷다 보니 완만한 이끼 둔덕에서 작은 새 한 마리가 갑자기 발 앞으로 튀어나왔다. 그 새는 놀란 듯하다가 이내 물떼새가 내려앉을 때처럼 날개를 들어 올린 채 나를 유인하듯 달아났다. 내가 별 반응을 보이지 않자 그 새는 다시 돌아와서는 아까와 똑 같은 자세로 내 주위를 맴돌았다. 코네티컷솔새라는 것을 알아 본 나는 불쌍했지만 꾹 참고 가방에 담았고, 이끼 틈 새에서 둥지를 찾아냈다. 깨끗한 풀로 만들어진 둥지는 앞서 말한 것처럼 땅 밑으로 움푹 들어가 있었다.

알은 네 개였는데, 가로 1.4센티미터 세로 1.9센티미터 크기였다. 신선한 알은 우아한 흰 크림색에 옅은 보라색과 자주색, 갈색 그리고 검정색 점들이 박혀 있고 넓은 끝으로 가면서 점차 화환 모양이 되었다. 알 속을 불어서 빼내고 나니까 옅은 크림색은 점점 하얀색으로 변했다.

어느 날 나는 푸른어치의 둥지를 발견했다. 둥지는 어린 나무의 높은 가지 사이에 있었는데 형편없이 허술했다. 둥지 안에 있는 새끼는 건강해 보이고 깃털도 제법 자라 있었다. 어미 새는 처음엔 모습을 드러내지 않다가 내가 나무에 오르기 시작하자마자 비명을 지르며 날아 와 순식간에 내 머리를 덮쳤다. 아주 가까이서 들은 그 소리는 보통 때의 울음소리와는 달랐고, 붉은꼬리말똥가리의 비명과 비슷했다. 순간 그 새가 가장 두려워하는 새의 울음소리를 흉내내어 나를 겁주어 쫓아내려는 것이라는 생각이 뇌리를 스쳤다.

이런 행동은 내가 그동안 관찰해온 새들의 위장술 중에서 가장 뛰어난 위장술이었다. 다른 데서도 나타나지만 이것만 봐도 푸른어치가 보통 지능을 가진 새가 아니라는 것을 알 수 있었다.

흥미로운 것들로 가득 차 있는 초원과 숲과 연못은 특별한 가치와 의미를 듬뿍 담고 있었다.

1883년 5월 28일은 오래도록 기억에 남는 날이었다. 그날 나는 들뜬 기분으로 동쪽 언덕과 가문비나무로 둘러싸인 요정의 숲을 돌아다니고 있었다. 나는 넘쳐나는 생명에 둘러싸여 폭발하는 듯한 내 활력을 쏟아내며 무한한 기쁨을 느꼈다. 특히 3년 전만 해도 이름을 몰라 애를 태웠던 수천 가지 새들의 소리가 이제는 나만 알고 있는 이름과 둥지를 가진 친구의 이야기처럼 반가웠다.

하늘은 예전보다 더 맑아 보였고 더 큰 의미를 품고 있었다. 내가 직접 만든 통나무 길을 따라 오래된 늪을 거닐 때면 초원의 일몰은 황홀하게 불타오르고 어디선가 궁정 음유시인의 노랫소리가 들려왔다. 그는 내 오랜 친구이고, 그 노래는 사랑스러운 옛 노래였다. 그러나 이번 노래는 한번도 들어보지 못한 노래였다. 나는 그 소리에 점점 빨려들어갔다. 내 오랜 친구 지빠귀 사촌이 부르는 그 노래는 어떤 노래보다도 고상한 곡이었다. 낮은 나뭇가지에서 들려오는 그 은혜로운 성가에 나는 푹 빠졌다.

　나는 숙연해져서 그 친구에게 무릎을 꿇었다. 숲의 가수는 절정의 순간에 도달한 다음 절을 하더니 푸른 잎 사이로 날아가 버렸고 나는 넋을 잃은 채 서 있었다. 그 새는 나를 완전히 사로잡아 버렸다. 집까지 3킬로미터를 달음박질쳐오는 동안에도 내 가슴속엔 가수 왕의 연주가 계속 울려퍼졌다.

　나는 그 새의 마술 같은 음악과 의미를 시에 담았는데, 그 시는 이 책의 부록에 실려 있다.(개똥지빠귀의 노래)

〈아메리카낙엽송에서 들려온 노래〉
몇 년 전 나는 미국조류학자협회에서 똑같은 제목으로 논문을 발표한 적이 있다. 이 이야기는 온타리오에서 멀리 떨어진 스커고그 강의 어린 시절로 거슬러 올라간다. 여기 소개된 이야기는 거의 20여 년에 걸친 내 경험이다. 그리고 1883년 5월 12일 매니토바에서 놀라운 발견을 하게 됨으로써 이 이야기를 여기서 다시 소개할 수 있게 되었다. 그러나 아직까지 지면상에 발표된 적은 없다.

린지와 온타리오에서 보냈던 나의 유년 시절에는 큰 동물들은 거의 사라지고 없었지만 새들은 흔히 볼 수 있었다. 곳곳에서 산불이 일어나면 타다 남은 높다란 나무들은 멧도요, 흰죽지오리, 새매와 수많은 이름 모를 수십여 종의 새들에게 더할 나위 없이 좋은 터전이 되었다. 재가 되어 버린 땅에 햇살이 비추면 가느다란 나무딸기들이 저절로 자라 빽빽하게 숲을 메웠고, 해마다 6월이면 우리는 집에서 쓸 산딸기를 따러 바구니를 들고 숲으로 갔다. 검게 그을린 나무 둥치 아래는 타는 듯이 뜨거웠고, 딸기 덤불을 헤치며 쓰러진 나무 위를 기어오르는 것은 고된 일이었다. 말벌은 떼를 지어 윙윙거리며 언제든 공격할 태세를 갖추고 있었다. 그때 느꼈던 짜릿한 초조감은 타오르는 열기와 말벌의 톡 쏘는 아픔과 흰죽지오리와 새매, 금빛날개딱따구리의 커다란 야성의 외침과 함께 내 기억에 영원히 수놓아져 있다.

그러나 비탈진 땅과 산딸기 숲이 끝나는 곳에서 시작되는 습지와 아메리카낙엽송 숲에서는 또 다른 소리가 계속해서 분명하게 들려왔다. 그 소리는 날씬한 아메리카낙엽송의 가운데쯤에서 들려오는 부드럽고 감미로운 휘파람 소리였다.

그 소리는 멧종다리 소리와는 확연히 달랐고, 노랑부리검은지빠귀나 멧도요의 빽빽거리는 소리와도 전혀 다른, 아메리카낙엽송 숲을 조용히 울려주는 소리였다. 우리는 모두 거기에 '작은 잿빛 새' 말고 다른 새가 있는 것으로 생각했다. 그 새는 묘하게 달콤하고 청아한 구슬픈 선율로 노래하는 개성 있고 대담한 가수였다. 그러나 우리에겐 책도 없었고, 참고할 만한 것이라곤 어떤 농장 아이가 갖고 있는 새 이름들이 적힌 목록 하나가 전부였다. 그 감미로운 가수는 이름을 떠올릴 만한 뚜렷한 외형상의 특징도 없었다. 그래서 우리가 그 새에게 지어준 이름은 '습지의 휘파람꾼'이었다.

그로부터 이삼 년이 흘렀다. 우리는 여름마다 그 새의 자취를 찾아다니면서 짧고도 감미로운 선율을 들었다. 한번은 한밤중에 어두운 숲 속에서 그 새의 선명한 노랫소리를 들은 적이 있었다.

당시에 나는 박물학에 대해 강한 매력을 느끼고 있었다. 지식에 대한 굶주림은 점차 커져 고통스럽기까지 했지만, 나를 지도해주는 사람은 아무도 없었다. 숲에 대한 지식이 인생의 유일한 가치라고 믿는 사람은 이 세상에서 나 혼자뿐인 것 같았다.

나는 해마다 여름이면 그 새의 소리를 들었고 그 노래를 흉내내려고 애썼다. 그러던 어느 해 4월, 단풍나무 수액 채취가 막바지에 이르렀을 때였다. 먼 나무에서 봄새 한 마리가 날아와서 낯익은 소리로 울었다. 눈 덮인 고요한 숲 속에서 들은 그 소리는 산딸기를 따던 그 뜨거웠던 시절의 울음소리보다 더 큰 전율을 느끼게 했다.

아직도 그 새에게 이름을 지어준 사람이 없었기 때문에 나에겐 기분 좋은 미스터리로 남아 있었지만, 가끔은 너무나 궁금해서 슬프기까지 했다. 이런 일은 내가 10대 초반이 될 때까지 계속되었다. 새에 대한 내 관심은 그 어느 때보다 커져 갔다. 나는 교과서에서 윌슨과 오두본을 배웠고 뒤이어 너톨과 베어드, 그리고 버로스에 대해 알게 됐다.

그러다가 내 인생에 새로운 변화가 찾아왔다. 런던의 대영박물관 도서관에서 이들 대가들의 연구 성과물을 직접 읽을 수 있는 특권을 얻은 것이다. 나는 굶주린 배를 채우듯 한 장 한 장 넘기며 어린 시절 숲에서 보았던 그 미스터리의 새를 찾아내려고 했다. 그러나 그 새는 책 속에 없었다.

내가 기억을 더듬으며 괴로워하는 것을 지켜본 한 영국인 조류연구가가 책에서 본 적이 있다고 하면서 그 새가 붉은꼬리지빠귀가 확실하다고 주장했지만, 그 말엔 수긍이 안 갔다.

아메리카낙엽송의 그 가수를 찾는 일은 습지에서도 실패한 것처럼 책 속에서도 성공하지 못했다.

그래서 나는 이렇게 다짐했다. "그 새는 전혀 새로운 새야. 아무도 그 새 소리를 들어본 적이 없어. 내가 꼭 밝혀내고야 말겠어. 지금까지 나는 사람들이 새로운 새를 밝혀내서 붙인 이름을 배워왔지만 드디어 내 차례가 온 거야. 그 새를 캐나다나이팅게일이나 솔숲의 가수라고 부르겠어. 또 그 새의 인디언 이름을 찾아내서 아이들에게 그 이름을 알려줄 거야."

내 인생을 확 바꾸어 놓은 또 한 번의 계기가 찾아왔다. 새에 대한 열망에 사로잡혀 있었던 나는 난생 처음 쿠스의 『아메리카 조류 분류』라는 책을 손에 넣게 되자 캐나다 북서부로 여행을 결심하게 된 것이었다.

그 책은 나에게 태양이나 마찬가지였다. 쿠스의 책이 북아메리카의 새들을 분류해낸 공로는 누구나 인정하는 바다. 그 책에도 오류가 많다는 걸 이제는 알게 되었지만, 처음으로 박물관에만 있던 새에 관한 지식을 많은 사람들에게 전해주었으며, 박제된 새가 아니라 살아 있는 친구로서 새를 알고 싶어하는 사람들을 더 가까이 데려다주었다.

 그 책에 고무되어 나의 새 수집품은 점점 늘어갔고, 내 주위에는 나처럼 새에 대해 알고 싶어하면서도 스승의 도움을 받지 못한 젊은이들의 그룹이 생겨났다. 나는 흰관참새, 붉은허리발풍금새, 멧종다리, 꼬까직박구리 암수와 새끼들을 비롯해 여러 종류의 참새들을 수집했다. 그러나 아직까지도 아메리카낙엽송의 감미로운 가수는 내 애를 태우는 수수께끼였다. 친구 중 한 명은 노래를 따라 추적해 봤더니 붉은꼬리지빠귀가 틀림없다고 했고, 또 어떤 친구는 직접 가까이서 봤는데 화덕딱새였다고도 했다. 새 소리의 특징을 보고 나이팅게일이라고 말하는 사람도 있었지만 그래도 나는 그 새가 특정 지역에서만 볼 수 있는 희귀한 새로 학계에 아직까지 알려지지 않은 새일 거라고 생각했다.

 그 당시에 나는 여행을 많이 했는데, 1882년에는 어시니보인(미국 몬태나 주 북동부와 캐나다 인접 지역의 이름 – 옮긴이) 북부 지역에 있었다. 6월 6일의 내 일기에는 이런 내용이 적혀 있었다.

 "셀 강. 오늘 저녁 우리는 셸 강 기슭에 있는 둥근 바위 아래에서 야영을 했다. 나는 강 언저리를 산책하면서 서서히 저물어 가는 붉은 해를 바라보았다. 그때 어둑어둑해진 숲 속에서 작은 새 한 마리가 튀쳐나오더니 붉게 타오르는 태양을 배경으로 죽은 나뭇가지로 날아갔다. 몇 년간 듣지 못했던 그 소리를 다시 듣는 순간 그 새에 대한 수많은 기억들이 삽시간에 떠올랐다. 그 새는 잠시 동안 노래를 부르고 나서는 다시 숲 속으로 날아가 어렴풋이 지저귀는 소리만 남긴 채 사라져버렸다.

 이 노래는 어린 시절 자주 들었던 귀에 익은 소리이다. 아직 이름은 모르지만 나는 오늘에야 처음으로 그 새를 가까이서 보았다. 그 새가 누군가 말했던 것처럼 화덕딱새가 아니어서 얼마나 다행인지.

 이번에는 새를 총으로 쏠 수도 있었는데. 그래서 나의 해묵은 갈증을 풀 수도 있었는데. 그러나 약한 마음이 내 발목을 잡는 바람에 기회를 놓쳐 버렸다."

그 여름 나는 여러 차례 어딘지 모를 습지에서 애처롭게 나를 부르는 소리를 여러 번 들었다. 그 소리는 아직도 나를 어린 아이로 생각하는 것 같았다.
"그래. 이리 온, 꼬마야, 이리와 봐, 꼬마야."

1883년 5월 1일, 나는 시카고에 있는 링컨 공원을 거닐면서 하루를 보냈다. 이곳에는 토종 새들을 전시하는 새장이 있었다. 내가 새장에서 쉰 걸음도 채 옮기지 않았을 때 새장에서 귀에 익은 울음소리가 들려왔다. 그 순간 내 머리카락이 쭈뼛 섰다. 그 천재적인 음악가의 노래는 봄기운에 들떠 있는 내 마음을, 아니 봄 그 자체를 온통 휘저어놓고 있었다. 늪에서 들었던 그 부드럽고 감미로운 새 소리는 철망으로 둘러싸인 우리에서 들려오는 것이었다.
나는 그 소리의 주인공을 알아보려고 부리나케 새장 앞으로 달려갔다. 그곳에는 십여 종의 참새류와 서너 종류의 지빠귀들과 아메리카쇠박새들 그리고 솔새들과 쇠뜸부기들 그 밖에 여러 종류의 새들이 있었다. 그러나 그 노래의 주인공은 찾을 수 없었다. 한 시간 동안이나 기다렸지만 그 노랫소리는 다시는 들리지 않았다. 결국 어둠이 내린 뒤에야 나는 어시니보인으로 돌아갔다.

1883년 5월 12일 나는 매니토바의 카베리 근처에서 새를 수집하고 있었다. 그날은 황홀한 날이었다. 수렁 옆의 조그만 숲 가장자리는 새들로 떠들썩했다. 새 껍질을 어지간히 많이 모았을 때 화려한 밀화부리가 들뜬 비명을 지르며 가까운 나뭇가지로 푸드덕 날아왔다. 밀화부리를 잡으려는 찰나 양 날개를 활짝 편 매 한 마리가 또 다른 나무로 날아왔다. 마침 남은 총알이 하나밖에 없어서 나는 내 수집목록에 매 한 마리를 더 기록할 수 있길 바라며 살금살금 기어갔다. 마지막 남은 한 방을 쏘려는데 머리 위 나무에서 또다시 나를 전율시키는 동시에 수백 가지 기억들을 불러일으키는, 부드럽고 감미로운 속삭임이 들려왔다.
매와 밀화부리는 이제 뒷전이었다. 새를 수집하느라 피를 보는 일에는 어느 정도 이력이 나 있었지만, 평화로운 선율로 노래하는 가수를 겨냥하는 내 손은 걷잡을 수 없이 떨렸다. 그러나 총알은 날아갔다.

그 새는 땅으로 떨어졌다. 돌처럼 딱딱하게 굳어 버린 고결한 희생자는 나의 지식에 대한 굶주림과 자신을 맞바꾼 것이었다.

새가 떨어진 장소로 달려간 나는 드디어 아메리카낙엽송의 감미로운 가수가 과연 어떤 새인지 알게 되었다. 산딸기철의 그 새, 어시니보인의 밤의 가수는 뉴잉글랜드에서는 피버디새라고 부르고, 더 북부에서는 나이팅게일이라고 부르는 흰목참새였다.

가슴에는 환희의 기쁨이, 두 눈에는 연민의 눈물이 가득 고인 채 나는 아직도 온기가 남아 있는 조그만 몸뚱이를 바구니에 살며시 내려놓았다.

나는 연구실로 돌아와서 베어드, 브루어, 리지웨이, 너톨을 비롯한 조류연구가들의 책을 샅샅이 뒤져보았다. 내 입에선 노래가 떠나지 않았다. "온종일, 나무를 베어라, 베어, 베어." "힘겨운 캐나다, 캐나다의 그 시절이여." "이리 온, 꼬마야, 이리 와 봐, 꼬마야."

그 새의 노래를 처음 듣고 그 새를 찾아다닌 뒤로, 나는 그 새와 노래에 대한 기록을 한번도 본 적이 없었다. 그것이 그 당시 기록의 현실이었다. 어떻게 하면 더 좋은 기록을 남길 수 있을까? 어떻게 하면 경험을 토대로 한 지식과 책에서 배운 지식의 차이를 좁힐 수 있을까? 나는 쿠스의 『아메리카 조류 분류』만큼 그 문제를 잘 알고 해결하기 위하여 노력했던 책을 보지 못했다. 비록 다른 점에서는 허점도 많이 드러났지만, 바로 이런 이유에서 나는 그를 최고의 조류학자로 치는 것이다.

내 일기에 기록된 또 한 가지 내용이다.

"1883년 10월 7일 나에게는 매우 의미심장한 셀 강에 다시 왔다. 이곳은 내가 이 나라에서는 처음으로 흰목참새의 노래를 들은 곳이다. 우리가 도착했을 때는 음산하고 쌀쌀한 가을밤이었다. 물소리와 부엉이 울음소리 사이로 흰목참새의 노랫소리가 들려왔다.

어둠 속의 가수로 잘 알려진 이 새는 여러 지역에서 나이팅게일이라고 불린다. 녀석들이 멜로디가 있는 노래를 부른다고 해도 나는 놀라지 않을 것이다. 바로 그것 때문에 이 녀석들을 새들 중에 으뜸으로 치는 것일 테니까."

나에게 새들 노래가 이토록 매력이 있는 이유는 아마 그것이 연상하게 하는 내 환경과 관련이 깊기 때문일 것이다. 내게 흰목참새의 노래는 어린 시절보다는 내 젊은 날의 가장 행복했던 기억을 떠올리게 하는 힘을 가졌다. 그 소리를 들으면 내 찬란했던 시절의 온갖 생각들과 느낌들과 기억들이 되살아난다.

인디언과의 만남

7월에 영국에서 오랜 친구이자 박물학자인 R. 밀러 크리스티가 몇 주간 나를 방문했다. 그 친구는 내게 큰 도움과 용기를 주었는데, 영국에 서식하는 식물의 생태에 대한 그의 풍부한 지식은 완벽하고 과학적이었다. 그는 『그레이의 식물학』이라는 책을 참고하여 이곳에 서식하는 식물들의 이름을 거의 댈 수 있었다. 최신의 생물학 이론과 사상을 갖춘 그는 처음으로 접하는 생물 종에 이론을 적용하는 일에 기쁨을 느꼈다. 진화의 연구사에 한 획을 그은 다윈의 놀라운 발견 덕분에 열린 신비로운 과학의 세계로 나를 처음 안내해준 것도 그였다.

그 친구에게 호수와 대평원과 가문비나무 숲과 그 남쪽의 거대한 아메리카낙엽송 습지대를 보여주면서, 그리고 집 근처 호수들 중에서 특히 중요한 채스카 호수를 보여주면서 나는 큰 보람과 기쁨을 느꼈다. 그가 기뻐하는 모습도 즐거웠지만 동시에 그의 무르익은 경험에서 나오는 방대한 새로운 지식을 배울 수 있었기 때문이었다.

그 친구가 도착한 다음날, 가벼운 산책을 나갔다가 우리는 중요한 것을 발견했다. 그날 나는 야외에서 보통 신는 긴 가죽 장화를 신었고, 그는 반바지에 목이 짧은 신발과 두꺼운 모직 양말을 신고 있었다. 초원을 800미터 정도 걸어갔을 때 크리스티가 투덜거렸다.

"젠장, 바늘 수십 개가 내 다리를 찔러대는 것 같아."

이 일로 인해 나는 그의 두꺼운 긴 양말이 초원에서는 나래새(벼과에 속하는 풀. 열매가 날카로워 풀을 먹고 사는 동물의 얼굴을 찌른다 - 옮긴이)처럼 거친 풀의 표적이 된다는 것을 알게 되었다.

나는 초원의 위협을 잘 알고 있었다. 털이 많은 양이나 개들 사이에 있을 때는 끔찍한 형벌이긴 해도 평원에서 모든 사람들이 한여름에도 다리에 일종의 보호장비를 두르는 것은 그런 이유 때문이었다. 내게는 그런 일이 일어나지 않았다. 그것은 초원식물의 공격방식을 이해하고 연구하는 좋은 사례였다.

우리는 일련의 실험들과 현미경을 이용한 관찰을 통하여 이런 종류의 식물들이 털 달린 생물을 통해 씨를 전파한다는 사실을 알아냈다.

우리가 관찰한 풀은 키가 90센티미터 정도 되는 가는 보릿대처럼 생긴 식물이었다. 씨앗은 좀 뾰죽한 보리 낟알처럼 생겼는데 15센티미터 정도 되는 까끄라기에 붙어 있다. 씨앗은 길이가 1.8센티미터 정도였다. 까끄라기의 가운데 부분은 더 거칠거칠하고 약간씩 꺾여 있었다. 까끄라기의 모습은 그림과 같다.

들소의 털가죽에 실험을 한 우리는 어떤 일이 일어나는지 명확히 알게 되었다. 먼저 까끄라기의 윗 부분 반이 저절로 직각으로 꺾이더니 한두 번 천천히 돌면서 털 속에 자리를 잡았다. 윗 부분이 일단 이렇게 수평으로 자리를 잡자 나머지 나선형으로 꼬인 부분이 대여섯 번 더 돌면서 씨를 털가죽 깊숙이 심어놓았고 뾰족한 부분이 속가죽까지 닿게 되었다.

이런 상태에서 비가 내리는 것처럼 물을 뿌렸더니 나선형으로 꼬여 있던 게 반대로 돌아 풀리면서 똑바로 펴졌는데 그렇더라도 씨는 털이 붙어 있어서 떨어질 염려는 없었다. 다시 물기가 마르자 털을 파고드는 동작이 또 반복되었고 씨의 뾰족한 부분이 속가죽까지 닿게 되었다.

살아 있는 양이나 들소였다면 뾰족한 부분이 맨 가죽을 찔렀을 것이다. 따가워서 동물들은 심하게 긁고 비벼댈 것이고 그러면 까끄라기가 부스러지면서 씨도 땅에 떨어질 것이다. 이렇게 새로운 땅에 떨어진 씨는 다시 그곳을 고향 삼아 자라게 될 것이고 이렇게 해서 나래새는 자기 영역을 넓히는 것이다.

들소는 확실히 이런 전략에 딱 들어맞는 털이 달린 동물이었다. 들소가 뒹구는 웅덩이가 많았던 시절, 그 웅덩이 주변에 이런 풀들이 어김없이 자라고 있던 풍경은 이러한 사실을 잘 뒷받침해준다.

발견 과정을 간단히 서술했지만, 이 발견은 모두 밀러 크리스티 덕분이다.

8월 6일, 우리는 담요와 냄비, 컵, 그리고 총을 가지고 도보 여행에 나섰다. 남쪽으로 30킬로미터 떨어진 어시니보인 강과 우리 사이에 펼쳐진 거대한 황야를 모험하는 여행이었다.

출발한 다음 날 밤 우리는 폭풍우를 피해 정착촌 끄트머리에서 밀을 자르고 빻는 기계의 탁자 밑에 들어가 쉬고 있었다. 밤새 담요 밑에서 붕붕거리는 작은 소리가 들렸다. 날이 밝자 우리는 말벌의 소굴에서 잤다는 사실을 알아차렸다. 말벌은 밤이면 자기들을 잡아먹는 스컹크 때문에 꼼짝을 못했던 것 같았다. 그러나 날이 새자 기세등등해진 말벌들에 쫓겨 우리는 꽁무니를 빼고 도망쳤다.

8월 8일, 어위미 근처에서 퍼시 크리들이라는 한 영국인 정착민의 집에 도착했다. 그에게는 개구쟁이 아들들이 있었는데, 우리는 특별히 열 살도 안 된 노먼과 스튜어트에게 덫 놓는 법과, 새 가죽 벗기는 법을 가르쳐 주었다. 그 결과는 아주 훌륭하게 나타났는데 나중에 두 아이 모두 캐나다 박물학자의 목록에 당당히 이름을 올리게 되었다. 우리는 8월 8일과 9일, 이틀 동안 크리들의 집에 머물면서 아주 유쾌한 시간을 보내고, 11일에 카베리로 돌아왔다. (밀러는 1883년 9월 18일 브랜던으로 떠났다)

채스카 호수는 인근 지역에서 가장 큰 호수로 카베리에서 3.2킬로미터 남쪽, 넓은 평원과 숲이 울창한 모래언덕 사이에 있었다. 호수의 길이는 3.2킬로미터 정도이고, 폭은 800미터 가량 되었다. 호수의 동쪽 끝에는 내 가슴을 뛰게 하는 습지가 있었는데 그곳은 오십여 종류나 되는 새들의 낙원이었다. 수심이 깊은 습지 바깥에는 검은제비갈매기들이 물 위에 떠 있는 둥지에서 떼지어 살고 있었는데 둥지는 물에 잘 뜨는 속이 빈 갈대로 만들어졌고, 옆에서 자라는 골풀의 줄기에 매 놓아 떠내려가지 않도록 고정되어 있었다.

서쪽과 북쪽으로는 매혹적인 모래언덕이 펼쳐져 있고, 그 사이에는 빽빽한 가문비나무 숲과 작은 사시나무 숲이 있었다.

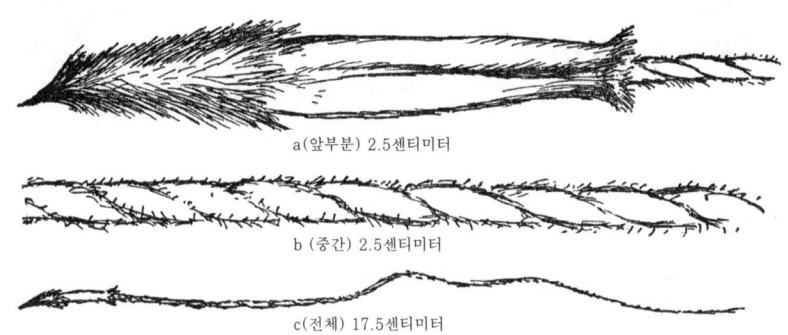

a(앞부분) 2.5센티미터

b (중간) 2.5센티미터

c(전체) 17.5센티미터

나래새-창살 모양의 까끌한 풀

이들 지역은 두 종류의 들꿩이 주로 살고 있었고 여우와 늑대, 오소리 그 밖에 사슴과 고라니, 무스(말코손바닥사슴, 낙타사슴이라고도 불리며 현존하는 최대의 사슴으로 몸집이 말보다 크다 - 옮긴이) 등 포유류도 있었다.

나는 이곳이 갈수록 좋아졌다. 이 지역을 처음부터 알았더라면 좋았을 것을. 정착한 지 이삼 년이 지난 지금에서야 알게 되다니. 그럼 내가 그 서쪽 경계에다 농장을 만들고 오두막을 지었을 텐데. 이곳은 모래가 많고 건조한 토양이라 많은 곡식을 수확하지는 못할 테지만 내가 가진 재능으로 다른 일을 했다면 내게 아주 귀한 수확을 안겨줄 수 있는 곳이었다.

나는 이곳에서 매우 행복한 날들을 보냈고, 인디언 채스카를 만나 함께 사냥을 즐기기도 했다. 나중에 나는 그의 이름을 따서 이 호수를 채스카 호수라고 이름 붙였다. 이곳에서 펄쩍펄쩍 뛰는 검은꼬리사슴을 알게 되었고, 처음이자 마지막으로 무스를 쏘아 넘어뜨렸다. 즐겁고 만족스러웠던 모든 일들의 중심엔 이 호수

채스카 호수 (봄)

천둥치는 밤의 채스카 호수(여름)

가 있었다. 이웃들은 모래언덕이 호수까지 뻗어 있는 그곳을 시튼의 왕국이라고 즐겨 부르곤 했다.

나는 행복했던 그 당시를 기록으로 남기고 채스카 호수의 사계를 묘사하기 위해 네 편의 시를 썼다. 이 시들은 〈잠을 깨는 계절〉, 〈천둥새〉(아메리카 인디언들의 전설에 나오는 천둥을 불러 일으킨다는 큰 새 - 옮긴이), 〈안개 낀 날들〉, 〈정령의 춤〉이다. 나는 지금도 이 시들을 즐겨 읽는데, 이 시들에는 그때 내가 느낀 전율과 미래에 대

안개낀 채스카 호수(가을)

크리스마스를 맞은 채스카 호수-정령의 춤

한 꿈이 완벽하게 담겨 있기 때문이다. 여기에 소개하기에는 너무 길어서 생략하지만, 《센추리 매거진》(1903년 11~12월호, 1904년 1월호)이 내게 두둑한 원고료를 지불한 것으로 보아 그 시들은 어느 정도 평가를 받을 만한 작품인 것 같다. 리처드 왓슨 길더는 이 시를 보고 '위대한 작품'이라고 평했고, 내가 그린 네 점의 삽화는 지금까지 그 가치를 인정받고 있다.

1924년 마지막으로 그곳에 갔을 때 호수는 완전히 말라 없어졌고, 크고 무성하게 자란 잡초들만 이 황량한 벌판을 가득 메우고 있었다. 인근 주민들은 힘 좋은 잔디깎이 기계를 가지고 와서 무더기로 건초를 베어 갔다. 오리와 거위, 사향쥐와 밍크, 그 많던 들새, 제비와 제비갈매기, 도요새, 뜸부기, 쇠물닭, 알락해오라기들은 모두 자취를 감췄다. 마름병이 북서부 전역을 휩쓸어 땅이 건조해지면서 새들도 함께 사라져 버린 것이다. 만여 개의 작은 호수들이 말라 없어지고, 곳곳에서 땅들이 마르기 시작해 야생동물과 습지 동물의 서식지였던 수많은 습지와 호수가 완전히 모습을 감춰버렸다. 농부들은 경작할 수 있는 양질의 땅이 훨씬 많아져서 만족해할 것이다. 농부들은 비가 오기만 하면 가뭄을 걱정할 필요도 없겠지. 그러나 그로 인해 안타깝게도 수천 마리나 되는 새들의 서식지가 파괴되었고, 해마다 수백만 마리의 새들이 줄어들고 있는 것이다. 우리가 사라져가는 야생동물의 원인을 설명할 때 빠뜨리면 안 될 것이 바로 이 북서부지역에서 셀 수 없이 많던 연못과 호수가 사라져간다는 사실이다.

1883년 10월 1일, 우리는 카베리를 떠나 세 번째 땅 사냥을 위해 포트 펠리로 향했다. 우리 일행은 나와 존 더프 그리고 조지 리처드슨이었다. 존에겐 젊고 팔팔한 황소 두 마리와 작은 마차가 있었다. 리처드슨은 요리를 담당했고, 나는 텐트와 약간의 먹거리를 제공했다. 또 그 지역을 이미 여러 차례 다녀 본 경험이 있는지라 안내 역할을 맡기로 했다.

우리는 정오에 카베리를 출발해서 북쪽으로 23킬로미터를 이동하고 나서 보기 강에서 야영을 했다. 꽤 많이 온 것이었다. 젊은 황소가 얼마나 빠른지 증명한 셈이었다.

다음날은 48킬로미터를 이동했고, 사향뒤쥐와 기억에 남을 싸움을 벌이기도 했다. 사향뒤쥐는 일년 중 이때쯤이면 깊은 연못과 같은 겨울나기에 좋은 장소를 찾아 이동을 한다. 사향뒤쥐는 혼자서 우리와 맞닥뜨려 궁지에 몰리자 필사적으로 황소를 공격했다. 황소가 한쪽으로 비켜 버리자 사향뒤쥐는 나에게 달려들었다. 발길질을 해서 차버렸지만 놈은 땅에 떨어지자 다시 내 다리 위로 기어 올라

와 우리 일행이 나무 막대기로 죽일 때까지 내 바지를 사정없이 물어뜯었다.

그날 오후에 우리는 다섯 마리의 커다란 스컹크 가족을 만났다. 여기 두 개의 기록을 공개한다.

오후 4시. 우리는 커다란 스컹크 다섯 마리를 붙잡았다.

오후 4시 30분. 놈들을 붙잡지 말 걸 그랬나보다.

그 다음날은 54킬로미터를 이동했고 숄 호수에서 16킬로미터 못 미친 곳에서 야영을 했다. 가장 많이 이동한 날이었다.

10월 3일. 또 다른 스컹크를 만났고, 나중에는 흑곰을 보았다.

10월 4일. 숄 호수 근처에서 어떤 부인이 다 자란 아름다운 캐나다기러기를 데리고 있는 것을 보았다. 그녀의 남편이 둥지를 발견하여 알을 집으로 가져 왔는데, 알을 품어 줄 암탉도 없어서 천으로 알들을 묶어 따뜻한 난로 밑에 두었더니 놀랍게도 여섯 개의 알이 모두 부화되었다고 했다. 야생기러기 알들의 강인한 생명력을 엿볼 수 있는 대목이다.

10월 6일. 늑대 한 쌍을 보았다. 아쉽게도 사정거리 밖에 있었다.

10월 8일. 리처드슨이 곰 한 마리와 마주쳤다. 둘 중에 누가 더 겁을 집어먹고 더 빨리 달아났는지는 말하기 어렵다.

10월 9일. 존슨이란 사람이 보기 강에 쳐 놓은 그물에 수컷 연어와 빨대잉어들이 수백 마리가 걸려 있었다. 우리는 실컷 배를 채웠다.

10월 16. 확실히 지금 쓰고 있는 것으로 보이는 멋진 비버 댐을 발견했지만 충분히 조사할 시간이 없었다.

10월 11일에 보기 강에서 남쪽으로 4.8킬로미터 떨어진 곳에 있는 아름다운 계곡에서 야영을 했다. 기름지고 넓은 초원이 펼쳐져 있고 당장 쓸 수 있는 목재도 풍부했으며 8킬로미터 떨어진 산에도 나무가 많았다. 그래서 나는 서쪽 31구획의 28지역 안의 36구역 공유지를 절반은 내 몫으로, 나머지 절반은 형 몫으로 구입했다.

그곳은 정말 아름다운 곳이었다. 내 땅에는 작은 호수가 있었고, 개천이 내 땅과 형 땅을 가로질러 흐르고 있었다. 나는 맘을 단단히 먹고 "이 땅은 내거야"라고 말하며 그곳에다 말뚝을 박았다.

오후로 접어들자 날씨가 갑자기 추워지고 비마저 올 조짐이었다. 그래서 우리는 서둘러 텐트를 치고 저녁을 먹었다. 두 사람은 저녁 담배를 피우고 안으로 들어가 버리고 불가에는 나만 홀로 남았다.

혼자 앉아 있는데 하늘엔 구름이 걷히고 골짜기 너머로 휘영청 보름달이 떠올랐다. 한 마리의 아메리카수리부엉이가 큰 소리로 '후우 – 후우 – '하고 울자 코요테 한 마리가 길게 끌며 이에 화답했다. 그것은 마술처럼 어떤 기억을 불러일으켰다. 꼭 2년 전 나는 종소리가 울려퍼지고 바람이 윙윙대던 런던의 템스 강가에서 이와 똑 같은 달을 본 적이 있었다.

그때를 다시 생각해도 아무 후회는 없다.

동료들은 곤히 잠들어 있었고, 우수에 젖은 마법은 추억의 주문을 깨지 않으려는 듯 소리를 죽이며 나를 꿈결로 이끌었다.

겨우 2년이 지났을 뿐인데 마치 10년은 흐른 듯했다.

기억을 더듬어가며 나는 현재의 나와 런던에서의 철없던 시절을 비교해 보았다. 그때보다 두 살 더 먹었을 뿐인데도 10년은 더 나이를 먹은 것 같았다. 이제 나는 강철 같은 건강을 지녔고 돈도 좀 모았다. 유년 시절을 어둡게 짓눌렀던 침울한 종교로부터도 많이 벗어났고, 육체의 고통도 치유되었다. 이제야 나는 참 나를 발견하게 된 것이다.

그러나 또한 나는 런던과 그 예술 세계와도 작별을 고해야 된다는 사실을 알고 있었다.

나는 다짐했다. '다시는 런던을 돌아보지 말자. 신경도 쓰지 말자.'

10월 16일에 우리는 포트 펠리 근처에서 잠깐 머무르며 점심을 먹었다. 우리는 반 시간 만에 후다닥 식사를 마쳤지만 황소들은 겨우 허기를 면할 정도의 풀밖에 먹지 못했다. 황소들이 제대로 된 점심을 먹으려면 적어도 두 시간은 걸렸기 때문이다.

북쪽으로 올라가면서 만나는 것들은 모두 새롭고 흥미로웠다. 기름진 땅과 곳곳에 적당히 자란 풀, 탁 트인 너른 평원, 눈만 돌리면 보이는 숲과 호수, 지금 생각해 보면 정말로 완벽한 곳이었다. "저 언덕 너머부터 둘러보자." 내 말이 떨어지기가 무섭게 우리는 출발했다. 나지막한 언덕에서 보는 경치는 더욱 멋졌다. 부드럽게 굴곡진 땅, 평평한 초원, 나무 숲, 이 모든 것이 정착민들에게 무료로 제공되었다.

존이 한마디 했다. "이쪽은 내 땅이야." 그러자 조지가 맞받았다. "그럼 저쪽은 내 땅이다. 그리고 그 너머는 아버지 땅, 그 옆은 내 동생 땅으로 할 거야."

우리는 농장을 나누었다. 마치 약속의 땅을 분배했던 유대인이 된 느낌이었다. 우리는 1.6킬로미터 정도를 걸어 다음 언덕으로 갔다. 이곳에서 바라본 경치는 더욱 아름다웠다. 꿈의 농장, 풍요로운 농토, 잘 자란 풀, 평평한 초원, 풍부한 목재가 있었다. 가면 갈수록 점점 더 좋아 보였다. 우리는 일년 안에 이곳에 완전히 정착해서 사는 상상에 잠겼다. 그러는 한편으론 미련을 못 버렸다.

"저 언덕 너머는 어떤지 확인해 봐야겠어."

우리는 계속해서 걷고 또 걷다가 마차에서 수십 킬로미터나 떨어진 곳까지 가 버렸다. 해가 뉘엿뉘엿 지기 시작하자 우리는 그제야 깜짝 놀랐다. 설상가상으로 먹구름이 하늘을 뒤덮더니 가랑비까지 내리기 시작했다.

수레에 두꺼운 코트를 두고 오는 바람에 10월의 차가운 비가 뼛속까지 파고들었다.

그렇지만 안내자 역할을 맡은 나는 북쪽으로 수십 킬로미터 거리에 있는 수레까지 가는 직선코스를 찾으며 갔다. 내 걷는 속도가 너무 빨라서 두 친구는 나를 따라 오느라 진땀을 뺐다. 거의 한 시간을 빠른 속도로 걸었다. 그러는 동안 언덕에도 깜깜한 어둠이 찾아왔다. 내가 기억해 두었던 지형 표시가 없는 곳을 계속 지나쳐 온 터라 나는 두 청년에게 말했다. "잠시 기다려. 좀 둘러보고 올 테니."

나는 방수 성냥갑에서 나침반과 성냥을 꺼냈다. 나침반과 성냥이 비에 젖지 않도록 우리는 몸을 구부려서 막았다. 불을 켜고 보니 우리는 북쪽으로 똑바로 가는 게 아니라 서쪽을 향해 큰 원을 그리고 있었다.

다시 방향을 바꿔서 더 빠르게 걸어갔지만 도움이 될 만한 지형 표시는 찾을 수 없었다. 30분쯤 가고 나서 나는 다시 말했다. "아무래도 다른 방향으로 가봐야겠어."

다시 성냥불을 켜고 나침반을 보니 서쪽으로 너무 멀리 와 있었다. 다시 한번 방향을 바꿔 이번에는 동쪽으로 방향을 잡았다.

방향을 바꿔 어두운 빗속을 비틀거리는 걸음으로 가고 있을 때 갑자기 5~6미터 앞에 희끄무레한 물체가 보였다. "멈춰, 뭔지 알아보고 올게." 나는 몸을 웅크리고 손발로 앞을 조심스럽게 휘저으면서 다가갔다. 물웅덩이나 안개기둥이겠거니 생각하며 촉각을 곤두세우고 물체에 다가갔지만 아무것도 발견하지 못한 채 기운이 쭉 빠져 말했다.

"아무래도 길을 잃었나봐. 여기가 어딘지 모르지만, 깊은 계곡의 끝인 것 같

스컹크 발자국

아. 아마 어시니보인 강 계곡일 거야."

나는 성냥갑을 꺼냈다. 성냥이 한 개비밖에 없었다. "혹시 성냥 갖고 있니?"

"없어. 마차에 있는 코트 주머니에 있어."

"어쩌지 나도 한 개비뿐인데. 이걸로 뭐든 살펴볼까, 아니면 불을 피워 놓고 날이 밝을 때까지 기다릴까?"

협곡에서 끔찍한 시간을 보낸 터라 대답은 한 가지밖에 없었다.

모두들 날이 밝을 때까지 기다리는 쪽에 표를 던졌다. 그래서 우리는 조심스럽게 그 협곡을 벗어나 어둠 속을 더듬거리며 마른 나뭇가지들을 찾았다. 칼로 나무의 습기 찬 껍질을 깎아 내고 몸을 숙여 비를 막으며 각자 마른 장작더미를 쌓아올렸다.

어느 정도 장작더미가 만들어지자 나는 마지막 남은 성냥개비를 꺼냈다. 그러자 리처드슨이 심각한 얼굴로 말했다. "저, 시튼, 넌 담배를 피우지 않지만 존은 담배를 피잖아. 내 생각에는 아무래도 존이 성냥불을 켜는 게 안전할 것 같아."

맞는 말이었다. 나는 평생 단 한번도 담배를 피워 본 적이 없었다. 그래서 수천 번이나 불을 붙여본 사람에게 성냥개비를 넘겨주었다.' 칙―' 성냥을 긋자 잠시 후 조그맣고 발그레한 불꽃이 피어올랐다.

우리는 이 불꽃의 도움으로 부지런히 주위에서 땔감을 모아 장작불을 활활 타오르게 했다. 이제 협곡 주위가 분명하게 보여 계곡으로 떨어질 염려는 없었다. 웅장한 협곡과 깎아지른 절벽만 보였을 뿐 계곡이 얼마나 긴지, 얼마나 깊은지는 알 길이 없었다. 그러다가 다른 쪽을 보고 우리는 흠칫 놀랐다. 만든 지 얼마 안 된 듯한 무덤 두 개가 나란히 누워 있었는데, 각각 조그만 나무 십자가가 있었다.

"젠장, 우리를 위한 것 같네." 존이 언짢은 듯이 말했다.

가까운 골짜기에서 장작을 충분히 모아오자 나는 간단한 마술을 두 사람에게 보여주었다. 우리는 한 시간 이상 공을 들여 무덤 근처에 크고 길게 불을 피웠다. 쌓아 올린 장작더미가 반쯤 탔을 때 우리는 까맣게 탄 숯덩이와 타다 남은 불을 양쪽으로 2미터 정도 밀어놓고 그 자리에 나뭇가지와 풀을 깔았다. 그런 다음 우리 셋은 나란히 뜨거운 땅 위에 털썩 드러누웠다. 허기진 데다 비바람과 서리가 몰아쳤지만 그럭저럭 불편하지 않게 밤을 지낼 수 있었다.

해가 뜨고 날이 밝아 오자 우리는 주위를 둘러보았다. 어시니보인 협곡의 깎아지른 절벽이 바로 우리 코앞에 있었다. 낭떠러지가 100미터도 넘어 보였다. 7미터 정도만 더 갔어도 그 낭떠러지로 굴러 떨어졌을 것이다.

이제 보니 우리 마차와 황소는 내가 예측했던 동쪽이 아니라 북쪽으로 3킬로미터 정도 떨어진 곳에 있었다. 우리는 왼쪽으로 큰 원을 그리며 돌고 있었던 것이다.

그 목표지점을 향해 직선코스로 곧장 가는 데는 30분도 걸리지 않았다. 그곳에는 충분히 배를 불린 소들이 한가로이 되새김질을 하고 있었다. 마차는 우리가 떠나기 전 그대로였다. 코트도 벗어 놓은 그대로였고 바퀴 옆에 세워져 있던 총도 접시와 음식도 우리가 놔두고 간 그대로였다. 잃어버린 건 하나도 없었다.

식사 당번은 아침 식사 준비를 시작했다. 마차와 황소의 주인은 황소를 둘러보러 갔고, 안내인인 나는 혹시나 하는 마음에 주변의 땅바닥을 눈여겨 살펴보았다.

"이리와 봐. 이게 뭐지." 비가 와서 진창이 된 땅에 흐릿한 자국이 남아 있었다. 그것은 인디언 모카신을 신은 커다란 발자국이었다. 크기가 다른 여러 사람의 발자국들도 있었다. 우리가 없는 동안 인디언들이 떼지어 우리 야영지에 왔던 것이다.

그러나 사라진 물건은 없었다. 그들은 우리 마차를 살펴보긴 했으나 물건에 손을 대진 않았다. 약간은 당황했지만 나는 인디언들이 양심적이고 정직하다는 것을 알기 때문에 크게 놀라지는 않았다.

식사 당번이 아침 식사를 하라고 불렀다. 두 번 부를 필요도 없었다. 얼마나 배가 고팠는지 허겁지겁 배를 채우고 있는데 가까운 숲에서 키 큰 인디언 두 명이 자루를 메고 찾아왔다. 그들은 "호흐 --" 하면서 나에게 손바닥을 쫙 펴서 초원식 인사를 했다.

나는 아침 식사를 같이 하자는 몸짓을 했다. 그들은 감사의 표시를 하며 식사는 했으니 커피나 한 잔 하겠다고 몸짓으로 말했다.

우리가 식사를 마칠 동안 그들은 커피를 마셨다. 그들은 인디언식 예의를 갖춰 찾아온 목적을 말했다. 나이든 남자가 일어서더니 몸짓으로 이야기를 시작했다. 오후 4시쯤 마을의 인디언 한 명이 북쪽에서 온 바퀴자국을 따라갔다가 아무도 없는 백인의 마차를 발견했다. 여러 가지 물건들 중에서 가장 인디언들의 흥미를 끈 것은 '엿' 이 들어 있는 통이었다. 엿은 여러 가지 재료를 섞어 만든 것으로 당밀과도 비슷했는데, 초원에서는 설탕이나 잼, 꿀, 그 밖에 단맛을 내는 모든 음식의 대용품으로 이 엿을 많이 사용했다.

인디언 아이들은 이것을 보고 환호성을 질렀다. 부모들은 아이들을 달래며 우리가 돌아오기를 기다렸다.

날이 어두워지고 비까지 내리자 인디언들은 가까운 숲에서 야영을 하며 우리를 기다렸다. 아침이 되어 우리가 돌아오자 그들은 두 명을 우리에게 보낸 것이다. 자루 하나에는 우리에게 꼭 필요한 감자가 들어 있었고, 다른 자루에는 소들에게 줄 보리가 들어 있었다.

그들은 2리터짜리 들통을 내놓고는 몸짓으로 말했다.

"감자와 보리를 줄 테니 이 들통에 반 정도 차게 우리가 원하는 물건을 넣어서 주겠소?"

나는 흔쾌히 "그러마"라고 몸짓을 하고는 양철 들통에다가 그들이 원하는 물건을 가득 채운 다음 가져온 물건과 맞바꾸었다.

내 두 친구가 짐을 꾸리고 수레에 소를 매는 동안 나는 다른 인디언들도 만나고 싶어서 그들의 뒤를 따라갔다. 그들은 작은 숲 뒤편에 있는 그들의 야영지로 나를 데리고 갔다. 그곳에는 인디언 티피(인디언식 천막집 – 옮긴이) 서너 개와 여자와 아이들이 열두어 명 있었다. 나는 그들이 어젯밤 우리 마차를 발견한 이야기를 또 들었다.

만일 아무도 없는 마차에서 원하는 물건을 발견한 게 백인들이었다면 마음대로 훔쳐내고는 그 따위 일쯤 아무것도 아니라고 생각했을 것이다. 그러나 이들 이교도 인디언들은 정말 정직했다. 그들은 그들과 사이좋게 잘 지내는 사람들의 물건을 훔치는 것을 수치로 생각했다.

10월 25일 우리는 공유지 관리소가 있는 버틀에 도착했다. 우리는 각자 선택한 땅을 자기 소유로 미리 등록해 놓고 동부로 향했다. 28일 일요일에 우리는 래피드 시에서 4.8킬로미터 떨어진 곳에서 묵었고, 29일 밤에는 카베리에 닿았다.

첫눈은 11월 9일에 내렸다. 모든 정착민들은 혹독한 겨울에 대비하고 있었다. 오두막 주위에 담을 쌓거나 가축 우리를 두 배로 쌓아 올리고, 장작을 실어날랐다. 11월 11일에는 그 해 겨울 처음으로 온도가 영하로 떨어지고 심한 눈보라가 몰아닥쳤다. 이제 본격적으로 겨울이 시작된 것이다.

나는 또다시 내 앞날에 대한 고민에 빠졌다. 이제 나는 런던과의 관계를 모두 끊었고 그러한 삶의 방식에서도 벗어났다. 그러나 내 운명이 여기에 국한된 것인지, 덜 자란 청년들로 우글대는 이 통나무집에서 일생을 보내야 하는 것인지는 확신이 안 섰다.

런던에서 꿈결에 들었던 목소리는 점점 더 크게 들려오고 있었다. '이 초원에 너무 오래 머물지 마라. 동부로 가라. 뉴욕으로.' 나는 수중의 돈을 긁어모아 뉴욕으로 떠나는 값싼 기차표를 샀다. 그렇게 해서 1883년 11월 14일, 나는 내 미래의 성공을 위해 뉴욕으로 떠났다. 위니펙에 도착한 나는 옛 친구 조 메리의 집에서 하룻밤을 묵었다. 16일에 위니펙을 떠나 19일에 시카고에 도착해서 조지 형과 하룻밤을 같이 보냈다. 저녁식사를 마치자 형이 내게 돈을 좀 가지고 있는지 물었다.

"다 떨어졌어."

"그럴 줄 알았다. 이건 우리 부부가 주는 거다." 형이 10달러 지폐를 내밀며 말했다.

나는 돈을 받으며 말했다. "고마워. 평생 잊지 않을게."

당연한 말이지만, 나중에 큰 돈을 벌게 되었을 때 나는 형 부부에게 그 돈의 백배를 돌려주었다.

다음날 아침 나는 동부를 향해 떠났다.

뉴욕에서 겪은 배고픔

1883년 11월 23일 금요일 아침에 나는 뉴욕의 23번로 선착장 근처에 도착했다. 친구 하나 없는 이방인으로 3달러도 안 되는 돈을 들고 나는 한번도 와본 적 없는 낯선 땅에 서 있었다.

선착장에서 동쪽으로 걸어가다가 번쩍이는 브로드웨이 간판을 보았을 때 내 가슴은 떨렸다. 나는 좀 가난한 동네로 보이는 곳이 나올 때까지 쭉 걸었다. 그곳은 빈민가인 렉싱턴 가였다.

나는 '방 있음'이란 표시를 내건 집에 들어가서 일주일에 2달러짜리 작은 방을 하나 얻었다. 선불로 방세 1달러를 지불하고, 가방을 찾기 위해 80센트를 내고 나니 뉴욕 땅에 혼자 덩그러니 남겨진 내게 남은 돈은 단돈 90센트뿐이었다. 나는 옛 미술학교 친구인 찰스 브로턴이 몇 년 전 뉴욕에 와서 잘 나가고 있다는 얘기를 들은 적이 있었다. 그러나 그 친구가 어디 사는지도 알 길이 없었고 시인명록도 도움이 안 됐다. 다음날인 1월 24일, 나는 내 그림 몇 점을 챙겨서 일자리를 얻기 위해 출판업자를 찾아나섰다. 그러나 토요일에는 모든 회사들이 정오면 문을 닫거나 아예 쉬기 때문에 별 성과가 없었다.

늦은 오후에 워싱턴스퀘어를 지나가다가 반다이크(루벤스 이후 가장 뛰어난 17세기 플랑드르의 화가 - 옮긴이)처럼 턱수염을 기르고 머리가 부스스한, 얼핏 보기에도 화가처럼 보이는 한 남자를 만났다. (나는 그가 윌리엄 체이스라는 걸 나중에서야 알게 되었다)

나는 그 사람에게 다가가 말했다. "실례합니다. 선생님, 혹시 화가이십니까?"
"화가 지망생입니다." 그는 상냥하게 대답했다.
"저, 뉴욕에 화가로 활동하는 친구가 있는데요, 그 친구의 주소를 알려면 어디로 가야 하나요?"
"저명한 화가인가요? 젊은 학생인가요?"
"젊은 학생인데요, 석판인쇄소에서 일하고 있습니다."
"6번가 근처의 23번로에 있는 미술학생연맹에 가보세요."
"밤에도 열려 있나요?"
"아마 그럴걸요."

그날 밤 그 주소대로 찾아가 보니 그곳은 미술학교였다. 학생은 없고 관리인만 있었는데 그는 이렇게 말했다. "그 남자가 여기 학생인 것 같은데, 주소록을 찾아 볼 테니 잠시 기다려 보슈." 관리인은 주소록을 뒤적이더니 이렇게 말했다 "옳지, 여기 있군요. 찰스 브로턴이라고."

"그럼 어디 삽니까?" 나는 애가 타서 물었다.

"어쩌나, 규정상 근무지 주소만 기록되어 있군요. 베시 거리 해치 인쇄소라고만 되어 있소." 그 소리를 들으니 기운이 쫙 빠졌다. 그곳은 멀리 떨어진 상업지구의 번화가에 있었고, 더구나 오늘은 연휴가 시작되는 날이었다.

나는 관리인에게 고맙다는 인사를 하고 숙소로 돌아왔다.

두 끼의 간소한 식사비를 계산하고 편지를 두 장 부치고 나니 내 수중에는 13센트밖에 남지 않았다. 게다가 앞으로도 일요일과 월요일, 이틀 간의 휴일이 남아 있었다. 월요일은 공휴일인 철수 기념일(미국독립전쟁 때 영국군이 철수하여 뉴욕이 자유를 얻은 날 – 옮긴이)이었다. 그래서 나는 늦은 시간이었지만 밖으로 나가서 13센트를 다 주고 롤빵 두 개를 샀다. 하나는 일요일에, 나머지 하나는 월요일에 먹기로 하고, 월요일에 먹을 빵은 그 전에 먹고 싶은 유혹에 빠지지 않도록 가방 안에 숨겨 두었다.

일요일 아침에는 아침 식사로 빵 반 조각을 먹고 나서 매디슨 스퀘어 수돗가에

카베리 수사슴

서 물 한 컵을 마셨다. 공짜로 물을 마실 수 있는 곳은 그곳뿐이었다. 일요일이었지만, 혹시나 하는 마음에 1.6킬로미터 정도 떨어진 베시 거리까지 가보았다.

아니나 다를까 회사는 문이 닫혀있고 관리인만 있었다. 관리인은 내가 묻는 말에 이렇게 대답했다.

"브로턴이라구? 잘 알죠. 여기서 일하는 걸요."

"지금 있습니까?"

"아뇨, 저지 어딘가에 사는 건 아는데, 주소는 잘 모르겠수."

"언제쯤 나오나요?"

"월요일엔 나오지. 아니, 잠깐만, 월요일은 휴일이니까 화요일에 나올 거유."

또다시 희망이 사라졌다. 주머니 속에는 반 조각의 빵이 남아 있었다. 나는 베시 거리를 벗어나 센트럴 파크를 찾아보기로 했다. 경찰에게 센트럴 파크가 어디 있는지 묻자 그가 대답했다. 3번가를 지나면 거기로 가는 차를 탈 수 있습니다." 나는 다시 물었다. "그게 아니라, 전 걸어가고 싶은데요."

"걸어 갈 수 없을 텐데요. 한참 가야 됩니다."

나는 쓴웃음을 지으며 말했다. "괜찮습니다. 걸어갈 수 있습니다."

"그럼, 북쪽으로 쭉 가십시오." 그는 믿기지 않는다는 듯이 시큰둥하게 말했다.

센트럴 파크까지 걸어가는 데는 한 시간도 안 걸렸다. 나는 정오를 알리는 종이 울리면 나머지 빵 반 조각을 먹기로 하고 잠시 주위를 어슬렁거렸다.

한 무리의 아이들이 회색 다람쥐에게 크래커와 땅콩을 던져주고 있는 것이 보였다. 그 다람쥐들이 얼마나 부러웠는지 모른다.

그때 다람쥐 한 마리가 가시투성이 나무 위로 기어올라가 열매를 잡아채서 먹는 것을 보고는 나도 개아카시아나무인지 켄터키커피나무인지 구별하기 어려운 그 나무의 열매를 따서 먹어 보았지만, 그 열매는 총알처럼 딱딱하고 써서 먹을 수 없었다.

뱃속에서는 계속 꼬르륵 소리가 났지만 정오가 되기 전에는 절대로 빵을 먹지 않기로 단단히 결심을 했다.

다람쥐를 보고 있을 때 덩치가 크고 거칠어 보이는 한 남자가 다가와서는 나와 나란히 서서 다람쥐를 구경했다. 그 남자가 말을 걸어왔을 때 나는 그의 외모도 맘에 안 들고 왠지 사기꾼 같다고 생각했지만, 한편으로는 이런 생각도 했다. '흥, 내 호주머니에서 돈을 빼내갈라고, 어림도 없지.' 그는 나를 따라다니며 내가 어떤 사람인지 계속 캐물으면서 자기는 학교 선생님이라고 스스럼없이 말했다.

드디어 정오를 알리는 종이 열두 번 울리자 나는 단호하게 말했다. "저는 싸온 점심을 먹어야겠습니다."

남자가 말했다. "식당에 가서 같이 먹는 게 어떻겠소?"

"호의는 고맙지만 주머니 사정이 좋지 않군요."

"그러지 말고 가시죠. 내가 근사한 점심을 사겠소."

우리는 공원의 서쪽으로 가서 차를 타고 남쪽으로 달려서 제퍼슨 마켓쯤 되는 곳에서 내렸다.

음식점에 들어가자 그가 내게 물었다. "한 잔 하겠소?"

"아뇨. 고맙지만 전 술은 안 마셔요."

"맥주도 안합니까?"

"네."

"이런, 고리타분한 사람이군 그래. 그럼 뭘 먹겠소?"

나는 감자를 곁들인 비프스테이크와 커피 한잔을 주문했다. 스테이크는 맛이 끝내줬다. 식사가 끝나고 나서, 몇 번 더 술을 권했지만 모두 뿌리치자 그가 말했다. "뉴저지에 있는 뉴어크라는 곳에서 친구들을 만나기로 했는데 같이 안 가겠소?"

나는 한마디로 거절했다. "표 살 돈이 없네요."

"걱정마쇼. 왕복 차표도 끊어주고 숙소도 잡아주겠소."

우리는 선착장 근처 역에 이르러 뉴어크로 가는 왕복 차표 두 장을 샀다. 나는 돌아오는 표 한 장을 확실하게 받아 챙겼다.

뉴어크에 도착한 우리는 작은 호텔에 들어갔는데, 그는 숙박부에 이름을 적고는 이렇게 말했다. "침대 하나 딸린 방 하나요."

나는 이상한 느낌이 들어 물었다. "친구들은 어디 있나요?" 그가 대답했다. "곧 올 거요."

우리는 일곱 시쯤에 간단하게 저녁을 먹고 방으로 들어갔다. 그제야 나는 그 남자의 정체를 알아차렸다. 동성애자에 대해서 들어본 적도 있었고 성경에서 읽어도 봤지만 실제로 만난 건 처음이었다.

다행히 나는 그 남자보다 힘이 셌다. 나는 그 남자에게 무뚝뚝하게 말했다. "한 쪽에서 얌전히 자지 않으면 창문 밖으로 던져 버릴 줄 알아." 일이 뜻대로 되지 않자 화가 난 남자는 심한 욕설을 퍼부었다. 나는 참다못해 마지막 경고를 했다.

"입 닥치지 않으면 턱뼈를 날려버릴 거야."

정말 수치스러운 밤이었다. 나는 새벽에 일어나자마자 그곳을 떠났다. 돌아갈 차표가 있는 게 그나마 다행이었다.

돌아오는 기차 안에서 아침 식사로 빵 반 조각과 물 한잔을 먹었다. 그리고 11월 26일 월요일 아침, 뉴욕에 다시 도착했다. 그런데 이번엔 또 다른 고통이 몰아닥쳤다. 심한 설사병에 걸린 것이다. 어떻게 할 방도를 몰라 경찰에게 도움을 청했다. 경찰이 말했다. "저 술집으로 가시오. 뒤쪽에 손님용 화장실이 있을 거요."

그래서 나는 난생 처음 술집에 가 보았다.

하릴없이 시간만 보낼 수밖에 없어 내 작은 가방이 있는 비좁은 방으로 돌아왔다. 옷가지 중에서 팔 게 있는지 찾아보다가 털모자를 집어들었다. 진짜 러시아산 검은담비 털로 만든 것인데, 어머니가 토시로 사용하던 것이었다.

나는 털모자를 잘 말아서 모피가게를 찾아나섰다. 브로드웨이 동쪽, 엘름 가에 갔더니 '로젠스타인 모피점'이라는 간판이 붙은 상점이 있었다.

나는 상점 안으로 들어갔다. 전형적인 유대인 얼굴을 한 사내가 계산대 뒤에 앉아 있었다. "저, 모자를 팔고 싶은데요. 얼마나 할까요?"

주인이 비웃듯이 내뱉었다. "푸후, 별 볼일 없소."

"진짜 러시아산 검은담비인데요."

"이런 낡아빠진 걸 나에게 팔려구? 돈이 궁한가 보지?"

나는 고개를 끄덕였다. 주인은 10센트 짜리 동전 하나를 내밀었다. "이 정도면 되겠소?"

목이 메었다. 여러 번의 시련 중에서도 냉정을 잃은 것은 이번이 처음이었다. 나는 도저히 입을 뗄 수 없었지만 가까스로 한마디 했다. "빌리는 겁니다."

주인은 싱긋 웃으며 아무래도 괜찮다는 듯이 어깨를 으쓱했다.

나는 숨을 고르며 말했다. "우리집안은 남부끄럽지 않은 가문입니다."

"잘 알고 있소." 그의 대답이었다.

"돈은 꼭 돌려드리겠습니다. 성함이 어떻게 되십니까?" 남자는 '로젠스타인'이라고 쓰인 간판을 가리켰다. 나는 밖으로 나왔다.

나는 나머지 빵을 먹고 나서, 10센트의 돈으로 다시 빵과 대추야자열매 200그램을 샀다. 그날 나머지 시간은 매디슨 스퀘어의 분수대 주변을 어슬렁거리며 보냈다.

화요일, 빵으로 아침을 때우고 베시 거리까지 걸어갔다. 그러나 정오까지는 찰스 브로턴을 만날 수 없다는 걸 알게 되었다. 난 차라리 소설 속에서나 나올 법한 이 모든 상황을 즐기기로 하고 거리를 정처 없이 헤매고 다녔다. 또다시 지난번처럼 설사가 나서 몇 번이나 술집을 들락거렸다. 난 몇 년 뒤에야 그 방면에 경험 많은 사람들이 어떻게 하는지 알게 되었다. 먹을 것이 없어 굶주린 그들이 술집에 가서 어슬렁거리면 어떤 친절한 사람이 말을 걸어온다. "여봐, 여기 와서 같이 한 잔 하지." 그리고는 주로 맥주를 시켜준다. 그리고 나서 이 가난한 사람에게는 공짜 점심이 제공되는데, 그는 언제나 보조테이블에 준비된 맛이 형편없는 음식으로 실컷 배를 채울 수 있다.

정오가 되자 나는 다시 인쇄소를 찾아가서 브로턴이 올 때까지 기다리기로 했

아메리카표범의 어미와 갓 태어난 네 마리 새끼들

다. 삼십 분 정도 지나자 그가 돌아왔다. 그는 4년 전에 보았던 비쩍 마른 촌뜨기가 아니라 훤칠하고 건장한 청년이 되어 있었다.

내가 말을 꺼내자마자 그는 나를 알아보았고, 진심으로 반가워했다. 그는 나중에 내 상황을 한눈에 알아봤다고 고백했다. 어쨌든 그가 말을 꺼냈다. "막 점심을 먹으려던 참이었는데, 같이 갈래?" 그렇게 맛있는 음식은 태어나서 처음이었다.

브로턴은 자기 이야기를 짤막하게 하고 나서 내 계획에 대해 물었다. 내가 지금 빈털터리라고 솔직히 말하자 그는 고맙게도 5달러를 빌려주었다. 나는 간단하게 내 희망에 대해 이야기하면서 내 그림 몇 점을 가지고 출판사를 찾아가서 삽화가로 취직하겠다고 말했다. 다음날 토론토에 있는 이노크 형의 편지를 받았는데 그 안에는 형이 빌려주는 15달러가 들어 있었다.

일이 술술 잘 풀리는 느낌이었다. 나는 곧장 로젠스타인 모피점으로 가서 그 전 날 있었던 일에 대해 고맙다고 말한 후 10센트를 돌려주었다. 모피점 주인은 껄껄대며 돈을 받았다. 브로턴과 나는 함께 살기로 했다. 클린턴 지역 34번지에 방 두 개를 얻고 석유난로와 간단한 요리 기구를 샀다. 그리고는 가난한 살림을 시작했다. 그러는 한편 나는 일자리를 찾았다.

내 그림 중에는 도둑이 금고실에 침입해서 금은보화는 제쳐둔 채 담배 상자에 탐욕스럽게 달려드는 그림이 있었다. 이 그림이 새키트, 윌헴스 앤드 베지그 (Sacket, Wilhelms & Betzig)라는 출판사의 미술팀장 눈에 띄었다. 그 출판사는 그림값으로 5달러를 지불했고, 다른 그림도 더 사겠다고 했다. 나는 그 돈으로 브로턴에게 진 빚을 갚았다. 출판사는 내게 주급으로 얼마를 주면 되겠냐고 물었다. 나는 40달러를 요구했고, 출판사 측에서는 15달러를 주겠다고 했다. 나는 그 제안을 받아들였지만 웃으며 말했다. "내가 그만한 가치는 더 된다는 걸 보여드리죠."

매일 아침 8시면 나는 책상에 앉아 새로운 그림을 구상했다. 이 일(내 인생을 통틀어 책상 앞에 앉아 일을 한 것은 이때뿐이었다)을 시작하고 2주가 지난 어느 날, 나는 회사와 거래하는 여행사 사람이 미술담당 부장인 베지그 씨와 얘기하는 것을 우연히 들었다. "담배상자에 앉아 있는 팔팔한 진짜 도래까마귀를 그려준다면, 천 달러 이상이라도 주고 일을 맡기겠소." 나는 속으로 생각했다. '와! 드디어 행운이 문을 두드리는군.' 나는 머뭇거리지 않고 곧장 사장 사무실로 들어가서 당당히 말했다. "만약 동물원에 가서 살아 있는 도래까마귀를 그릴 수 있게 해준다면 그 일은 따 논거나 마찬가지입니다."

내 말에는 사람의 마음을 움직일 수 있는 확신이 있었다. 사장은 나를 쳐다보더니 자신감에 차 있는 내게 미소를 지으며 말했다.

"좋아, 그렇게 하지. 내일 아침부터 시작하게. 다 되면 얘기하게나."

나는 동물원으로 가서 살아 있는 도래까마귀를 찾았고, 손쉽게 일거리를 따냈다. 그리고 당당히 요구했다. "처음에 전 40달러를 요구했습니다만, 겨우 애송이들이나 받는 수준으로 주셨습니다. 이제 봉급을 좀 올려주셔야죠."

"좋아, 성공작품이 다시 나올 때까지 20달러 주지."

이렇게 해서 나는 새로운 생활을 누리게 되었다. 브로턴과 나는 아침저녁은 해먹고, 정오에는 15센트로 가벼운 점심을 사먹었다.

나는 생활비를 더 절약하여 일주일에 5달러만 쓰고 15달러는 저축해서 빚을 갚고 금방 돈을 모을 수 있었다.

우리는 일요일이면 주로 헨리 워드 비처 목사(미국 조합교회 목사로 당대의 영향력 있는 설교가 – 옮긴이)의 설교를 들으러 다녔다. 뉴욕 미술계에서 활동하는 다른 옛 친구들도 찾아냈는데, 런던에 있을 때 왕립 아카데미에서 함께 공부하고 내게 많은 도움을 주었던 그 소녀와 학교 동창이자 토론토에서 온 화가 프레드 조플링과 빌리 벤고우 등이었다. 나는 곧 맘이 통하는 동료들과 어울리게 되었고 몇 번은 싼 좌석표를 사서 연극도 보았다. 나는 극장에서 〈샤일록〉에 나오는 부스(19세기 연극계를 대표하는 유명한 비극배우 – 옮긴이)와 〈독일인〉에 나오는 에밋, 〈위험한 일〉에 출연한 릴리 랭트리(영국 출신의 유명한 미녀 배우 – 옮긴이)를 보았다.

나는 또 《센추리 매거진》의 미술팀장인 W. 루이스 프레이저를 알게 되어 풍금

조 그림을 10달러에 팔았다.

12월엔 토론토의 학교 동창으로 뉴욕에서 삽화가로 활동하는 존 T. 윌링을 만났다. 윌링은 나에게 그 무엇보다도 용기를 주는 기회를 제공해 주었다. 1883년에 나는 『초원들쥐의 삶』이란 제목으로 관찰기록을 담은 천이백 자의 자연 이야기를 썼는데, 이 글은 1883년 2월 《캐나디언 저널》에 실렸고 다른 잡지들도 관심을 보였다. 윌링은 골드윈 스미스 교수의 후원을 받고 있는 C. G. D 로버츠라는 사람이 토론토에서 발간되는 새 주간지의 편집자가 되었다는 것을 알려주면서, 그가 내 초원들쥐에 대한 글을 읽어보더니 나와 같이 일하고 싶어하더라고 전해 주었다.

나는 저녁마다 몇몇 잡지사에 보낼 동물이야기를 썼다. 다정하고 말 많은 친구와 한 방을 쓰면서 이 일을 하는 것은 결코 쉽지 않았다. 브로턴이 일주일간 휴가를 갔다 오자 나는 밤에 일을 하려면 혼자 살아야 될 것 같다고 조심스럽게 말했다.

브로턴은 내켜하지 않았지만 그대로 따라 주었다. 얼마 후 브로턴은 심한 열 때문에 블랙웰즈 섬에 있는 병원에 입원했는데, 그가 입원해 있는 3주 동안 나는 일요일마다 과일과 책들을 싸들고 찾아갔다. 그 덕분에 우리의 우정은 깨지지 않고 지속되었다.

혼자 독립한 뒤 축복받은 저녁의 고요함 속에서 나는 홀로 앉아 「베니와 여우」, 「눈신을 신은 토끼」 그 밖에 다른 이야기들을 썼다. 그 이야기들은 《성 니콜라스》와 다른 권위 있는 잡지들에 발표되었다. 1886년에는 「눈신을 신은 북새」를 완성했는데, 눈 오는 겨울철마다 발에 한 쌍의 눈신이 생겨났다가 봄이면 없어져 버리는, 북소리를 내는 들쥐 이야기였다. 나는 이 작품을 서부의 박물학자이자 작가로 나를 만나러 캐나다에서 온 조 콜린스에게 보여주었다. 조는 이 이야기를 읽어보더니 이렇게 말했다.

"당신의 작품은 써내기가 무섭게 불티나게 팔릴 거요."

나는 이 들쥐 이야기를 《성 니콜라스》잡지사에 보냈는데, 새로운 관점의 자연

이야기라는 과분한 평을 받았다. 그 뒤에도 조 콜린스의 과찬을 입증하는 다른 일들이 계속 뒤를 이었다.

1884년 1월 7일 나는 삽화가로서의 자격을 갖추기 위해 미술학생연맹의 야간 과정에 등록했다. 이곳에서 댄 비어드를 비롯해 뒷날 뉴욕 화단의 유명 화가가 된 몇 명의 화가들을 만났다. 항상 재미있고 이야기 거리가 풍부한 댄은 뛰어난 화가일 뿐 아니라 인기 만점의 학생이기도 했다.

나는 처음으로 인간 모델을 놓고 그림을 그렸다. 윌리엄 사틴 교수는 내 네 번째 작품을 매우 높이 평가하여 그 주의 최고 작품으로 선정했는데, 그 작품은 아직도 내 화랑 벽에 걸려 있다.

나는 겨울 내내 일주일에 엿새 동안 사무실에서 일하느라 새에 대해 연구할 시간이 거의 없었다. 게다가 일요일엔 모든 박물관이 문을 닫았다. 나는 공원 근처 61번가에 있는 어떤 집의 벽이 온통 담쟁이덩굴로 뒤덮여 있는 것을 눈여겨보았는데, 그곳에는 집참새 둥지가 여든 다섯 개나 있었고, 주변은 재재거리고 퍼덕거리는 새들 천지였다.

하루는 내가 살던 매니토바 주소로 보낸 C. 하트 메리엄의 편지 한 통이 도착했다. 메리엄은 미국 조류학자협회에서 잠시 간사로 일했는데 내게도 그 단체에 가입하라고 권했다. 우리는 몇 차례 더 편지를 주고받았고, 나는 뉴욕을 떠나 서부로 돌아가는 길에 한번 들르겠다고 약속했다.

3월이 되자 나는 매년 봄 그랬듯이 온몸이 들쑤셔 견딜 수 없었다. 서부에 대한 그리움이 사무쳐 견딜 수 없게 되자 난 베지그를 찾아가 회사를 그만두겠다고 말했다. 베지그는 실망하는 기색이 역력했다. "돈 때문인가? 일주일에 얼마면 있겠나? 25달러면 되겠나?" 나는 고맙긴 하지만 해야 할 일이 있기 때문이라고 정중하게 사양했다.

이젠 빚도 없었고, 100달러가 넘는 돈도 저축해 두었다. 나는 뉴욕에서 탄탄대로를 개척해 둔 것이나 다름없었다. 더구나 나는 냉정한 자본주의 세계에 순전히 혼자 힘으로 진출해서 붓과 연필만으로도 안정된 생활을 누릴 수 있다는 내 능력을 증명해 보인 셈이었다. 뉴욕에서의 생활은 내 인생에 정말로 멋지고 유용한 강장제 역할을 했다. 스물셋이라는 나이에 인생에서 중요한 고비마다 실패하고 실의에 빠져보지 않은 사람은 이 기분을 이해할 수 없을 것이다.

1884년 4월 14일, 나는 뉴욕 중앙역에서 침대칸도 없는 밤차를 타고 메리엄 박사의 고향 애디론댁 산맥의 로커스트 그로브를 향해 떠났다. 이른 아침 목적지에 도착하자 나보다 여섯 살 위인 메리엄 박사가 직접 한 쌍의 검은 서러브레드 종 말이 끄는 마차를 타고 와서 나를 맞이했다.

그의 집에서 우아한 그의 어머니와 상원의원인 아버지, 그리고 방학을 맞아 집에 와 있었던 아름다운 여동생 플로렌스와 인사를 나누었다. 메리엄 박사는 동물 그림을 선물로 주겠다는 내 말을 상기시키며 당장 그림을 그려달라고 성화였다. 미국에서는 동물그림을 제대로 그리는 화가가 한 명도 없다며 그는 알코올에 담겨 있던 새로운 종류의 땃쥐를 꺼내서 물기를 닦고는 펜과 잉크, 종이와 함께 건네주었다.

나는 도전해 보기로 했다. 몇 시간 뒤 그림이 완성되자 박사는 탄성을 질렀다. 그는 이 그림을 뉴욕 린네(현대 생물 분류학의 창시자 – 옮긴이)협회에서 발간하는 《아토피렉스 벤디레이》지에 게재한 그의 논문 삽화로 실었다.

그는 내가 이 그림으로 곧 미국 최고의 동물삽화가가 될 거라고 했다. 그는 그 즉시 그림값으로 꽤 많은 액수를 제시하면서 가능하면 빨리 모델이 될 동물들을 구해서 50점의 그림을 그려달라고 했다. 이 뒤로 우리의 우정은 평생 동안 지속되었다. 현재 워싱턴에 있는 메리엄 박사의 집에는 우리의 첫 만남을 통해 탄생한 수백 점의 소묘와 그림들이 소장되어 있다.

4월 17일 메리엄의 집을 떠나 다음날인 4월 18일 금요일 토론토에 도착해서 어머니와 함께 나흘을 지냈다. 4월 21일 월요일 밤에는 친구들의 강력한 추천으로 박물학협회의 특별 회의에 연사로 초대를 받았다. 나는 그 전에도 인정받은 바 있었던 논문「바늘꼬리들꿩의 생애」를 발표했다. 그러나 그 회의의 진짜 목적은 회원들에게 나를 소개하고 허드슨만 탐사를 위해 오타와 주에서 계획하고 있는 원정대의 박물학자로 나를 추천하는 것이었다.

내 발표가 끝난 후 결의안은 만장일치로 채택되었다. 추천서는 제때 오타와 주로 보내졌으나 아직 원정대에 대한 계획이 구체화되지 않은 상태였다. 하는 수 없이 나는 4월 22일 화요일 정오에 토론토를 떠나 4월 28일 월요일에 매니토바 주 카베리에 도착했다. 서부의 생활이 또다시 내 앞에 펼쳐졌다.

한 달 후 탐사대의 박물학자로 임명되었다는 통지를 받았지만, 그때는 배의 출항을 겨우 사흘 앞두고 있던 때였다. 핼리팩스까지 가는 데만도 꼬박 열흘이 걸리는 데다 배의 출항을 연기할 가능성은 없었다. 그래서 아쉽게도 탐험의 기쁨과 영광, 그 전율의 순간을 맛볼 기회를 단념해야만 했다. 뉴욕과의 첫 인연과 내 인생에서 가장 소중한 작가이자 삽화가로서의 첫 출발은 이렇게 시작되었다.

자유와 기쁨

1884년은 내 인생의 황금기에서도 절정의 시기였다. 신의 가호로 내 몸과 마음 모두 건강과 활력이 넘쳐흘렀다. 대부분의 운동 선수들은 스물다섯 살에 육체적, 정신적으로 절정기에 도달하는데 나에게도 그 현상은 두드러지게 나타나서, 나는 이 지역에서 손꼽히는 도보여행자로 인정받았다. 내게는 책과 새들과 꿈이 있었다. 또 뉴욕 생활을 통해 탄탄대로가 열려 있었으며, 혼자 힘으로도 세상 속에서 안정된 생활을 누릴 수 있다는 자신감을 얻었다. 나에게는 무엇보다도 이 냉정한 자본주의 세계가 돈을 기꺼이 지불할 재능과 상품성이 있었다. 나는 여름 동안 덫을 놓거나 작은 동물들의 가죽을 벗겨서 수집하는 일도 했지만, 대부분은 매니토바에 서식하는 야생동물들을 스케치하면서 시간을 보냈다. 나는 아주 꼼꼼하게 그림을 그렸는데, 이 그림들은 대부분 워싱턴에 있는 메리엄 박사의 집에 소장품으로 남아 있고, 또 워싱턴의 생물학연구 잡지에 삽화로 게재되기도 했다.

1884년 한해는 새롭고도 중요한 경험을 한 시기였다. 봄에는 새들 속에 파묻혀 보냈으며, 6월에는 어시니보인 강 상류에 오두막을 지었고, 초겨울에는 말코손바닥사슴을 사냥하기도 했다.

1884년 4월 28일 다시 카베리에 도착한 나는 자연 속에서 변경의 박물학자로서의 삶을 시작했다. 지금 내 앞에는 손때 묻은 낡은 일기장과 휘갈겨 쓴 메모들,

대충 엉성하게 그렸지만 중요한 의미를 지닌 그림들이 함께 놓여 있다. 내 일기장에는 새와 짐승의 세계에서 발견한 새로운 사실들이 기록되어 있다. 그 중에서 내게도 의미 있을 뿐 아니라 어느 면에서는 학계에도 중요한 공헌을 한 사건을 여기에 소개하겠다.

1882년과 1883년 2년 동안 나는 100미터도 더 되는 높은 상공에서 노래하는 작은 새를 보며 전율을 느낌과 동시에 이름을 몰라 괴로워했다. 그 새의 노랫소리는 짧게 짤랑거리는 윌슨지빠귀나 해변종다리의 노래와 비슷했다. 그 새는 날개를 떨며 비스듬히 날아 내려와서는 짧은 노래를 마치고 다시 원래 있던 자리로 날아 올라가서 지저귀곤 했다. 나는 한번도 그 새가 날아 내려올 때의 특징을 포착하거나 높이 떠 있는 모습을 확실하게 본 적이 없었다. 그 새는 내게 애타면서도 즐거운 미스터리로 남아 있었다. 그런데 뜻하지 않게도 이 해묵은 의문이 풀리는 날이 왔다. 자세한 내막은 이렇다.

    1884년 5월 14일 오전 10시쯤, 내가 '하늘의 종소리'라고 이름 붙인 그 새의 심상치 않은 소리가 들려왔다. 그 새는 푸른 하늘 저 멀리 있다가 날개를 떨며 급강하 해서는 노래를 불렀다. 노래를 마치면 다시 원래의 자리로 힘들게 날아올랐다가 다시 내려왔는데, 그 간격이 15초 정도였다. 처음엔 노래하는 횟수가 대충 스무 번 정도 되겠거니 했는데 막상 세어보니 여든두 번이나 되었다. 그 작은 천사는 50분 동안이나 날아다니며 계속해서 반복되는 아름다운 노래를 부른 것이다. 그러나 여든세 번째 노래가 나올 찰나 새는 날개를 접더니 돌멩이가 떨어지듯이 아래로 뚝 떨어졌다. 햇빛에 눈이 부시기도 했지만, 오랫동안 쳐들고 있던 고개는 뻣뻣해질 대로 뻣뻣해진 뒤였다. 새가 가까이 떨어질 때 반짝하고 빛나는 그 모습을 잠깐 동안 볼 수 있었을 뿐, 새는 곧장 풀밭으로 떨어지고 말았다. 새가 떨어진 지점을 확인하고는 햇빛에 부신 눈을 잠깐 감았다가 뜬 다음 나는 천천히 다가갔다.

    처음에는 그 새의 특징을 구별하기 어려워서 단지 작은 갈색 새라고만 알고 있었다. 그 새가 놀라서 급히 날아갈 때는 금방울새나 맷새처럼 물결치듯이 톡톡 튀는 날갯짓을 했다. 몇 발자국 천천히 다가가는 동안 다시 정상적으로 사물이 눈에 들어오자 비로소 모든 사실이 밝혀졌다. 몇 년 동안이나 '하늘의 종소리'로 내 가슴속에 남아 있었던 그 새는 잘 알려진 논종다리였다. 오두본과 다른 많은 조류학자들이 중북부지방을 돌아다니며 찾아 헤매었던, 그리고 그토록 열정적으로 묘사했던 바로 그 새였다.

이렇게 5월이 지나갔다. 나는 날마다 새들 속에 파묻혀서 작지만 새로운 발견을 통해 행복을 느꼈고, 내 생각과 통찰력에다 지식을 더해갔다.

1884년 6월 2일, 아서 형과 나는 마차를 타고 포트펠리로 향했다. 이번 여행은 지난 가을에 신청했던 공유지에서 정착민으로서의 의무를 다하기 위한 것이었다. 그 의무란 다름 아니라 우리의 정착의지를 보여주기 위해 오두막을 짓는 것이었다.

우리 뒤에는 짐과 존 더프 형제, 조지 리처드슨과 브라운이라는 사람이 황소가 끄는 마차를 타고 따라왔다. 그러나 곧 우리가 탄 말이 속력을 내자 그들의 모습은 시야에서 사라졌다.

6월 8일, 우리가 신청한 공유지에 도착했다. 지역 주민에 대한 혜택 덕분에 내 농장은 서쪽 31구획의 28지역 안의 36구역의 남서쪽 구역으로 정해졌다. 나는 남동쪽 구역을 차지하기로 했고, 나머지 구역은 형이 가지기로 했다. 내 땅은 작은 연못이 있는 둔덕이었는데, 근처에는 작은 개울이 흐르고 나무도 듬성듬성 서 있었다. 동쪽으로는 더크 산이 서 있고, 산기슭에는 가문비나무숲이 우거져 있었다.

우리는 먼저 우물을 팠다. 이런 곳에서는 인디언 우물(연못이나 늪지 근처에서 깨끗한 물을 얻기 위해 파는 연못 - 옮긴이)이 알맞다. 우물은 지름이 60센티미터, 깊이가 120센티미터였는데, 개울가에 인접해 있어서 자연스럽게 물이 저절로 스며들어 항상 시원하고 맑은 물이 넘쳤다.

그 다음 일은 오두막을 짓는 것이었다. 소문난 나무꾼이었던 형은 나무할 때 쓰는 도끼와 톱을 비롯해서 낡은 벌목용 도끼와 목공연장들을 가져왔다. 문과 창문의 마감질까지도 다 할 모양이었다. 형처럼 도끼를 잘 다루지 못하는 나는 숲에서 잔가지들만 잘라왔다.

나는 초년병처럼 식사당번과 야영생활의 자잘한 일들을 도맡았다. 나무가 쓰러지려고 하면 곁가지를 쳐내고 나무의 한쪽을 도끼로 치는 것도 내 일이었다. 그러면 힘 좋고 노련한 형이 나무의 다른 방향에서 단번에 나무를 때려 눕혀 원하는 쪽으로 쓰러뜨렸다. 형은 능숙하게 쓰러진 나무를 잘라서 말뚝을 박아 우리의 땅 경계를 표시해 놓았다. 우리는 순식간에 나무의 가지들을 쳐내고 길이를 표시해 놓았다. 가지가 많은 윗부분은 벌목용 도끼로 나무통을 두 쪽으로 나눌 때 나무를 지탱시켜주는 역할을 하기 때문에 마지막까지 그대로 놔두었다. 형은 눈깜짝할 새에 나무통을 두 토막냈다. 음악처럼 울리는 그때의 도끼질 소리는 아직도 내 가슴을 떨리게 한다. 당시 사람들은 도끼와 도끼질 소리가 인류 문명에 영원히 남아 있을 거라고 생각했다. 그러나 슬프게도 그 두 가지 모두 사라져 버렸다. 얼마 전 나는 벌목용 도끼를 사러 돌아다녔지만 구할 수 없었다. 그 도끼는 이제 스웨덴에서 수입해 와야 한다고 했다.

나무를 반으로 자른 뒤 우리는 정확히 3.6미터 길이마다 표시를 해 놓았다. 내가 그 부분을 자르고 있는 동안 형은 또 다른 나무를 골랐다.

당시 공유지 오두막의 크기는 주로 가로가 3.6미터 세로가 9.6미터였다. 이 정도 오두막을 지으려면 벽체로 1.8미터와 3.6미터 길이의 통나무가 각각 14개씩

필요했다. 지붕의 마룻대(용마루 밑에 서까래가 얹히게 된 도리 - 옮긴이)로는 특별히 4.2미터 길이의 굵은 통나무를 사용했다.

6월 10일에 목재를 잘라서 나르기 시작했고, 14일에는 자르고 다듬은 나무가 모두 갖춰졌으며, 17일에는 지붕과 출입문까지 완벽하게 갖춘 오두막이 완성되었다. 지붕은 먼저 가운데에 마룻대를 놓고 여기에 기대어 양쪽에서 2미터 길이의 나무를 차례차례 줄지어 놓았다. 나무 위에는 30센티미터 두께로 건초를 깔아놓고, 그 위에는 15센티미터 두께로 점토를 발랐다. 이렇게 만들어진 지붕은 건조하고 추운 날씨와 서리가 내리는 날에는 효율적이었지만 장마철에는 갈라지기 쉬웠다.

작은 통나무를 네 조각으로 쪼개고 도끼질해서 두꺼운 판자를 만들어 문도 달았다. 당분간은 창문과 마루 없이 지냈다.

통나무 사이에 벌어진 틈은 처음엔 널빤지 조각을 대어 못으로 박았다. 못은 충분했다. 마지막으로 안과 바깥의 틈새를 적당하게 질퍽한 진흙을 발라 메우고 나니 들어가 살기만 하면 되었다.

집 한 채를 만드는 데 걸린 시간은 딱 일주일이었다.

택지법에 따라 나는 3600여 평의 땅을 일궈야 했고, 형은 자기 구역에다 오두막을 짓고 역시 할당된 땅을 경작해야 했다. 그러나 그 다음 해에는 이런 법적인 절차들 말고도 또 다른 중요한 문제점들이 드러났다.

내 땅에다 우물을 파고 오두막을 지으면서 나는 처음 서부로 올 때 혼자서 다짐했던 모든 것들을 해냈다. 앞으로 농장을 성공적으로 개간하고 못하고는 나의 의지와 앞으로 펼쳐질 상황에 의해 결정될 것이었다. 나는 나 자신이 개척자로서 영원히 정착할 생각이 없을 뿐더러 관심사는 다른 데 있다는 사실을 너무도 잘 알고 있었다.

그러는 동안 말에게 줄 귀리가 바닥나 버리자 형은 카베리 농장의 곡식들을 너무 내버려뒀다는 데 생각이 미쳤다. 우리는 다음에 아무 때든지 다시 오기로 하

고, 6월 20일에 짐꾸러미를 대강 싸 마차에 싣고서 북쪽에 있는 인디언 마을을 향해서 출발했다. 그때는 정말로 다시 돌아올 생각이었다. 그러나 피치 못할 사정으로 계획에 차질이 생기는 바람에 그 뒤로 다시는 내 오두막을 볼 수 없었다. 맨 마지막에 누가 그 오두막을 차지했는지는 모르겠지만, 만일 그가 호기심이 많은 사람이었다면 문 위 상인방에 새겨진 'E.T.Seton 1884'라는 글자를 발견할 수 있었을 것이다.

우리는 코타이 인디언 보호구역을 지나 어시니보인 강에 이르러서 안내자 없이 강을 건너려고 하다가 하마터면 큰일 날 뻔했다. 길을 잘못 드는 바람에 서쪽 강둑 근처에 있는 깊은 물에 빠져 장비를 모조리 잃어버릴 뻔한 것이다. 다행히 그때 치타라는 우람한 덩치의 친절한 크리족 인디언이 나타나 도와주는 바람에 무사히 강을 건널 수 있었다. 우리는 그 강을 건너게 해준 감사의 표시로 그를 저녁식사에 초대했다. 나는 이 기회를 이용하여 인디언들이 '다른 집에 가면 그 집의 관습을 따르라'는 그들의 관습을 아직도 지키는지 알아볼 참이었다.

나는 차를 마시면서 설탕을 넣고 숟가락으로 컵을 세 번 두드렸다. 차를 다 마신 다음에는 컵을 머리 위에서 흔들다가 땅 위에다가 거꾸로 엎어놓았다. 그리고 컵을 세 번 돌리고는 다시 집어서 차를 더 따랐다. 나이프와 포크도 우스꽝스럽게 쥐었다. 그 인디언은 모든 속임수를 하나하나 유심히 쳐다보면서 진지하게 따라했다. 더 근사한 속임수를 쓰고 싶은 유혹도 받았지만, 점점 부끄러워져서 형이 그만 하라고 인디언식 몸짓으로 말했을 때는 쥐구멍에라도 들어가고 싶었다. 그제서야 나는 그만두었지만, 인디언들이 그들의 사회규범을 철저히 지킨다는 것을 확실히 알았다.

그 뒤 며칠 동안 우리는 어시니보인 강 북쪽 지역을 가로질러 가서 남쪽으로 방향을 돌려 셀마우스에 도착했고, 여기서 배를 타고 어시니보인 강을 건너 6월

26일 카베리에 돌아왔다.

여름의 남은 날들 동안 내 일기에는 새나 짐승의 관찰기록과 스케치가 매일 한 두 개씩은 들어 있었다.

8월과 함께 고된 수확의 계절이 다가왔다. 동틀 무렵 일어나 어두워질 때까지 일하는 고된 노동이 10월까지 계속되었다. 온종일 곡식단을 던지느라 밤이면 지쳐 떨어졌으면서도 나는 낮에 관찰한 것들을 꼬박꼬박 기록해 두었다.

들에 쌓아 논 낟가리를 들어올릴 때라든지 감자를 캘 때라든지, 탈곡하는 날 헛간에 있는 곡식단을 살짝 건드릴 때마다 동물들이 바글거렸다. 그러나 대부분 생쥐들이라 종류는 다양하지 않았다.

여름 내내 나는 혼자서 작지만 즐거운 모험을 많이 했다. 그 시절의 내 일기는 우연한 사건들과 간단한 스케치들로 가득 차 있는데, 특히 6월 26일자의 일기에는 죽음 일보 직전까지 갔던 모험이 기록되어 있다.

카베리에서 남서쪽으로 1.5킬로미터 정도 가면 다른 언덕들보다 높이 솟은 모래 언덕이 있다. 그 주변에는 쭉쭉 뻗은 가문비나무숲이 있었다. 정착민들은 그 언덕을 '백마 언덕' 이라고 불렀고, 오래 전부터 이곳에 살았던 사람들은 '들소 망루' 라고도 불렀지만, '대머리 늙은이' 라고 부르는 사람이 더 많았다. 1878년 평원의 첫 정착민이었던 밥 매클로우가 이 언덕 꼭대기에서 멀리 남쪽을 바라보다 연료와 목재가 풍부한 가문비나무숲을 찾아내고는 이곳에 정착했고, 그 뒤 2년도 안 되어 새 경작지를 찾아서 사람들이 몰려들었다.

나는 처음 '대머리 늙은이' 의 정상에 올라섰을 때 힘들게 올라온 보람을 느꼈다. 남쪽으로는 100여 킬로미터 떨어진 터틀 마운틴, 서쪽으로는 브랜던 힐, 남동쪽으로는 펨비나 마운틴, 그리고 북쪽으로는 160킬로미터 정도 거리에 있는 라이딩 마운틴이 한눈에 들어왔다.

기대도 안 했었는데, 여기서 불과 1.5킬로미터 거리의 **빽빽**한 숲 근처에 자리잡은 유명한 케네디 평원도 가깝게 보였다. 나는 새로운 길로 해서 그곳까지 가 보기로 했다. 800미터쯤 가자 늪이 남북으로 가로놓여 있었다. 나는 무릎 위까지

오는 그 늪을 건넜다.

　숲 속으로 800미터 정도 더 갔더니 또 다른 늪이 나왔다. 넓이는 약 40만 평방미터 정도 될 것 같았고, 중간 부분이 잘록하게 조여들면서 늪을 두 부분으로 나누고 있었다. 이 잘록한 목 부분으로 건너면 될 것 같아서 나는 그쪽으로 갔다. 전체 폭이 90미터도 안 되어 보여서 별 생각 없이 물 속으로 걸어 들어가자 물과 진흙이 무릎까지 차 올랐다. 중간 지점까지 들어갔을 때 갑자기 바닥이 푹 꺼지는 느낌이 들었다. 이 지역에서는 이렇게 유동하는 가짜 바닥이 흔했다.

　발이 진흙과 땅 밑으로 빠져들고, 몸이 점점 더 깊이 밑으로 가라앉았다. 물은 내 무릎까지 차올랐다가 다음엔 엉덩이까지, 그 다음엔 허리까지, 그리고 점점 더 위로 올라왔다. 도움을 청할 사람은 아무도 없었다. 물이 팔꿈치까지 차 오르고 다시 어깨 위로 올라오자 이제 죽는구나 하는 생각이 들었다. 그때 갑자기 발끝이 딱딱한 땅에 닿으면서 더이상 가라앉지 않았다.

　나는 잠시 가쁜 숨을 몰아 쉬고는 천천히 진흙에 빠진 발을 움직여 다시 되돌아왔다. 기슭에 닿자마자 나는 땅바닥에 엎드려 감사기도를 드리고 나서 30분 동안이나 죽은 듯이 누워 있었다.

　바닥이 30센티미터만 더 깊었더라도 내 몸은 늪 속으로 빨려 들어가 흔적도 없이 사라질 뻔했다. 그 '금단의 땅'에 얼씬거리는 사람은 아무도 없기 때문에 시체는 발견되지 못했을 것이다. 아무도 내가 어디로 사라졌는지 모르고, 흔적도 없이 증발된 나는 영원한 미스터리로 남았을 것이다.

10월 26일, 사냥꾼의 달력에 아주 기쁜 일이 닥쳤다. 된서리와 강풍이 몰아닥치더니 첫눈이 내린 것이다.

　고된 농장 일에서 벗어난 나는 가까운 숲으로 정찰을 나갔다. 여름에는 교묘하게 내 시야에서 빠져나갔던 많은 야생동물들의 자취가 무수히 드러났다. 아메리카올빼미 한 마리가 저 멀리 눈더미 위에서 날아올라 한참 동안이나 낮게 날아다녔다. 눈위에 남아 있는 선명한 발자국은 올빼미에게는 별 의미가 없을지 모르지

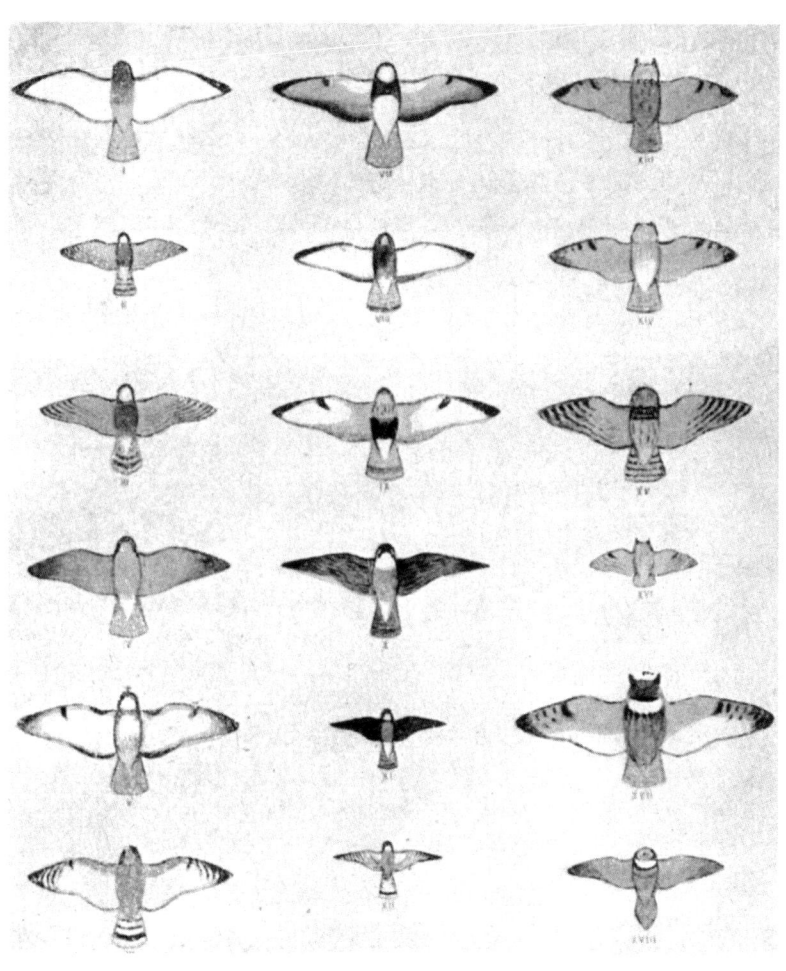

매와 올빼미의 특징 구분

만 내게는 또 다른 가능성을 제공해주는 것이었다. 발자국을 따라다니며 조사하고 있노라니 발자국을 노래한 시가 다리를 거쳐 머릿속에서 만들어져 입을 통해 저절로 흘러나왔다.

아메리카올빼미가 낮은 눈더미 위에 앉아 있네.
문간에서 멀리 떨어진 곳에
그리고 기다리고 또 기다리네.
올빼미는 그 의미를 알고 있지.

전에도 이런 사냥을 한 적이 있었다네.
나는 오두막을 나와 즐겁게 나서
사냥터로 떠나네.
올빼미는 날아올라 멀리서 따라오네.
한 번은 높이 한 번은 낮게 날면서.

산등성이 지나 관목숲까지,
눈길에 난 발자취를
살피며 걸어가네.

여기 여우의 발자국이 있네,
이 자리에서 한 발을 올리고
바람에 코를 킁킁거렸겠지.
저기서 놈은 새로 난 토끼 발자국을 보았네.
그리고 그 발자국을 따라가네.
그리 멀지 않은 곳에서

이 둘의 발자국이 만나겠지.

여기 사슬처럼 이어진 들꿩의 발자국이 있네.
들꿩은 돌아서서 꼬불꼬불 걸어갔네.
나는 납작 엎드려 자세히 살펴보았지.
눈 위에 새로운 발자국이 찍혀 있네.
난 살금살금 기어갔다네. 씽하는 날갯소리가
새들이 위험을 피해 날아갔다고 말해 주었네.
탕! 총소리에 두 마리 새가 떨어졌네.
눈은 새들의 피로 얼룩졌네.
(아직도 올빼미는 탐색을 하면서
나를 따라오고 있네)

지금 이곳은 독 묻은 미끼가
몇 시간 전에 놓여져 있던 곳,
늑대가 바람결에 냄새를 맡고
찾아왔다네.
여기, 이곳이 늑대가 숨통을 움켜잡고 캑캑거렸던 곳
그 늑대 가죽은 내 것이네. 우후!
보아라, 몇 걸음 나가다 또 비틀거리네.
이제 늑대는 내 차지겠네.
그러나 늑대의 강건한 야생성이
그에게 힘을 주네.
치명적인 적을 이겨내도록.
늑대의 걸음은 다시 힘을 얻었네.
(아직도 올빼미는 멀리서 따라오네.

낮게 땅 위를 굽어보면서)

지금 여기는 또 다른 미끼가 있는 곳,
여우가 왔다간 흔적이 있네.
그리고 그 미끼가 사라 졌네. 여우도 가고 없네.
살금 살금
뒤따라가면서 자세히 살펴보네.
눈 위의 이야기를 수집하면서.
방금 생긴 점점이 박힌 자국들
그리고 덤불 가까이에, 오 저런!
노란 털이 있네.
보라! 저 눈 속에 뻣뻣이 죽어 있는 간교한 동물을

높은 가지 위에서 노랗고 큰 두 눈이
아래에 펼쳐진 광경을 지켜보네.
그리고 털이 벗겨진 죽은 고기가
눈 위에 홀로 남겨져 있을 때까지 기다리네.
그리고 그 사냥꾼이 동물의 껍질과
총을 가지고 떠날 때까지 기다리네.

이것이 올빼미가 눈 위로 나를 따라오면서
맘속에 품었던 그 기회인 것이네.

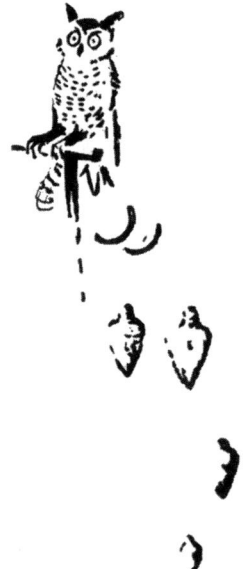

무스 사냥

이 지역에서 사슴 사냥이 성공할 전망은 그리 밝지 않았다. 그러나 나는 새들을 찾아 정처없이 돌아다닐 때도 습지대에서 종종 사슴의 발자국을 보았기 때문에 사냥감이 존재할 거라는 확신이 있었다. 나는 이곳에는 사슴이 분명히 있으며, 일단 사슴 발자국을 발견한 다음에는 발자국의 주인공이 나타날 때까지 참고 기다리기만 하면 된다고 생각했다.

첫눈이 오자 나는 사냥철이 끝나기 전에 사슴의 뒤를 끝까지 쫓아서 반드시 잡고야 말겠다고 혼자 맹세를 했다. 드디어 10월 27일 처음으로 사슴사냥을 나갔다. 앞만 보고 24킬로미터를 내리 걸었다. 다음날은 더 오래 걸었지만 허탕만 쳤다. 셋째날은 깊은 눈을 헤치며 32킬로미터를 걸었을 때 왔다 간 지 오래된 엘크 사슴 발자국 두 개를 발견했지만, 녹초가 된 채 빈손으로 돌아왔다. 몇 년 전 그 지역을 직접 답사하면서 사슴이 들어오지 못하도록 말뚝을 박아놓은 것을 수없이 많이 봤었기 때문에 내게는 확신이 있었다. 다음날은 다른 방향으로 더 멀리까지 가보았다. 오래 전에 찍힌 발자국이 또 있었다. 그 발자국을 따라 고요한 숲 속으로 들어가니 금방 생긴 선명한 발자국들이 셀 수 없이 많았다.

닷새째 되는 날은 몇 명의 일행과 함께 숲으로 갔다. 그들은 전에는 내 확신을 비웃었지만, 사슴 발자국을 발견했다는 말에 기대감에 들떠 있었다. 그날 나는 사슴을 보지 못했지만, 나와 함께 갔던 짐 더프는 다섯 번이나 사슴을 보았는데도 총을 하나밖에 갖고 있지 않아서 어쩔 수 없이 놓아 줄 수밖에 없었다.

다음날 아침에는 형과 함께 일찍 출발했다. 나는 일곱 마리를 보았고, 형은 두 마리를 보았다. 나는 사슴을 사냥할 때 쓰는 알이 굵은 총알로 한 마리에게 가벼운 총상을 입혔지만 잡지는 못했다.

야생 사슴을 본 것은 그때가 처음이었다. 사슴을 처음 보았을 때의 감동은 영원히 뇌리에 새겨져 있다. 우리가 산등성이를 넘어가고 있을 때였는데, 금방 다녀간 듯한 선명한 발자국이 찍혀 있었다. "이 발자국을 따라가 보자. 금방 지나간 것 같아." 내가 이렇게 말하면서 발걸음을 막 떼려는데 형이 소리쳤다.

"조심해! 사슴이 바로 앞에 있어."

과연 골짜기 아래 덤불 속에서 살랑살랑 흔들리는 흰 꼬리 두 개가 똑똑히 보였다. 사슴의 몸 색깔은 덤불 색과 비슷해서 구별이 안 되었지만, 곤두서 있는 하얀 꼬리는 분명히 눈에 띄었다. 나는 멍하니 서서 이 우아한 동물을 넋을 잃고 바라보았다. 그때 사슴들이 약간 몸을 꿈틀거리더니 가볍게 공중으로 튀어오르는 특이한 몸동작을 시작했다. 전혀 조급해하거나 주위를 경계하지도 않은 채 놀이에 완전히 몰입해 있는 모습이었다.

처음엔 사슴들이 달아나고 있다는 생각은 꿈에도 하지 못했다. 사슴이 달리는 모습은 개나 여우가 전속력으로 달리는 모습과 비슷할 거라 생각했고, 온힘을 다해 힘차게 도약하며 달릴 거라 생각했다. 그러나 그게 아니었다. 그들은 전혀 달리기를 시작할 기미가 없었다. 단지 공중으로 튀어올랐다 내려왔다 하며 제자리뛰기만 반복하고 있었다. 그러나 그들의 발이 연이어 가볍게 땅에 닿을 때마다 닿는 위치가 조금씩 달라졌다. 어느 순간 보니 그 한 쌍은 세련된 모습으로 빠르게 내 시야에서 점점 멀어지고 있었다. 나는 그제야 그것이 그들이 도망치는 방법이었다는 것을 알았다. 그들은 점점 더 높이 뛰었다. 가파른 산마루를 따라 곡선을 그리며 우아하게 조금씩 몸을 흔들면서 앞으로 나아가고 있었다. 이 날개 없는 새들이 한참 동안이나 깊은 산골짜기를 뛰어가고 있는 모습은 작은 흰 깃발들이 허공에 나부끼는 것처럼 보였다.

나는 사슴들이 내 시야에서 사라질 때까지 물끄러미 바라만 보았다. 총을 쏠 기회는 다시는 생기지 않았다.

사슴들이 사라지고 나서 나는 그들이 제자리뛰기를 하던 장소로 가보았다. 여기 발자국 한 개가 있는데, 다음 건 어디로 간 거지? 나는 주위를 둘러보다가 다음 발자국이 4미터나 떨어진 곳에 있는 걸 발견하고 깜짝 놀랐다. 계속 발자국을 따라갔다. 일정한 간격을 두고 발자국과 발자국이 이어져 있었다. 간격은 5미터, 6미터, 7미터까지 점점 더 벌어졌다. 가볍게 펄쩍 뛰는 흥겨운 도약인 줄만 알았는데 5미터에서 7미터까지 멀리뛰기를 한 것이었다. 이럴 수가! 달렸다기보다는 차라리 날았다는 표현이 맞을 것이다. 그렇게 해서 가냘픈 발로 단숨에 언덕 꼭대기까지 가버린 것이었다. 그날 난 사슴을 세 번 더 보았고, 두 번이나 총을 쏘았지만 아무런 성과가 없었다. 여드레째 되는 날 사람들과 같이 다시 가보았지만, 하루 종일 아무것도 보지 못했다. 집으로 돌아가는 길에 짐 더프가 포기하지 말고 다른 곳을 한번 더 둘러보자고 했다. 채스카 호숫가의 숲에 들어섰을 때 세 마리의 멋진 사슴이 동시에 뛰기 시작했다. 사슴들이 우리를 지나쳐 100미터 정도 떨어진 곳까지 이르자 우리는 총을 발사했다. 한 마리가 총상을 입었지만, 모두 다 빠르게 폴짝폴짝 뛰어 언덕 너머로 달아나 버렸다.

뒤를 따라 달려가보니 사슴이 뛰었던 자리마다 핏자국이 남아 있었다. 우리는 사기가 충천했다. 언덕에 올라가기 전에 우리는 골짜기에 사슴이 있는지 주의 깊게 살펴보았다. 한참을 찾아 헤맨 끝에 언덕 꼭대기에 올라 아래를 내려다보는데, 눈 위에 엎드려 있는 사슴이 눈에 들어왔다. 나는 작은 소리로 속삭였다. "저기 있다!"

우리는 살금살금 기어 내려갔다. 40미터쯤 떨어진 곳에서 두 마리의 사슴이 우리를 쳐다보고 있었다. 우리는 부들부들 떨며 총을 꺼내 겨냥했지만, 너무 서두른 나머지 그만 빗나가고 말았다. 사슴은 그대로 서서 우리를 보고 있었다.

급히 총알을 재장전했다. 그러나 사슴만 보면 다시 떨리기 시작했고, 아까운 총알만 낭비할 뿐이었다.

사슴이 뒤돌아서서 뛰기 시작하자 나는 또다시 총 한 방을 쐈지만, 그 역시 빗나가고 말았다. 우리가 저지른 어처구니없는 실수를 생각하니 가슴이 쓰라렸다. 눈곱만큼이라도 침착했더라면 그 멋진 사슴 두 마리를 잡을 수 있었을 텐데.

해가 떨어질 무렵까지 총상을 입은 사슴을 추적했지만 헛수고였다. 그때 우리와 똑같은 세 마리 사슴을 찾아다니는 한 인디언을 만났다.

동부에서 살 때 사람들은 내게 페니모어 쿠퍼(미국의 소설가. 변경의 백인과 인디언 관계를 다채롭게 묘사했으며, 주요 저서로 모히칸족의 최후가 있다 - 옮긴이)의 책에 등장하는 인디언이 실제로 있었고 지금도 있는지를 종종 물어봤다. 만일 그 인디언이 건장한 체격과 남성적인 매력, 그리고 사회에 만연된 부도덕으로부터 자유로울 수 있는 사람을 말하는 거라면 나는 많이 만나봤다고 말할 수 있다. 그때 내 앞에 나타난 그 인디언도 바로 그런 사람이었다.

나중에 그에 대해 잘 알게 되었는데, 그는 채스카라는 크리족 인디언이었다.

모카신을 신었을 때 그의 키는 1미터 80센티미터 정도 되었고, 쭉 뻗은 몸에 건장한 체격이었으며, 독수리처럼 매서운 인상이었다. 두 가닥으로 땋아 늘어뜨린 머리에는 황동고리와 쇠고리들이 주렁주렁 매달려 있었다. 그는 인디언들이 즐겨 입는 흰 모포에 각반 차림이었고, 붉은 손수건으로 귀를 가리고 있었다. 그는 평소에도 총알주머니와 총과 칼을 지니고 다녔다. 그는 자기 부족에서 족장 다음 가는 위치에 있었는데, 영어를 능숙하게 하는 걸로 보아 경험이 풍부한 사람이란 걸 짐작할 수 있었다. 우리는 처음 만났을 때부터 상대방에게 호감을 가졌다. 그의 차분하고 위엄 있는 태도에는 뭐라 말할 수 없는 매력이 있었다. 나는 그에게서 숲속 생활의 기술을 많이 배울 수 있을 거라는 기대를 가졌다.

우리가 쫓던 세 마리의 사슴은 채스카의 총에 놀라 달아난 것이었다. 인디언치고는 흔치 않게 그는 사슴들이 달아난 곳을 가르쳐 주었다. 또 자기는 거기서 밤을 보내고 다음날 아침 상처 입은 사슴이 제대로 걸을 수 없을 때까지 기다렸다가 손아귀에 넣을 거라고 했다. 우리는 그에게 잘 자라는 인사를 하고 집 쪽으로 걸어갔다. 그의 시야에서 벗어나자마자 우리는 다시 뒤돌아서 그가 사슴이 누워 있다고 알려준 곳으로 향했다. 그곳에 도착했을 때는 어둠이 짙게 깔려 있었다. 우리는 다음날 아침 채스카가 우리보다 먼저 선수를 치지 못하게 사슴을 쫓아버렸다. 그런 다음 지치고 허기진 몸으로 19킬로미터나 되는 눈길을 걸어서 집으로 돌아왔다.

다음날 나는 사슴 가까이 숲에서 밤을 보낸 인디언들이 일어나기 전 꼭두새벽에 일행 몇 명과 함께 길을 떠났다. 그러나 어리석게도 우리가 우르르 몰려가는 바람에 놀란 사슴들은 뿔뿔이 흩어졌고, 그 중 한 마리는 우리를 감쪽같이 속이기도 했다. 1.5킬로미터 정도 갔을 때 뒤에서 인디언들이 이따금씩 외치는 소리가 들려왔다. 채스카가 두 동료에게 명령하는 소리였다. 갑자기 한 방의 총성이 울리고 나서 큰 소리로 지시하는 소리가 다시 들렸다. 연이어 두 발의 총소리가 난 뒤 영락없는 승리의 환호성이 울려퍼졌다. 우리는 다시 돌아가서 인디언들이 사슴 두 마리를 잡은 것을 보았다. 나머지 한 마리는 달아나고 없었다.

오후에 채스카를 만났는데, 우리 둘 다 같은 발자국을 쫓아가고 있었다. 내가 채스카에게 물었다. "왜 우리 사슴을 빼앗았소?" 채스카는 언짢은 얼굴이었다. "그게 왜 당신 건가?"

"내가 먼저 총으로 맞혔소."

"먼저 죽인 사람이 임자다. 내가 사슴 죽였다." 채스카가 말했다. 이미 채스카가 사슴을 차지한 뒤라 따져봐도 소용없었지만, 앞으로 일어날 일에 대비해 한마디 해 둔 것이었다.

그날 오후 내내 채스카와 함께 사냥을 하면서 나는 사슴의 뒤를 몰래 밟는 방법을 많이 배웠다. 그는 정말 멋진 친구였다. 다른 인디언들처럼 사격솜씨는 형편없었고, 숲속 생활의 기술이나 경험 외에는 우리보다 나을 것도 없어 보였지만, 다음 날에도 채스카를 우연히 만나 함께 사냥감을 찾아다

무스 사냥 355

였다. 나도 채스카만큼 걷는 데는 이력이 난 사람인데 그의 걸음걸이는 뭔가 달랐다. 눈 위에 난 내 발자국은 발끝이 약간 바깥쪽으로 향해 있는데, 그의 발자국은 안으로 약간 기울어져 있거나 거의 반듯했다. 인디언들의 걸음걸이는 대개 이런 식이었다. 채스카의 걸음걸이를 그대로 따라해 보니 보폭이 3센티미터 가량 더 늘어났다. 그것은 하루 종일 가도 마찬가지였다. 게다가 발끝을 안쪽으로 향하여 걸으면 나머지 네 발가락도 힘을 받아서 발에 부담이 덜 갔다.

우리는 큰 숫사슴의 발자국을 추격했다. 발자국은 아래쪽의 빽빽한 숲 속으로 갔다가 다시 언덕 꼭대기로 올라가곤 했다. 내가 언덕 위로 따라 가려 하는데 채스카가 말렸다. "아냐, 틀렸어. 그놈은 벌써 저 언덕 너머까지 가서 여길 보고 있을 거다."

함께 언덕 언저리로 가보았더니 정확히 채스카의 예측대로였다. 잠시 뒤 우리는 키작은 등심초로 뒤덮여 있는 평평하고 너른 들판에 이르렀다. 사슴 발자국은 들판 주위를 돌아서 나 있었지만, 나는 곧장 가로질러 건너려고 했다. 이때 채스카가 말렸다. "늪에다 발을 담그면 안 돼." 등심초가 무리지어 있는 지면 아래는 단순한 습지가 아니라 눈이 녹아 질척질척한 상태였다. 여기에 발을 담그면 모카신이 젖게 되고, 그러면 한 시간도 못 가 발이 꽁꽁 얼어버리게 된다. 오래 전 경험을 통해 나는 이 사실을 알게 되었다.

한번은 채스카와 함께 아메리카낙엽송이 듬성듬성 서 있는 들판에 가게 됐다. 사슴이 그 길로 지나간 자국이 있는데 채스카는 아니라고 주장했다. "아냐, 사슴은 이쪽으로 안 갔다. 아메리카낙엽송은 습지에 있다. 사슴은 습지를 싫어해. 푹 빠지니까. 저 길로 갔어." 그는 400미터 정도 떨어진 참나무숲을 가리켰다.

"사슴은 참나무를 좋아해. 참나무는 마른 땅에서 자라잖아. 사슴은 참나무 밑을 긁어서 도토리를 찾아내지. 도토리를 좋아한다."

그렇게 해서 우리는 사슴을 발견했다. 숫사슴은 도토리를 앞발로 긁으며 주위를 돌아다녔는데, 발자국이 여기저기 흐트러져 있어서 어디로 가버렸는지 알 수 없었다. 우리가 머뭇거리고 있을 때 저 멀리 북쪽에서 푸른어치 한 마리가 '제

주위를 살피는 수사슴

제' 하고 울어댔다. 그러자 채스카가 말했다.

"저쪽에 사슴이 있다. '사슴 사슴' 하고 울잖아."

푸른어치가 알려준 덕분에 우리는 몇 킬로미터를 더 돌아가지 않고도 바로 사슴이 있는 곳까지 갈 수 있었다.

채스카는 사슴의 배설물 하나만 보고도 사슴이 우리보다 얼마나 앞서 있는지 금방 알 수 있었다. 보통 사슴은 한 시간에 한 번씩 배설을 한다. 이렇게 매섭게 추운 날씨엔 한 시간도 안 되어 배설물이 꽁꽁 얼어버리기 때문에 사슴이 1.5킬로미터 정도 앞에 있다는 것을 알 수 있다. 배설물이 차갑기만 하고 아직 얼지 않았다면 사슴이 400미터 앞에 있다는 얘기다. 배설물이 아직도 따뜻할 땐 채스카가 나지막이 소리쳤다.

"조심해. 가까이 있어."

한 번은 덤불이 우거진 관목숲으로 사슴을 쫓아갔다. 배설물이 아직 따뜻했는데도 사슴은 없었다. 채스카가 말했다. "누워 있다." 근처의 그루터기에 올라 채스카가 휘파람을 불자 40미터 정도 앞에서 숫사슴이 뛰쳐나왔다. 사슴은 완전히 일어서서 휘파람소리의 의미를 파악하려고 눈과 귀를 모으고 있었다. 그러나 사슴은 먼 곳만 바라볼 뿐이었다. 그래서 채스카는 또 한 마리의 사슴을 손에 넣었다. 채스카는 항상 바람을 세심하게 관찰했다. 나는 채스카가 손가락을 입에 넣었다가 똑바로 세우는 백인의 방식을 쓰는 것은 한번도 보지 못했다. 이런 방법을 쓰면 당연히 바람이 불어오는 쪽 손가락이 차가움을 느끼게 되지만, 이런 추위 속에서는 자칫 젖은 손가락이 동상을 입을 수 있었다. 채스카는 바람을 측정할 때 언제나 마른 잎 한줌을 머리 위에 올려놓았다. 그는 마른 풀들을 가방에 넣어 가지고 다녔는데, 눈이 와서 풀 한 포기 찾아볼 수 없을 때를 대비해서다. 마른 풀들을 이용하면 바람의 방향뿐만 아니라 바람의 세기까지도 측정할 수 있었다. 나는 어떤 사냥꾼들이 바람을 측정하기 위해 새의 깃털을 가지고 다닌다는 얘기를 들은 적이 있다.

채스카에게는 무척 재미있는 버릇이 있었다. 다음에 어떤 행동을 해야 할지 모르면 그는 자리에 앉아서 허리에 찬 가방에서 파이프와 말린 월귤나무 잎을 꺼내 천천히 파이프에 올려놓고 불을 붙였다. 이렇게 15분쯤 있다가 그 다음 무엇을 할지 결정하고 다시 사냥을 시작했다.

어느 날 채스카와 내가 '대머리 늙은이'의 꼭대기에 서 있었는데, 그가 북쪽을 가리키며 휙 쓸어버리는 동작을 크게 하면서 말했다. "옛날에 들소가, 들소가 산더미 같았지. 옛날 일이다."

11월 막바지가 되자 채스카와 두 명의 인디언은 야영지 옆 나무에 두 마리 사슴을 걸어 놓았다. 이미 한두 마리는 처분한 뒤였다. 그 당시 우리는 무척 곤란한 처지에 빠지게 되었다. 키가 크고 무시무시한 인상의 수족 인디언 여섯 명이 물물교환 장소로 찾아왔는데, 카베리 숲에서 야영을 하면서 사냥을 하기 위해 터틀 마운틴에서부터 온 것이었다. 우리에겐 반갑지 않은 손님이었다. 이 숲엔 사냥감이 넉넉지 않았다. 이 지역에 사는 인디언들도 근근이 사냥해서 생활해나갈 정도였다. 수족은 호전적인 부족으로 악명 높았고, 크리족에겐 인정사정 없는 적이었다. 그래서 수족이 몰려온 다음날, 채스카가 "우리 떠난다"고 말했을 때 난 그다지 놀라지 않았다.

"어디로 가나?"

"무스 마운틴. 거긴 사슴 더 많아. 여긴 수족이 너무 많고."

"저것들은 어떻게 할 건가?" 나는 나무에 걸어 놓은 두 마리의 죽은 사슴을 가리키며 물었다.

"브랜던으로 가져간다."

"어떻게 가져 가려구?"

브랜던은 48킬로미터나 떨어져 있었기에 나는 썰매를 미심쩍게 쳐다보며 물었다. 그는 고개를 저었다. 그는 시대에 뒤진 사람이 아니었다. 그는 철도를 가리키며 "칙칙 폭폭"이라고 간단히 말했다. 그는 진짜로 그의 사슴 두 마리를 '급행열차'에 실어서 브랜던에 있는 허드슨 만 회사로 보냈고, 사슴 판 돈 15달러로 무스 마운틴으로 가는 데 필요한 물건들을 넉넉하게 샀다.

그 해 채스카를 마지막으로 본 것은 카베리의 우체국에서였다. 내 오랜 친구인 해리 펄리와 길버트 박사도 같이 있었다. 두 친구 모두 채스카가 상냥하고 선한 인상에다 인물도 훤한, 흔히 볼 수 없는 훌륭한 인디언이라고 했다. 채스카는 당당하고 기품 있는 인디언의 전형이라 해도 손색이 없었다. 내게 큰 의미가 있는 아름다운 호수에다 채스카의 이름을 붙여주었을 때 나는 얼마나 기뻤는지 모른다. 그러나 그 뒤 채스카와의 만남 대신에 수족과의 충돌이 찾아왔다.

오후가 되자 다른 사람들은 집으로 돌아가고, 나는 끝까지 해볼 각오로 홀로 남아 어두워질 무렵까지 사냥을 하다 집으로 돌아왔다.

그 다음날은 하루 종일 혼자서 돌아다녔고, 세 번째 날은 끈기 하나는 끝내주는 친구 짐 더프와 함께 사냥을 나갔다. 그러나 아무것도 발견하지 못한 채 나는 두 발에 가벼운 동상을 입었다.

12일째 되는 날 나는 아직 완쾌되지 않은 발로 혼자 집을 나섰다. 세 마리의 사슴을 발견하고 20킬로미터 가까이 추격했지만 헛수고였다.

다음날은 형과 함께 마차를 타고 전날 사슴을 쫓다가 만 장소까지 갔다. 두 시간 가량 쫓아다니다가 우리는 두 마리 사슴을 보았는데, 6킬로미터 가까이 추격했지만 결국은 잡지 못하고, 저녁을 먹기 위해 야영지로 돌아갔다. 넌더리가 난 형은 잠시 쉬었다가 마차를 타고 집으로 돌아갔고, 나는 촉각을 곤두세운 채 다시 추적에 나섰다.

오후 늦게 뭔가 봉긋 솟아 있는 것을 자세히 들여다보니 덤불 저쪽에 사슴 한 마리가 누워 있는 것이었다. 나는 아주 작은 소리도 들을 수 있는 사슴의 귀가 모든 의심을 쫓아버릴 때까지 꼼짝 않고 지켜보았다. 좀더 가까이 다가가려고 했지만 실패하고 말았다. 사슴까지의 거리가 150미터 정도는 될 거라고 생각하고 총을 잡았는데, 이럴 수가! 총을 잡은 손이 사시나무 떨 듯 떨리고 있었다. 나는 총을 내려놓고 신음하듯이 내뱉었다. "소용없어." 몇 분 있다가 손이 정상으로 돌아오자 나는 다시 사슴을 겨냥했다. 사슴은 폴짝 뛰어오르더니 주위를 둘러보았다. 나는 연달아서 총을 쐈다. 네 번째 총알이 날아갔을 때 사슴이 뛰어 달아나기 시작했다. 첫 번째 총알은 위로 날아갔고, 두 번째는 사슴이 누워있던 자리 한가운데를 맞췄다. 세 번째와 네 번째 총알도 목표물을 빗나갔다. 두 번째와 첫 번째 사격의 순서가 뒤바뀌었더라면 지금쯤 사슴은 내 차지가 되었을 텐데. 그러나 사슴은 경쾌하게 뛰어오르며 달아나 버렸다. 나는 15킬로미터 정도 사슴을 추격하다가 언덕을 올라갈 때 튀어나온 나무 뿌리에 걸려 무릎을 심하게 다치기까지 했다. 50킬로미터 가까운 거리를 걸어서 완전히 녹초가 된 채 집에 도착한 것은 한밤중이었다.

열나흘째 되는 날은 짐 더프와 함께 전날 추격을 멈추었던 곳으로 다시 찾아갔다. 그곳은 들어가는 길과 나오는 길이 다른 모퉁이 길이었다. 내가 짐에게 말했다. "기다렸다가 내가 서쪽으로 가면 길을 막고 놈을 내 쪽으로 몰아."

약속한 지점에 가보니 사슴이 방금 지나간 흔적과 그 뒤를 쫓아간 짐의 발자국이 있었다. 그가 너무 서두른 것에 화가 난 나는 짐의 별명을 소리쳐 불렀다. 그리고 생각했다. "그래, 바보 같은 짓으로 일을 망치겠다면 마음대로 하라구. 난 여기 있을 테니까." 나는 야영하기에 좋은 따뜻한 장소를 찾아내고는 짊어진 솥과 식량을 내려놓고 나서 모닥불 옆에 누워 온종일 빈둥거렸다.

저녁에 잠시 주위를 돌아다니다가 나처럼 어슬렁거리고 있는 짐을 만났다. 짐은 자기 앞에 사람 발자국이 나 있는 걸 보고 내 발자국일 거라고 짐작하고는 "그래, 그런 식으로 나가겠단 말이지. 그럼 나도 쫓아갈 필요 없겠군." 하고 결론지

었단다. 그리고 나와 똑같이 야영지를 찾아서 모닥불을 피우고는 하루 종일 빈둥거리며 누워 있었다고 했다. 내가 있는 언덕에서 불과 200미터도 떨어지지 않은 곳에서 말이다.

내가 그때까지 이동한 거리는 통틀어 420킬로미터였고(그 중 340킬로미터는 걸어서), 14일 동안 집을 나가 있으면서 모두 열두 발의 총알을 쏘았다. 두 발은 동상을 입었고, 무릎은 다치고, 몸무게도 줄었다. 그런데 아직까지도 사슴은 잡지 못했으니!

무릎의 상처는 갈수록 심해져서 일주일 동안은 꼼짝 않고 누워 있어야 했다. 누워 있으려니 다음 번에 나갈 때는 사슴을 꼭 잡고야 말겠다는 결심이 더 굳어졌다. 나는 나무로 사슴을 만들어 문에서 250미터 정도 거리에 설치했다. 그 과녁을 겨냥해서 사격연습을 한 결과 다섯 번 중 세 번은 맞힐 수 있게 되었다. 그리고는 예전처럼 다시 마음대로 돌아다닐 수 있게 되기만을 간절히 빌었다 그러나 무릎은 여전히 말할 수 없이 고통스러웠다. 마치 날개가 부러진 매의 심정이었다. 하지만 절뚝거리는 다리로 무리해서 돌아다니는 것이 얼마나 위험한 일인지 알기 때문에 일주일 내내 집에만 틀어 박혀 있었다. 처음으로 나는 사슴을 잡아오겠다고 호언장담했던 것을 후회했고, 자신감도 없어졌다. 가만히 누워 있는 것은 내 성미에 맞지 않았다. 내가 좋아하고 남보다 자신 있는 유일한 운동은 빨리 걷는 것이었고, 나보다 걸음이 빠른 사람을 보지 못했다. 나와 사냥을 함께 다녔던 짐도 걸음이 무척 빨랐지만, 가끔은 그가 나를 따라 잡을 때까지 한참이나 기다려줘야 했다.

마침내 무릎이 완전히 회복되어 내가 다시 사냥길에 나서자 친구들은 이 '희망에 들떠 있는 청년'을 쳐다보며 조롱 섞인 웃음을 보냈다. 이번이 열다섯 번째 시도였다.

언덕에 이르자 짐이 다른 세 사람과 함께 와 있어서 우리 일행은 모두 다섯 명으로 늘어났다. 우리는 한 줄로 서서 숲으로 출발했다. 금방이라도 손만 대면 자고나 산토끼들은 수두룩하게 잡을 수도 있었지만, 나는 총을 단단히 맨 채 그런

동물들에게는 신경도 쓰지 않았다.

5킬로미터 정도 갔을 때 선명한 사슴 발자국을 발견했다. 늦은 오후였지만, 어두워질 때까지 발자국을 따라다녔다.

우리가 걸어가지 않아도 되게끔 고든 라이트가 썰매를 가지고 와서 집까지 데려다준다고 약속했기 때문에 시간이 되자 나를 제외한 다른 사람들은 모두 약속 장소에 모였다. 그들은 '그 자식'은 아마 발자국을 쫓아서 30킬로미터 더 멀리까지 가 있을 것이기 때문에 기다릴 필요 없다고 의견일치를 보고는 나만 남겨둔 채 썰매를 타고 돌아가 버렸다.

케네디 평원을 지날 때 핏빛의 붉은 태양이 지고 있었다. 흰 눈은 진홍색으로 물들고, 황금빛 달이 동쪽에서부터 패랭이꽃 사이로 떠오르고 있었다. 하늘 끝까지 닿을 듯 쭉 뻗은 포플러나무들은 대리석 같은 기둥으로 무성한 가지들이 엉켜 있는 넓은 보랏빛 지붕을 받쳐주고 있었다. 그 나무들은 정착민들의 도끼가 닿지 않아 완벽한 아름다움을 간직하고 있었다. 나는 온타리오로 돌아가는 것을 늦추고 오래도록 이곳에서 머물고 싶었다.

길은 울창한 숲 사이로 4킬로미터나 이어져 있었다. 숲을 거의 지나왔을 때 친구들이 큰소리로 부르는 소리를 들은 것 같았다. 한밤중이어서 더욱 의외였다. 내가 소리치자 숲에 메아리가 울려퍼지고 다시 화답하는 소리가 들려왔다. 청승맞은 긴 울음소리가 연이어 울려 퍼졌다.

"늑대다!" 나는 늑대의 긴 울음소리를 그대로 따라 했다. 그들의 울음소리는 한 곳에 모이라는 신호 같았다. 의심할 여지없이 사냥할 기회가 다가온 것이다. 늑대들이 내 울음소리에 대답하면서 점점 더 가까이 다가오고 있는 걸 느낄 수 있었다. "흠, 날 사냥하려고?" 나는 거의 숲의 끝에 와 있었다. 늑대들의 울음소리가 내 발자국을 따라 점점 가까이 다가오자, 나는 뒤돌아서서 꼼짝 않고 기다리면서 생각했다. "좋아. 윈체스터 소총으로 무장한 건장한 남자를 공격하겠다 이기지? 올 테면 와봐라!" 늑대들이 서서히 다가왔다. 불과 15미터 떨어진 나무 끝에서 놈들의 울음소리가 들려왔다. 그놈들은 분명히 나를 본 것 같았다. 한두

서서히 다가오는 늑대들

마리만이 낮게 그르렁거리고, 나머지 늑대들은 조용했다. 그러나 그 다음엔 더 이상 아무 소리도 들려오지 않았다. 잠시 뒤 나는 뒤돌아서 가던 길을 계속 갔다. 사흘 뒤 다시 그 장소를 지나다가 늑대들의 발자국을 보았다. 그때 그 자리에 있었던 늑대들은 겨우 세 마리뿐이었다.

다음날 나는 여느 때처럼 혼자 40킬로미터를 걸어다녔다. 17일째 되는 날은 새로운 길로 가보았는데, 가문비나무와 아메리카낙엽송들이 있는 습지대였다. 가는 길에 총으로 산토끼 한 마리와 자고 세 마리를 잡았다. 머지않아 내 목표가 반드시 실현될 거라는 강한 확신이 들었다. 습지에 도착했을 때 네 마리의 무스 발자국을 발견했지만, 그놈들을 추적하기에는 너무 때가 늦어서 그냥 되돌아왔다.

눈 위의 발자국에는 나를 사로잡는 커다란 매력이 있었다. 감출래야 감출 수 없는 그 발자국들을 통해 얼마나 많은 이야기들을 읽고 배웠는지! 그 발자국들의 저편에 그 발자국의 주인이 있고, 그놈을 잡는 것은 시간 문제라는 생각은 날 미치게 만들었다. 그 모든 움직임의 기록은 너무도 완벽해서 사람을 묘하게 감동시켰다.

시간이 흐르는데도 사슴은 아직 잡히지 않고 있었다. 내 맹세를 지키지 못한 채 겨울이 끝나버릴지도 모른다는 초조감이 엄습했다. 그래서 나는 매일 저녁마다 집에 돌아오는 시간을 허비하지 않기로 결심했다. 나는 썰매에다 사흘치 식량을 싣고 고든 라이트와 함께 숲으로 들어갔다. 가는 도중에 짐도 합류했다.

우리는 두 시간을 달려 모래 언덕에 도착했다. 그곳엔 가문비나무가 많아서 야영지로 적합했다. 숲 가운데 자리를 잡고 주변을 정리하고 나뭇가지로 바람막이를 만들었다. 고든은 먼저 돌아갔다.

우리는 저녁 식사를 마치고 이틀 전 새로 난 무스 발자국을 보았던 곳으로 가보았다. 그리고 그 발자국을 따라갔다. 약 3킬로미터의 거리를 지루하게 쫓아가 보니 그 발자국들은 울창한 포플러나무 숲으로 이어져 있었다. 그곳은 무스들이 누워서 밤을 보낸 곳이었다. 발자국은 점점 더 뚜렷해졌다. 그러나 녀석들이 발

아름다운 수사슴

자국들을 마구 흐트러놓아 어떤 것이 더 최근의 것인지 구별할 수 없었다. 1미터도 안 되는 짧은 거리에서 발자국들을 가려내느라 세 시간을 허비한 다음에야 우리가 이곳에서 너무 오래 있었고, 서로 휘파람으로 신호를 주고받으며 소란을 피웠기 때문에 녀석들이 더이상 이곳에 머물지 않을 것이라는 생각이 들었다. 가장 좋은 계획은 숲 전체를 한 바퀴 돌며 녀석들이 지나간 발자국을 찾아내는 것이었다.

그 거리는 족히 3킬로미터 정도 되었는데 어두워지는 바람에 포기해야 했다. 우리는 세 방향으로 돌아다녀 봤지만 발자국을 발견하지 못한 채 야영지로 돌아왔다.

19일 째 되는 날, 한숨 잘 자고 나서 한밤중에 깨어나 보니 불편한 잠자리에 익숙하지 않은 짐이 뒤척이다가 일어나 불을 피우고는 날이 밝기를 기다리고 있었다. 우리는 날도 밝아오고 해서 여유 있게 아침을 먹었다.

발자국을 알아볼 수 있을 정도로 날이 밝자마자 우리는 길을 나섰다. 30분도 안 되어 관목숲에서 무스가 왔다간 흔적을 발견하고는 뒤쫓아갔다. 때로는 늪을 지나기도 하며 한참을 걸었다. 검은꼬리사슴과 달리 무스는 늪을 두려워하지 않았다. 하지만 놈들은 깊지만 안전하게 얼어붙은 버드나무 늪과 겉보기에는 얕아 보일지라도 풀이 무성하고 몹시 위험한 자작나무 늪을 분명하게 구별할 수 있었다.

발자국이 점점 더 뚜렷해졌다. 우리는 눈 밟는 소리가 나지 않도록 점점 더 조심스럽게 발자국 위를 밟으며 앞으로 나아갔다. 사냥감이 가까이 있다는 느낌이 들었다. 푸른어치의 구슬픈 울음소리가 어떤 예언처럼 내 조바심치는 귀에 와 닿았다. 짐을 힐끗 쳐다보았지만, 그는 상황을 이해하지 못한 듯했다. 그때 우리 앞에 있는 잔가지가 뚝 부러졌다. 긴장감이 더욱더 나를 조여왔다. 우리는 살얼음을 걷듯 꼬불꼬불 이어진 발자국을 따라 사슴이 풀을 뜯어먹던 곳까지 기어갔다.

그러나 맙소사! 우리는 치명적인 실수를 저지르고 말았다. 지금까지 우리는 그런 대로 노련한 사냥꾼들처럼 잘 해왔다. 그러나 그때 우리와 녀석들과의 거리는 불과 200미터밖에 안 되었고 바람도 없었기 때문에 우리는 서로 떨어졌어야 했다. 한 사람은 오른쪽으로, 또 한 사람은 왼쪽으로 갈라졌어야 했던 것이다. 무스는 오던 길을 되돌아가지 않기 때문에 우리는 세 방향에서 에워쌀 수 있었을 것이고, 그러면 녀석들을 가장 잘 바라볼 수 있는 곳에 자리 잡을 수 있었을 것이다. 그러나 우리는 전과 똑같이 곧장 나아갔다.

그때 불길하게도 나뭇가지 하나가 뚝 부러졌다. 무언가 움직이는 소리가 난 것도 같았다. 10분쯤 더 기어가보니 이것은 사실이었다. 거기엔 세 마리의 큰 무스가 아무리 재빠르고 지치지 않는 사냥개라 할지라도 따라잡지 못할 만큼, 늑대도 저리 가라 할 정도로 전속력으로 달려 도망간 흔적이 선명하게 남아 있었다.

이제는 조심성이고 뭐고 다 팽개쳤지만 기대를 저버리지 않은 채 우리는 무스 발자국을 신속히 추적하기 시작했다. 지금까지는 발자국을 밟으며 왔었는데, 이제는 두 발자국 사이가 너무 멀어 두 배는 빨리 뛰어야 했다. 우리는 잠시 동안 망설였다. 그때 저 앞에서 어렴풋이 '탕 탕' 두 발의 총소리가 들려왔다. 우리는 멈춰 서서 허탈하게 서로 얼굴만 쳐다보았다. 무스를 몰아서 다른 사냥꾼의 밥으로 넘겨주었다는 생각이 들자 어처구니가 없었다. 인디언들이 주로 사용하는, 총신이 두 개 있는 활강총에서 나는 묵직한 두 발의 총소리로 미루어 사냥꾼들은 아무래도 인디언 같았다. 백인들은 주로 한 번에 여러 번 쏠 수 있는 연발총을 갖고 다녔다.

우리는 낙담하면서도 우리의 짐작이 사실이 아니길 바라며 그곳에 가보았다. 그런데 문득 또 다른 생각이 떠올랐다. 무스가 총소리에 놀라 왔던 길을 되돌아온다면 아직도 기회는 남아 있는 것이다. 짐도 같은 생각이었다. 우리는 더 촉각을 곤두세우며 앞으로 나아갔다. 2분도 채 지나지 않았을 때 200미터 전방의 탁 트인 공간에서 덤불을 헤치고 우리 쪽으로 맹렬히 달려오는 붉은 짐승이 보였다. 나는 총알처럼 재빨리 눈 속으로 뛰어들었다. 짐은 아무것도 보지 못했지만 나를 따라 몸을 숨겼다. 마치 육상선수가 코너를 돌 때처럼 붉은 털을 휘날리며 나무를 돌아오는 녀석의 몸은 휘청거렸다. 머리를 세우고, 뿔은 젖혀지고, 털들은 곤두선 채 마치 전속력으로 달리는 것만이 자신의 안전을 지켜줄 수 있다는 듯 녀석은 어마어마한 야수의 힘을 뿜어내며 우리를 향해 돌진해오고 있었다.

무스의 발자국이 찍힌 눈 위를 기어가는 동안 나무들을 헤치고 우리를 향해 달려오는 이 갈기 달린 괴물을 잡을 수천 가지 방법들이 뇌리를 스치고 지나갔다. 녀석이 나를 죽일지도 모른다는 두려움이 엄습해 왔지만, 나는 쥐 죽은 듯이 엎드려서 때가 오기만을 기다렸다. 녀석과의 거리가 불과 20미터 정도 되었을 때 나는 박차고 일어나 소리쳤다.

"짐, 지금이야!"

"탕, 탕!" 총알이 날아갔다.

그러자 녀석은 돌아서더니 괴성을 지르며 다시 숲 속으로 돌진해 들어갔다. 전에 저질렀던 실수와 어찌나 똑같던지 내 마음은 무너져 내릴 것 같았다. 그런데 이상하게도 녀석이 80미터 앞에서 죽은 듯이 멈춰서 있는 것이었다. 그때 등 뒤에서 짐이 간절하게 애원하는 소리가 들렸다. "시튼! 제발 이번만은 실수하지 말게나."

나는 녀석의 어깨를 겨냥하고 총을 발사했다. 녀석이 앞서 보여줬던 맹렬한 기세로 다시 도망가기 시작하자 나는 녀석의 뒤에 대고 세 번째 총알을 날렸다.

희망과 두려움이 뒤엉킨 감정을 억누르며 우리는 녀석의 발자국을 넘어갔다. 그리고 그곳엔…… 이렇게 기쁠 수가! 발자국 발자국마다 핏방울이 줄줄이 떨어져 있었다. 우리는 승리의 감격과 희망으로 몸을 떨었다.

"짐, 이건 우리 무스야. 브랜던까지 따라가서라도 기필코 잡고야 말겠어."

"그렇게 멀진 않을 거야." 짐이 선홍빛 핏자국을 가리키며 말했다. 우리는 줄줄이 이어지는 핏자국을 만족스럽게 쳐다보며, 굶주린 늑대처럼 추격을 계속했다.

나는 무스가 치명적인 상처를 입고서도 어마어마한 거리를 갈 수 있다는 이야기를 읽은 적이 있어서 적어도 15킬로미터 정도는 달릴 예상을 했었다. 그런데 놀랍게도 400미터도 채 못가서 짐이 소리쳤다.

"여기 있다!"

무스가 풀밭에 누운 황소처럼 무릎을 포개고 누워 있었다. 가까이 다가가자 녀석은 쓸쓸히 고개를 돌려 뒤를 쳐다보았다.

"피를 더 흘려야 돼." 짐이 말했다.

"주의를 딴 데로 돌려봐. 내가 잽싸게 놈에게 접근할 테니." 내가 말했다.

"글쎄, 한 방씩 더 쏴주자."

우리는 녀석에게 다시 한번 총을 쏘았다. 그러나 녀석은 여전히 멀쩡해 보였다. "머리를 한번 살펴보자구"

우리는 안전 거리를 유지하면서 돌아가 보았다. 짐이 막 사격을 하려는 순간 녀석의 머리가 축 늘어지더니 몸이 땅에 널부러졌다. 나는 녀석의 머릿속에다 총알을 박아넣었다. 녀석은 사지를 쭉 뻗은 채 온몸을 부르르 떨더니 땅에 축 처져버렸다. 드디어 죽은 것이다.

짐은 녀석의 피를 뽑았다. 우리는 승리의 기쁨에 도취되어 잠시 동안 이 장대한 짐승을 바라보았다.

그러나 무스는 아직 완전히 우리의 소유가 아니었다. 인디언들이 녀석을 추격중이었기 때문에 아직 안심하기엔 일렀다. 우리는 무스를 처음 발견했던 장소로 되돌아가서 녀석이 총을 맞은 자리에 핏자국이 남아 있지 않은 것을 확인하고 나서야 안도의 한숨을 내쉬었다. "자, 이제 누가 카베리에 가서 사람들을 데려올지, 누가 남아서 무스를 지킬 건지 결정하자." 내가 말했다

"아냐, 내가 카베리에 갈게. 네가 나보다는 인디언들을 더 잘 상대하잖아. 인디언들이 와서 사슴을 내놓으라고 협박이라도 하면 어쩌라구."

내 걸음이 더 빠르고 이곳 지리를 더 잘 꿰고 있기 때문에 내가 사람들을 데리러 가는 게 더 나았지만, 짐이 하도 우기는 바람에 내가 남아서 녀석을 지키기로 했다. 그때는 오전 11시쯤이었다. 잠시 동안 나는 그 훌륭한 동물을 관찰하며 기쁨을 만끽했다. 양팔을 쭉 뻗어 재보니 사슴은 어깨까지의 키가 187센티미터이

고, 여기에 머리부분의 길이까지 합한다면 15센티미터는 더 컸다. 몸무게는 어림잡아 360킬로그램은 되어 보였다.

얼마 후 나는 녀석이 지나온 길을 조사해 보고, 가능하다면 총을 맞고서 어떻게 했는지도 알아보려고 녀석의 발자국을 따라 거슬러 올라갔다. 왜냐하면 내 총알은 하나도 과녁을 빗나가지 않았기 때문이다. 조금 더 갔을 때 숲 속에서 뭔가 움직이는 물체가 보였다. 한 인디언이 이쪽으로 뛰어오고 있었다. 나는 즉시 돌아서서 내 무스가 있는 곳으로 달려갔다. 그러나 그 인디언은 나를 따돌리고 먼저 그곳에 도착했다.

그가 퉁명스러운 목소리로 인사하자 나도 맞받아서 인사했다. 그가 아는 영어 단어도 별로 없었고, 내가 아는 인디언 말은 더 적어서 우리의 대화는 주로 몸짓으로 진행되었다. "무스" 하고 인디언이 말했다. 나도 "물론이지"라는 뜻을 목소리에 담아 퉁명스럽게 말했다. 무스 바로 앞에까지 다가가 그는 다시 "무스" 하고 말했다. 그리고 그걸 가져가겠다는 듯이 자기 자신과 총을 가리켰다.

나는 그를 떠밀면서 그의 주장이 터무니없다는 것을 알렸다. 그는 잠시 동안 나를 쳐다보더니 두 번 총을 쏘는 몸짓을 했다. 그는 내 총에 비해 훨씬 큰 총상 자국을 가리켰다. 그러나 나는 나무 그루터기에 세워 놓은 짐의 총을 가리키며 그 주장을 반박했다.

인디언이 죽은 무스 쪽으로 다가가려 하자 나는 총의 안전장치를 풀고 그를 가로막았다. 그러자 그는 손을 쳐들고 큰 소리로 외쳤다. "니키 시키."(안돼. 당신은 아주 나쁜 사람이야)

나는 폭력을 쓰고 싶지는 않았지만, 어떤 대가를 치르더라도 무스를 사수하겠다는 의지를 그에게 보여주었다. 그러자 그는 태도를 바꾸어 "나누자"라는 몸짓을 했다. 나는 단호하게 "와흐! 카와인!"이라고 대답했다. "절대로 안 돼"라는 뜻이었다. 나는 머리에다 손을 세 번 갖다 대고, 무스를 가리키며 그간의 고통스러웠던 과정을 허공에 대고 설명했다. 그 동작은 총을 두드리고, 손뼉을 다섯 번 치는 것이었는데, 영어로 말하면 "난 사흘 동안이나 야영하면서 이 녀석을 쫓았다. 총을 다섯 발 쏴서 녀석을 죽였으니 이놈은 이제 내 것이다. 그러니 넌 꺼지는 게 좋을 거야"라는 뜻이었다. 이 말에 인디언은 허리를 쭉 펴서 자신의 큰 키와 덩치를 내보이면서(그는 나보다 15센티미터는 더 컸다) 자기는 수족인데 야영지에는 자기 동료 네 명이 더 있으며 그들이 곧 몰려 올 거라고 했다. 그리고는 태도를 싹 바꿔 위협하는 듯한 사나운 표정으로 성큼성큼 걸어서 동료들을 부르러 갔다.

나는 우리편이 빨리 오기만을 걱정스럽게 기다리면서 어떤 일이 있어도, 인디언들이 와서 무력으로 무스를 빼앗아가려 해도, 꼭 지키겠다고 벼르고 있었다. 나는 다섯 시간 동안이나 무스를 잘 관찰할 수 있는 곳에 숨어서 서성거리며 사슴을 지켰다.

그때 갑자기 총소리가 들리고, 도끼 부딪히는 소리와 개 짖는 소리도 났다. 잠시 뒤 짐이 고든 라이트와 다른 두 명의 사람을 더 데리고 썰매를 타고 나타났다. 우리는 승리감에 들뜬 채 썰매에 올라탔다. 일곱 시쯤 카베리에 도착해 보니 우리의 승리 소식이 이미 쫙 퍼져 있었다. 그날 밤 열 명도 넘는 이웃사람들이 고든의 집에 찾아와서는 무스를 구경하며 우리를 축하해 주었다. 인디언이 무스를 뺏으려 했다는 말을 듣자 몇몇 사람이 왜 그를 쏴버리지 않았느냐고 물었다. "인디언 하나 쏴버리는 건 일도 아니지" 하면서. 내가 그 말에 동의하지 않는다는 건 말할 필요도 없었지만, 나는 이렇게 말했다. "매니토바에 있는 모든 무스를 다 준다 해도 양심에 맹세코 그런 짓은 하지 않겠어."

열아흐레 동안 고통스럽게 눈 속을 헤치며 480킬로미터를 걸어다닌 끝에 나는 사슴을 잡고야 말겠다는 약속을 지켰고, 아메리카대륙의 숲속을 돌아다니는 거대한 짐승을 죽였다. 그러나 한편으로는 한순간의 승리감을 위해 희생당한, 한갓 고깃덩어리로 변해버릴 그 훌륭한 동물을 바라보고 있자니 또 다른 느낌을 지울 수 없었다. 그건 양심의 가책이었다. 나는 그 자리에서 이 세상에서 일찌감치 없애버려야 할 동물이 아니라면 다시는 그 어떤 동물도 사냥하지 않겠다고 맹세했다. 그리고 그 뒤로 그 맹세를 지켰다. 「샌드힐의 수사슴」이라는 내 이야기를 읽은 사람들은 그 이야기 안에서 그보다 먼저 쓴 이 '무스 사냥'에 관한 이야기를 읽을 수 있을 것이다.

일주일 뒤 내가 친구들과 함께 카베리 우체국에 있을 때 한 무리의 수족 인디언들이 들어왔다. 그 중에는 숲에서 만났던 덩치 큰 사냥꾼도 있었다.
   나는 길버트 박사에게 이런 말을 했다. "저 키 큰 인디언이 우리 무스를 차지하려던 사람이야." 길버트 박사는 그 인디언을 부르더니 말했다. "혹시 저 사람 아시겠소?" 그 인디언은 씩 웃으며 내게로 걸어오더니 내 등을 툭툭 치며 퉁명스럽게 말했다. "좋은 친구, 좋은 친구." 그런 다음 우리는 악수를 했다. 몇 년이 지난 뒤 나는 그 인디언의 영어식 이름이 존 헌터이고, 내 오랜 친구인 수족 인디언 찰스 이스트먼의 삼촌이라는 걸 알게 되었다.

5부 대평원에서 파리까지

다시 런던으로

1885년 1월 31일, 토론토에 도착해서 아버지의 집인 하워드 가 86번지에 머물렀다. 우선 짐을 정리하고 출판을 준비중인 『매니토바의 새들』 원고를 손보았다. 한 달이면 끝낼 수 있을 것 같았다.

나는 책상에 코를 박고 붙어 앉아서, 하루에 열두 시간에서 열여덟 시간씩 원고를 다듬는 데 온힘을 기울였다. 그러나 하면 할수록 일은 늘어만 갔다. 한 달 안에 마무리짓는다는 애초의 계획과는 달리 끝날 일은 막막한 채로 8월이 왔다.

그러는 동안 집에서는 독립해 나가라고 계속 압력을 넣었다. 씁쓸한 마음으로 일은 뒷전으로 미루고, 9월 16일 치코라 증기선을 타고 로체스터로 갔다가 거기에서 다시 기차로 갈아탔다. 뉴욕에 도착하니 1885년 9월 17일 11시였다.

가장 급한 일은 내가 가진 몇 푼 안 되는 돈으로 묵을 수 있는 적당한 숙소를 찾는 일이었다. 오랜 경험으로 보면, 상업지역 옆에는 가난한 주택가가 있게 마련이다. 부자들은 먼 교외지역에서 산다. 그래서 나는 5번가를 따라 이스트 9번가까지 갔다. 예상대로였다. 가난한 동네였지만, 빈민가는 아니었다.

그 당시에는 방을 세놓는 집주인들은 문설주에다 '방 있음'이라고 쓴 작고 하얀 종이를 붙여두었다. 곧 방을 얻는 계획에 착수했다. 나는 5번가에서 동쪽으로 두 구획을 돌아다니며, '방 있음' 표시가 있는 집을 일일이 방문했다. 그리고 공책에는 '안주인' '방' '방세'로 항목을 나눠놓고 꼼꼼히 둘러본 다음에 각 집의 등급을 A, B, C 세 가지로 매겼다.

그렇게 서른 집을 보았는데, A를 세 개 받은 집은 이스트 9번가의 51번지에 있는 한 군데 뿐이었다. 나는 작은 다락방을 얻고 2달러 50센트만 내는 대신에 식사는 직접 해먹기로 했다. 나는 전차로 여행가방을 가져오고 나서 2달러 50센트를 지불하고, 앤드류 센리 여인숙에 짐을 풀었다.

내 선택은 틀리지 않아 그곳 사람들도 모두 맘에 들었다. 일주일 뒤에 돈을 좀 벌자, 일주일에 6달러를 내고 식사까지 제공받기로 했다. 이제 뉴욕에 내 거처가 생긴 것이다. 밤이면 하숙집 식당에서 사람들과 어울리면서 내 나이 또래의 젊고 쾌활한 여점원들, 속기사들, 외판원들을 사귀었다. 모두들 외로움이나 향수병은 잊고 사는 사람들이었다.

그 사람들 중에는 헨리 M. 스틸이라는 젊은 사내도 있었다. 새로운 미래를 찾아 오스위고에서 온 지 얼마 안 된 사람이었는데, 고등학교도 졸업했고 속기와 타자에도 능숙했다. 그는 머리도 좋을 뿐 아니라 품성도 보기 드물게 훌륭한 사람이었다. 이때 시작된 우리의 우정은 평생 지속됐다. 그는 4년인가 5년 뒤 《스크라이브너스 매거진》의 미술담당자가 되어서 내가 꿈꾸었던 미술계의 권위자로 성공했다.

그러나 그것은 먼 훗날의 얘기다. 나는 겨우 다락방에 자리를 잡았을 뿐이었다. 뉴욕에는 친구라곤 한 명도 없고, 소개장도 없었고, 가진 거라곤 달랑 그림물감과 스케치북, 그리고 용기뿐이었다. 나는 다음날 일찍 센트럴 파크에 있다는 동물원을 찾아나섰다.

동물들이 갇혀 있는 여러 우리 중에서 하나를 골라 그 앞에 자리를 잡고, 그 안에 살고 있는 검은꼬리사슴을 정성을 다해 그렸다. 그리고 이 그림을 들고 당시 유력한 정기간행물이었던 《센추리 매거진》사를 찾아갔다. 미술팀장인 W. 루이스 프레이저가 아주 친절하게 맞아주었다. 그는 내 그림을 자세히 뜯어보며 말했다.

"이 동물에 대해 아는 바는 없지만, 힘이 넘치는 좋은 그림이군요. 함께 일할 거리가 있을 것 같아요."

그 일이 있은 뒤, 그는 나와 몇 차례 더 면담을 하고 나서 나에게 한 점당 1달러씩 주기로 하고 1000점의 그림을 주문했다. 로스웰 스미스가 설립한 이 회사에서 추진하는 또하나의 역작인 『센추리 백과사전』에 들어갈 그림들이었다.

그때 그린 검은꼬리사슴 그림은 그림에 걸맞은 적당한 제목이 붙여진 채 산타페의 시튼 미술관에 걸려 있다.

이렇게 나는 뉴욕에 입성했다. 모든 게 만족스러웠다. 하루만에 일주일 동안 생활하고도 남을 돈을 벌 수 있었다. 사치벽이 없으니 저축도 할 수 있었고 생활에 여유가 생겼다.

이 즈음에 나는 미국자연사박물관을 찾아갔는데, 그곳에서 J. A. 앨런 박사를 만나게 되었다. 11월 18일에는 미국조류학자협회가 이 박물관에서 연례 모임을 가졌는데, 나는 여기서 처음으로 쿠스, 리지웨이, 브루스터, 코리 등과 여러 저명한 학자들을 만났다.

그리고 1887년에는 역시 이 모임에서 당시 앨런 박사를 보조하던 프랭크 M. 채프먼을 처음 만났는데, 그는 나중에 미국자연사박물관의 조류 담당자가 되어, 뛰어난 조류학자로 이름을 날렸다. 우리는 서로 마음이 잘 맞아서 그 뒤 50여 년 동안 함께 일했다. 나는 영광스럽게도 그의 저서인 『아메리카 조류 안내서 Handbook to the birds of America』와 특히 그의 『새의 일생 Bird Life』에도 그림을 그렸다. 그는 조류학의 창시자이자 고문이었고, 반세기가 넘도록 이 분야에서 으뜸가는 인물 중 한 사람이었다. 우리는 수 차례 함께 탐조에 나섰고, 우리의 우정은 평생 이어졌다.

12월 1일에 나는 C. 하트 메리엄과 함께 지내기 위해 뉴욕을 떠나 워싱턴으로 갔다. 메리엄은 미국의 포유동물에 대한 책을 쓸 예정이었고, 나는 그 책에 들어갈 그림을 그릴 예정이었다. 나는 워싱턴에서 스미스소니언협회의 위대한 학자이자 노장 교수인 S. F. 베어드 교수를 알게 됐다. 그는 내 그림을 천천히 살펴보더니 원한다면 스미스소니언협회의 전속화가 자리를 알아보겠노라고 넌지시 말했다. 그러나 나는 고심 끝에 그냥 프리랜서로 남아 있기로 결정했다.

1886년에 나는 꾸준히 『센추리 백과사전』과 여러 잡지에 실릴 동물 그림을 그렸다. 그리고 「매니토바의 포유동물들」이란 15쪽 짜리 이야기를 발표했다.

그러나 서부의 유혹은 너무나 강렬했다. 그래서 1886년 10월 6일, 나는 오언 사운드에서 배를 타고, 포트아서와 슈피리어호를 향해 떠났다.

나는 그곳에서 거의 한 달을 보내면서 새와 들짐승의 표본을 수집하고, 인디언들을 만나 그들이 알고 있는 새와 동물의 목록도 만들었다. 그리고 카베리 근처에서 내가 오래 전에 살던 곳에도 잠깐 들렀다.

나는 10월 26일에 카베리에 도착했다. 그리고 내 오랜 친구인 고든 M. 라이트의 하숙집에 다른 하숙생들과 함께 머물렀다.

이제 나는 숲 속과 눈 속에서 지냈던 옛날로 되돌아갔다. 나는 낮은 산들을 오르내리며 사냥하고, 덫을 놓고, 새들과 네 발 짐승들을 수집했다. 젊은 날의 즐거움이 되살아났다.

그 해에는 유난히 토끼가 많았다. 눈신멧토끼는 수백만 마리까지 늘었다. 누구든 나가기만 하면, 한두 시간 만에 스무 마리에서 서른 마리의 토끼를 잡을 수 있었다. 사슴도 많았고, 들꿩도 흔했다. 그 당시의 새들과 짐승들에 대해서는 과학 이야기인 「숲과 시내 Forest and Stream」라는 글에 자세히 써 놓았다.

11월 23일, 나는 내 젊음에 마침표를 찍는 아픔을 겪었다. 내게는 너무도 슬프고도 슬픈 날이었다.

나는 이른 새벽, 영하의 날씨에 깊이 쌓인 눈을 자박자박 밟으며 혼자 언덕으로 갔다. 점심 때가 되자 늘 하던 대로 우묵하게 패인 은신처에서 불을 피우고, 차를 끓이고 베이컨 몇 조각을 요리했다. 가만히 웅크리고 있자니 몸에 열이 올랐다. 바람은 은신처에까지 사납게 휘몰아쳤다. 갑자기 날카로운 고통이 오른쪽 무릎을 뚫고 지나갔다. 잠시 뒤, 나는 주섬주섬 짐을 챙겨 일어나려고 했다. 무릎이 말을 듣지 않았다. 굽힐 수조차 없었다. 움직이려고 할 때마다 견딜 수 없이 아팠다.

나를 찾으러 올 사람은 아무도 없었다. 혼자서 어떻게든 집까지 걸어가야 했다. 그렇지 않으면 그 자리에서 죽을 것이다. 나는 다리를 절뚝이며 천천히 걸어갔다. 겨우 8킬로미터 떨어진 집까지 가는데 세 시간이나 걸렸다. 한걸음씩 옮길 때마다 온몸이 뒤틀리는 것처럼 고통스러웠다.

그 지방의 의사가 와서는 정확하진 않지만 단순한 근육통 같다며 미리 지어놓은 약을 주었다. 몇 년이 지나서야 진짜 전문가가 그게 급성 관절염이라고 말해 주었다.

그렇게 도보 여행은 완전히 끝나버렸다. 다시는 운동선수처럼 뛸 수 없었다. 그 뒤 20여 년 간 약해진 무릎의 고통은 약으로 죽였지만, 여행할 때마다 말이나 카누를 타고 다녀야만 했다.

1월에 다시 토론토의 부모님 집에 머물렀다. 돈 강과 토론토 습지에서 새의 표본을 약간 수집했다.

어머니는 나더러 뉴욕으로 돌아가지 말라고 했다. 토론토에서도 내 일을 할 수 있지 않느냐는 거였다.

그러자 조셉 형이 한 가지 제안을 했다. 형은 토론토 외곽에 있는 드넓은 야생지대를 구입해서 여름 휴양지로 개발할 생각이었는데, 나에게 거기 살면서 관리를 해달라는 것이었다. 야생의 동식물과 어우러지는 삶도 보장되고, 작은 오두막에 그림을 그릴 수 있는 화실도 마련할 수 있었다. 그렇게 해서 1887년 5월, 형은 포트 크레디트에서 1.5킬로미터쯤 떨어진 온타리오 호수 근처에 10만여 평의 농장을 샀다. 바로 옆에는 론 파크 휴양지가 있었다.

그 지역은 숲도 울창하고, 시냇물이나 늪, 낮은 산이 헤아릴 수 없이 많았다. 말할 필요도 없이 들짐승 천지였다. 여우, 너구리, 스컹크, 날다람쥐 같은 들짐승들이 허다했고, 무엇보다도 새의 천국이었다.

「스프링필드의 여우」「솜꼬리토끼 몰리」「너구리 대블스」「회색다람쥐 배너테일」「왜 아메리카쇠박새는 한 해에 한 번 특이한 행동을 할까?」「금빛개똥지빠귀의 노래」 등 정도의 차이는 있으나 많은 이야기의 기초가 된 동물 영웅들을 만난 곳도 바로 여기였다.

그러나 갈수록 이게 내 갈 길이 아니란 생각에 사로잡혔다. '동물 화가가 되고 싶다면, 여기서 발을 빼야 해. 완전히 손을 씻어야 한다고.'

형의 사업이 위기에 처하면서 새로운 기회도 찾아왔다. 우리 땅과 인접해 있는 론 파크 회사는 우리와 사이가 좋지 않을 뿐 아니라 큰 피해를 줬다. 조셉 형은 재정상태가 좋지 않아서 결국 손해를 보고 농장을 팔아야 할 처지가 되었다. 1889년이 끝날 무렵, 그 땅은 처분되었다. 나는 1890년 4월 21일, 우리의 휴양지에 마지막으로 들렀다. 경제적인 이익은 못 보았지만, 위에 언급한 이야기들의 소재를 얻는 등 여러 가지 값진 경험을 준 곳이었다.

나는 토론토에 부동산을 조금 갖고 있었는데, 이것을 1800달러에 처분했다. 그 중에서 450달러를 아버지가 내 양육비와 교육비로 요구한 돈을 갚는 데 썼다. 그런 다음 증기선 탑승권 한 장과 현금 1200달러를 들고 동쪽으로 떠나, 6월 11일에 영국 런던에 도착했다.

예술의 도시 파리

파리야말로 위대한 예술의 중심지라는 결론에 도달한 나는 8월에 파리로 출발해 23일에 도착했다. 그러나 여름 내내 닫혀 있는 화실들을 보며 실망을 금치 못하고는 어쩔 수 없이 영국으로 되돌아갔다. 영국에선 적어도 동물원의 동물들을 연구할 수 있었다.

나는 동물원에서 그림을 그려도 좋다는 허락을 받았다. 이 일은 마음에 들기도 했고, 돈벌이도 됐다. 보스턴의 한 회사로부터 너톨의 책 개정판에 실을 새 그림을 펜과 잉크만으로 그려달라는 주문도 받은 상태였다. 그래서 낮 시간은 매우 바빴다.

그러나 또 다른 일거리도 있었다. 나는 『매니토바의 새들』을 처음 계획대로 출판할 수 없다는 걸 깨닫고, 내 탐조기록을 출판할 준비에 들어갔다. 내가 수집한 여러 종의 표본을 받아온 스미스소니언협회에서는 내 탐조기록을 그들의 정기간행물로 출판하는 데 동의했다. 나는 출판 준비를 하기로 했고, 그에 대한 보상으로 출판된 책 100부만 받기로 했다. 더이상의 보상은 없었다.

표본과 참고도서를 검토하고 다시 쓰는 작업은 엄청난 일이었다. 이 일은 대부분 밤에 했다. 아침 여덟 시부터 밤 열 시나 열한 시까지 고되고 단조로운 일이 반복되는 와중에 어려움도 생겨났다.

나는 일년 전부터 안경을 쓰기 시작했다. 안경을 써서 시력은 좀 나아졌지만,

완전한 치료책은 못됐다. 오랜 시간 책상 앞에서 세밀화를 그리고 글을 쓰다 보니 눈은 차츰차츰 나빠졌다. 날마다 작업시간 내내 고통에 시달렸다.

그 밖에도 사소한 병이 몇 가지 더 있었지만, 나는 몸을 혹사시키며 일에 매달렸다. 마침내 1890년 말에 손질을 마무리한 『매니토바의 새들』을 교정쇄에서 내가 직접 교정하겠다는 단서를 달고 스미스소니언협회에 보냈다. 이것은 당연한 조건이었고, 사전에 약속된 것이었다. 그러나 내가 알지 못하는 여러 가지 이유 때문에, 어쩌면 내가 워싱턴에서 너무 멀리 있었기 때문일지도 모르지만, 나는 교정쇄를 아예 보지도 못했다. 최종 출판물은 나의 기쁨이나 자부심이 아니라 실수와 오자투성이었고, 그 뒤로 내 기억에 드리운 어두운 그림자 가운데 하나가 됐다.

초판은 1891년 1월 24일에 나에게 도착했다.

그 해 가을 나는 동물원에서 그림도 많이 그리고, 진흙 모형도 서너 개 만들었다. 이 일을 하면서 동물 화가인 존 스완을 만났고 젊은 동물학자인 아치볼드 소번도 만났다. 싹싹하고 상냥한 아치볼드는 자기가 유명한 동물화가인 조셉 울프의 학생이라고 말했다.

나는 전부터 울프를 존경하고 있었다. 그는 영국에서 랜서 다음으로 유명한 동물 조각가였으며 최고의 삽화가였다. 그러니 내가 울프의 작업장이 멀지 않은 곳에 있다는 걸 알고 뛸 듯이 기뻐한 것도 당연했다. 어떻게 이 위대한 화가에게 접근할까 고민하는데 소번이 말했다. "어려울 것 없어. 네가 그린 그림 몇 점만 들고 가. 네 그림을 보면 널 형제처럼 반길걸."

이 말에 자신감을 얻은 나는 최근에 그린 그림 한 뭉치를 들고 울프의 작업실을 찾아가서, 내가 울프의 오랜 친구인 뉴욕의 D. G. 엘리엇과 아는 사이며, 평소에 존경해 왔다고 내 소개를 했다. 그는 나를 기꺼이 맞아주었다. 그는 당당한 외모에 우아한 예의를 갖춘 온화한 성품의 산타클로스 할아버지처럼 생긴 사람이었다. 그는 내 그림을 칭찬하고 분석한 다음, 오고 싶을 땐 언제든지 찾아오라고 했다. 그리고 기념품으로 폴로양 또는 파미르 큰뿔양이라고도 하는 동물그림을 찍은 사진을 주었다.

나는 그 해 가을에 여러 번 그를 찾아갔고, 그는 내게 언제나 용기를 북돋아 주었다.

내 본능은 반대했지만, 내 분별력은 더이상 영국에서 시간 낭비하지 말고 당장 파리의 일류 학교로 가라고 재촉했다.

파리에 묵었던 처음 며칠 동안 나는 루브르 박물관에서 파리 식물원까지, 마들렌느에서 판테온까지 정처 없이 돌아다니면서 내 능력으론 아직 멀었다는 비탄에 잠겨 있었다.

나는 몇몇 아는 사람을 찾아갔다. 그 중 한 사람은 헨리 모슬러라는 유명한 미국 화가였다.

파리에 제대로 적응하지 못하는 나를 보고 그는 껄껄 웃으며 말했다. "쉬지 말고 돌아다니게. 아직은 잘 모를 걸세. 하지만, 이곳의 분위기만으로도 자네는 더 나은 화가가 될 것이네. 일년만 지나면 자네도 감사하게 될 걸세."

나는 크로와데쁘띠샹 거리의 10번지에 있는 뤼니베르 호텔의 꼭대기층(49호)에 묵었다. 이 작은 숙박용 호텔에서 한 달에 30프랑(6달러)으로 서비스가 제공되는 안락한 방을 얻을 수 있었다. 그리고 나는 과감하게 결심을 하고 마침내 파리 외곽 생드니에 있는 쥘리앙 아카데미에 입학했다.

큰소리로 떠들어대며 투닥거리는 60여 명의 학생들이 저마다 이젤을 든 채 부그로 교수의 대형 화실 안에 떼지어 모여 있었다. 부그로 교수는 일주일에 한 번 강의하는데 독설로 유명한 화가였다.

나는 여기서 1891년 1월 19일부터 그림을 그리기 시작했다. 화실의 모든 것이 낯설고 당황스러웠다. 벽에는 음탕한 그림들이 걸려 있고, 모두 그림을 그려야 할 시간에 큰 소리로 떠드는가 하면, 합창이나 기타연주를 하기도 했다.

누드모델은 하루 종일 높은 단 위에서 자세를 잡은 채 45분 동안 움직이지 않고 있다가 5분간 쉬고 다시 자세를 잡곤 했다. 5분간의 쉬는 시간은 그야말로 아수라장이었다.

그러면 투표로 선출된 메시에(불어로 관리인이란 뜻 - 옮긴이)라 불리는 대표가 소동을 가라앉혔다. 첫날 정오 무렵, 이 메시에가 통역을 할 미국인과 함께 내게로 다가왔다. "신고식을 해야죠? 춤, 노래, 묘기, 싸움 아니면 술을 내도 좋소."

대충 설명을 듣고 나서 말했다. "술을 내겠습니다." 그래서 근처 술집으로 가서 60센트 정도의 돈으로 30여 명의 학생에게 포도주를 돌렸다.

그 뒤 나는 한 달 동안 꾸준히 공부하면서, 캐나다에서는 꿈도 꾸지 못하고, 심지어 런던의 왕립아카데미에서도 배우지 못한 많은 것들을 배웠다.

이 학교에는 미국학생이 많았다. 여기서 만난 사람 중에는 로버트 E. 헨리, 어빙 쿠스, E. W. 레드필드, A. 윌리엄슨, 루이스 롭 등을 비롯하여 훗날 명성을 얻은 사람들이 많았다.

나는 보수는 작지만 오전에만 할 수 있는 일을 찾을 수 있었다. 오후에는 파리 식물원이나 동물원에서 스케치하고 그리는 일에 집중하고 싶었기 때문에 이 일거리는 나에게 딱 맞았다.

나에게 늑대는 언제나 흥미로운 주제였다. 이 동물원에 있는 잘 생긴 늑대들 중 한 마리는 자리를 정해놓고 주로 그곳에서만 잠을 잤다. 모델로 제격이었다. 그래서 가로 120센티미터, 세로 90센티미터의 캔버스에 이 우호적인 동물을 유화로 그렸다.

한 달 동안 오후 내내 시간을 쏟아부어서 완성된 그림을 틀에 넣었다. 그리고 3월 20일에 파리전람회에 출품하기 위해 그림을 가지고 갔다. 화가들은 이 전시회의 접수 마지막 날까지도 그림을 들고 접수창구에 몰려든다. 그리고 접수직원들에게 작품을 넘기는 마지막 순간까지 캔버스를 들고 그림을 그리는 사람들도 있다. 이런 사람들은 본성은 착하지만 모이면 쉽게 흥분하기도 한다. 그날은 사라 브런이라는 유명하고 아름다운 빨강머리 모델이 무리를 이끌고 있었다. 사람

잠자는 늑대

들은 행렬을 지어 샹젤리제로 행진했다. 사라의 빨간 양산은 지휘봉으로 영락없었다. 환호성이 하늘을 찌를 듯 울려퍼졌고, 빨간 양산은 무정부 상태의 빨간 깃발처럼 보였다. 결국 경찰이 사라를 체포하고서야 행렬은 뿔뿔이 흩어졌다.

그 무리에 낀 미국인은 열다섯 명 정도였다. 우리는 당연히 해마다 한 번 열리는 그 전람회에 그림을 출품했고, 이어지는 저녁만찬에 동행인과 같이 참석할 수 있는 영광이 주어졌다. 나는 '화랑에서의 연회'가 있는 동안 개인적으로 파리의 사교계를 접할 수 있었다.

이때에 나는 로버트 E. 헨리와 함께 참석했다. 그런데 그의 그림은 심사위원들에게 냉정하게 거절당한 반면, 내가 그린 〈잠자는 늑대〉는 잘 보이는 곳에 걸려 있었다. 천장 가까운 위쪽이 아닌, 딱 허리 높이의 자리였다. 놀라운 일이었다. 어쨌든 나는 헨리를 초대 손님으로 데려가 내 카드에 그의 이름을 적는 즐거움을 누렸다. 그는 우스갯소리로 '내 저녁반찬'으로 연회에 참석했다고 말했다.

미국 회화사를 배운 사람이라면, 내가 여전히 삽화가 정도로 소개되는데 반해, 헨리는 미국 최고의 화가로 추앙받는다는 걸 알 것이다. 나는 이러한 평가를 아직도 납득하기 어렵다.

그 당시에 신문에는 소름끼치는 늑대 이야기가 실렸는데 그 기사는 당연히 내 눈에 띄었다.

프랑스 남부의 피레네 산맥에는 아직도 늙은 늑대들이 살고 있다. 어느 나무꾼이자 밀렵꾼이 양을 습격하는 늑대를 많이 죽여서 돈을 벌었다. 깊은 겨울 어느 날 저녁, 밀렵꾼은 평상시와 달리 오두막에 돌아오지 않았다. 다음날 구조대가 눈 속에 있는 발자국을 따라 갔을 때는 늑대들이 복수를 끝낸 다음이었다. 늑대 사냥꾼의 시체는 늑대들의 축하연을 위한 진수성찬이 되었다. 늑대들의 대승리였다.

나는 이 이야기를 다음해 파리 전람회에 출품할 그림의 주제로 정했다. 나는 우선 오랜 친구인 헨리 모슬러의 조언과 도움을 받아 아주 작게 구도를 잡아보았다. 여러 가지 실질적인 이유에서 작은 그림이 큰 그림보다 더 호평 받을 기회가 많을 것이라고 생각하고, 가로 120센티미터에 세로 60센티미터 크기의 캔버스에 그림을 그리려고 계획했다.

그러나 모슬러의 생각은 달랐다. "아니야, 크게 그려. 자네가 아는 지식과 여기서 배운 기술을 총동원해서 그리게. 아마 대단한 성공을 거두고, 인정도 받을 걸세. 선외가작이나 아니면 입상작에 들지도 모르지. 작은 그림은 감동이 훨씬 덜 하다네."

그래서 1892년 1월 6일에 나는 멋진 역작을 위해 가로 210센티미터에 세로 135센티미터의 캔버스를 사서 내 구상을 진지하게 표현했다.

우선 하늘과 풍경의 효과와 눈 내린 숲 속, 그리고 들어갈 수 있는 소품들을 제자리에 배치하기 위해 밑그림을 여러 번 그렸다. 나는 이 그림을 위해 늑대 가죽과 사람의 두개골과 뼈, 농부의 옷, 나막신 한 켤레를 샀다. 그리고 배경이 될 적당한 장소를 물색한 끝에 파리에서 8킬로미터 가량 떨어진 곳에 있는 눈 덮인 쌩클루 자연공원을 찾았다. 나는 이 공원 한쪽에다가 비극적인 장면을 재구성해 놓았다. 마지막으로 근처 푸줏간에서 모락모락 김이 나는 피를 한 양동이 사서 피의 검붉은 색깔만큼은 사실적으로 보이게 했다.

그러나 이것이 지나치게 사실적으로 보인 나머지, 두 명의 산림감시원이 나를 체포하기에 이르렀다. 그들은 몰래 다가왔다가 사람의 잔해와 막 피를 흘린 듯한 현장을 보고, "살인이다!"하고 소리치며 나를 체포하겠다고 했다. 정황은 완벽했고, 내 해명은 통하지 않았다. 그러나 결국 미국인의 장난쯤으로 이해하게 된 그들은 나를 풀어주었다.

나는 날마다 늦은 오후에 코트와 장갑으로 중무장을 하고, 보트를 타고 강을 건너 물감과 이젤을 날랐다. 그리고 구체적인 묘사에 들어가기 전에 색조와 명암과 채색을 연구해서 원하는 효과를 얻으려고 애썼다. 그렇게 두 달여의 준비 끝에 위대한 작품을 시작할 채비가 되었다.

캔버스는 큰데 비해 내가 쓰는 방은 작아서 다른 공간을 빌려야만 했다. 나는 스코틀랜드 출신의 유명한 동판화가 프랭크 랭이 쓰는 포노 거리의 9번지에 있는 2번 화실에 작업공간을 얻었다. 나는 오랜 훈련 끝에 큰 전투에 나서는 검투사처럼 작업에 임했다.

예비 작업과 세부묘사에만 두 달이 걸렸다. 실제로 커다란 캔버스에 담아내는 일은 한 달 만에 끝났다. 포노 거리의 작업장에 있는 수십 명의 동료 학생들이 그 그림을 보았다.

그들의 호의적인 비평은 아주 고무적이었다. 예를 들어, 말콤 프레이저는 이렇게 말했다. "틀림없이 사람들의 눈길을 끌 거야. 선외가작이나 동메달 정도는 가능하겠어"라는 식이었다.

그러다 생각지도 못한 일이 생겼다. 그림의 제목은 〈늑대들의 승리〉였는데, 한 프랑스 친구가 이렇게 말했다. "아니야, 〈헛된 기다림〉이 더 어울려. 저 멀리 오두막이 보이지. 여자가 저녁을 준비하느라 연기가 바람에 날려. 그런데 남자는 돌아올 때가 되어도 집으로 돌아오지 않아. 도대체 남편은 무얼 하는 걸까? 아내는 문가에서 소리 높여 부르지. 언덕 위에 있는 늑대가 이 소리를 듣고, 심드렁하게 고개를 돌리고 있어. 아내가 부르고 또 부르지만, 휑한 숲에선 아무 대답도 없어. 비참한 종말이지."

좀더 심사숙고 한 끝에 나는 이 새 제목을 받아들이기로 했다. 그때는 이 새 제목이 사람들의 관심을 오두막으로 돌릴 거라곤 미처 알아차리지 못했다. 내가 지은 제목이 늑대를 영웅으로 만들었다면, 새로운 제목은 영웅적 행위를 인간에게로 돌렸다. 그림에는 고통받고 학살당하는 동물들이 행한 정당한 앙갚음은 사라지고, 사랑하는 가족과 집이 보이는 곳에서 잔인하고 비참하게 죽은 용감한 사람만이 남았다.

1892년 3월 20일에 전시회의 기한에 맞춰 그림을 제출했다. 그러나 한 달 뒤에 그림이 전면적으로 거부되었다는 공식 통지를 받은 나는 망연자실하지 않을 수 없었다. 강한 충격에 몸이 휘청거리는 것 같았다.

몇 달이 더 지나서야 나는 그림의 종말을 결정지은 심사위원들이 한 말을 건네들었다. "끔찍해!" "지나치게 자세해서 불쾌하군!" "짐승을 동정하다니!" "야만

헛된 기다림

스런 늑대가 천국에 간 영혼의 안식처인 해골을 무자비하게 갉아대다니!"

나는 1892년 여름을 매니토바에서 보냈다. 그래서 9월 17일 토론토로 돌아간 나는 이 커다란 늑대 그림을 보내달라고 했다. 그림이 도착하자마자 하워드 거리 86번지에 있는 아버지 집의 응접실에 다시 걸었다.

곧바로 소문이 퍼졌다. 기자들이 그림을 보러 왔고, 신문에 기사가 실렸다. 마침내 1893년 2월 16일에는 토론토의 《글로브》 지에까지 기사가 실렸다.

더 많은 사람들이 내 '걸작' 을 보러 왔지만, 어떤 이들의 눈에는 '끔찍한 괴물' 로만 보였다. 마침내 나는 엘리스 보석 가게의 뒤편에 있는 시내의 화랑에 그림을 전시해야 했다.

매일같이 사람들이 물밀듯이 밀려왔고, 그림을 본 사람들은 하나같이 강렬한 인상을 받았다. 사람들은 그림을 보고 동물을 이해하는 시대의 역작으로 추켜세우거나, 아니면 무자비한 만행을 그린 역겹고 품위 없는 전시물 중 하나로 떨어뜨렸다.

어느 날에는 화가인 친구 조지 리드가 인디언처럼 보이는 젊고 우아한 여인과 함께 찾아왔다. "둘이 알고 지내야 할 것 같아서요"라고 말하며 나를 소개시켰다. 그녀의 이름은 폴린 존슨이었다. 그녀는 내 손을 꼭 붙잡았다.

"우리는 동족입니다. 나는 늑대의 자손인 모호크족입니다. 이 그림을 보면 당신은 사람의 몸을 빌려 태어난 늑대의 혼이 분명합니다. 우리는 함께 일할 운명입니다. 내 이러쿼이(북아메리카 인디언의 한 부족 - 옮긴이) 이름은 테가히온 - 왁 - 에입니다. 부르기 편한 대로 불러주세요."

그렇게 시작된 우리의 우정은 1913년 그녀가 죽을 때까지 지속됐다.

그해 여름, 정확히 1893년 6월 1일에 시카고 세계 박람회가 막을 열었다. 모든 화가들이 자신의 대표작을 제출하라는 초대를 받았다. 나는 나의 늑대그림을 토론토 전시 위원회로 보냈다.

위원회의 대다수가 그림을 퇴짜 놓았다. 나쁜 작품이라서가 아니라, 캐나다의 생활에 대해 오해를 불러일으킬 소지가 있기 때문이라고 했다.

캐나다 왕립 아카데미의 회원이자 위원회의 회장을 맡은 L. R. 오브라이언은 나를 옹호했다. 나는 그의 견해를 듣고 신문에 기고해 달라고 부탁했다. 오브라이언은 그렇게 해 주었다. 통렬한 비난의 글이었다. "우리 캐나다 전시회장에는 너절하고 맥없는 작품만 널려 있다. 그러나 다행히 남성다운 힘이 넘치는 웅장한 작품이 있음에 감사해야 한다"고 하면서, 내 작품을 언급한 다음 "이 그림과 같은 뛰어난 작품들은 우리 전시회를 변화시킬 것이다"라고 했다.

신문마다 떠들썩하게 다뤘다. 마침내 나는 오타와로 가서 교육부장관으로부터 토론토 선발위원회에서 보낸 무뚝뚝하고 짧은 공식통지서를 받았다.

"귀하의 그림을 보내시오."

그림은 제 시간에 시카고에 도착했고, 캐나다관 전시회장의 한가운데에 걸렸다. 그 그림은 지금은 뉴멕시코의 산타페에 있는 시튼 마을의 시튼 미술관에 걸려 있다.

1895년 초에 나는 다시 의욕적으로 늑대 그림을 그리기 시작했다. 이 그림은 겨울 숲에서 러시아 썰매를 탄 사람이 쫓아오는 한 무리의 늑대를 뒤돌아보는 장면을 상상한 것이다. 나는 전체적인 조화와 색채 구성을 세심하게 검토하는 건 물론이고, 그림에 등장하는 열두 마리의 늑대들을 하나하나 세밀하게 그려나갔다. 가로 150센티미터, 세로 105센티미터 크기의 이 그림에는 〈추적〉이라는 제목을 붙였는데, 스케치가 끝나자마자 곧바로 제작되었다. 그림을 본 헨리 모슬러와 J. L. 제롬을 비롯한 많은 사람들이 이 그림을 높이 평가해 주었지만, 1895년 파리 현대미술전람회에서는 심사위원들에게 거부당했다. 그러나 다른 그림 여섯 점은 채택되어 잘 보이는 곳에 전시되었다. 제롬은 이 그림들을 찬찬히 살펴보고 나서 이렇게 말했다. "이렇게 그림을 그리는 사람은 뭐든 할 수 있습니다."

시어도어 루스벨트 대통령은 큰 늑대그림을 꼼꼼히 감식하고 말했다. "이 늑대 그림은 최고입니다. 소장하고 싶군요."

"물론 가능합니다." 나는 즉시 대답했다.

"오, 이건 내게는 과분한 영광이지요" 라고 대통령은 대답했다.

그리고는 대통령은 결국 원작인 늑대 그림을 모사해 달라고 주문했다. 내가 그린 이 복제품은 현재 루스벨트 미술관에 전시되어 있다. 이 모사품은 『북아메리카 동물들의 생애』 제 2권의 권두화로 실려 있다. 그리고 대형의 원작그림은 뉴멕시코의 산타페에 있는 시튼 미술관에 있다.

『센추리 백과사전』에 들어갈 그림을 그리느라 바쁘던 몇 년 동안, 나는 늘 동물과 새의 표본을 구하는 데 어려움을 겪었다. 화가의 시각에서 동물이나 새를 다룬 책은 한 권도 찾지 못했다. 동물 해부와 죽은 동물에 대한 책은 많았지만, 이 책들도 동물을 세밀 묘사하려는 나와 같은 화가의 욕구에는 못 미쳤다.

그래서 나는 '미술 해부학(Art Anatomy)'을 계획하기에 이르렀다. 말하자면 보이는 형태를 자세하게 분석하고, 살아 있는 동물의 크기를 재고, 깃털의 생김새나 겹쳐지는 부분과, 깃털과 동물 털의 공통점 등도 분석했다. 채색은 하지 않고 정확한 측정에 중점을 두었다.

해야 할 일이 명확해지자, 나는 열성적으로 살아 있는 개와 고양이, 소와 말, 새 등 죽은 동물들에 대한 측정을 시작했다.

새들의 깃털을 재면서, 나는 처음으로 정도의 차이는 있어도, 모든 새들의 깃털이 일정하게 배열되어 있다는 놀라운 사실을 발견했다. 이 분야에서 처음 나를 가르친 사람은 뉴욕에 사는 D. G. 엘리엇이었다. 그에게서 오두본과 윌슨도 이런 깃털의 비밀을 발견하지 못했다는 걸 들었을 땐 더 놀라울 따름이었다. 그러나 엘리엇의 스승인 조셉 울프는 이 사실을 알고 있었다. 선드볼, 군차일드, 니체 등이 모두 내 연구를 도왔다. 그러는 동안, 동양에서도 기왓장처럼 겹쳐 있는 깃털의 다양성을 중요하게 인식하고 있다는 걸 일본의 미술을 통해 알게 되었다.

나는 2년 동안 밤마다 이 일에 매달렸고, 파리에 가서도 쉬지 않았다. 개와 늑대는 여러 모로 닮았기 때문에 늑대 그림을 그릴 때는 다각도에서 개를 관찰하고 해부했다.

파리에 살 때, 나는 파리 식물원 너머 시 외곽에 있는 개 수용소에서 손쉬운 해부학 연구방법을 찾아냈다. 3센트 짜리 전차를 30분쯤 타고 가다 내려 개 수용소에 가면, 안내원들이 우리에 갇혀 있는 개를 보여주었다. 마음에 드는 놈을 골라, 2프랑을 지불하면, 사람들이 개를 잡아서 도살장으로 끌고 갔다. 15분쯤 지나면 죽은 개를 넣은 가방이 나에게 넘겨졌다.

나는 다시 전차를 탔다. 그러나 물론 파리로 오는 길에 있는 세관에 들러야 했다.

"가방에 든 게 뭡니까?" 직원들은 매번 똑같은 질문을 했다.

"죽은 갭니다."

"어디 확인 좀 합시다."

개를 보여주자, 세관원들은 폭소를 터뜨렸다.

"어디에 쓸 겁니까?" 그들의 다음 질문이다.

"해부용입니다. 그림공부용이기도 하구요." 나의 대답도 언제나 똑같았다.

"좋습니다. 통과. 그리고 보건법은 잊으면 안 됩니다."

"물론이지요."

이런 일은 허다하게 있었고, 나는 곧 세관원들 사이에 '죽은 개 사내'로 통했다.

나는 언제나 죽은 개가 부패하기 전에 가죽을 벗기고, 해부하고 그림을 그리거나 모형을 만들었다. 그러나 냄새가 나기 시작하면 사체를 처리해야 했다. 어떻게? 물론 쓰레기통에 처넣을 순 없었다. 그것은 '보건법에 위배' 되는 행위였다. 그래서 나는 간단하면서도 눈에 안 띄는 편법을 썼다.

우선 사체를 싸서, 뭉치를 질긴 갈색 종이끈으로 꽉 동여맨 다음 밤 10시쯤 다리 위를 걸어서 지나간다. 이렇게 늦은 시간엔 다리를 오가는 사람이 거의 없기 때문에 별난 행동을 해도 눈에 띌 위험이 없다. 그 다음 다리 난간에 엉덩이를 대고 서서 짐 꾸러미를 난간 아래로 슬슬 내려서 떨어뜨리면 그만이었다.

이 일은 여러 차례 성공했다.

그런데 파리시에서 여자를 살해한 충격적인 사건이 생겼다. 남편이 여자를 죽인 다음, 시체를 남모르게 없애버렸다. 사람들은 남자가 시체를 토막내서 종이로 싼 다음, 다리 위에서 강에 빠뜨렸을 거라고 믿었다.

상황이 이렇다 보니, 다리마다 경찰이 서서 감시를 하면서, 누구든 종이 꾸러미를 물에 빠뜨리는 사람은 체포하라는 지시가 떨어졌다.

나는 꽤 큰 개 한 마리를 해부하고 그리는 일을 막 끝낸 다음, 냄새나는 개의 사체를 처리하기 위해, 여느 때처럼 팔에 꾸러미를 들고 쾌활하게 다리를 건너고 있었다. 그런데, 다리 근처에서 경찰과 딱 마주쳤다. 그는 다리를 지나가는 내 모습을 뚫어지게 쳐다보았다.

경찰이 지켜보고 있는 마당에, 개를 던지는 건 고사하고 멈춰 서지도 못했다.

다리의 맞은 편 끝에도 경찰이 서서 나를 지켜보고 있었기 때문에 그냥 걸어가야 했다.

나는 다음 다리에 닿을 때까지 걸었다. 그러나 이 다리의 양끝에도 불침번을 서는 감시인이 있었다.

남은 건 보자프 다리뿐이었다. 그러나 상황은 똑같았다. 그래서 밤 11시쯤 나는 퀴퀴한 내가 나는 개를 팔 사이에 낀 채 터덜터덜 화실로 돌아왔다.

반 시간 동안 침대에 누워 있자니, 개의 냄새는 갈수록 끔찍하고 지독해졌다. 방안은 악취가 가득 찼고 이렇게 가다간 다음 날이면 관리인이 보건 당국에 보고할 게 뻔했다.

갑자기 기막힌 생각이 떠올랐다. 근처의 도로 밑에는 도랑에서 하수구로 흘러가는 높이 25센티미터, 길이 90센티미터의 길고 더러운 구멍이 있었다. 개를 버리기에 딱 좋은 장소였다!

그래서 나는 꾸러미를 챙기고, 어두운 밤을 미끄러지듯 걸어서 가장 가까운 하수구 구멍으로 갔다. 순찰중인 경찰이 보였다. 나는 어두운 모퉁이에서 경찰이 지나가길 기다렸다가 하수구 쪽으로 갔다. 예상대로 하수구의 바깥쪽 높이는 25

센티미터쯤 되었지만 안쪽은 급격히 좁아져서 구멍이 약 15센티미터 정도밖에 되지 않는다는 걸 나는 미처 모르고 있었다. 아무리 애를 써봐도 당황스럽게 개는 반쯤 가다 구멍에 꽉 끼고 말았다.

마구 쑤셔서 밑으로 내려가게 하려고 진땀을 빼는데, 경찰이 뚜벅뚜벅 순찰 도는 소리가 들렸다. 나는 간발의 차이로 모퉁이로 뛰어가 숨었다.

경찰이 지나가자, 다시 일을 시작했다. 아무리 애를 써 봐도 소용없었다. 새벽한 시쯤, 넌더리가 난 나는 완전히 포기해버렸다. "이런, 망할 놈의 하수구! 썩은 개나 가지라지. 내가 한 짓인 줄 알게 뭐야."

그리고는 집에 와서 잠자리에 들었다. 그러나 몸을 뒤척이다 불현듯 든 생각에 펄쩍 뛸 듯이 놀랐다. 냄새나는 개를 싼 종이는 최근에 영국에서 내게 보낸 소포 포장지였다. 내 이름과 주소가 몽땅 적혀 있는!

나는 허둥지둥 일어나서 아까 그 장소로 다시 갔다. 어떤 대가를 치러서라도 종이를 없애야 한다. 나는 경찰이 지나가길 기다린 다음, 꾸러미를 꺼내서 종이를 벗겨보았다.

맙소사, 개는 끈적끈적했다. 종이는 고기에 달라붙어서 이미 척척해진 다음이었다. 글씨가 안 보이도록 포장지를 조각조각 찢어내는 수밖에 없었다. 나는 있는 힘을 다했다. 그러다 경찰이 다시 다가오는 소리가 들리자 모퉁이로 내뺐다가 경찰이 가는 걸 확인했다. 다시 한번 개를 싼 종이를 벗기려 애썼지만, 전과 마찬가지로 쉽지 않았다.

또다시 경찰이 접근하는 소리에 얼른 도망갔다. 다시 그 자리로 가보니 경찰이 꾸러미를 발견하고, 틀림없이 시체라고 생각하는 듯 조심스럽게 쿡쿡 찔러보고 있었다.

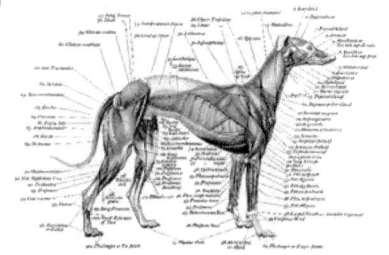

나는 혼자 중얼거렸다.

"다 틀렸어. 날 잡으러 오겠군."

집에 와서 침대에 누웠지만, 잠이 올 리가 없었다. 체포되는 건 시간 문제였다.

나는 아침 일곱 시쯤에 일찌감치 일어나서 그 장소로 갔다. 간밤의 경찰과 대여섯 사람이 둘러 서 있고, 얼마 안 있어 순찰 마차도 왔다. 나는 사람들이 너덜너덜해진 갈색 종이에 외투처럼 싸여 있는 개를 들어서 옮기는 걸 지켜보았다.

나는 화실로 돌아와서 커피를 한 잔 마시고, 최악의 상황에 대비했다.

이윽고 긴 복도를 따라 무거운 발걸음소리가 들렸다. 낯선 사람이 더듬더듬 길을 찾고 있었다. 그는 성냥불을 켜서 문에 있는 이름표를 확인하더니, 큰 소리로 "쾅쾅" 두드렸다.

나는 곧바로 문을 열었다. 틀림없는 경찰이었다. 손에는 푸른 색 봉투를 든 채였다.

"톰슨 시튼 씨입니까?" 경찰이 물었다.

"네, 맞습니다."

"이것 받고, 여기에 서명하세요." 내가 서명하자 경찰은 나를 두고 가버렸다. 법정에 출두하라는 소환장일거라고 확신하며 봉투를 열었는데, 그것은 미국에서 온 등기우편이었다. 일반 우편은 종종 수위 손에서 분실되곤 했다. 나는 그제야 파리의 경찰과 우편배달부의 옷이 비슷하다는 걸 알았다.

나는 안도의 한숨을 쉬었다.

일을 시작했지만 손에 잡히지 않았다. 한 시간쯤 지나자, 다시 복도를 따라 "뚜벅뚜벅" 무거운 소리가 들리더니, "쾅 쾅 쾅!" 문 두드리는 소리가 났다.

다시 문을 열자 경찰이 서 있었다. 이번엔 도망칠 수 없겠군. 경찰국이라는 견장이 보였다.

"톰슨 시튼 씨입니까?"

"네, 접니다."

"이것 받으십시오." 그리고는 경찰국에서 보낸 커다란 봉투를 건넸다. 틀림없는 영장일 거라 생각하고 체념하고는 봉투를 열었다.

뤽상부르 공원에서 스케치를 해도 좋다는 허가장이었다. 2주 전에 요청한 편지에 대한 답장이었다.

다시 한번 안도의 한숨을 내쉬었지만, 불행이 닥쳐오리라는 건 명확했다. 내 이름과 주소가 적힌 저주받을 갈색 포장지가 있었으니까.

작업에 집중하지 못할 바엔 청소라도 하는 게 낫겠다는 생각이 들었다. 다른 학생들처럼, 내 침대도 작은 화실에 있었는데 침대 밑에는 낡은 종이, 포장지, 버린 스케치 같은 것들이 널려 있었다.

침대 밑을 정리하려고 이것들을 잡아당겼는데, 맨 위에 런던에서 최근에 보낸 그 포장지가 있었다. 내 이름과 주소가 확실하게 쓰여 있는 채! 개를 싼 갈색 종이는 나와 아무런 상관이 없는 깨끗한 종이였던 것이다.

그 개에게 무슨 일이 일어났는지는 모른다. 그 뒤 한 번도 그 일에 대해 들은 바가 없으니까. 그러나 그 일은 내가 얼마나 서투른 범죄자인지를 보여준다.

센 강 근처의 라틴 구(파리에 있는 학생, 예술가가 많이 사는 구역 – 옮긴이)에 있는 호화로운 아파트에는 애서톤 커티스라는 부유한 미국인이 살았다. 그는 '라틴 구의 천사'로 유명했다. 어떤 학생에게 문제가 생기거나, 돈 때문에 어려움에 처하면, 어떻게 알았는지 커티스가 화실에 나타나서 친절한 말에다 넉넉한 수표까지 써주며 용기를 북돋았다. 그는 그렇게 그림을 고르고, 즉석에서 그림값에 알맞은 수표를 써준 뒤 커티스 미술관으로 보냈다. 이 미술관은 아마도 지금은 미국에 있을 것이다.

1896년 3월 16일, 이 천사가 나의 초라한 작업실에 나타나서는 여우 그림을 165프랑에, 눈 스케치를 50프랑에, 그리고 '추적'의 소형 복제품을 천 프랑에 샀다. 다해서 천이백십오 프랑(243달러)이었다. 미국에서라면 그리 큰돈이 아니지만, 파리에서는 한 사람이 여섯 달 이상 생활하기에 충분한 돈이었다.

변해버린 야생의 세계

 나는 뜻밖에 오랜 친구였던 엘리자베스 테일러 양을 만났다. 그녀는 위니펙에 주재하는 미국 영사인 제임스 테일러 씨의 딸이었다. 엘리자베스도 나처럼 그림을 배우러 파리에 와 있었다. 게다가 그녀도 나처럼 대평원과 그곳의 생활에 대한 애정이 깊었다. 그녀는 파리에서 공부를 하고 예술가로서 성공할 준비를 단단히 한 채 귀국할 날만 손꼽아 기다리고 있었다.
 그녀는 나와 같은 말을 썼고 나와 같은 생각을 했다.
 10여 년 전 그녀와 함께 보냈던 아름답던 나날에 대한 추억은 점점 더 찬란하게 불타오른다. 그 당시 느꼈던 행복감을 되찾을 수 있다면 무엇을 주어도 아깝지 않으리라. 그러나 나는 그녀보다 나이가 훨씬 많았고, 오른쪽 다리는 약간 절었으며, 시력은 세밀화를 그리느라 나쁠 대로 나빠져 있었다. 그래도 희망은 샘물처럼 쉼 없이 솟아올랐다. 전보다 더 현명해졌고, 미술에 대해 더 많이 알게 되었으며, 홀로 세상에 맞서 싸워 마침내는 승리자가 된 것이다. 이 세계에 혼자 왔지만, 전투를 치르고 마침내 승리자가 되었다. 그러나 아! 내가 갈망해 마지않던 넘쳐흐르는 승리의 잔은 오로지 대평원에 있었다. 나는 다시 드넓은 초원에서 살기를 얼마나 고대했던가!
 어린 시절에 들은 '들소 바람(들소들이 달릴 때 생기는 바람 - 옮긴이)'이 다시 귓전에 울리기 시작한 것도 이즈음 이른 새벽, 동이 틀 무렵이었다. 바람소리는 윙윙 울부짖 듯, 부드럽게 울어대며 나를 서부로 유혹했다.

나와 엘리자베스는 함께 산책하며 얘기를 나눴다. 함께 방법을 모색하고, 각자의 열정에 불을 지펴주었다. 엘리자베스는 이미 오래 전부터 매켄지 강을 따라 북극해에 이르는 여행을 구상해 온 터였다. 우리가 세운 여행 계획은 이랬다. 엘리자베스는 애서배스카(캐나다 서북부 및 알래스카의 내륙지방 - 옮긴이) 부두로 가서 허드슨 베이 회사의 배를 타고 매켄지 강을 따라 바다로 나갔다가 돌아오기로 했다. 나는 그 해 여름 카베리로 가서, 내 옛 사냥터에서 사냥을 하며 행복하게 여름을 나는 것이다. 그러고 나서 9월 10일에 위니펙의 미국영사관에서 만난다는 계획이었다.

엘리자베스는 무심코 말했다. "당신은 무료승차권으로 여행하지 않나요?"

사실 나는 대답하면서 좀 놀랐다. "아니, 한번도 그런 적 없소. 항상 돈을 내고 다니지."

"그건 말도 안 돼요." 엘리자베스는 소리쳤다. "돈 많고 이기적인 부자들은 무료승차권으로 다니는데! 당신은 국가적인 과학 연구를 하는데도 이 모양이에요. 난 늘 무료승차권을 얻어요. 당신도 그렇게 해야 돼요. 런던에 가면 스트래스코나 경을 찾아가세요. 그 분은 제 아버지의 오랜 친구예요. 그리고 캐나다 태평양 철도 회사의 사장이기도 하죠. 제가 귀띔해 놓을게요."

그래서 런던에 도착한 나는, 캐나다 고등 판무관인 스트래스코나 경의 사무실에 들렀다. 그는 힘으로 밀어붙이는 무뚝뚝한 늙은 스코틀랜드인으로, 나는 그 전에 딱 한 번, 그것도 아주 잠깐 그를 본 적이 있었다. 그에게 내 소개를 시작하자, 그는 가래 끓는 소리를 내며 내 말을 잘랐다.

"난 자네가 꼬맹이일 때부터 철도 일을 해왔네. 원하는 게 뭔가?"

"토론토에서 매니토바의 카베리까지 왕복할 수 있는 6개월간 유효한 캐나다 태평양 철도회사의 무료승차권입니다."

"테일러 양이 한번 들렀더군. 하도 간곡하게 부탁하는 탓에 무료승차권은 더 이상 발행하지 않지만, 자네에게만 제공하지. 우편으로 자네의 토론토 주소지로 보내주겠네."

그렇게 해서, 나는 난생 처음 공짜로 기차여행을 하게 되었다.

1892년 6월 4일 위니펙에 도착하자마자 나는 곧장 하인 씨의 박제 가게로 갔다. 윌 R.은 영국에 있었지만, 애슐리는 거기 있었다. 우리는 최신 표본과 희귀본을 연구하면서 즐거운 한 때를 보냈다.

나는 또 다른 오랜 친구인 조지 머레이에게서 70년대에 해마다 농작물에 큰 피해를 입히던 메뚜기떼가 거의 자취를 감추었다는 얘기를 들었다. 그의 말에 따르면, 해마다 6월 12일 경이면 메뚜기가 폭설이 내리는 것처럼 하늘에서 나타났다고 했다. 메뚜기떼는 이삼일 만에 그 지역의 농작물을 싹쓸이해버렸다. 그는 메인 거리에서 천장이 없는 지하실에 메뚜기떼가 거의 10센티미터 두께로 깔려 있는 것도 보았다고 했다. 번식지를 갈아서 없애버리자 결국 메뚜기떼는 더이상 나타나지 않았다.

6월 6일 월요일에 카베리에 도착한 나는 메인 호텔에 짐을 풀었다. 마을은 더 번화해지고, 눈에 띄게 달라져 있었다. 눈에 보이는 광고판의 이름도 하나같이 새로웠다. 한때는 기차역에서 만나는 사람을 다 알았는데, 이젠 낯익은 얼굴을 찾아볼 수 없었다. 겨우 10년이 흘렀을 뿐인데 이렇게 달라지다니!

나는 친구인 고든 라이트 가족이 시내 중심가에서 하숙을 하고 있다는 소식을 듣고, 짐을 그곳으로 옮겼다. 그런 다음엔 오래 전에 쏘다녔던 곳들을 걷기도 하고 마차를 타기도 하며 쉴 새 없이 돌아다녔다.

그 지역 전체에서는 초원의 생물들뿐 아니라, 초원 자체도 조금씩 사라지고 있었다. 그러나 어린 나무들이 곳곳에서 숲을 이뤄 자라고 있었다. 더이상 초원의 화재를 방치하지 않고 예방한 덕분이었다.

드윈턴에 있는 우리의 옛 집은 12년 전 내가 직접 심은 나무 그늘 아래 숨어 있었다. 처음에는 나무 한 그루 없이 평평한 초원이었던 카베리 마을은 이제 사람들이 심어서 울창하게 자란 가문비나무와 연단풍나무, 백양나무들에 가려 보

시튼(1912년)

이지 않았다.

호수도 모두 변했다. 한때는 가장자리에만 갈대가 조금 자랄 뿐 푸른 물이 넘실대던 2만 5천여 평의 커 호수는 이제 가운데에만 6천여 평의 못이 남은 채, 나머지 만 8천여 평의 주변 호수는 무성한 갈대에 둘러싸인 습지로 탈바꿈해 있었다.

가문비나무 묘목이 드문드문 자라고, 산들바람이 불던 샌드힐 언덕에는 울창한 상록수림이 곳곳으로 뻗어나가고 있었다.

그러나 가장 크게 변한 것은 농경지들이었다. 달콤하고 아름다운 꽃이 만발하던 비옥하고 평평한 초원은 완전히 사라지고 없었다. 보이는 것이라곤 논밭뿐이었다. 봄이면 향기로운 화관을 만들던 조갑지국화와 할미꽃도 사라졌다. 울타리를 따라 피어나 기쁨을 주던 소박한 들꽃들도 보이지 않고, 그 자리에는 엉겅퀴와 러시아엉겅퀴, 회전초만 자라고 있었다.

두말 할 필요도 없이, 초원의 새들도 사라지고 없었다. 논종다리는 한 마리도 눈에 띄지 않았고, 흰꼬리멧새와 쇠청다리도요도 모두 쟁기에 쫓겨 날아가 버렸다.

쟁기는 또 땅 아래로 겨우 10센티미터 아래에 있던 줄무늬땅다람쥐의 안전한 미로들도 갈아엎어 버려 녀석들의 비밀스런 요새는 완전히 파헤쳐졌다. 그러나 땅을 깊이 파고 들어가는 리처드슨땅다람쥐의 수는 엄청나게 늘어 있었다.

탁 트인 초원에는 바늘꼬리들꿩이 거의 사라진 반면, 그 사촌쯤 되는 초원들꿩은 폭발적으로 증가했다.

숲에 살던 회색늑대는 사라졌지만, 그 사촌인 코요테는 늘었다.

위니펙과 로키산맥 사이에 있던 수많은 작은 호수들은 점점 말라가고 있었고, 오리들도 거의 자취를 감췄다. 더 먼 북서쪽으로 날아갔기를 바랄 뿐이었다. 그러나 더이상 어시니보인의 아름다운 초원에서 오리들을 볼 수 없었다.

그랬다. 향기로운 야생의 동식물은 모두 사라져버렸다. 제비도 가버리고 대신 집참새가 그 자리를 차지했다.

그래도 그해 여름, 나는 날마다 눈에 띄는 것들 중에서 펜과 연필을 위한 새로운 주제를 찾아 그림을 그리는 데 정성을 쏟았다. 나는 아주 훌륭한 표본도 수집하고, 귀중한 자료를 사진으로 찍기도 했다. 워싱턴에서 생물학 연구를 위해 쓸 대형 동물 그림을 열두 점 그리고 한여름 내내 살기에 충분한 돈을 받았다.

그러나 힘이 빠져버린 날개는 내 몸을 지탱하지 못했다. 나는 지팡이에 의지하거나, 말을 빌려 타고 언덕을 넘어야 했다. 혹사당한 눈은 이제 침침해진 데다 항상 쿡쿡 쑤셨다. 내 즐거운 젊은 날은 가고 없었다.

그렇다. 대평원과 야생의 모든 게 변해버렸다. 그래도 가장 위대한 변화는 내 안에 있었다. 나는 드디어 과거의 용감한 영웅들과 공상가들이 왜 모든 것 중에서 젊음을 가장 소중하고 가치 있는 것으로 치는지 알게 되었다. 젊음, 끝없이 샘솟는 젊음이야말로 사람이 자신의 인생에서 추구하는 가장 숭고한 목표인 것이다.

6부 늑대와 함께

늑대 사냥꾼

라틴구에 매우 헌신적인 목사가 한 명 있었다. 그는 조합교회파(영국 국교회에서 떨어져나와 각 교회의 독립자치를 주장하는 독립교회파 - 옮긴이)의 목사였는데 학생들 사이에 변변한 신앙공동체 하나 없다는 사실을 몹시 안타까워했다. 그래서 목사는 가난한 형편에도 불구하고 젊은이들을 위해 많은 애를 썼다. 특히 조직을 만들어 라틴구에서 생활하는 영어권 젊은이들이 사악한 유혹에 빠지지 않도록 도와주려고 했다.

그는 드와이트 뉴웰이라는 목사였는데, 바벵 거리 19번지에 있는 그의 집에서 매주 수요일 저녁마다 모임이 열렸다. 이 모임의 성격은 사교적인 면도 적지 않았다.

버지니아 피츠랜돌프 양을 만난 것도 1891년 11월 22일 이 모임에서였다. 그녀는 키가 크고 귀족적인 기품이 흐르는 아름다운 여자였다. 특히 아름다운 금발 머리가 돋보였는데, 처음에는 인상이 차갑고 딱딱해 보였지만 웃을 때면 아름다운 빛이 퍼져 나오는 듯했다.

버지니아의 아버지는 뉴욕에서 큰 사업을 하면서 뉴멕시코에도 목장을 갖고 있었다. 서로 가까워진 우리는 열정적으로 많은 이야기를 나누었다.

우리는 자주 만났고 박물관과 미술관에도 같이 다니며 작은 모임을 즐겼다.

버지니아는 미술에는 남다른 재능이 없었지만, 미술 비평에는 탁월한 소질이 있었다. 그녀의 예리한 판단력과 분석력은 내게 큰 도움이 되었다. 하지만 그녀가 내 인생에 끼친 영향은 뭐니뭐니해도 내가 그녀를 통해 남서부의 야생생활과 인연을 맺게 된 것이었다. 이를 계기로 내 인생에 새로운 장이 펼쳐지게 되었고, 마침내 로보와 인연을 맺음으로써 절정에 이를 수 있었다. 나는 사실 로보 이야기 덕분에 처음으로 사회적 성공을 거두었다. 하지만 로보 이야기는 단순한 이야깃거리 이상이었다.

1892년 5월 7일 나는 에트루리아 호를 타고 리버풀을 떠나 뉴욕으로 향했다. 배에는 버지니아와 애슐리 그레이스, 그리고 그의 여동생도 함께 타고 있었다. 에슐리 그레이스는 뉴욕에 사는 젊고 잘생긴 사업가였다.(일년 정도 지나서 버지니아는 에슐리 그레이스와 결혼했다) 1892년 5월 14일, 호보켄 부두에 도착하자 버지니아의 아버지인 루이스 피츠랜돌프 씨가 마중 나와 있었다. 그 역시 키가 크고 귀족적인 얼굴의 남자였다. 이렇게 해서 나는 그와 인연을 맺게 되었다.

그의 집은 뉴저지의 플레인필드에 있었다. 이틀 뒤에 딸이 돌아온 것을 환영하기 위한 파티가 열렸다. 나는 거기서 피츠랜돌프 씨의 딸 넷을 더 만났는데 그 중에서 캐롤라인은 소문난 미인에다 성격도 좋은 여자였.

나는 피츠랜돌프 씨에게서 아주 흥미로운 이야기를 들었다. 바로 뉴멕시코에 있는 그의 목장에서 소들을 죽이는 늑대들에 관한 이야기였다.

1893년 여름에 나는 여러 번 뉴욕에 갔고, 그때마다 뉴저지로 달려가 피츠랜돌프 씨의 가족들을 만났다. 우리의 화제는 늘 뉴멕시코에 있는 그의 농장에 심각한 피해를 입히는 늑대들 이야기로 흘렀다. 피츠랜돌프 씨는 늑대들만 잡을 수 있으면 목장에서 아주 큰 이익을 낼 수 있다고 했다. 하지만 늑대들은 목동들이나 총잡이, 덫 사냥꾼들이 갖은 방법을 다 써도 교묘히 빠져나간다고 했다.

그때 그 늑대들과 한번 겨뤄보고 싶은 생각이 얼마나 간절했던지. 나는 늑대들을 물리 칠 자신이 있었다. 하지만 일 때문에 꼼짝할 수 없었던 나로서는 도저히 시간이 나지 않았다. 하루 종일 이젤 앞에서 그림을 그렸고 밤늦게까지 책상 앞에 앉아 있어야 했기 때문이었다.

나는 그 일이 좋았고, 내 야망을 향해 차질 없이 나아가고 있었다. 그러나 내 육체는 심각한 장애를 겪고 있었다. 하루에 열두 시간에서 열다섯 시간씩 책상 앞에 앉아서 섬세한 작업을 한다는 것은 아무래도 무리였다. 참기 어려운 피로와 고통이 눈으로 몰렸다. 안경을 바꿔 보기도 했지만 허사였다. 결국 의사는 이런 처방을 내렸다.

"이봐, 자네 아예 눈이 멀어버리기 전에 책상이나 이젤 앞에서 하는 일은 집어치우고 자연으로 긴 휴가를 가는 게 어떻겠나."

이렇게 되자 나는 피츠랜돌프 씨의 제안에 솔깃해졌다. 그는 나에게 이렇게 제안했다. "뉴멕시코의 내 목장에 가서 우리 목동들에게 늑대 잡는 비결을 좀 가르쳐 주게나. 그럼 내가 그 비용도 다 대고 보상금과 땅도 주겠네. 그 대신 적어도 한 달은 있어야 하네."

이렇게 해서 나는 1893년 10월 17일, 토론토를 떠나 시카고를 거쳐 뉴멕시코의 클레이턴으로 떠났다. 거기서 내가 할 일은 늑대를 사냥하고 그 방법을 목동들에게 알려주는 일이었다.

1893년 10월 22일 밤 11시에 뉴멕시코의 클레이턴에 도착해서 여관에 묵었다. 주인은 해리 웰스라는 상냥한 사람이었다.

10월 24일 화요일, 나는 우편배달부인 허버트 크라우스와 함께 50킬로미터 정도 떨어진 클랩험 우체국으로 가는 마차를 탔다. 클랩험은 피츠랜돌프 씨의 엘 크로스 에프(L과 F는 루이스 피츠랜돌프의 약자 – 옮긴이) 목장과 가장 가까운 곳이었다.

그런데 막상 클랩험에 도착해보니 목장 감독 포스터도 자리를 비웠고 요리사도 그만두었기 때문에 페나베토스 강에 있는 엘 크로스 에프 목장에 당장 갈 수 있는 형편은 아니었다. 그래서 나는 계획을 바꿔 거기서 북서쪽으로 6킬로미터 떨어진 레오니 강 근처의 작은 농장에 살고 있는 짐 벤더라는 사람과 같이 지내기로 했다.

시튼(1906년)

짐의 마차에 내 짐을 싣고 나는 그의 작은 집으로 향했고, 그때부터 우리는 함께 살게 되었다.

그곳에는 코요테가 아주 많았다. 낮에는 두세 마리 정도밖에 눈에 안 띄었지만 밤에는 떼로 몰려다녔다. 잭토끼라고 불리는 산토끼와 프레리도그(쥐목 다람쥐과의 설치류. 날카롭게 짖는 듯한 소리 때문에 프레리도그라는 이름이 붙었음 - 옮긴이)도 많았지만 정작 회색늑대는 보이지 않았다.

짐이 말했다. "대낮에는 늑대를 볼 수 없어요. 낮에 볼 수만 있다면야 장거리 총으로 쏴버리면 그만이지. 하지만 놈들의 소행은 내 많이 보여드리리다."

그가 보여준 것은 대부분 한 살도 안 된 소의 시체들이었다. 시체들은 궁둥이와 뒷다리 부분만 뜯어 먹힌 채 나머지는 코요테나 콘도르의 밥이 되고 있었다.

집 뒤로 500미터 떨어진 곳에 높이가 60미터 정도 되는 가파른 바위산이 있었는데, 옛 주인의 이름을 따서 타보 산이라고 불렀다. 어느 날 나는 꼭대기에 올라가서 서부의 오랜 관습대로 최고점을 표시하는 돌기둥을 세웠다. 그때 저 아래 평원에 코요테 두 마리가 눈에 띄었다. 놈들은 보통 제 짝과 함께 사냥을 하기 때문에 틀림없이 암놈과 수놈일 거라고 생각했다. 나는 가만히 놈들을 지켜보았다.

한 놈이 굵은 나무 뒤에 웅크리고 숨자, 다른 놈이 작은 둔덕 위에서 컹컹대고 있는 프레리도그에게 다가갔다. 코요테가 천천히 쫓아가자 프레리도그는 자기 집으로 쏙 들어갔는데 그 틈에 나무 뒤에 숨어 있던 놈이 재빨리 뛰어서 프레리도그의 구멍에서 2미터밖에 떨어지지 않은 다른 나무 뒤로 숨었다. 그동안 한 놈은 계속 천천히 프레리도그의 구멍쪽으로 다가갔다. 잠시 뒤 프레리도그가 고개를 빼더니 코요테가 아직 멀리 있는 걸 보고는 대담하게도 밖으로 나와 코요테에게 사납게 짖어댔다. 바로 그때, 나무 뒤에 숨어있던 코요테가 쏜살같이 뛰어나와 프레리도그에게 달려들었다. 하지만 놈들은 사냥감을 바로 코앞에서 놓쳐버렸다. 이번엔 실패했지만 이 방법은 종종 성공했을 것이다.

매니토바에서는 올가미를 잘 쓰지 않는다. 올가미는 본래 탁 트인 넓은 지역에서 요긴하게 쓰이는 도구이기 때문이다. 내가 고난도 올가미 기술을 처음 본 것은 버팔로 빌(유명한 들소 사냥꾼 윌리엄 F. 코디의 별칭. 와일드웨스트 공연단을 조직해 총싸움, 들소 사냥 등을 공연하기도 함 – 옮긴이)의 쇼에서였다.

놀랍게도 여기 남서부에서는 말을 탄 사람들이라면 하나같이 올가미를 돌돌 말아서 안장에 걸고 다녔다. 즉, 여기 사람들은 모두 올가미를 쓸 줄 알아서 맘만 먹으면 언제든 말을 잡을 수 있다는 뜻이었다.

짐의 목장에 온 다음날, 그는 그림을 그리고 있던 나를 남겨두고 볼일을 보러 멀리 나가게 되었다.

"말은 우리 안에 있어요. 필요하면 언제든지 타세요." 짐은 이렇게 말하고 나갔다.

그림을 다 그리고 나서 나는 말에 안장을 올리러 갔다. 말은 지름이 20미터는 되어 보이는 둥근 우리 안에 있었다.

나는 매니토바에서 수없이 했던 것처럼 손에 고삐를 들고 조용히 말에게 다가갔다. 그런데 이 말은 달랐다. 내가 다가가기만 하면 나를 재빨리 피해 도망다녔다. 우리가 둥근 모양이라 말을 몰아넣을 구석도 없었다.

삼십여 분 동안 애써봤지만 헛수고였다. 말 근처에도 갈 수가 없었다. 올가미를 던질 수 있는 사람이 있으면 좋으련만! 집에는 하루 종일 아무도 없이 나 혼자였다.

하는 수 없이 올가미 던지는 방법을 곰곰이 생각해 보다가 먼저 고리를 만들고 나서 서툰 솜씨로 말에게 던졌다. 제대로 걸릴 리 만무했다. 그런데 밧줄이 갈기에 걸려서 그랬는지 말은 자기가 잡혔다고 생각한 것 같았다. 어쨌든 예전에 많이 잡혀 보고 거칠게 다뤄졌던 경험 때문인지 말은 몸을 떨면서 얌전히 서 있었다. 덕분에 나는 재빨리 고삐를 매고 안장을 얹을 수 있었다. 올가미를 던져본 것은 생전 처음이었다.

빌리 엘런은 이 지역에서도 올가미를 잘 던지기로 유명한 사람이었다. 나는 한

두 번 그가 올가미를 던지는 멋진 시범을 구경할 수 있었다. 그는 말을 타고 펄펄 나는 수송아지 옆을 달리다가 원하는 다리에 정확하게 올가미를 걸었다.

목장의 가축들이 걸리는 '턱혹병'이라는 이상한 병이 있었다. 미세한 기생충이 턱뼈 바깥쪽에서 자라서 커다랗게 둥근 종기가 생기는 병이었다. 전염성이나 독성이 있는 것은 아니었지만 이 병에 걸리면 배의 화물로는 '부적합' 하다고 판정받게 된다. 그래서 이 병에 걸린 소는 보통 늑대 미끼로 쓰이게 된다.

어느 날 아침, 내가 빌리 엘런에게 말했다. "늑대 미끼가 다 떨어졌어. 저기 저 소떼 중에서 턱혹병이 걸린 놈이 하나 있던데 말이야."

"좋아, 그런데 어디에서 죽일까?"

"저기 언덕 사이 작은 계곡이 좋을 것 같군."

그래서 우리는 그 소를 무리에서 떼어내서 계곡으로 몰고 갔다. 소는 몹시 흥분해서 난동을 부렸다. "뒤로 물러서. 내가 던질 테니까." 빌리가 말했다. 나는 뒤로 물러서서 감탄의 눈으로 지켜보았다. 그 수송아지는 빌리가 타고 있는 말보다 두 배는 더 무거웠기 때문이었다.

빌리는 무서운 속도로 도망가는 소의 왼쪽으로 따라붙었다. 소와 거리를 좁힌 빌리가 소의 오른쪽 어깨에 밧줄을 던졌다. 그러자 밧줄이 밑으로 떨어져 소의 왼쪽 발에 정확히 가서 걸렸다. 빌리는 밧줄을 꽉 잡아당긴 다음 말에게 신호를 보냈다. 말이 명령대로 곧장 뒷걸음질을 치자 소는 고개를 처박고 뒷다리는 들린 채 완전히 내동댕이쳐졌다.

"옆에서 꽉 붙잡아!" 빌리가 나에게 소리쳤다.

나는 말에서 뛰어내려 무릎을 소의 등에 밀어붙인 채 두 손으로 소의 옆구리를 꽉 움켜쥐고는 있는 힘껏 잡아당겼다. 놈은 처음엔 엄청난 힘으로 뒷발을 흔들어 댔다. 나는 놈을 계속 거꾸로 붙잡고 있었고 그러는 동안 빌리의 말이 밧줄을 팽팽하게 당겼다.

그러자 신기하게도 소의 저항은 점점 약해졌고 마침내 꼼짝 않고 누워 있었다.

빌리가 소를 살펴보더니 말했다. "이것 봐! 목이 부러지고 뿔도 다 꺾였구먼."

불과 몇 분 만에 송아지는 죽었고 목과 뿔은 부러져서 덜렁거렸다.

이게 바로 능숙하게 던져진 올가미의 위력이었다. (목장에선 매일 한두 가지씩 동물들의 생물학적 특성을 발견할 수 있다. 예를 들면, 말은 앞발로 일어나고 소는 뒷발로 일어난다. 그래서 말의 머리를 땅에 누르고 있으면 말은 일어날 수 없고, 소의 뒷다리 쪽을 누르고 있으면 소도 일어날 수 없게 된다. 올가미를 소에게 던진 다음 계속 일어나지 못하게 만들려면 올가미를 던진 사람은 조수에게 이렇게 소리친다. "옆에서 꽉 붙잡아!" 그러면 조수가 말에서 뛰어내려서 누워 있는 소의 등에 무릎을 밀어붙이고 두 손으로 헐렁한 옆구리 가죽을 갈고리 모양으로 잡고서 있는 힘껏 잡아당긴다. 이렇게 하면 소가 일어나지 못하게 된다. 혹시 올가미가 뿔이나 다리에서 빠져나와도 이런 식으로 하면 소는 일어날 수 없게 된다)

나는 즉시 늑대 사냥을 시작했다. 늑대들은 지난 사흘 동안 이 근처에서 수망아지 일곱 마리와 양 다섯 마리를 죽였다. 이 지역에는 조 캘리스라는 늑대 사냥꾼이 있었는데, 그는 지난 6주 동안 회색 늑대 백아홉 마리를 죽였다고 했다. 그는 스트리크닌(다량 사용 시 근육경련, 마비 등을 일으키는 독성물질. 특정 식물에서 추출 – 옮긴이)만 쓴다고 했다. 이것은 최근에 알게 된 쓸 만한 정보였다.

나도 독을 사용해서 늑대들과 승부를 겨루기로 했다.

수많은 경험을 통해 나는 많은 것을 알게 되었다. 늑대들이 바로 내 스승이었다.

내가 최종적으로 택한 방법은 다음과 같다. 소가 목장에서 도살되면 늑대들을 유인하기 위해 쓸 심장과 허파를 먼저 꺼내 놓는다. 갓 죽은 소의 생가죽으로 포대를 만드는데 맨손으로는 절대 만지지 않고 쇠칼도 되도록이면 쓰지 않는다. 가죽장갑을 끼고 신선한 피로 문지른다. 이때 행여 장갑에 입김이 닿지 않도록 조심한다. 스트리크닌 두 알을 젤라틴 캡슐에 넣는다. 미끼로 쓸 쇠고기와 지방을 가로 6센티미터 세로 5센티미터 정도로 잘라 뾰족한 뼈로 구멍을 한 개씩 낸 다음 그 구멍에 캡슐을 끼워넣는다. 그리고 나무집게로 미끼를 포대에 담는다. 마지막으로 심장과 허파를 5미터 정도 되는 밧줄 끝에 묶고 다른 끝은 안장에 매달아 질질 끌고 다니면서 냄새가 땅에 배게 한다. 그리고 4~500미터마다 포대에서 미끼를 꺼내 땅에 던져 놓는다.

그러면 늑대나 코요테가 이 길을 지나가다가 냄새를 따라 열심히 미끼를 쫓아올 것이다. 미끼에 이르면 덥석 물어 먹을 것이고 다음 냄새를 쫓아갈 것이다. 그러다가 가는 길에서 죽으면 시체도 쉽게 발견될 것이다. 이렇게 줄줄이 늘어놓지 않으면 독약이 든 미끼를 먹고서 다른 길로 가서 덤불 같은 곳에서 죽게 되면 시체를 찾을 수 없게 된다.

이 방법은 코요테에게 썩 잘 먹혀서 코요테를 셀 수도 없이 잡았다. 하지만 정작 회색 늑대는 한 마리도 못 잡았다.

그때 내 생각을 바꿔 놓는 사건이 잇따라 일어났다.

어느 날 아침 일찍 말을 타고 미끼를 놓은 길을 따라 가고 있는데, 500미터 앞에서 코요테가 냄새를 따라가고 있었다. 놈은 독이 든 미끼 앞에 멈추더니 미끼를 먹었다. 그리고는 200미터 정도 가더니 심한 발작을 일으켰다. 나는 말을 타고 가서 놈의 고통을 덜어주려고 방아쇠를 당겼다. 총알은 머리 위로 빗나갔고 결국 놈이 나를 발견하게 되었다. 놈은 먹은 걸 다 토해내더니 비틀거리며 일어나서

어둠속에서 나타난 회색늑대

도망가려고 애썼다. 놈은 자기 옆구리와 다리를 미친 듯이 물어뜯으며 마비된 뒷다리를 땅에 질질 끌면서 앞다리로 걸으려고 애썼다.

총 한 발을 더 쏘았지만 또 빗나가고 말았다. 놈은 계속 도망치려고 필사적으로 노력했다.

나는 계속 놈을 쫓아가다가 중요한 사실을 깨달았다. 내가 놈이 회복될 수 있게 도와주고 있다는 사실이었다. 바로 '독을 토하고, 일어나서 목숨을 걸고 싸워라' 하고 해독제를 일러주는 꼴이었다.

내가 자꾸 총을 쏘아대니까 코요테는 그것을 피하기 위해 필사적으로 노력을 했고, 그러다 보니 뒷다리를 움직이게 된 것이었다. 온힘을 뒷다리에 집중시킨 코요테는 점점 더 빨리 도망칠 수 있게 되었다. 결국 점점 더 민첩해진 코요테는 좋은 말을 타고 1킬로미터 가량 쫓아간 나를 따돌리고 잡목이 우거진 골짜기로 숨고 말았다.

이 일로 나는 여러 가지 사실을 알게 되었다. 내가 코요테를 그냥 놔두었더라면 처음 미끼를 먹었던 곳에서 죽었을 것이다. 하지만 내가 유일한 치료 방법을 쓰도록 만들어 준 것이었다. 그건 바로 일어나서 죽을 힘을 다해 움직이는 것이었다. 또한, 이제 놈은 스트리크닌 냄새를 무서워할 줄 알게 될 것이고 다른 코요테들한테도 가르쳐 줄 것이다.

나는 가끔 내 독약을 먹고 죽은 동물들의 허리와 다리에 깊게 베인 상처를 발견할 수 있었는데, 이제 그것이 스스로 한 짓이란 것도 알게 되었다.

또 한 가지 사건이 이웃 목장에서 일어났는데 정말 잊지 못할 끔찍한 비극이었다. 11월 말의 어느 싸늘한 밤이었다. 사방엔 눈이 쌓여 있고 서리마저 내리고 있어 춥고 축축한 밤이었다. 밤 10시쯤, 내티 링컨이라는 사내가 말을 타고 왔다. 그는 거의 얼어붙을 지경이었다. 같이 사는 친구들은 이미 잠자리에 들어 있었다.

내티는 말에서 내려 집안으로 들어왔다.

"이봐, 잭. 키니네(말라리아 특효약. 해열제나 진통제로도 사용함 – 옮긴이)있나? 기절할 지경이군."

"있어. 난로 뒤 선반에 가봐."

거기에는 눈에 익은 볼록한 키니네 약병이 희미한 불빛 아래 놓여 있었다.

내티는 물 한 모금을 마시고 키니네 한 숟가락을 입에 넣었다.

"젠장, 뭐 이렇게 쓴 키니네가 다 있어." 이렇게 말하고는 내티는 곧바로 바닥에 쓰러져서 고통으로 몸부림치며 괴성을 질러댔다. 친구들이 깜짝 놀라 침대에서 벌떡 일어났다.

"뭐야? 도대체 어떻게 된 거야?"

"잭, 제발 부탁이야. 총으로 날 좀 쏴줘! 엉뚱한 병을 집었나봐. 늑대 독약을 먹었다고."

고통에 찬 비명을 지르면서 내티는 다시 바닥에 쓰러졌다. 그리고 곧 죽고 말았다.

나는 그때 그 집에 있지 않았지만 바로 이웃에 살고 있었고, 그 자리에 있던 사람에게서 그 이야기를 직접 들었다. 엄청난 충격이었다. 도대체 인간이 무슨 권리로 자기 재산에 조금 해를 끼친다 해서 짐승들을 그 끔찍한 고통에 빠뜨린단 말인가! 그것은 옳지 않은 일이었다. 정말 끔찍하고 무서운 일이다!

커럼포의 늑대왕 로보

클레이턴 근처에 커럼포 계곡이라고 불리는 소들의 천국이 있다. 북서쪽으로 5~60킬로미터나 펼쳐진 이곳은 어디를 가든 맛있는 풀밭이 사방에 펼쳐 있고 물도 풍부해서 소들에게 최고의 보금자리였다.

소가 많다는 것은 늑대도 많다는 뜻이다. 무자비한 약탈자들은 인간들에게 엄청난 손실을 입혔다. 어떤 목동은 늑대 한 마리가 일년에 천 달러의 막대한 손해를 입힌다고 말했다.

그래서 나는 1894년 1월 4일에 커다란 강철 덫 백여 개를 마차에 싣고 빌리 엘런, 찰리 윈과 함께 커럼포를 향해 떠났다. 도착하자마자 커럼포 목장 주인집에 짐을 풀고 조직적인 답사에 나섰다.

이곳 목동들은 여기 늑대떼의 우두머리가 엄청나게 크고 힘이 셀 뿐만 아니라 소름끼치도록 교활한 놈이라고 입을 모았다.

그러니까 내가 해치워야 할 가장 큰 골칫덩어리가 바로 악명 높은 늑대 '커럼포의 로보'였던 것이다. 『내가 아는 야생 동물들』에서 이 늑대의 이야기를 상세히 다뤘으므로 여기에서는 간략하게 소개하겠다.

먼저 녀석을 잘 이해하기 위해서는 알아둬야 할 것이 있다. 늑대는 큰 개라고 할 수 있지만 야생에서 자랐기 때문에 자기만의 지혜와 빠른 속도, 강한 턱뼈의 힘으로 살아간다.

만약 늑대 새끼가 아주 어릴 때부터 사람들 손에 길러지면, 그 늑대는 개와 다름이 없다. 그래서 일단 길들여지면 주인을 완벽하게 따른다.

하지만 커럼포의 거대한 늑대 로보는 이렇게 길러진 놈이 아니었다. 놈은 사람 손이 아니라 자기 힘으로 자랐고 광활한 땅에서 뼈가 굵은 놈이었다. 그러니 개처럼 순한 구석은 찾아보려야 찾을 수가 없었다. 놈은 소를 놀이 삼아 죽이는 악당이었다. 매일 소 한 마리씩 죽였다는 소문이 파다했다. 당연히 놈은 그것을 한 번에 다 먹지 못한다. 하지만 놈은 교활한 놈이어서 자기가 일단 죽인 소를 다시 찾는 법이 없었다. 다음날만 되면 일단 죽은 소 주변엔 당연히 덫과 독약이 숨겨져 있을 거란 사실을 잘 알고 있었던 것이다. 그러니 매일 밤 갓 잡은 소만 먹는 것이 놈의 규칙인 셈이었다. 남은 것은 코요테나 다른 짐승들 차지가 되었다.

처음부터 나는 이놈에겐 장거리 총이 쓸모가 없다는 걸 깨달았다. 그 이유는 아주 간단했다. 놈은 아예 눈에 띄지도 않았던 것이다. 놈은 사람들이 총을 가지고 다닌다는 것을 알고 있었고 총 앞에서는 자기도 어쩔 수 없다는 걸 잘 알고 있었다. 놈은 낮에는 산꼭대기 어디에 숨어 있다가 밤이 되면 내려왔다. 우리는 울음소리로 쉽게 놈을 알아봤다. 보통 회색 늑대는 '오우-우-오우' 하고 운다. 하지만 이 거대한 놈의 울음소리는 '오우-오우-오우'에 가까웠고 훨씬 낮은 소리였다. 그래서 놈의 낮은 소리가 계곡에 울려퍼지면 목동들은 이렇게 말했다. "저건 로보 소리다. 난 어딜 가든 저 소리를 알아. 저건 늑대 왕 로보야."

우리는 맘만 먹으면 문가에 나가서 울음소리가 나는 곳을 향해 총을 쏠 수도 있었다. 늙은 소가 있는 쪽으로 말이다. 그러면 로보는 가버릴 것이다. 놈은 총하고 싸우지는 않을 테니까. 하지만 놈은 나중에 다시 온다든가 아니면 다른 농장으로 가든가 해서 놈이 원하는 것을 얻고야 만다. 그것도 최고로 좋은 쇠고기로 말이다.

이번 사냥에선 총이 쓸모가 없다는 것을 깨닫고 나는 독으로 승부를 하기로 했다. 목동들이 비웃으며 말했다. "독이라고? 푸하하! 놈은 당신보다 독을 더 잘 알아. 독이 든 미끼는 건드리지도 않을 걸. 다른 늑대들도 못 먹게 할 거고. 우리도

해 볼 건 다 해봤다고."

내 방법은 그들과 다르다고 생각했다. 하지만 독도 아무 소용이 없다는 것을 한 달이 지나서야 깨닫게 되었다. 놈은 미끼에 콧방귀만 뀔 뿐이었다. 나는 놈의 발자국을 조사해 보고 나서 이 사실을 알게 되었다. 보통 늑대들보다 덩치가 더 큰 놈의 발자국이 선명하게 그것을 말해주고 있었다.

독 미끼에 완전히 실패한 나는 남은 한 가지 방법을 쓰기로 했다. 바로 강철 덫이었다. 나는 무거운 스프링이 두 개나 달린 늑대용 강철 덫을 백 개나 가지고 나가 물웅덩이로 가는 길목과 계곡 사이사이마다 세심하게 공들여 덫을 놓았다.

나는 덫을 제대로 놓을 줄 알았다. 먼저 덫과 사슬을 신선한 피로 적신 다음 내 부츠와 가죽 장갑에도 피를 문질렀다. 맨손으로는 아무것도 만지지 않았다. 튼튼한 사슬로 덫을 통나무에 단단히 묶은 다음 오솔길 흙 속에 묻고 통나무는 오솔길 양쪽 바깥에 묻었다. 그리고 원래 있던 흙과 풀을 그대로 덮어서 완벽하게 숨기고서 죽은 토끼로 흐트러진 땅을 고르게 폈다. 아무도 거기에 덫이 숨겨져 있다는 것을 알아차리지 못할 것이다. 소들도 알아보지 못할 것이고 개들도 못 찾아낼 것이다. 개들이 실수로 들어갈 수도 있었기 때문에 우리는 개들이 못 들어가게 막아야 했다. 하긴 개들에게 해롭진 않았다. 이빨이 있는 덫이 아니라 꽉 잡아두기만 하는 덫이었으니까.

개나 소떼, 사람들은 아무도 그 덫을 알아차리지 못했지만 그 교활한 늑대는 달랐다.

놈은 A까지 왔을 때 멈춰 섰다. 예민한 코가 앞에 뭔가 의심스러운 게 있다고 알려 주었을 것이다. 놈은 매우 조심스럽게 땅을 팠다. 그리고 B에 사슬이 묻혀 있는 것을 발견했다. 이제 덫이 어디에 있는지 알아냈고, 무엇이 있는지도 알아냈다. 놈은 계속 땅을 파서 덫이 드러나자 뒤집어 엎어버렸다. 그리고 유유히 그곳을 지나 헤리퍼드종 최고급 암소를 죽여 버렸다.

매번 이런 식이었다. 하지만 드디어 나는 중요한 사실을 발견해 냈다. 놈은 A에 이르렀을 때, 일단 멈춰 서서 냄새를 맡았다. 그런 다음엔 꼭 바람이 부는 쪽

덫을 파헤치고 있는 로보

커럼포의 늑대왕 로보

길옆으로 물러섰던 것이다.

새로운 꾀가 떠올랐다. 길 한가운데 덫을 하나 놓고 나서, 길 양쪽 바깥에 덫을 세 개씩 놓아서 H자 모양이 되게 했다. 놈은 오솔길을 따라 C까지 올 것이다. 거기서 놈의 코가 경고를 하겠지. 그러면 놈은 바람 부는 쪽으로 비켜설 것이고, 길 바깥에 놓인 덫 중에 하나에 걸리겠지. 실패할 리가 없었다.

놈은 다음날 그곳에 왔다. 놈은 조심스럽게 C까지 갔다가 어찌된 영문인지 오솔길을 벗어나기는커녕 뒷걸음질로 자기 발자국을 그대로 짚어 위험한 곳을 벗어나 버렸다. 그리고 한쪽에서 개처럼 뒷발질로 나뭇가지나 돌멩이를 덫 위로 퍼부어서 숨겨져 있던 덫을 깡그리 튀어나오게 했다. 그리고는 귀중한 암소 한 마리를 또 죽이러 갔다.

나는 미칠 지경이었다. 처음에 예상했던 두 주가 지나고 벌써 넉 달째 이 추격전에 매달리고 있었다. 다른 사람들보다 성공에 가까이 간 것도 아니었다. 그러나 놈이 한 가지 결정적인 실수를 하지 않았더라면, 그 교활한 늑대는 아직도 거기에 살아 있을지도 모를 일이다. 아! 치명적인 실수를 조심해야 했는데. 놈에겐 아주 젊고 아주 어리석은 짝이 있었다.

그때까지 나는 그 늑대들을 본 적이 한 번도 없었다. 멕시코인 양치기들은 밤에 양떼를 지킬 때 흐릿한 모닥불 사이로 그 무시무시한 늑대들이 배회하는 것을 봤다고 했다. 그 양치기들은 총이 없었는데, 로보와 그 부하들은 그 사실을 알고 그들 앞에 자주 나타났다.

그 무렵, 그 양치기들이 새로운 늑대가 그 무리에 들어왔다고 알려주었다. 작고 새하얀 늑대였는데, 양치기들은 크기로 보아 암놈이라고 생각해서 블랑카라고 불렀다.

나는 늑대의 발자국이나 울부짖는 소리 그리고 놈들이 저지른 일을 보고 늑대에 대한 지식을 쌓아나갔다. 사실 나는 로보가 덫을 파헤치는 광경을 본 적이 없다. 그걸 본 사람은 아무도 없었다. 하지만 흙 위에 남아 있는 발자국들은 사실을

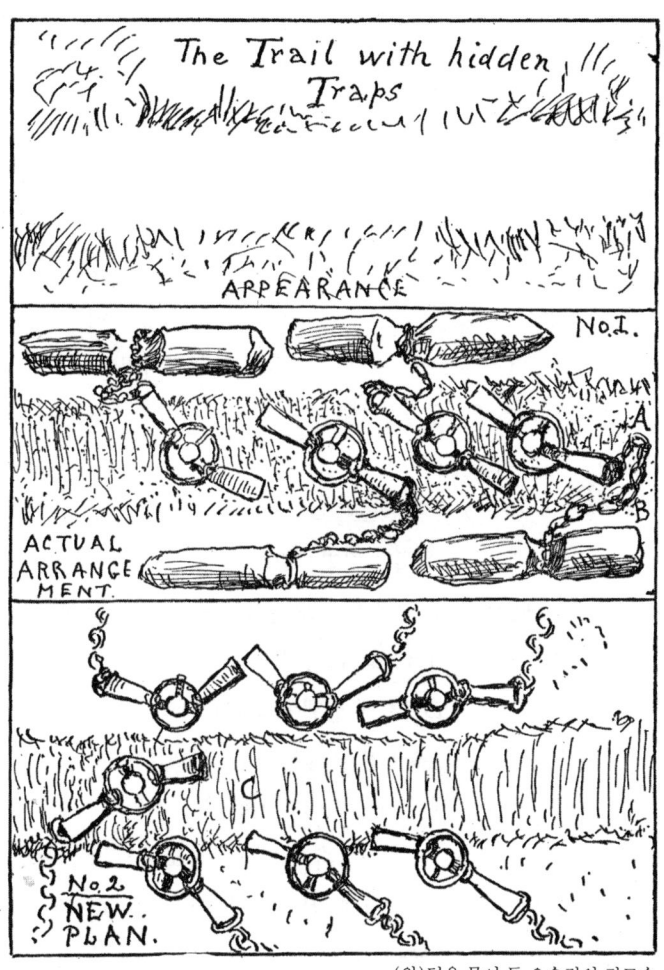

(위)덫을 묻어 둔 오솔길의 겉모습
(가운데)처음에 놓았던 덫의 배열
(아래)새로 놓은 H자 모양 배열

분명하게 알려주었다. 나는 발자국만으로도 무슨 일이 있었는지 눈앞에 생생하게 그려낼 수 있었다.

하지만 최근 들어, 내가 이해하지 못하는 발자국을 여러 번 발견하게 되었다. 덫 주위를 돌고 있는 발자국 가운데 우두머리보다 앞쪽에 있는 것이 눈에 띈 것이다. 그 발자국은 덫 아주 가까이까지 이어지는 경우도 많았는데 매우 작은 늑대의 발자국이었다. 난 도저히 이해할 수가 없었다. 다른 늑대들은 같이 오지도 않은 것 같았다.

그런데 어느 날, 한 목동이 내게 이렇게 말해 주었다. "오늘 놈의 패거리들이 벌건 대낮에 달려가는 것을 봤지. 그런데 힘이 넘치는 작은 놈이 무리와 떨어져서 거침없이 달려가더군. 바로 멕시코인들이 말하던 블랑카였어."

"바로 그거야!" 나는 탄성을 질렀다. "그게 바로 네 약점이었군, 로보. 좋은 수가 떠올랐어."

나는 목장 근처에서 미끼로 쓸 암소를 죽인 다음 매우 조심스럽게 암소 주변에다 덫을 놓았다. 그리고 암소의 목을 잘라서 20미터 떨어진 곳까지 끌고 갔다. 소머리에 덫 두개를 매달아 놓고 내가 아는 모든 방법을 동원해서 덫을 숨겼다. 잡초와 풀과 선인장을 원래 있었던 그대로 덮고, 마지막으로 코요테 발자국을 여기저기 찍어놓고 소머리 위에도 코요테 냄새를 묻혀놓았다. 코요테가 왔다갔으니 이곳은 안전한 곳이라고 놈을 속이기 위해서 그런 것이었다.

다음날 새벽에 일이 어떻게 됐나 살피러 나가봤더니 정말 기쁘게도 소머리는 어디론가 끌려가고 없었다. 남아 있던 흔적을 조사해 보니 당장 어찌된 일인지 알 수 있었다. 로보는 예상대로 거기에 왔었다. 먹음직스러운 쇠고기 냄새에 유인된 놈은 먼저 멀리 떨어진 곳에서 미끼 주위를 돌다가 덫을 발견하고는 물러나라고 경고를 했다. 무리는 모두 뒤로 물러섰다. 그런데 작은 늑대 한 마리가 한쪽으로 달려가 검은 물체를 살펴보다가 덫 하나에 발이 걸리고 말았다. 그리고는 소머리를 끌고 가버린 것이었다.

로보와 블랑카

덫에 걸린 블랑카

나는 빌리 엘런과 함께 말을 타고 흔적을 따라 험난한 계곡을 따라갔다. 2킬로미터도 못 가서 우리는 덫에 걸린 작은 늑대가 블랑카였고 아직 살아 있다는 것을 알았다. 로보도 옆에서 같이 뛰며 블랑카를 떠나지 않았다. 하지만 사람들이 총을 들고 따라오는 것을 본 로보는 이젠 어쩔 수 없다는 것을 깨달았을 것이다. 로보는 블랑카를 이끌고 고개를 넘어 메사(침식에 의해 생긴 탁자모양의 대지로 꼭대기는 평탄하고 주위는 급사면을 이루는 지형 - 옮긴이)로 갔다. 얼마 동안은 블랑카도 로보를 잘 따라갔다. 하지만 소의 뿔이 암석 틈에 끼어 꼼짝 못하게 되자 결국 우리와 맞닥뜨리게 되었다.

막 해가 뜨기 시작했고 햇빛이 블랑카를 비추었다. 얼마나 아름다운 놈이었던지. 놈의 털은 눈이 부시도록 하얀색이었다. 나는 사진을 찍어 영원히 남을 기록을 만들었다. 잔인하게 들리겠지만, 우리는 둘 다 밧줄을 블랑카의 목에 던졌고, 그 다음 일은 말에게 맡겼다.

나는 블랑카의 시체를 내 안장 앞에 싣고 목장으로 돌아왔다. 그때처럼 승리에 들떠 있었던 적도 없었다. 이 근처에서 그 늑대 무리 중에 한 마리라도 잡은 사람이 없었던 터라 내가 그러는 건 당연했다.

하지만 그날 하루 종일 높은 계곡에서 로보가 제 짝을 부르고 또 부르는 소리를 들어야 했다. 그 소리는 더이상 발칙한 울부짖음이 아니었다. 슬픔이 가득 배어 있었다. 밤이 되자 놈의 소리가 가까워졌다는 것을 알 수 있었다. 블랑카가 죽었던 자리에 이르자, 모든 사실을 알게 된 로보는 가슴이 찢어지는 듯 애처롭게 울부짖었다. 어떤 비정한 목동은 이렇게 말했다. "젠장! 저런 울음소리는 처음 들어보겠네. 어떻게 늑대가 저럴 수 있지?"

로보는 우리가 타고 온 말의 자취를 따라왔다. 복수를 하려고 왔는지 블랑카를 찾으러 왔는지 모르겠지만, 어쨌든 로보는 복수를 했다. 밤 10시쯤에 밖에 있던 개가 짖는 소리가 들렸다. 나는 얼른 달려나가서 개를 들여보내려고 했지만 개는 보이지 않았고, 불러도 오지 않았다. 다음날 아침 그 이유를 알게 되었다. 로보가 개를 끌어낸 뒤 그리 멀지 않은 곳에서 발기발기 찢어놓은 것이었다.

로보는 그날 밤에 혼자서 왔고, 아주 부주의하게 돌아다닌 것 같았다. 전혀 그답지 않은 행동이었다. 이제 모든 게 확실해졌다. 블랑카는 로보의 짝이었던 게 틀림없었다. 나는 소들을 더 잃지 않으려면 지금처럼 로보가 제정신이 아닐 때 해치워야겠다고 생각했다.

우리 셋은 하루 종일 일했다. 놈의 집으로 통하는 모든 길목에 덫을 네 개씩 놓았다. 덫을 다 숨긴 뒤에는 블랑카의 발목을 잘라서 덫으로 가는 길에 묻혀서 죄다 블랑카의 냄새가 배이게 했다.

그날 밤 우리는 아무 소리도 못 들었다. 다음날에도 말을 타고 돌아다녀 봤지만 별다른 일은 발견하지 못했다. 저녁에 목동이 왔을 때, 내가 물었다. "오늘 북쪽 계곡에 가 봤소?"

"가보진 않았지만 그 위쪽에서 소들이 요란한 소리를 내는 것은 들었어."

다음날 일찍 나는 북쪽 계곡으로 올라갔더니 역시 예상한 대로 덫을 놓은 곳에 늑대가 누워 있었다. 바로 그 유명한 늑대 왕 로보였다. 로보는 틀림없이 내가 뿌려놓은 블랑카의 냄새를 따라온 것이었다. 놈은 블랑카가 바로 앞에 있다고, 이제 곧 블랑카를 만날 거라고 생각한 것이다. 놈은 아무런 주의도 기울이지 않고 따라왔다가 네 발이 모두 덫에 걸리고 말았다. 덫은 네 발에 하나씩 걸려 있었고 사슬은 엉망으로 엉켜 있었다. 꼼짝달싹하지 못하게 된 로보 주위로 소떼가 아우성을 치며 몰려들었고 마구 흙을 뿌려대며 힘을 잃은 폭군을 모욕했다. 하지만 여전히 소들은 로보 가까이에는 얼씬도 못했다.

내가 다가오는 걸 보자, 로보는 소리 높여 무리를 불렀다. "어서 와서 나를 구하라"고. 놈은 마지막으로 소리를 질렀지만 생전 처음으로 아무 대답도 듣지 못했다. 나타나는 놈이 한 마리도 없었던 것이다.

궁지에 몰린 로보는 나에게 덤벼들어 죽을 때까지 싸울 기세였지만 묶여 있어서 어쩔 수 없었다. 놈이 몸부림치다가 지쳐서 땅에 누운 틈에 나는 사진을 찍었다.

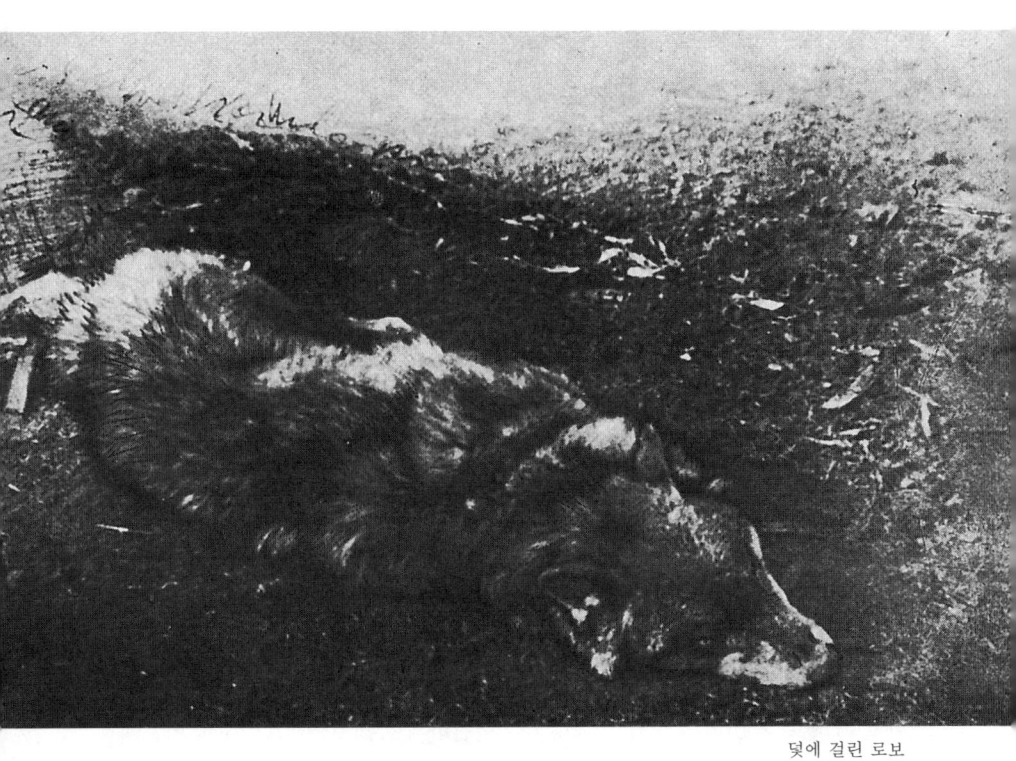

덫에 걸린 로보

나는 동정심이 생겨 올가미를 땅에 내려놓았다. 넉 달 동안이나 이놈을 쫓아다녔고 다른 사냥꾼들은 5년 동안이나 시간을 허비했다. 그런데 막상 놈이 내 손안에 들어오니 미안한 생각마저 들었다.

"이 무자비한 폭군아, 넌 정말 멋진 놈이었어. 미안하구나. 하지만 이게 내 일인 걸 어떻게 하겠니."

나는 올가미를 던졌다. 하지만 로보는 밧줄이 제 목에 닿으려는 찰나, 입으로 낚아채서는 단번에 두 동강 내버렸다.

로보는 나를 쳐다보며 이렇게 말하는 것 같았다.

"어디 한 번 해보시지."

나는 총을 가지고 있었지만, 총으로 죽이고 싶은 마음은 없었다. 그래서 다시 목장으로 돌아가 올가미를 하나 더 가져왔다. 이번에는 빌리 엘런도 함께 왔다. 나는 큰 나뭇가지를 로보에게 던졌다. 그것 때문에 로보는 다른 적을 보지 못했다. 놈이 나뭇가지를 물었다가 떨어뜨리기 전에 빌리와 나는 올가미를 던진 것이다. 밧줄이 로보의 목에 걸렸다. 말들은 다음에 해야 할 일을 잘 알고 있었다. 순식간에 로보의 멋진 황갈색 눈에서 빛이 사라지고 있었다. 순간 나는 갑자기 소리쳤다.

"그만해! 그만해, 빌리! 올가미를 풀어. 산 채로 데려가자."

놈은 이제 아무 힘도 없었다. 우리는 쉽게 놈의 턱에 막대기를 끼우고 주둥이를 굵은 밧줄로 묶었다. 막대기 덕에 밧줄을 단단하게 감을 수 있었고, 밧줄 덕분에 막대기가 움직이지 않았다. 턱이 묶여 무기가 없어진 걸 알자, 놈은 더이상 저항하지 않았다. 녀석은 나를 쳐다보지도 않았다. 나와 눈을 마주치지 않고 마치 평원에 자기 혼자 있는 것처럼 굴었다.

우리는 놈을 단단히 묶은 다음 덫을 빼 주고 내 안장 위에 얹었다. 내가 한 쪽을 잡고, 빌리가 다른 쪽을 잡고서 우리는 천천히 목장으로 돌아왔다.

목장에서 나는 로보의 목에 목걸이를 걸고 무거운 사슬을 연결해서 목장 말뚝

당당한 포로

에 잡아맸다. 그리고 그 주변에 덫을 더 놓았다. 그날 밤 로보가 자기 무리를 부르면 늑대를 더 잡을 수 있을 거라고 생각했기 때문이었다.

하지만 로보는 부르지 않았다. 이미 불렀지만 아무 대답이 없지 않았던가. 그 뒤로 다시는 부하들을 부르지 않았다.

나는 고기와 물을 로보에게 갖다주었다. 놈은 쳐다보지도 않았다. 내가 슬쩍 찔러보자 놈은 고개를 돌려버렸다. 내게는 눈길 한번 주지 않고 오로지 드넓게 펼쳐진 평원 뒤로 저 멀리 보이는 협곡만을 바라보고 있었다. 그토록 오랫동안 사냥을 하며 승리를 누렸던 자신의 영토를.

해질녘쯤 되자 로보는 사슬에 묶인 채 마치 커다란 개처럼 얌전히 누워 있었다.

로보의 몸엔 아무 상처도 없었고, 눈은 투명하게 빛났다. 그날 밤 내가 그 곁을 떠날 때 로보는 매우 건강해 보였다. 아침이 밝자 나는 밖으로 나갔다. 로보는 어제 마지막 본 모습 그대로 누워 있었다. 머리를 발에 대고 고개는 협곡을 향한 채로. 하지만 그의 영혼은 거기에 없었다. 커럼포의 왕 로보는 죽은 것이었다.

독수리가 자유를 잃고, 사자가 힘을 잃고, 비둘기가 제 짝을 잃으면 죽는다고 한다. 마음이 아파서 죽는다는 것이다. 그런데 그 세 가지를 송두리째 잃은 로보에게 어떻게 그 슬픔을 모두 견디라고 말할 수 있겠는가?

나는 사슬과 목걸이를 풀어주었다. 우리가 로보의 시체를 들었을 때, 가까운 메사에서 늑대들의 슬픈 울음소리가 들렸다. 어쩌면 보통 울음소리였는지도 모르겠다. 하지만 그때는 멀리 떠나는 왕에게 보내는 애도의 울음소리로 들렸다.

우리는 로보를 블랑카가 누워 있는 헛간으로 데려갔다. 로보의 블랑카였다. 우리가 로보를 블랑카 옆에 눕힐 때, 나를 도와주던 사람이 말했다.

"자, 결국 네 짝 옆에 왔다. 이제 다시 같이 있게 됐구나."

7부 자연은 참 좋은 것이다

결혼 그리고 이혼

1894년 7월 7일 나는 저지시티를 떠나 스판덤 호를 타고 프랑스의 볼로뉴로 향했다. 배와 부두를 연결해주는 건널판이 있었기에 망정이지 하마터면 배를 놓칠 뻔했다. 1미터 가량을 건너뛰어 마지막에야 가까스로 배에 올라탈 수 있었다. 일 초만 늦었거나 건널판이 조금이라도 더 멀리 있었더라면 내 인생은 완전히 뒤바뀌었을 것이다.

배는 7월 19일에 볼로뉴에 닿았고, 7월 31일이 되어서야 파리에 도착했다. 나는 라틴구의 고풍스런 보자르 거리 3번지에 방을 하나 얻었다.

한 달 뒤에는 같은 배를 탔던 그레이스 갤러틴과 그녀의 어머니가 파리에 도착했다. 그 두 사람에겐 파리에 달리 아는 사람이 없어서 숙소를 정하는 일부터 여러 가지 사소한 일을 내가 도맡아서 처리해 주었다.

그레이스는 대학을 졸업한 명문가 출신의 매력적인 여자였다. 그레이스는 예술 분야에 탁월한 재능을 타고났으며, 비록 그림에는 재능이 없었지만 문학에 대한 열망과 직감은 나무랄 데 없었다. 당시 『미술 해부학』이라는 야심작을 마무리하고 있었던 나는 그녀를 자주 만나 책의 발간 준비에 필요한 많은 도움을 받았다.

우리는 1896년 4월 4일 세인트 폴 호를 타고 뉴욕으로 돌아왔다. 그레이스는 내가 무일푼의 가난뱅이라는 걸 알면서도(나는 이 사실을 그녀에게 솔직하게 말했다) 내 안에 숨어 있는 재능과 잠재력을 인정했다. 2년 동안이나 가까이서 같은 일을 했던 젊은 우리는 1896년 6월 1일 결혼하기에 이르렀다.

그레이스는 여성의 권리에 대해 매우 진보적인 생각을 가지고 있었지만, 프랑스인 조상을 둔 사람답게 화려한 옷과 사교계 그리고 도시 생활에 매력을 느꼈다. 반면에 나는 옷차림에는 무신경하기로 정평이 나 있었고, 도시에서는 절대로 살지 않겠다고 고집했었다. 시골 생활과 원시림 외에 내 관심을 끄는 것은 아무것도 없었다. 그러나 우리는 젊었고 서로 사랑했기 때문에 타협점을 찾기로 했다.

뉴욕 인근의 시골집을 수소문하던 끝에 우리는 마침내 뉴저지 태펀 근처에서 맘에 꼭 드는 집을 발견했다. 슬로트 저택이라고 불리던 그 집은 드슬로츠 집안이 조상 대대로 살던 곳이었는데, 태펀 역에서 3.2킬로미터, 뉴욕에서 32킬로미터 떨어져 있었으며, 대지가 28만 평이나 되었다. 영국 식민지 시대에 지어진 이 오래된 저택에는 널따란 방이 30여 개나 있었으며, 다들 그런 대로 쓸 만했다. 스물다섯 채나 되는 별채 건물들도 고풍스런 양식이 훼손되지 않고 그대로 보존되어 있었다. 오래된 과수원과 맑은 개울이 흐르는 정경은 그림처럼 아름다웠지만, 육중한 돌로 만든 담에는 노예들의 피와 땀이 얼룩져 있었다.

저택은 당초의 내 계획보다 열 배는 비쌌지만, 집의 크기로 보나 상태로 보나 아내의 원대한 포부에는 딱 들어맞았다. 무엇보다도 그 집값이 겨우 1500달러라는 것이 가장 주효했다. 내 수중엔 그만한 돈이 없었기에 결정권은 결국 그 집을 살 만한 능력이 되었던 장모에게 있었다. 장모는 단번에 결정했다.

"집을 사게. 돈은 여기 있네."

이렇게 해서 우리는 내 뜻과는 상관없이 1896년 5월 30일에 슬로트 저택의 소유권을 넘겨받았다.

우리는 시골 부부를 고용해서 요리와 집안일을 맡기고, 조랑말 한 마리와 마차를 구입해서 역이나 시내로 나갈 때 쓰기로 했다. 이렇게 해서 우리는 단출한 가

시튼 가족(첫번째 부인 그레이스와 딸 앤. 그리고 앤의 결혼 사진)

딸 앤(앞쪽)과 함께

구만 있는 새 집에서 무한한 희망과 야망을 안고 새로운 생활을 시작했다.

이제는 나도 생활전선에 뛰어들어야 했다. 나 혼자서는 현재의 수입만으로도 생활하기에 충분했지만, 앞으로 장모에게 의지해서 살고 싶은 생각은 추호도 없었다.

내게 직접적인 도움을 준 사람은 오랜 친구인 프랭크 M. 채프먼이었다. 채프먼이 쓴 『아메리카 조류 안내서』의 꾸준한 성공에 힘입어 출판업자 애플턴은 그림을 많이 넣어 좀더 대중적인 책을 낼 계획이었다. 그 책이 바로 『새의 일생』이다. 채프먼은 내가 그 책의 삽화를 그려야 한다고 고집했다.

이렇게 해서 나는 매일 아침마다 이젤 앞에 앉아서 잘 알려진 미국의 새들을 펜화로 그렸고, 하루에 15달러씩 벌 수 있었다. 6월에서 8월까지 석 달 동안 그린 그림은 모두 75점이었다.

뉴욕에 머무는 동안 아내가 주도하는 가벼운 사교모임을 통해 우리는 많은 화가와 작가들을 알게 되었다. 아내는 모임에서 탁월한 솜씨를 발휘하여 몇몇 모임의 대표로 급부상했다. 아내는 앞서 말했듯이 회화 분야에는 전혀 재주가 없었지만 문학과 문학비평에는 뛰어난 감각과 재능이 있었다.

아내는 야영생활을 하는 데도 훌륭하게 적응했다. 힘들다고 불평하지도 않고 누구를 비난하지도 않았다. 아내는 명사수였는데 가끔은 사냥 안내자를 훨씬 앞서서 나갔고 담대한 기질로 모든 어려움에 맞섰다. 그녀는 어떤 상황에서도 언제나 침착하고 명석한 판단을 내렸다.

1차 세계대전 중에 아내는 중요한 역할을 해냈다. 거금을 들여 야영에 필요한 여섯 대의 포드 트럭을 사서 파리와 전쟁터 사이를 오가며 군수용품을 조달한 것이다. 이 공로로 아내는 프랑스 정부로부터 훈장과 높은 작위를 받기도 했다.

나는 1차 세계대전 중에 워싱턴과 오타와 그리고 런던에서 활동했지만, 나이가 쉰 넷이나 되어 이렇다 할 역할을 해내진 못했다.

전쟁이 끝나자 우리 부부는 거의 떨어져 살았다. 우리 사이를 엮어주는 유일한 끈은 딸 앤뿐이었다. 해마다 겨울이면 나는 길고도 고된 강연의 행군에 나섰고, 아내는 뉴욕이나 그리니치에 머물거나 아니면 책의 소재를 얻기 위해 여행을 다녔다.

오랫동안 여러 나라를 여행하면서 아내는 몇 권의 뛰어난 책을 발표했지만, 그 결과 우리 사이는 점점 더 멀어져갔다. 가끔씩 밖에 만나지 못하는 데다 관심사도 서로 다르다보니 우리 사이의 간격은 점점 더 커져 갔다.

우리는 30년 동안 "서로 구속하지 않는" 각자의 삶을 살았고, 딸아이가 다 자라 결혼을 하자 서로 더 행복해지기 위해 헤어지기로 했다. 우리는 1934년 남아 있는 재산을 나누고, 산타페 법정에서 법적으로 남남이 되었다. 그리고 나는 서부로 떠났다.

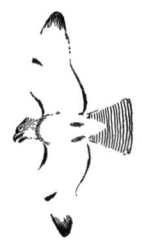

동물기 작가로 명성을 얻다

내 오랜 친구 H. 밀포드 스틸은 1896년에 찰스 스크라이브너스 선스 출판사의 미술부에서 중요한 직책을 맡고 있었다. 나는 그 친구를 통해 자기 분야에서 확고한 기반을 굳힌 사람들을 만났는데, 그 중 한 사람이 출판업자인 H. I. 킴벌이었다. 그 당시 스코틀랜드의 소설가인 제임스 배리가 뉴욕에 잠시 머물고 있었는데, 평소 배리를 존경하던 킴벌은 플레이어스 클럽에서 그를 저녁 만찬에 초대했다. 그날은 1896년 11월 14일이었다.

그날 만찬은 오래도록 기억에 남는 즐거운 시간이었다. 참석한 사람은 아홉 명이었는데, 킴벌, 제임스 배리와 그의 친구 로버트슨, 브랜더 매튜스, 햄린 갈런드, 화가인 프레드 R. 레밍턴, H. M. 스틸, 시어도어 루스벨트와 나였다.

스틸은 사람들에게 나를 소개시키기 위해 늑대 이야기를 해 보라고 권했다. 나는 두 편의 이야기를 연달아 해 주었다. 이 이야기들이 이목을 끈 덕분에 나는 이 모임에서 유명 인사가 되었다. 특히 루스벨트는 자신의 느낌을 이렇게 말했다.

"꼭 조만간 저와 저녁 식사 한번 하시죠."

그 뒤 루스벨트는 메트로폴리탄 클럽에서 열린 '분과 크로켓'(Boone and Croket 미국의 전설적인 개척자들 – 옮긴이) 기념사업회 연례 만찬회에 나를 초대했고, 나는 여기서도 늑대 이야기를 요청 받았다. 결과는 대단한 성공이었다. 루스벨트는 내 이야기를 단연 그날 모임의 히트작이라고 평했다. 이 모임에서 내 이야기의 주제는 늑대들이 특정한 연락소를 정해 놓고 서로 의사를 교환한다는 '늑대 전화와 냄새 연락소'에 대한 것이었는데, 이 이야기는 『수렵 동물의 일생』 1권 284쪽에 자세히 나와 있다.

이날의 만찬을 통해 싹튼 우리의 우정은 평생 지속되었다.

잡지에 시리즈로 게재하다가 반응이 좋으면 책으로 발간하는 것은 자연스런 순서이다. 나도 몇 년 전에 잡지에 연재했던 작품들과 다른 작품 몇 개를 더 골라 여덟 개의 작품을 추렸다. 「늑대 로보」, 「까마귀 실버스팟」, 「솜꼬리토끼 몰리」, 「빙고」, 「스프링필드의 여우」, 「검은 야생마」, 「얄러 개」, 「붉은 목도리들꿩」이었다. 나는 그림과 내용을 보강하여 찰스 스크라브너스 선스 출판사에 작품들을 보냈다. 출판사의 반응은 호의적이었다. 나는 최종 담판을 짓기 위해 스크라이브너 사장을 직접 만났다.

스크라이브너 사장은 대개의 다른 출판업자들처럼 엄살부터 부리기 시작했다. 얼마나 많은 책들이 실패를 했는지 아냐는 둥, 그 실패를 거울삼아야 한다는 둥 하면서 기껏해야 출판 가격의 10퍼센트에 해당하는 인세와 그림에 대한 약간의 보상만 해 줄 수 있다고 했다. "출판 비용을 회수하려면 판매 부수가 어느 정도나 되어야 하죠?" 나는 대놓고 물었다.

"적어도 2천 부는 되어야겠지요." 사장이 대답했다.

나는 반격을 가했다. "전 수백 권의 신간들이 쏟아져 나오는 시장에 이 책을 그냥 던져 버릴 생각은 없습니다. 이 책을 가지고 토론회도 하고 강연도 할 겁니다. 그림은 전시할 계획이고, 강연을 하는 도시마다 출간된 책들을 팔 겁니다. 초판본 2천 부에 대한 인세는 아예 받지 않겠습니다. 그러면 당신이 부담한 비용이 빠지게 되는 셈이죠. 그러나 그 이상의 판매 부수에 대해서는 인세를 두 배로 받겠습니다."

스크라이브너 사장은 결국 스스로 친 방어막에 옴쭉달싹 못하게 포위되어 내 제안에 동의할 수밖에 없었다.

책 제목으로는 세 가지 안을 제시했다. '로보와 다른 동물의 이야기', '네 마리의 왕과 한 마리의 까마귀', '내가 만난 야생 동물들'이었다. 스크라이브너 사장은 첫 번째 제목은 색채가 불분명하고 둘째는 어감이 안 좋다고 해서 마지막 제목으로 결정했다.

1898년 7월 1일에 계약을 하고, 10월 20일에 책이 출판되었는데, 3주 만에 초판본 2천 부가 팔렸고 크리스마스 때쯤 되자 그 세 배가 팔려나갔다. 그 책은 일약 베스트셀러가 되었고, 그 인기는 수년간 수그러지지 않았다. 내게도 비로소 안락한 생활이 찾아왔다.

사실적인 동물들의 생활과 사고방식을 소설 형식을 빌려 쓴 이 책은 이런 종류의 동물 이야기책의 출발점이었다. 그 전에도 「여우 레이나드」(12세기부터 전해 내려온 프랑스의 우화. 유럽 나라에 널리 퍼져 오늘날까지 다양한 책의 소재로 채택되고 있다 - 옮긴이)와 같은 많은 동물 이야기들이 있었지만, 거기에 등장하는 동물들은 전혀 사실적이지 않고 동물 가죽만 덮어 쓴 채 사람처럼 생활하고 생각하며 말하는 인간과 같은 존재였다. 그 이야기들은 재미있는 요정이야기나 우화에 불과했다.

내가 알기로 사실 그대로를 쓴 동물이야기 중 최초의 작품은 1876년에 내가 쓴 「왕산적딱새」(부록참조)이다. 1880년 나는 이 작품을 친구들에게 돌려보게 했다. 곧 이어 1882년 「푸른어치 빌리」가 나왔고, 1883년에 「줄무늬땅다람쥐」, 「초원들꿩」, 1884년 「개똥지빠귀의 노래」, 1886년 「카베리의 사슴 사냥」, 1887년 「실패의 기록」, 「눈신을 신은 북새」, 1888년 「들종다리의 노래」, 「멧종다리」, 「눈길에 난 발자국」, 「너구리들과 지낸 밤」, 1890년 「작은 회색 토끼 이야기」, 1891년 「우리가 살려 준 수사슴 빅 벅」, 1893년 「왜 아메리카쇠박새는 일년에 한 번 특이한 행동을 할까?」, 1894년 「커럼포의 늑대 왕 로보」 이야기들이 이어졌다.

키플링(영국의 소설가, 「정글북」의 저자 - 옮긴이)은 나에게 쓴 편지에서 《성 니콜라스》지에 난 「실버스팟」과 「솜꼬리토끼 몰리」를 읽고 그 이야기에 큰 영향을 받아 1895년 『정글북』을 썼다고 했다. 키플링은 자연에 대해 거의 아는 것이 없었고,

까마귀 실버스팟

자연을 알리려고 하지도 않았기 때문에 키플링의 책에 나오는 동물들은 말도 하고 사람처럼 살아간다. 그러니 그의 이야기는 진정한 의미의 동물 이야기가 아니라 그저 경이롭고 아름다운 동화이다.

당시 골드윈 스미스가 운영하던 잡지 《방관자》의 편집자 찰스 G. D. 로버트는 내가 쓴 「초원들꿩 이야기」(1883년)가 상당히 뛰어난 작품이라고 평했다. 1902년 로버트는 『야생의 동물들』이라는 자신의 책에 이런 글을 써서 보냈다. '야생의 동물들을 그려내는 최고의 왕 어니스트 톰슨 시튼에게, 찰스 G. D. 로버트가 우정과 감사를 표하며.' 나중에 로버트는 1894년 스크라이브너스 선스 출판사에서 나온 『커럼포의 늑대 왕 로보』를 읽고 자극을 받아 그 책을 썼노라고 나에게 말했다. 로버트가 쓴 『발자국의 감시자들』(1904)에는 '야생의 동반자, 어니스트 톰슨 시튼에게'라는 내용이 인쇄되어 있다.

클래런스 헉스는 그의 책 『말코손바닥사슴』(1909)을 나에게 헌정하면서 더 솔직하게 표현했다. '새로운 미국 자연주의 작가들의 길을 밝혀 준, 그리고 이전엔 자연에 전혀 관심을 기울이지 않던 수많은 사람들이 야생에 대해 관심을 기울이도록 만든 나의 박물학 선배이자 친구, 어니스트 톰슨 시튼에게.'

내 책들은 글과 그림이 완성되는 대로 속속 출판되었다. 『쫓기는 동물들의 생애』, 『회색 곰의 일대기』, 『영웅적인 동물들』, 『샌드힐의 수사슴 발자국』, 『숲의 신화와 전설』, 『곰의 왕 탤랙』 등은 그 중에서도 주요한 작품들이고, 대중에게 열광적인 반응을 얻었다. 재판된 책들도 순식간에 팔려나갔다.

물론 이것은 한때의 인기일 뿐 끝없이 이어지지 않으리라는 걸 난 잘 알았다. 그래서 나는 더 열심히 일했고, 저축도 꾸준히 해서 증권과 채권 등에 투자했다. 그렇게 5년이 흐르고 내 생활은 안정된 기반 위에 놓이게 되었다.

검은 야생마의 최후

검은 야생마는 내가 처음으로 쓴 동물 이야기책에 나오는 영웅 가운데 하나이다. 그 뒤 이 유명한 말이 어떻게 되었는지 여기서 몇 가지 이야기를 덧붙여야겠다. 내가 솔트레이크 시에 산 지 4년쯤 되었을 때였다. 나는 호텔 베란다에서 의자에 기대 앉아 있었는데, 내 옆에는 수염이 덥수룩한 구릿빛 얼굴의 소몰이꾼 영감이 담배를 피우고 있었다. 그때 그 영감이 내 쪽을 보더니 물었다.

"이 보슈, 호텔 명부에서 이름을 봤는데 말이우, 혹시 검은 야생마 쓴 사람 맞수?"

"네, 바로 접니다."

"순 엉터리더군. 나도 거기 살아서 그 녀석을 잘 알아. 몇 번이나 잡으려고 했지만, 결국 못 잡고 말았지. 그 녀석이 죽는 것도 봤수다."

나는 말했다. "제발 그 얘기 좀 해주시죠, 영감님. 그 얘길 얼마나 듣고 싶었는지 모릅니다. 사실, 전 한번도 그 녀석을 본 적이 없거든요. 제가 갔을 땐 벌써 2년이나 지난 뒤라서요."

구릿빛 영감이 말했다. "그 이야기도 처음은 다 맞더군. 그 녀석은 사람들을 놀려먹었어. 올가미도 못 씌우고 고삐도 못 매달았지. 그 나머진 다 엉터리야."

"그럼 사실을 말씀해 주시죠." 나는 영감 옆으로 바짝 다가앉으며 말했다. "톰 터키트랙 영감이 그 녀석을 붙잡았을 때부터 다시 시작해야 돼. 책에도 그렇게

달아나는 검은 야생마

야생마의 최후

씌어 있더군. 톰 영감은 그 녀석을 도로 우리에 집어넣으려고 했어. 우리 모두 여차하면 도우려고 했었지. 그런데 젊은 녀석들이 모두 나가 떨어져 버린 거야. 영감은 화가 나서 말을 잡으려고 길길이 날뛰었지만 예순다섯이나 먹었으니 좀 벅찼지. 말을 좀 잡아줄 사람만 찾았지. 몇 명이 올가미를 씌워서 그놈을 잡고 안장을 얹었지. 굴레를 씌우니까 그토록 사납던 녀석이 얌전해지더군. 톰 영감은 커다란 채찍과 윤이 번들번들 나는 마구를 든 채 박차를 단 장화를 신고 서 있다가 '가자!' 하고 소리치면서 안장에 뛰어 올랐지. 우리는 얼른 울타리 문을 열었어.

  둘은 울타리 주위를 돌기 시작했지. 말은 펄쩍펄쩍 뛰면서 영감을 떨어뜨리려고 했어. 하지만 톰 영감은 노련한 사람이었어. 말은 포기하고 이번에는 다른 묘기를 부리기 시작했지. 뒷다리로 서서 몸을 번쩍 들어올린 거야. 영감은 이번에도 속지 않고 안장을 꽉 붙잡았지. 말은 단단한 땅을 뒷발로 힘껏 짚고 서서 온몸을 심하게 흔들어댔어. 둘은 한 몸이 되어 마구 요동을 쳤지.

  녀석은 이번엔 낡은 수법을 썼어. 고개를 돌려서 영감의 발을 물려고 한 거야. 영감은 이번에도 알아채고 발을 안장 위로 빼버렸지. 그리고는 빳빳한 두 줄 채찍으로 녀석의 얼굴을 휘갈겼어.

  녀석은 마지막 방법으로 울타리에다 자기 옆구리를 쾅 부딪쳤지. 영감의 발을 부숴버릴 작정으로 말이야. 방향을 바꿔서 다른 쪽도 부딪치고, 계속해서 오른쪽, 왼쪽 번갈아 가며 온힘으로 영감의 발을 부딪쳤지. 두 번쯤은 거의 성공할 뻔했어.

  그러자 톰 영감이 화가 머리끝까지 나서 소리쳤지. '울타리 문을 열어!' 라고 말야. 우리는 모두 거기 서 있다가 문을 열고는 얼른 옆으로 비켜섰어, 그 둘은 귀신이 들린 것처럼 펄쩍펄쩍 뛰면서 고래고래 소리를 질러댔지.

  말도 이제 그 노인네를 어쩔 수 없다는 걸 알고는 계곡 쪽으로 갔어. 녀석은 벼랑 끝 100미터도 넘는 꼭대기에 서더니 순식간에 절벽 아래로 몸을 날려 버렸어. 영감을 태운 채 말이야. 둘 다 공중으로 날아가 버렸지. 제기랄, 망할 것들 같으니라구. 아주 오래오래 한참이나 밑으로 떨어지더니 마침내 산산조각이 나버렸어. 그게 끝이야. 내 눈으로 직접 봤다구. 그 대단한 말은 그렇게 죽었지. 우리는 둘을 같이 묻어줬어. 오, 하느님."

그 야생마 이야기를 쓸 때 왜 이 이야기를 몰랐을까! 서부의 위대한 영웅시대가 끝나가는 이때 위대한 말과 두려움을 모르는 늙은 기수를 산 제물로 바친 장렬한 최후는 두 배는 비극적이고 가장 멋있는 마지막 장면이 될 수 있었을 텐데.

우드크래프트 인디언 연맹

1874년 열여섯 살 때 나는 친구들을 모아 인디언 부족을 만들어서 야외생활을 했다. 이 모임은 나중에 로빈후드 의적단으로 바뀌었고, 2년 뒤에는 해체되었지만 난 언젠가는 그런 모임을 다시 만들어야겠다는 생각을 줄곧 해왔다. 내가 정신적으로 성숙해 가는 과정에서 그 생각도 함께 자라났다.

나는 모든 인간의 본성이 사악하기 때문에 기적 같은 것에 의해 구원받지 못하면 지옥에 떨어지는 운명을 안고 태어났다는 독특한 종교적인 믿음을 갖고 있는 가정에서 자랐고, 모든 인간은 악마의 유혹 앞에 놓여 있다는 설교를 들었다.

나는 아주 어릴 때부터 그것에 대해 반항했다. 만약 전능하신 주께서 안식일에 새들이 둥지를 짓고 노래를 부르도록 그냥 두었다면, 나는 어째서 그 새들이 행복하게 사는 모습을 보고 들으며 즐거워하는 것 때문에 지옥에 가야 하는지 도무지 이해할 수 없었다.

그때의 대답은 간단명료했다. 내가 하느님에게 버림받은 자이기 때문이라는 것이었다.

1893년경 뉴멕시코의 목장에서 생활할 때 나는 내 인생의 전환점이 된 사건을 겪었다.

이곳에서 매일 부딪치는 목동들은 꽤 거친 사람들이었다. 그러나 모두들 자신의 어머니를 사랑하고 효성이 지극한 점은 높이 살만했다. 교회라도 갔다 온 날이면 그들은 당장 편지를 썼다. "사랑하는 어머니, 지난 일요일에 교회에 가서 설교를 들었는데 어머니 생각이 많이 났습니다."

그 당시엔 순회 전도를 하는 선교사들이 와서 어디서든 전도집회를 여는 일이 종종 있었다. 내가 살던 클랩험에는 교회가 없는 대신 학교 건물에서 전도집회를 열었다. 총을 찬 난폭한 카우보이들이 아이들이 앉는 낮은 의자에 나란히 앉아 있는 가운데 블랭크 블랭크햄 목사가 교탁에 서서 아주 귀에 익은 구절을 펼쳐들었다. "우리 모두는 죄악 중에 출생하였음이여. 모친이 죄 중에 우리를 잉태하였나이다."(시편 51장 5절 – 옮긴이)

그러자 맨 앞줄에 앉아 있던 키 큰 텍사스 인이 벌떡 일어나더니 목사에게 총을 겨누며 소리쳤다. "뒈져버려! 우리 어머니는 그런 식으로 나를 갖지 않았어. 우리 어머니는 훌륭한 여자야. 우리 어머니를 비방하는 놈은 그냥 두지 않겠어! 당장 무릎 꿇고 취소해. 안 그러면 네 몸에 구멍을 숭숭 내 버리겠어."

목사는 바들바들 떨면서 무릎을 꿇고 자기가 한 말을 모조리 취소했다. "전혀 그런 뜻이 아닙니다."

"그럼 그 따위 빌어먹을 말을 하는 이유가 뭐야?"

목사가 알 리 없었다. 그는 그저 그렇게 말하도록 배웠을 따름이다.

목사 외에는 아무도 구원을 받지 못한 채 그 집회는 끝나버렸다.

그러나 나는 그 일에서 깊은 인상을 받았다. 그 거친 텍사스인은 우리들 대부분이 갖고 있는 무의식적인 생각을 표현한 것뿐이었다. 그 일로 인해 나는 큰 자극을 받았다. 신이 준 인간의 자연스런 감정과 인간관계에 하나같이 죄악의 낙인을 찍는 것이 과연 무슨 종교란 말인가?

나는 그 당시 많은 생각을 했다. 거칠고 사나운 브롱코 위에 올라타서 황소 뒤를 쫓아다니노라면 하루 종일 생각에 사로잡힐 때가 많았다.

어머니에 대한 나의 사랑과 존경은 어머니가 숭배하는 끔찍한 교리와 정면으로 충돌했다.

오랫동안 괴로워하던 나는 드디어 한 가지 위안을 발견했다. 마침내 에머슨(미국의 시인, 사상가. 뉴잉글랜드 초절주의라는 철학운동을 주도한 인물 - 옮긴이)의 사상을 만나게 된 것이다. "만약 당신이 훌륭한 선조가 되고 싶다면, 당신의 판단을 버리고 스스로를 믿고 본능을 따르라. 타락의 길에 들지 않을 것이다."

맞는 말이었다. 우리의 본능이란 무엇인가? 조상들로부터 축적된 지혜이자 우리의 가장 위대한 유산이며 우리를 저 밑바닥으로부터 끌어올려 사람답게 만드는 힘이다. 판단이란 무엇인가? 개인적인 판단은 내 경우와 마찬가지로 집안 환경과 가르침에 의해 조금씩 왜곡되는 것이다.

마침내 나는 상식과 생태학과 그리고 무엇보다 위대한 스승들의 가르침에 힘입어 신이 보낸 모든 어린이들은 순수함의 극치라는 가정을 세웠다. 어른들은 어린이들을 교정하려 할 것이 아니라, 오히려 어린이들이 어른에 의해 망가지는 걸 막아야 하는 것이다.

이런 기조에 의해 나는 인간의 본능을 연구하기 시작했다. 이것은 윌리엄 제임스(역사와 철학 분야에 대해 많은 책을 낸 미국의 유명한 저술가 - 옮긴이)를 알기 훨씬 전의 일이었지만, 내가 60여 가지의 인간 본성을 기록하고 검토했던 것은 전혀 놀랄 일이 아니다. 여기서 그 모든 것을 거론할 필요는 없고, 몇 가지만 예로 들면 영웅 숭배, 패거리 본능, 명예욕, 사냥꾼 본능, 유희, 탐험 욕구, 어둠에 대한 두려움, 새로움에 대한 열망 등이 있다.

이 모두는 인간의 역사에 깊이 뿌리내린 것으로 잘만 이끌어준다면 큰 힘을 발휘할 잠재력이 충분한 것들이다.

이런 생각을 기본으로 나는 야외 생활을 통한 교육을 계획하기 시작했다. 먼저 내가 좋아하는 사람을 영웅의 모델로 내세웠는데, 그 사람은 로빈후드도, 바다의 왕 롤로도 아서왕도 아니고 바로 페니모어 쿠퍼의 소설에 나오는 인디언이었다. 그는 쇼니족의 위대한 추장 테쿰세로서 육체적으로 완벽하고 현명하고 용감하며 개성 있고 관대하고 위엄을 갖춘 이상적인 인디언이었다.

나는 건강한 신체에서 건강한 마음과 정신이 자라나고 마침내 인류에 기여한다는 공훈 규약을 만들었다.

누구나 공적을 세우면 배지를 받을 수 있는데, 남과 경쟁해서가 아니라 일정 기준에 도달하기만 하면 되었다. 경쟁을 하면 동료들을 밀치고 나서야 하지만 기준에 맞춘다는 것은 자기 자신을 끌어올리면 되는 것이기 때문이다.

나는 《레이디스 홈 저널》지의 에드워드 보크(미국의 편집인. 사회개혁과 현대 미국문화 형성에 중요한 역할을 함 - 옮긴이)를 설득해서 국가가 필요로 하는 것은 바로 이런 것임을 주지시켰다. 나는 구성원들을 우드크래프트 인디언들이라고 불렀고 일정한 임무를 수행하면 그들은 스카우트 대원이 되었다. 이 조직은 《레이디스 홈 저널》 1902년 5월호에 공식적으로 발표되었다.

내 계획을 실천에 옮길 기회는 곧바로 찾아왔다.

1900년에 나는 인생의 꿈을 실현할 기회를 얻었는데, 그때의 꿈이란 열에 아홉은 누구나 품어보는 흔한 꿈이었다. 그 당시 운 좋게도 나는 뉴욕에서 멀지 않은 곳에 있는 작은 농장 하나를 구입할 수 있었는데, 언덕과 바위와 울창한 나무와 작은 목초지가 있고, 오리나무 습지로 개울이 흘러드는 아름다운 땅이었다. 오리나무 습지는 호수로 이어지고, 습지 가운데에는 새들과 야생동물의 작은 천국이 펼쳐져 있었다.

옐로스톤 강에 있던 시튼의 오두막

나는 작은 오두막을 짓고, 농장 주위에 사람들이 드나드는 걸 막기 위해 3미터 높이의 철망 울타리를 치고 그 꼭대기에는 가시철조망을 쳐 놓았다.

나는 주로 여기서 지내며 자연 보호와 복원을 위한 일을 시도할 작정이었다. 이곳에서는 어떤 종류의 야생생활도 할 수 있었기에 나는 꿈이 실현된 기쁨에 파묻혀 있었다. 내 원시림이 한없이 자랑스러웠으며, 그것은 나만의 숲이라고 생각했다.

그러나 이웃에 사는 소년들은 그게 아니었다. 그들에게 나는 이방인이고 훼방꾼일 뿐이었다. 그들이 나무열매를 따고 소풍을 가고 땔감과 건초를 얻었던 땅에 담을 쳐놓은 데다 사냥철에도 그 숲에서 다람쥐와 멧도요를 사냥할 수 없게 만들었기 때문이었다.

소년들은 전쟁을 선포했다. 그들은 나를 몰아내기로 결의하고는 내가 배겨나지 못하게 만들어서 쫓아내려고 했다. 그들은 울타리를 부수고 동물들을 쏴 죽이고 대문에다 난잡한 그림을 그렸다.

여름 내내 울타리를 고치고 동물들을 새로 들이고 문에 칠을 다시 해야 했다. 나는 그들을 상대하지 않고 참는 것만이 이기는 거라고 생각했다. 그러나 달라지는 건 전혀 없었고, 밤마다 파괴행위는 계속되었다. 어느 늦여름의 토요일 오전이었다. 대문에 그려진 괴상망측한 그림 위에 다시 페인트칠을 하고 있는데, 한 패거리의 소년들이 지나가고 있었다. 나는 그 애들에게 소리쳤다. "얘들아, 이 문에다 누가 그림을 그렸는지 알고 싶진 않지만 말이야, 혹시 너희가 알면 그 사람보고 그만 두라고 얘기 좀 해주겠니? 그 사람에게 별 이득도 안 될 텐데 말이다. 문에 칠을 하는 건 별로 힘든 것도 아니고 여러 번 칠할수록 문에도 더 좋단다."

소년들은 자기들끼리 낄낄거리며 의미심장한 휘파람을 불어대며 지나갔다.

다음날 아침에 보니 문과 기둥 그리고 근처의 나무와 바위마다 놀라울 정도로 난잡한 그림과 글이 휘갈겨져 있었다. 모두 한 패거리가 한 짓으로 똑같은 내용에 한 가지 생각을 담고 있었다. 《뉴욕 선데이》 같은 선정적인 잡지조차도 흉내내지 못할 그림과 글들이었다.

나는 이들을 상대하지 않아 봐야 아무 소용없다는 생각이 들었다.

도시에 사는 친구들 중에는 시골에 집이 있는 사람들이 많이 있었는데, 그 중 경험이 많은 한 친구가 이렇게 충고해 주었다. "방법은 딱 한 가지뿐이야. 그 깡패들을 모조리 체포해서 협박을 하라고. 그러면 겁먹고 증언하는 놈이 있을 거야. 그때 주동자를 감옥에 처넣어버려." 나는 깜짝 놀라 이렇게 대답했다. "애들을 감옥에 넣으라고? 기껏해야 장난에 불과한 일 갖고 범죄자의 낙인을 찍으란 말이야? 그 나이 땐 나도 그런 일을 했을 텐데 그것 때문에 애들을 새장에 가두라니 말도 안 돼! 지금까지는 되도록 상대하지 않고 타이르려고 했는데 안 먹혀들었으니 이젠 다른 전략을 세워야겠어. 최면술이라도 써볼 수밖에."

나는 소년들의 기질을 알고 있었다. 사실 내게는 지금도 소년 기질이 많이 남아 있다. 열여섯이나 열일곱 살 이전의 소년은 무례하고 거칠며, 패거리를 지어 다니길 좋아한다. 자기 패거리에 대한 충성심은 신앙이나 다름없고, 교회나 국가에 대한 충성심보다 훨씬 강하다. 인도를 속국으로 만들었던 영국과 세계를 정복했던 로마인들은 식민국의 왕과 정치적 거래를 해서 다루기 힘든 식민지 백성들을 손쉽게 지배해왔다. 나도 이 방법을 시도해 보기로 했다.

나는 아침 일찍 마을에 있는 학교에 가서 학생들과 5분간만 얘기할 수 있도록 허락을 받았다.

내가 말했다. "너희들 가운데 열두 살 넘는 학생은 모두 일어나 볼래?" 그러자 열두 명이 일어났다.

"오늘 다 출석했니?"

"아뇨, 세 명인가 네 명이 결석했어요."

"좋아! 그만하면 됐어. 여기 서 있는 너희들 모두와 오늘 결석한 아이들을 초대하고 싶구나. 다음주 금요일에 수업이 끝나면 내가 사는 인디언 마을에 와서 금요일 오후부터 월요일 아침까지 야영을 하면 어떨까? 보트와 카누도 있고, 텐트와 괜찮은 인디언 티피도 있단다. 침낭에는 밀짚도 가득 넣어 놨고, 장작도 충

시튼(1927년)

분하고, 먹을 것도 잔뜩 준비해 놓을게. 너희들은 담요 두 장씩만 들고 오면 돼. 단, 권총이나 성냥, 담배나 술은 절대 안 돼. 어때, 올 생각 있니?"

그러나 대답 대신 쥐죽은 듯한 정적만 흘렀다. 대답하려는 낌새도 없을 뿐더러 흥미를 보이는 아이도 없었다.

나는 당황스러웠다. 나는 내 인디언 마을이 금지된 곳이기 때문에 아이들이 그곳에 왔던 거라고 생각했다. 어쩌면 아이들이 내 초대의 의미를 이해하지 못하고 있다는 생각이 들어 나는 다시 말했다. "너희들은 아무것도 준비할 게 없어. 내 손님으로 오는 거란다. 야외에서 신나는 캠프를 할 수 있을 거야."

그러나 아이들은 못 알아들었는지 여전히 묵묵부답이었다. 열두 명의 남자애들은 멍해 보이기도 하고, 골이 난 듯하기도 하고, 뭔가 의심하는 듯한 표정을 짓기도 했다. 내가 또 말했다.

"내 말은 주말에 자유롭게 야영을 하자는 거야."

아이들은 여전히 대답이 없었고, 심지어 알아들었다는 표정조차 보이지 않았다. 나는 당황해서 어쩔 줄 몰랐다. 차라리 '싫어요'라거나 다른 질문이라도 했다면 그 상황을 이해할 수 있었을 텐데. 그러나 침묵의 벽은 이해하기 힘들었다. 나는 난처해져서 가까이에 서 있는 키가 훤칠하고 눈이 착하게 생긴 아이에게 물어봤다. "숲으로 소풍가고 싶지 않니? 모든 건 다 갖춰져 있고 신나게 놀기만 하면 되는데."

그 아이는 고개만 한 번 까딱했다. 두 번째, 세 번째 아이에게도 물어보았다. 그 두 아이도 애매하게 고개를 끄덕일 뿐이었다. 아이들이 올 것이라는 생각이 들자 나는 얘기를 끝냈다. "잊지마, 다음주 금요일 방과 후다." 나는 마지막 말을 남기고서 야영 준비를 위해 출발했다.

텐트와 티피, 보트와 카누 모든 것이 완벽하게 갖춰졌다. 밀짚을 꽉 채운 침낭이랑 땔감도 넉넉하게 준비했고, 놀이에 필요한 다양한 도구와 내가 본 열두 명의 아이들뿐 아니라 열여덟에서 스무 명까지 먹다 남을 만큼 충분한 음식을 준비했다. 맨 마지막으로 요리와 일손을 도와줄 남자 한 명을 고용했다.

금요일이 되자 모든 준비가 완벽하게 끝났다. 오후 4시가 되자 나는 요리사와 함께 아이들을 기다렸다. 아이들은 오지 않았다. 15분이 지나도 30분이 되어도 아이들은 코빼기도 비치지 않았다. 그러자 맥이 빠진다는 듯이 요리사가 말했다. "선생님, 제가 그 놈들한테는 아무것도 기대하지 말라고 말씀드렸지요. 그 녀석들을 위해서는 생가죽 채찍이나 준비해 두는 게 낫겠어요."

나는 말했다. "아니야, 그렇게 해결하려 하다가 안 좋은 결과를 초래하는 걸 많이 봐왔어."

나는 계속 기다렸지만 점점 초조하고 불안해졌다. 4시 45분이 되자 옛 동요가 귓가에 맴돌았다.

"스마티 씨가 잔치를 열었네. 그러나 아무도 오지 않았네."

그러나 5시가 되자 갑자기 왁자지껄한 소리가 점점 커지더니 작은 소동을 일으키며 아이들이 큰길로 떼지어 몰려왔다. 몰려온 아이들은 내가 본 열두 명도 아니고 준비한 음식에 맞는 열여덟 명도 아니라 자그마치 마흔 두 명이나 되었다. 모두 낡은 담요를 두 장씩 손에 들고 끝없이 몰려들어 왔다. 열여덟 명 초대했는데 마흔두 명이 찾아오다니, 대성공이었다.

미국 아이들답게 소년들은 금세 멋쩍어하던 태도를 벗어던지고 첫 질문을 했다. "저, 아저씨, 소리 질러도 돼요?" "소리 지른다고? 그래라, 목청껏 소리쳐라." 남자애들은 목이 터져라 소리쳤다. 나중에 이웃 사람은 3킬로미터 밖에서 괴성을 들었다고 말했는데 정말 그랬을 거다.

그 다음 질문은 "저, 아저씨 옷 벗어도 되요?"였다. "그럼, 모조리 벗어." 아이들이 허물을 벗듯 옷을 훌훌 벗어던지고 호수로 뛰어드는 것을 보니 오히려 고맙기까지 했다. 아이들은 숲을 마구 뛰어다니기만 했지 아무런 해도 끼치지 않았다. 전혀 생각지도 못한 결과였다.

마치 프랑켄슈타인을 데려다가 놓아 준 것 같았다. 그러나 벌거숭이 아이들은 숲을 불태울 수도 없고 재산을 크게 파손하지도 않았다. 그것은 단지 과정의 하나일 뿐이었다. 나는 그들의 동물적인 힘이 발산되어 없어지기를 바랐다.

6시가 되자 날이 어둑어둑해졌다. 아이들은 지치고 허기가 졌고, 모닥불은 활활 타올랐다. 요리사가 큰소리로 야만인들을 불렀다. "밥 먹어, 밥!"

그 소리에 사내아이들은 우르르 떼지어 몰려와서는 옷을 후닥닥 입고 저녁을 먹으러 다시 몰려갔다. 성서의 구절대로 '그들은 와서 먹기만 했다.' 얼마나 먹어대던지! 기회를 놓치면 국물도 없었다. 집에서 먹는 것보다 꿀맛이었다. 아이들은 마흔두 마리의 보아 뱀처럼 게걸스레 먹어치웠고, 월요일까지 먹을 음식을 하룻밤에 깨끗하게 비워버렸다. 다행히도 다음날이 토요일이라 다시 장을 볼 수 있었다.

6시부터 7시까지 야영지는 아이들이 먹어대는 소리로 시끌시끌했다. 식사 후 포만감에 노곤하고 행복해진 아이들은 불가에 둥그렇게 둘러앉아 새롭고 재미있는 일을 기다렸다. 야만인들과 사내애들은 무언가 통하는 점이 있다.

"이제 재미있는 얘기 하나 해줄까?" 내가 말했다.

사내애들은 예의바르진 않지만 솔직했다. "좋아요. 해보세요."

아이들에게 공손히 허락을 받고 나는 이야기를 시작했다. 인디언과 평원의 생활에 대해 이야기할 때는 어느 정도 천천히 이야기하다가 페니모어 쿠퍼의 매혹적인 이야기에 대해 이야기할 때는 점점 빨라졌다. 그러다가 붉은 인디언의 영예로운 이야기에서는 최고조에 달했다. 이야기를 하는 도중에 나는 아이들을 바라보며 아이들이 모두 졸지 않고 이야기에 빠져들길 바랐다.

8시쯤 되자 좀 나이든 아이들의 투닥거림이나 거친 농지거리도 없어지고, 작은 녀석들은 눈을 동그랗게 뜨고 앉아 있었다.

아이들은 나에게 바싹 다가와 앉았다. 적진에 침투한 스파이가 영웅적 행동으로 영광을 한 몸에 받았다는 이야기에서는 눈망울이 초롱초롱해져서 마치 강한 자석에라도 끌린 듯이 내게 바싹 다가와 있었다. 이야기를 마치자 아이들이 강한 감동을 받았다는 것을 몸으로 느낄 수 있었다. 아이들은 영광에 사로잡혀 있었고, 숭고한 인디언들이 자기들보다 앞서 갔다는 사실을 무척 아쉬워했다. 이방인인 나에 대한 분노는 씻은 듯이 사라지고 없었다.

나는 좀더 심리적인 접근을 시도할 때가 되었다고 생각했다. 환희로 가득한 절정의 순간이 지나고 잠시 숨을 돌린 다음 천천히 말문을 열었다. "자, 애들아, 이 야영생활을 어떻게 했으면 좋겠니? 너희들이 늘 하던 대로 실컷 놀기나 할까 아니면 진짜 인디언식 생활을 시도해볼까?"

나는 아이들의 분위기를 살펴보며 일부러 단 한 가지 대답만 나오도록 유도했다. "인디언이요, 물어 보나마나 인디언이죠."

나는 기다렸다는 듯이 대답했다. "좋아, 그게 좋을 것 같다. 이제 우리는 인디언 부족이라는 걸 명심해라. 각 전사는 투표권을 하나씩 가진다. 먼저 추장을 뽑아야겠다."

그러자 아이들은 처음으로 나에게 예의를 갖췄다. 금세 끈끈한 일체감으로 똘똘 뭉친 아이들은 말했다. "그럼, 아저씨를 추장으로 뽑을래요." 그러나 나는 그 제안을 거절했다. "아냐, 나는 추장이 아니라 주술사야. 추장은 너희들 중에서 나와야 해."

마흔두 명의 아이들은 모두가 추장이 되기를 원했다. 아이들 한 명 한 명 모두 자기가 꼭 추장이 되어야 하는 이유를 강한 확신을 가지고 설명했다. 아이들의 말다툼이 커지면서 소동이 일어나려 하자 내가 말했다. "잠깐, 다른 방법을 찾아야겠다. 자, 누가 여기 있는 친구들을 모두 이길 수 있지?"

"에이, 그건 불공평해요." 불평하는 목소리가 들려왔다. "행크 마틴은 할 수 있죠. 우리 중에서 나이도 제일 많고 덩치도 무지 크고 힘도 세요."

"그래, 만약 행크가 이 자리에서 모든 아이들을 제압할 수 있다면 그건 공정한 거야. 그렇지만 행크를 이길 수 있다고 생각하는 사람이 여기 있을지도 모르잖니."

"내가 이길 수 있어요. 지금 당장이요." 몸집은 좋지만 풋내기처럼 보이는 녀석이 일어났다. 그 애는 확실하게 자존심을 걸고 이기고 싶어했다.

"아주 좋아. 그 사실을 알게 되어 기쁘구나. 지금 이 자리에서는 안 되지만, 언제 시간 되면 해보자."

우드크래프트 인디언 연맹 회원들과 함께 한 시튼(앞줄 오른쪽에서 다섯 번째)

나는 그 두 아이를 투표에 부쳤다. 행크가 압도적인 지지로 뽑혔다. 그의 지도력은 절대적이었다.

행크 마틴이라는 이름을 듣는 순간 어찌나 가슴이 철렁했던지! 행크는 어깨가 딱 벌어지고 각진 턱에 잿빛 눈을 가진 열여섯 살의 사내아이였다. 젊은 수소처럼 힘도 세고, 활력과 자신감이 넘치며 겁이 없어서 맘만 먹으면 나까지도 한판에 쓰러뜨릴 수 있어 보였다. 그리고 행크는 이 마을에서 악명 높은 소년으로 마을에서 벌어지는 못된 장난에는 빠지는 법이 없었다. 그의 대담한 행동은 단순한 사내애들의 장난을 벗어나 범죄 행위에 가까웠고, 그대로 두면 교도소로 갈 것이 뻔했다. 그의 뒤에는 이십여 명의 추종자가 있었다. 그의 아버지는 젖소를 키웠는데 그래서 행크는 아침마다 우유를 배달하러 다니며 못된 장난을 쳤다. 나는 우리집 대문에 그림을 그린 녀석이 행크라는 사실을 이미 알고 있었다. 나는 행크 마틴이 두려웠다. 그는 패거리의 명실상부한 우두머리였고, 막강하며 신성하기까지 한 권위로 아이들을 다스렸다. 내 계획을 수행하려면 행크를 받아들일 수밖에 없었다.

일반적으로 문제가 있는 사내애들은 그저 힘이 남아돌아서 그런 것이거나, 때로는 착한데도 일부러 문제아인 척 가면을 쓰고 있는 경우가 있다. 그런 애들을 이해만 해줄 수 있다면 설득하여 그 가면을 벗게 만들 수도 있다.

행크도 그러길 바라면서 나는 그 애를 옆에 앉혔다. "자, 행크야, 친구들이 너를 인디언 부족의 대장으로 뽑았다. 명심할 것은 네가 며칠 동안만 대장노릇을 하는 게 아니란 사실이다. 우리가 이 자리에서 내린 결정은 너희들이 원하는 한 일년 내내 실내에서든 야외에서든 계속될 것이다. 네가 이 아이들 모두를 이끌어야 한다는 사실을 명심해라. 나는 네가 아이들을 어려움에 빠뜨리지 않을 거라 믿는다."

행크가 대답했다. "그런 일은 절대 없을 거예요."

단지 말뿐인지 아닌지 알 수는 없었다. 나중에 그의 어머니의 얘기를 듣고 나서야 나는 그게 빈말이 아니었음을 알게 됐다. 행크는 그 전엔 어른들 눈에 늘

미국 보이스카웃 회관 건물의 초석을 놓는 시튼(1911년)

하찮게 비쳤기 때문에 추장 역할은 그에게 신선하고 유쾌한 경험이었던 것이다. 그는 마음을 다잡고 어른스럽게 자신의 새로운 책임을 다했다.

그러나 이것은 한참 뒤의 일이었고, 우리는 그 사이 선거준비에 여념이 없었다. 유난히 뚱뚱한 아이가 눈에 띄었는데, 열네 살 정도밖에는 안 먹어 보였는데도 몸무게가 100킬로그램은 되어 보였다. 옆에 있는 애에게 누구냐고 물었더니 톰 스위트라고 했다. 나는 이렇게 생각했다. '몸집에 딱 어울리는 이름이라 기억하기 좋군.'

부대장을 정할 차례였는데, 여기저기서 톰 스위트, 톰 스위트하는 소리가 터져 나왔다. 나는 그 뚱뚱한 애가 부대장이 되는 걸 원치 않았고, 건장한 체격의 아이가 뽑히길 바랐다. 그래서 나는 누군가가 "톰 바니요."하고 가냘픈 목소리로 말할 때까지 그 소리를 못 들은 체했다. 톰 바니도 썩 내키는 건 아니지만 뚱뚱한 아이보다는 나았다. 궁여지책이었다.

"이제 후보가 나왔다. 톰 바니가 부대장 후보다. 톰 바니에 찬성하는 사람 손들어." 다섯 명이 손을 들었다. "톰 스위트가 좋은 사람." 서른 여덟 명이 손을 들었다. 톰 스위트의 승리였다. 나는 하나하나 세면서 내심 당황하였다. 그때 한 애가 두 손을 든 사실이 드러나자 나는 이렇게 말했다. "거기. 너 부정행위야. 전체 투표를 망쳐 놓았어. 이제 다시 해야겠다."

나는 톰 바니의 당선을 위해 내가 생각할 수 있거나 혹은 만들어 낸 모든 이유를 갖다 대며 지지 연설을 했다. 적이 빤히 앉아 있는 곳에서 험담을 늘어놓을 수는 없었다. 나는 무소속 후보를 잡기 위해 내가 지지하는 후보를 첫 번째 후보로 올려놓았다. "자, 공정하게 투표하자. 부대장으로 톰 바니가 좋은 사람 손들어." 놀랍게도 겨우 두 명만이 손을 들었다. 바니와 바니 동생만이.

"톰 스위트가 좋은 사람." 사십 명이 손을 들었다. 의심할 여지가 없었다. 울며 겨자 먹기로 나는 스위트가 부대장으로 선출되었음을 발표했다. "톰 스위트, 앞으로 나와서 부대장 취임선서를 하도록 해라." 톰 스위트가 걸어 나왔다. 놀랍게도 톰은 그 뚱뚱한 애가 아니었다.

드윈턴의 우드크래프트 인디언 연맹 오두막에서

내가 다른 애를 착각하고 있었던 것이었다. 톰 스위트는 필요하다면 대장을 쓰러뜨릴 의지도 있는, 그 지위에 딱 어울리는 늠름한 녀석이었다.

그 다음에는 제3대장과 열두 명의 평의원을 뽑았다. 그들 중에서 혼자서 불을 지필 수 있는 부시대장과, 부적을 지키는 사람(비서), 왐펌(북미 인디언이 쓰는 화폐 또는 구슬을 꿰어 장식으로 쓴 조가비 구슬 - 옮긴이)을 지키는 사람을 각각 한 사람씩 뽑았다. 나는 주술사가 되었고, 나머지 사람들은 모두 용사들이었다.

조직이 완성되자 나는 법률과 임시 헌장을 제시했는데, 미리 전문가의 도움을 받아 최대한 신속하고 세심하게 준비해 놓은 것이었다. 나는 이 법에다 실제 사회에서의 법률에는 포함되어 있지 않은 규칙들을 끼워넣었다. 이 법은 평의회에 대한 반란을 금할 뿐 아니라 야영지 안에서 총기류나 인화성 물질의 사용을 금하고, 술과 담배는 물론이며 새나 다람쥐 죽이기, 게임 규칙 위반, 무기 끝을 겨누는 것 등을 금지했다. 반면에 기사도 정신과 친절, 용기 등을 비롯한 기본적인 덕목을 존중하도록 했다.

이제 마을 소년들과 나 자신과 그 밖의 수많은 소년들의 세계에 신기원을 이룬 단체가 탄생되었다.

우리의 기치는 '가장 인디언답게!' 였다. 인디언 사회의 기발하고 좋고 안전한 것이라면 우리는 가리지 않고 사용했다.

아이들이 깃털을 달고 싶어하자 나는 말했다. "물론 달 수 있지. 그러나 인디언의 방식을 따르기로 한 사실을 명심해라. 훌륭한 인디언은 정당하게 얻지 않은 깃털은 머리에 꽂지 않는 법이다. 그 깃털들은 공훈에 대한 공로로 평의회로부터 받는 것이다. 나는 100가지의 공훈을 제시하고 그 행동을 실천한 사람에게 깃털을 줄 것이다.

내가 정한 기준은 경쟁이 아니라 모두에게 공통되고 절대적이어야 한다는 것이었다. 그래서 학교의 운동 경기 규칙에도 내 기준을 적용하여 최고 등급을 받은 사람 모두에게 깃털 하나씩을 주는 것을 허락했다. 그래서 한 시간에 6킬로미터를 걸을 수 있거나 11초에 100미터를 달리는 사람들 모두에게 깃털이 수여되었다. 가장 쉽게 깃털을 얻을 수 있는 유일한 종목은 수영이었다. 아무리 느려도 100미터를 완주하기만 하면 깃털을 받을 수 있었다.

두 번째 분야는 야영기술이었는데, 막대기를 비벼서 모닥불을 피우거나 강을 건너지 않고도 강폭을 잴 수 있는 사람들 모두가 명예훈장을 받았다.

세 번째 분야는 자연 공부였는데 스물다섯 종류의 나무 이름과 오십 가지의 꽃 이름 그리고 오십 종류의 새 이름을 정확히 댈 수 있으면 깃털을 받을 수 있었다.

나는 사슴사냥이라고 하는 놀이를 발명했는데, 종이와 옥수수알갱이(나중에는 쇠막대로 낸 발자국)로 만든 흔적을 추적해서 사슴 모형을 찾아내고 활로 쏘는 경기였다. 그 밖에도 적진의 스파이 찾아내기, 곰 사냥, 토끼 사냥, 사람 찾기, 철갑상어 찌르기, 빨리 보기와 멀리 보기 등의 놀이 등 무궁무진한 놀이들이 이들 원시적인 소년들의 야만적인 본성을 충족시켜 줄 준비를 갖추고 있었다.

이것들은 모두 다 건전했다. 그 이유는 이것들이 모두 독창적으로 만들어진 것이기 때문이었다. 아이들은 스스로 다스려 나갔으며, 스스로 할 일을 찾았다. 그러나 무엇보다도 아이들은 놀이를 통해 야생의 힘, 즉 명예를 찬미하는 힘을 얻었고 이것을 항상 마음속에 간직하였다. 그것은 이 소년들을 다른 방식의 삶과 생각으로 이끄는 매력이자 채찍이며 원동력이었다.

이 일은 내 예측을 훨씬 능가하는 대성공을 거두었다. 난폭하고 거친 사내애들은 선생님에게 대들고 어른들의 의견에 코웃음을 칠지도 모르지만, 또래 친구들의 여론은 무시하지 못할 뿐더러 신체적인 벌을 줄 수 있는 동료들을 얕보지 못한다.

이 규칙에 따라 우리는 함께 놀이를 했다. 월요일 아침이 되자 나와 내 집을 못살게 굴던 깡패들은 사라지고 대신 충실한 마흔 두 명의 친구가 생겼다. 프랑스에서 죽은 네 명을 제외하고 그들 모두는 아직도 내게 좋은 친구들이다.

나중에 가서는 이 사내아이들 중에 문제아는 한 명도 없었다. 모두 착한 아이들이 되었고, 현재는 안정된 위치에 있는 시민들이 되었다. 25년이 지난 뒤 이 첫 번째 야영에 왔었던 친구들이 다시 모였는데, 대부분 모임에 참가했다. 그들에게

서 들은 얘기는 놀라운 것들이었다. 행크 마틴은 큰 자동차 수리회사와 버스 회사의 사장이 되었으며, 맡긴 돈을 맘대로 써버렸던 어린 불량배는 지금은 전국적인 단체의 지부에서 회계담당자로 있다. 고자질과 말썽을 몰고 다니던 꼬맹이 고자질쟁이는 자치시의 책임 변호사가 되었으며, 수영 말고는 제대로 하는 게 없던 뚱뚱한 녀석은 도시 근교에서 큰 고무회사 경영자로 성장했고, 밤마다 일어나서 파이를 훔쳐먹던 사내애는 상공회의소의 대표로 있다.

　나쁜 길로 간 아이는 하나도 없었고, 모두 훌륭하게 자랐다. 자연을 이용한 방법 대신 무력을 동원하여 강제적으로 아이들을 다스렸다면 어떤 결과가 나왔을까?

　친구의 충고를 따라 어리석은 판사 앞에 아이들을 내몰았더라면 그 판사는 어리석은 법에 따라 단지 사내 녀석들의 심한 장난에 불과한 행동에 범죄자의 낙인을 찍었을 것이고, 건실한 시민으로 자랄 아이들을 영원한 범죄자로 만들어 놓았을지도 모르는 일이다.

그 뒤 우드크래프트 인디언 단체인 인디언 스카우트는 급속히 성장했고, 수많은 명망 있는 교육자들이 조직의 운영 실태를 보려고 찾아왔다.

맺는말

젊은 시절에 나는 한 개 이상의 학위를 받았고, 많은 작품을 파리 전람회장에 전시했으며, 매니토바 주 정부로부터 박물학자의 영예를 수여 받았다. 또 스미스소니언 협회와 생물학 조사협회, 미국 자연사 박물관의 권위자들로부터 미국에서 가장 뛰어난 새와 동물 화가로 인정받았으며, 예술원 회원으로 뽑히기도 했다. 과학 분야에서는 국립과학원의 엘리어트 금메달과 존 버로스 금메달, 캠프파이어 금메달을 받았고, 그보다 덜 알려진 몇 개의 상을 더 받았다. 내가 쓴 대중적인 책들은 베스트셀러 순위에서 연달아 최고를 차지했다.

그래서 마흔 살에는 재정적인 독립을 이루어 어느 정도 재산을 모았고 안정된 생활을 누렸을 뿐 아니라 넉넉지 않은 많은 친척들을 도와줄 수 있었다. 특히 어머니 아버지에게 많은 도움을 드렸다.

내게는 시내와 호수가 있는 18만 평의 아름다운 숲으로 둘러싸인 널찍한 집도 있고, 박물관과 도서관도 있다. 내 몸 안에 숨어들어서 나를 가시처럼 괴롭히던 네 개의 커다란 고통의 근원도 이젠 사라지고 없다. 다리의 고통이나 아픔도 사라지고 다시 튼튼한 다리로 걸을 수 있을 뿐 아니라 미국에서 성공한 박물학자에게 수여하는 상을 모두 받아서 세계적으로 크게 인정받는 기쁨도 누렸다.

1907년에는 캐나다 강 하류에서 카누를 타고 북극지방으로 가는 힘하지만 즐거운 여행을 했다. 이 여행은 7개월이나 걸렸고 그동안에 벌어졌던 수많은 사건들은 『북극의 평원 The Arctic Prairies』이라는 책에 고스란히 담겨 있다. 영국과 프랑스, 독일까지 강의를 다니며 내 명성은 널리 퍼졌다.

그러나 서부의 부름은 언제나 내게 들려왔고, 들소바람은 언제나 내 마음속에 불고 있었다. 1930년 나는 동부에 있는 재산을 처분하고 뉴멕시코 산타페 근처의 로키산맥 끝자락에 있는 3백만 평 가량의 황량한 땅을 샀다.

20여 년 전 내 야심작인 『수렵 동물들의 생애』를 저술할 때 내게는 능력 있는 조수가 필요했다. 그때 마침 보기 드물게 우수하고 재능이 있으며, 대학 교육을 받은 학자이자 작가이며 화가인 젊은 여인(1934년 시튼의 두번 째 부인이 되는 줄리어 모지즈 버트리 – 옮긴이)이 한 명 나타났다. 그녀는 기분 좋은 동료였으며, 지칠 줄 모르는 연구자였다. 무엇보다도 그녀에게는 상식이라는 흔히 볼 수 없는 재능이 있었다.

나는 법적인 문제를 정리했고, 그녀와 함께 서부로 왔다. 그녀는 이제 어니스트 톰슨 시튼 부인이자 시튼 마을에 있는 시튼 저택의 안주인이 되어 로키산맥의 마지막 성벽 위에 살고 있다. 그곳엔 아직도 인디언들이 본래의 모습 그대로 살고 있으며, 들소바람이 불어온다. 그곳에는 언제나처럼 리오그란데 강이 우뚝 선 산들과 설원을 지나 저 멀리 바다로 끊임없이 흘러가고 있다.

부 록 · 1

내 이름 시튼

내 아버지의 조상은 스코틀랜드인이다. 1715년과 1745년의 재커바이트 반란(Jacobite risings 영국 명예혁명으로 왕위에서 축출된 스튜어트 왕가의 제임스 2세와 그 후손의 추종자들이 일으킨 반란. 라틴어로 제임스를 자코부스라고 한 데서 유래함 - 옮긴이) 때 내 조상은 스튜어트 가문을 지지했다. 1746년 컬로든 전투(battle of Culloden 1745년 반란의 마지막 전투. 컬로든은 스코틀랜드 인버네스 주에 있는 황야지대의 이름 - 옮긴이) 후에 스코틀랜드 하일랜드 사람들은 조지 2세의 군대에 의해 뿔뿔이 흩어지게 되었으며, 그 중 많은 사람들이 영국으로 숨어들었다. 그 중에는 로시엘 캐머런(Cameron of Lochiel 스코틀랜드 하일랜드 지방의 족장인 에반 캐머런 경을 말함 - 옮긴이)의 형제인가 사촌이었던 앨런 캐머런도 있었다. 그는 아주 중요한 인물이어서 천 파운드의 현상금이 걸려 있었다.

그는 사우스 실즈 항의 조선소들 사이로 피신했다. 그때부터 그는 '톰슨'이라는 가명을 썼다. 교육을 잘 받은 사람이었던 그는 표준 영어에 능숙하여 신분을 감쪽같이 속일 수 있었다. 그의 손자가 바로 나의 할아버지다.

내 아버지의 외할아버지인 시튼 경, 즉 윈턴 백작은 그보다 전에 일어난 반란에 가담해서 전 재산을 잃고 이탈리아로 피신했다. 그는 거기서 죽었다. 그의 유일한 손자이며 법적 상속인이었던 노섬벌랜드 벨링엄의 조지 시튼이 나의 아버지의 외사촌이다.

1823년의 대사면 후에 조지 시튼은 스코틀랜드의 최고재판소인 캐논게이트 의회에서 자신이 윈턴 백작의 유일한 법적 후계자임을 밝혔다. 의원들은 그것을 인정했으며, 이로써 조지 시튼은 윈턴 백작의 작위를 물려받게 되었다.

그는 자식이 없이 죽었다. 그 대신 가문에서 유일하게 생존해 있는 남자인 나의 아버지를 후계자로 임명하고 그의 지위를 물려주었다.

아버지의 외할머니는 앤 시튼이라는 분인데, 아버지에게 이 권리를 주장할 것을 계속 종용하셨다. 아버지도 그 권리를 찾을 생각은 있었지만 천성적으로 게으른 탓에 행동으로 옮기지는 못했다. 돌아가시기 직전 아버지의 외할머니는 아버지에게 이런 유언을 남기셨다. "조셉, 네가 이 집안의 후계자라는 걸 명심하거라. 너는 윈턴 백작이며 시튼 가문 사람이다. 그러니 너는 네 권리를 찾아야 한다."

스코틀랜드의 작위 수여에 관한 법에 따르면 남자 상속자가 없을 때 백작의 작위를 여자에게 물려주게 되어 있었다. 즉, 여자도 남자와 마찬가지로 시튼이라는 가문의 성을 가질 수 있었던 것이다. 그러므로 아버지는 캐머런 가의 후예이면서도 한편 법적으로 시튼이라는 성을 쓸 권리가 있었다.

우리 가족은 이것을 다 알고 있었다. 아버지는 자신의 본명과 권리를 되찾아야겠다고 종종 말했다.

1877년 아버지의 누이 해리 리 고모가 토론토의 우리 집을 방문했다. 고모는 매우 아름답고 귀족적인 몸가짐과 외모를 가진 분이었다. 집안 문제에 관심이 많았던 고모는 아버지보고 진짜 이름과 지위를 찾으라고 부추겼다.

서류상의 증거는 많이 남아 있었다. 그러나 자금의 부족과 아버지의 타고난 태만함 때문에 우리 가문 사람들의 증폭된 관심만 남기고 끝났다. 우리 가족 중 절반은 초창기의 본명을 되찾겠다고 강하게 선언했다.

내 형들 중 한두 명은 정말로 '시튼 – 톰슨'이라는 이름을 쓰기 시작했다. 나

컬로든 전투

는 그 당시 열일곱 살밖에 안 되었기 때문에 법적인 절차를 밟을 수는 없었지만 스물한 살이 되면 '시튼' 이라는 성을 꼭 찾겠다고 말했다. 아버지는 적극 찬성했고, 어머니는 침묵을 지켰다.

스물한 살이 되자 나는 주저하지 않고 내 계획을 실행에 옮겼다. 정식 절차를 밟은 끝에 1883년 2월 1일, 내 공식적인 이름은 어니스트 에반 톰슨 시튼이 되었다.

이 이름으로 나는 내 첫 번째 기사를 썼으며, 『센추리 백과사전』의 삽화도 그렸다. 몇 년 동안 오직 이 이름만 썼다.

그런데 신앙심이 깊은 형 한두 명은 누구는 '톰슨' 이라는 성을 쓰고, 누구는 '시튼 - 톰슨' 을, 또 누구는 '시튼' 을 쓰는 등 가족이 두개나 아니 사실상 세 개의 성으로 갈라지는 것은 종교적으로 불경하다고 생각했다. 나는 형들의 닳고 닳은 진부한 생각에 어이가 없어서 내 식대로 밀고 나갔다.

3년 뒤 이 문제가 또다시 불거졌다. 나는 아버지와 괴팍한 형들에 대항하여 내 이름을 지켰다. 그러나 어머니까지 동원되었을 때는 문제가 달랐다. 어머니는 내가 절대적인 충성을 바치기로 맹세한 유일한 분이었다. 아버지와 형들은 다른 성을 쓰는 것은 불경한 것이며, 부모님의 체면을 상하게 하는 것이라고 어머니를 설득했다.

어느 날 어머니는 내 목을 껴안고 키스를 하고는 같이 꿇어앉아서 하느님께 기도를 하자고 했다. 어머니는 간단하게 기도를 하고는 일어나서 말했다. "아들아, 내 살아 생전에는 '시튼' 이라는 성을 쓰지 말고 '톰슨' 이라는 성만 썼으면 좋겠구나." 그 말은 내 급소를 찔렀다. "사랑하는 어머니. 비록 옳지 않은 일인 줄 알지만 어머니가 원하신다면 뭐든지 다 할게요."

아버지는 어머니가 살아 계신 한은 절충안인 '가장 좋은 이름' 으로 '시튼 - 톰슨' 이라는 성을 쓰는 데 동의했다. 그러나 어머니가 돌아가시면 내 법적인 진짜 성을 되찾기로 했다.

그래서 1897년 어머니가 돌아가실 때까지 나는 '시튼 - 톰슨' 이라는 성을 썼다.

지금 나는 약속에서 해방되었다.

내 법적인 이름은 아무 하자가 없었지만 여러 책들에 다른 이름으로 실렸기 때문에 법원에서 분명히 해두는 것이 나을 것 같았다. 그래서 1901년 11월 28일, 나는 뉴욕 최고법원에서 이 문제를 마무리지었다. 따라서 '시튼 – 톰슨'은 과거의 성이 되었고, 지금의 내 성은 '시튼'이다.

부 록 · 2

왕산적딱새 뒤뜰의 전설

유월 찬란한 아침
미시시피 강둑
윙가의 낡은 농가에서
로다는 닭들에게 먹이를 주었네.
그녀가 떠난 뒤
수백 마리 닭들은
뿔뿔이 흩어져서 아우성을 쳤지.

헛간 뒤뜰에선
늙은 사과나무 한 그루 시들어가고
마디마디 뒤틀어진 가지에는
왕산적딱새가 둥지를 틀었지.
암놈은 먹이를 찾아 날아가고
사랑스럽고 연약한 새끼들을
홀로 돌보며
따뜻하고 안전한 둥지를 지키고 있구나.
작은 몸집, 부드러운 색깔
끝만 하얀 검은 부채꼬리
잿빛과 흰빛이 뒤섞인 몸매로
파리만 잡을 뿐 아무도 괴롭히지 않는다네.

가까운 소나무 숲에는
흉포한 파괴자 매가 살았으니
지킬 자 없는 숲 속에서
강탈의 순간을 노리고 있다네.
명랑한 닭들 속에서
예리한 눈의 칠면조가
"매다!" 소리치자
꼬꼬댁거리며 날개를 퍼덕거리며 모두 달아났다네.

망망대해에 떠있는 배에서
"불이야" 외침을 들어본 적이 있는가?
짧은 침묵의 시간이 지나면
소동이 벌어진다네.
닭들도 이처럼 깜짝 놀라서
허둥지둥 집을 찾아가지만 다 허사라네.
마침내 용감한 수탉이
닭들의 후퇴를 돕네.

곧 머지 않은 곳에서
아래로! 매가 덮쳤다네.
노란 눈은 사납게 이글거리고
날카로운 부리는 피에 굶주려 있다네.
굶주림보다는 증오에 가득 차서
뒤처진 닭을 낚아채려 할 찰나
불현듯 용기가 솟은 수탉이
침입자를 향해 달려드네.
수탉이 용감하게 껑충 뛰어오르자
매는 당황하여 달아난다네.
매는 다시 돌아오지만
용감한 수탉이 다시 쫓아버리네.
그러나 용감한 수탉은 매의 사나운 공격에
오래 버티지 못한다네.

아래로! 다시 하늘에서 내리꽂히자
마당엔 깃털들이 날리고
몸은 피투성이라네.

새끼들을 보호하려는 의무감에
왕산적딱새는 아래로 가지 못하네.
돌아온 짝이 그를 놓아주니
이제는 파리나 잡는
보잘것없는 새가 아니라네.
풍채도 바뀌고 빛깔도 변했네.
잿빛 머리는 전사의 붉은 관모*로 불타오르고
하늘을 찌를 듯한 울음과 함께
유성처럼 허공을 가르며 공격한다네.
가슴은 분노로 가득 찬 채
파괴자를 향해 화살처럼 내리 꽂히네.

고동치는 심장을 가라앉히고
눈동자 사이를 거칠게 후려치면서
약탈자를 뒤로 몰아붙이지.
두 마리는 동시에 맞서 날아오르네.
그러나 왕산적딱새는 더 높은 곳에서
불타는 정의감으로 공격해오네.
날카로운 부리로
피투성이 깃털을 채간다네.
두 마리는 허공을 빙빙 돌고 있네.
매는 딱새를 죽이고 싶지만
빈 하늘만 쪼아댈 뿐.
이제는 기력이 다해
아무것도 쪼아대지 못하네.
매는 이제 도망가려고
숲을 향해 날개를 편다네.

그러나 영광스러운 왕산적딱새는 그 뒤를 쫓네.
더욱더 세차게 쪼아대면서.
피와 공포에 눈먼 매는
소나무 가지에 세차게 부딪치고 말았네.
날카롭게 매서운 겨울바람이 매의 몸을 찢고
초라해진 몸을 휘감자
소나무 가지에서 안타까운 비명이 터지네.
작은 왕산적딱새는 기어이 그의 뇌를 쪼아 먹고
산산이 부서뜨리고 마네.

왕은 환희의 노래를 부르며
뒤뜰로 재빨리 날아오네.
머리는 다시 유순한 잿빛이 되어
상냥한 아내의 곁으로 곧장 다가가
다시 겸손하게 의무를 다하네.
마치 아무 일도 없었다는 듯이.

이것이 왕산적딱새의 전설이라네.
두려움 없는 관모의 왕산적딱새!
그는 새들의 보호자라네.
몸집은 참새나 매한가지지만
영혼은 독수리에 버금간다네.(1876년)

*붉은 관모는 전투를 시작할 때만 나타난다. -작가 주

개똥지빠귀의 노래

오월의 빛나는 초록 잎사귀들은
깊고 푸른 하늘에 아로새겨지고,
흰 죽지는 정처 없이 날아가네.
하늘 높이 비명을 남기며.

초원에선 풀잎이 살랑거리고
금잔화 만발하여 희미하게 빛나네.
키 작은 초록빛 나무의 삭정이는
노래왕의 옥좌라네.

멧종다리의 풍부하고 힘찬 성량으로
비리의 부드러운 속삭임으로
볼티모어흉내쟁이찌르레기의 삐악거리는 소리로
울새의 우렁찬 피리소리로
밤새의 흐느낌에 몸서리치며
노래왕은 노래하네.

쌀먹이새의 구르는 소리로 지저귀고
종달새처럼 떨리듯 노래하네.
세발가락도요가 내는 쇠청다리도요사촌의 흉내도 따라하지만
이 모두가 자신만의 노래라네.

비까마귀처럼 높은 숲 위에서 노래 부르고
슬픈 달빛의 단조로운 노래도 부르네.
유리새처럼 축가도 부르고,
비둘기처럼 송가도 부르지만
이 모두가 자신만의 노래라네.

석양 무렵 흘러가는 구름들은
나뉘고 다듬어지면서 치장을 하고

노을에 붉게 타오르는데
이것이 바로 하늘나라의 정경 아닌가.
천사들도 날갯짓을 멈추고
저녁노을을 응시한다네.
들과 공중의 가수들의 노래에서
노래왕은 영혼의 주제를 찾아낸다네.
기쁜 마음으로 그들을 황홀케 하며
달인으로서의 역할에 전율하네.

습지는 마법에 걸리고, 자작나무숲은 종소리로 박자를 맞추네.
모든 자연이 노래왕의 노래에 귀 기울이네.
불굴의 소나무는 부드럽게 시간을 알리고
자유롭게 떠다니는 위풍당당한 구름 떼는
노래왕의 곡조에 맞춰 행진을 하네.

옮긴이 **작은우주**는 우리들의 작은 우주를 가꿔 나가는 좋은 책들을 골라 아름다운 우리말로 꾸밈없이 전하기 위해 애쓰는 어린이와 환경 관련 전문 번역기획집단입니다. 지금까지 번역한 책으로는 「야생의 푸른 불꽃 알도 레오폴드」, 「못 말리는 키티와 친구들」(1~4), 「사이모린 스토리」(1~4), 「진저파이」, 「줄리와 늑대」(1~2), 「앨리의 세상」(1~3) 등이 있습니다

야생의 순례자 시튼

초판 찍은날 2003년 6월 23일 　**개정판 1쇄 펴낸날** 2005년 6월 29일

지은이 어니스트 톰슨 시튼 | **옮긴이** 작은우주

펴낸이 김영조 | **디자인** 0.02 %
펴낸곳 달팽이출판 | **주소** (137-070) 서울시 서초구 서초동 1420-6 성협빌딩 3층
전화 02.523-9755 | **팩스** 02.523-9754 | **이메일** ecohills@hanmail.net
출판등록 2002년 2월 28일(제 22-2112호)

ⓒ달팽이출판, 2005
ISBN 89-90706-12-2 03840 　　　　잘못된 책은 교환해 드립니다.

평생 자연을 거스르지 않은 삶

자연주의자이며 화가, 위대한 동물기의 작가, 인디언 문화의 열렬한 지지자.
북아메리카 야생동물의 권위자······
이 많은 수식어가 따라붙는 어니스트 톰슨 시튼(Ernest Thompson Seton 1860~1946).
어린 시절과 청년 시절 육체적 장애와 경제적 어려움에도 불구하고 '야생'의 땅을 사랑했고, 이야기의 영감을 얻었던 시튼은, 개척자이자 노동자이며 야생세계에 대한 지칠줄 모르는 관찰자였다. 또한 평생 자연을 거스르지 않는 삶을 살다간 진정한 자연인이었다.
그의 자서전은 용감하고 솔직하게 있는 그대로 숨김없이 드러내면서 많은 사람들에게 용기를 준다. 곤고한 생활을 견디며 일생의 관찰을 책과 그림으로 출판하는 그의 집념과 식지 않는 열정은 많은 사람들을 감동시키기에 충분하다.

값 12,000원

달팽이출판은 자연과 사람의 조화로운 공생을 희망합니다.